Matthias Dhammavaro Jordan

Als ich verlor, was ich niemals war

vianova
Verlag Via Nova

Matthias Dhammavaro Jordan

ALS ICH VERLOR, WAS ICH NIEMALS WAR

Wie der Buddhismus mein Leben verändert hat

vianova
Verlag Via Nova

1. Auflage 2019

Verlag Via Nova, Alte Landstr. 12, 36100 Petersberg

Telefon: (06 61) 6 29 73

Fax: (06 61) 96 79 560

E-Mail: info@verlag-vianova.de

Internet: www.verlag-vianova.de

Umschlaggestaltung: Guter Punkt, München

Satz: Sebastian Carl, Amerang

Druck und Verarbeitung: Appel und Klinger, 96277 Schneckenlohe

ISBN 978-3-86616-474-1

Inhalt

Vorwort

Liebe Leserin, lieber Leser,
wir haben nur ein Leben, nämlich dieses – und es will gelebt werden – aber wie?

Als ich mir selbst diese Frage stellte, war ich Ende zwanzig, lebte in Berlin und hatte eine kleine Gartenbaufirma. Eigentlich war alles mehr als gut – im Außen.

Aber dann schlich sich auf einmal ein seltsames Gefühl der Ernüchterung in mein Leben, weil ich die immer wiederkehrende Veränderlichkeit aller Dinge erlebte. Damals wusste ich noch nicht, dass ich eine Grundwahrheit unserer Existenz entdeckt hatte, nämlich die, dass alles, was entsteht, auch wieder vergeht. Diese Erkenntnis ließ mich langsam, aber sicher an dem Wert der Dinge zweifeln, die ich bislang als erstrebenswert erachtet hatte.

Dann stellten sich mir Fragen wie: Um was geht es hier in diesem Leben wirklich? Wer bin ich eigentlich? Und was ist der Sinn dieses Lebens? – und ich konnte für mich keine zufriedenstellenden Antworten finden.

Aber eins wurde mir sehr schnell klar: Dass ich nicht so weitermachen konnte wie bisher, und ich machte mich auf den Weg …

Ich möchte dich, liebe Leserin, lieber Leser, an einem Teil dieses Weges teilhaben lassen, wohin er mich brachte, was ich erlebt habe, welche Erkenntnisse sich einstellten.

Vielleicht ermutigt es auch dich, *deinen* Weg zu gehen, dich nicht von Ängsten, Sorgen oder Zweifeln leiten zu lassen, sondern mit deiner eigenen Kraft, Freude und Weisheit in Berührung zu kommen, um am Ende deines Lebens sagen zu können: Ich habe mein Leben gut gelebt. Ich wünsche dir beim Lesen viel Freude und erkenntnisreiche Momente.

Mit guten Gedanken
Matthias Dhammavaro Jordan

Unterwegs

„Hey, Anna, was meinst du, was ist der Sinn des Lebens?“

„Du stellst Fragen!“, antwortete sie und blickte kurz zu mir herüber, während sie die letzten Gabeln voll Reis in ihren Mund schob. „Nein, jetzt mal ehrlich. Hast du dich das noch nie gefragt? Um was geht's hier eigentlich wirklich? Jetzt sind wir schon zirka sechs Wochen in Asien unterwegs und ich frage mich, was wir hier eigentlich machen? Das war doch alles ganz schön anstrengend, oder?“

„Naja, klar war es anstrengend, aber es war doch auch schön – oder etwa nicht?“

Wenn ich jetzt nein gesagt oder es angezweifelt hätte, würde sie mir ihren leicht vorwurfsvollen Blick zuwerfen, und das wollte ich vermeiden. Darüber hinaus wollte ich ihr auch nicht das Gefühl geben, dass mir das alles keinen Spaß gemacht hätte. Natürlich machte es auch Spaß, herumzureisen. Aber irgendwie war ich so satt von alledem und hatte keine Lust mehr, irgendwohin zu reisen. Aber es schien so, dass sie keine weitere Antwort von mir erwartete, und sie machte sich jetzt über den süßen Nachtisch her.

Wir hatten eine sehr schöne Zeit am Lake Toba in Sumatra verbracht, reisten durch Indonesien, waren in Malaysia, aber zuvor waren wir in Thailand auf Koh Samui gewesen, wohin wir auch gerade wieder zurück wollten, um dort die letzten Wochen unserer gemeinsamen Reise am Strand zu verbringen, bevor Anna nach Japan fliegen wollte.

Wir hatten nämlich nach einer Dschungeltour in einem Gästehaus auf Sumatra einige junge Europäerinnen getroffen, die gerade von einem Arbeitsaufenthalt aus Japan zurückgekommen waren, und sie erzählten, wie viel Geld man dort mit verschiedensten Jobs verdienen könne.

Da Anna und ich noch keine genauen Pläne hatten, was als Nächstes anstehen würde, entschied sie sich, es mal in Japan zu probieren. Wir hatten Zeit, wir hatten Geld, aber das wurde jeden Tag weniger.

Wir besprachen ihr Vorhaben, besprachen alles, was daran hing, auch unsere Beziehung, und waren uns schließlich einig, dass sieben Monate ja keine Ewigkeit sind.

Ich würde wieder nach Berlin gehen, Garten- und Landschaftsbau machen, und dann würden wir uns im kommenden Winter wieder in Bangkok treffen. Uns verblieben jetzt noch gut drei gemeinsame Wochen in Asien.

Es war eine lange Zugfahrt zurück nach Thailand. In Surat Thani angekommen, erwischten wir noch die Nachtfähre nach Koh Samui, landeten dort morgens um sieben Uhr, nahmen ein Taxi und waren wieder am Chaweng Beach angekommen. Darüber waren wir sehr froh. Endlich ausspannen, keine überfüllten Busse mehr, keine billigen Hotels mit übergelaufenen Klos, kein frühes Aufstehen mehr, um irgendeinen Bus nach irgendwohin zu erwischen.

Anna und ich freuten uns auf ruhige Tage mit Sonne, Strand und Meer.

Aber es war wirklich so, dass ich mir viele Fragen über den Sinn und Zweck unserer Reisen stellte. Und diese Fragen weiteten sich auf alles Mögliche aus, bis ich schlussendlich zu der Frage kam: Was ist eigentlich der Sinn dieses Lebens, um was geht es hier wirklich?

Wir hatten auf unserer Reise auch viel Leid und Elend gesehen: kleine Kinder, die verwahrlost bettelten, alte und kranke Menschen, die auf der Straße lebten, gestresste, überarbeitete Rikscha-Fahrer, aggressive Jugendliche, die sich mit Messern bedrohten, und vieles mehr.

Anna schien an diesen Fragen kein gesteigertes Interesse zu haben, sondern genoss in ihrer Leichtigkeit unsere gemeinsame Reise.

Ernüchterung

Am Abend desselben Tages saß ich am Strand im warmen Sand, die Sonne war am Untergehen, der blaue Himmel von leichten Wolken betupft, ein wundervolles Farbenspiel, ganz leichte Wellen bewegten sich auf dem großen, weiten Meer und ich ließ meinen Blick am Horizont ruhen.

Ich fühlte eine Sattheit in mir, keine Sehnsucht nach neuen Ländern, keine Sehnsucht nach noch mehr Erfahrungen und Erlebnissen. Ich war irgendwie müde von dem ganzen Umherreisen der letzten Wochen, doch es war keine körperliche Müdigkeit.

Ja, ich weiß, unsere Freunde in Berlin beneideten uns dafür, dass wir die Zeit hatten, zu reisen und tolle Erlebnisse zu haben, ja, das mag alles sein. Aber da waren nur diese ständigen Erfahrungen, und ich hatte nichts gefunden, was mich wirklich begeistert oder gar erfüllt hätte.

Menschen sind überall ziemlich gleich, dachte ich mir, nur die Kulturen sind anders. Alle suchen sie ihr Glück auf den verschiedensten Wegen, alle wollen

Unwohlsein vermeiden und ihr Wohlsein mehren – um es mal auf diese einfache Formel zu bringen.

Hatte nicht Laotse einmal gesagt: Der Weise verlässt nie sein Haus und kennt trotzdem die ganze Welt?!

Irgendwie beschlich mich schon länger dieses eigenartige Gefühl, dass es nirgends etwas zu finden gebe, was mir als ewiger Wert erhalten bleibt. Falls es so etwas tatsächlich gibt, dann hatte ich es noch nicht gefunden oder irgendwie übersehen. Auch die großen Wellen des Meeres kommen und bleiben nicht, und die kleinen schon gar nicht. Ja, irgendwie kommt und geht alles wieder. Und jetzt geht Anna auch noch nach Japan.

Ich erschrak bei dem Gedanken, oder besser bei dem Gefühl, dass ich da sogar eine seltsame Erleichterung spürte und ich mich auf eine Zeit mit mir alleine freute. Was war das denn? Sollte ich nicht traurig sein? Abschiedsschmerz fühlen? Nein, nichts davon war spürbar.

Ich mochte Anna sehr. Ob ich sie liebte? Was heißt das schon?

Das Wort Liebe habe ich noch nie gerne benutzt. Auch das Wort Glück hatte ich nicht in meinem Wortschatz. Diese beiden Worte hatten für mich immer etwas Verdächtiges. Vielleicht, weil ich hinter deren Bedeutung eine Art ewiges Verweilen erhoffte, was ich allerdings noch nicht erlebt hatte.

Ich glaube, ich habe noch nie gesagt: „Ich bin glücklich." Zu diesem Wort hatte ich schon immer ein gespaltenes Verhältnis; denn Glück ist für mich ein Gefühl, das sich nie ändern sollte, ein letztendlicher Zustand. Und ich hatte bislang noch keine letztendlichen Zustände erlebt. Das Gleiche empfand ich auch bei dem Wort Liebe.

Ich dachte an Berlin und fühlte keine Freude in mir aufsteigen, wieder dorthin zurückzugehen. Ja, die Freunde, mein Geschäft, mein Bruder Reinhold, der mittlerweile bei mir wohnte. Die Stammkneipen, diese ewig langen Nächte, das Saufen und Kiffen, das Spielen, das oft unsinnige Gerede und die ganzen Pläne und Vorhaben, die immer wieder zum Besten gegeben wurden. Ich fühlte dieses ewige Einerlei, war freudlos, desinteressiert, gelangweilt und widerwillig bei dem Gedanken, mein Leben in Berlin wieder aufzunehmen. Ich war wirklich satt. Mein Freund Burkhard sagte manchmal: „Es steht mir bis zur Oberkante Unterlippe", und das traf es irgendwie.

Eines hatte ich jedoch auf diesen Reisen erkannt und schätzen gelernt: Wie wenig man zum Leben wirklich brauchte. Da war mein Rucksack, gefüllt nur mit den notwendigen Dingen des Alltags. Und es reichte vollkommen aus. Mehr brauchte es nicht.

Ein leichtes Lächeln fühlte ich auf meinem Gesicht und meine Lippen sprachen das Wort Freiheit. Ja, das war es, was ich wollte – Freiheit.

Ich wusste zwar nicht genau, was das war, aber es hörte sich gut an.

Dann rief Anna meinen Namen und ich schlenderte langsam zum Restaurant, das nur wenige Meter vom Strand entfernt stand. Wir wollten zusammen zu Abend essen und trafen Andy und Art wieder, mit denen wir uns schon Wochen vorher angefreundet hatten.

Eine Reise beginnt immer mit dem ersten Schritt …

Und während wir uns das Essen schmecken ließen, erzählte Andy, dass er in ein paar Tagen in ein Kloster gehen wolle, er sei schon mal dort gewesen und man könne meditieren lernen. Am Ersten jeden Monats beginne dort ein sogenannter Retreat, zehn Tage dauere er und koste sehr wenig.

In mir stockte plötzlich alles, auch mein Mund kaute das Essen nicht mehr weiter und eine sichere Stimme in mir sagte: Da musst du hin!!!

Aber ich hatte doch nur noch wenige Tage mit Anna, egal, ich musste da hin. Da ich irgendwie nicht an Zufälle glaubte, dachte ich, dass diese Nachricht die direkte Antwort auf meine Lebensfragen war, die ich seit neuestem immer wieder in meinen Gedanken entdeckte.

Andy wollte schon ein paar Tage vorher dort sein und reiste am nächsten Tag ab. Er hinterließ mir aber noch die genaue Wegbeschreibung, um in das buddhistische Kloster *Wat Suan Mokkh* zu gelangen. Ich erzählte das Garun, einem Thailänder, der meinte nur, ja, ein guter Ort, er kenne ihn und auch der Name des Klosters sei sehr bedeutungsvoll und heiße *Garten der Befreiung.*

Ja, das war es doch, das Wort Freiheit klang immer noch in mir und steckte in diesem Namen, und eine leise Freude machte sich in mir breit und bestätigte mir so die Richtigkeit dieser Entscheidung. Für Anna war es scheinbar okay.

Ich versicherte ihr, dass ich sie dann noch zum Flughafen nach Bangkok begleiten würde; denn wenn ich zurückkäme, hätten wir ja immer noch ein paar Tage zusammen.

In drei Tagen wollte ich los, denn der Kurs beginnt immer am Ersten jeden Monats.

An diesem letzten Abend saßen Anna und ich zusammen am Meer und unterhielten uns über dies und das, über die letzten Wochen, Japan und was alles vielleicht noch kommen würde.

Wir waren gut drauf, wie so oft in leichter Oberflächlichkeit, wo Gesagtes schnell wieder verklungen war, niemand mehr darüber nachdachte und sich neue Worte zu Sätzen formulierten, die auch gleich wieder, kaum ausgesprochen, in der Unendlichkeit verklangen, ohne irgendwelche Abdrücke zu hinterlassen.

Ich freute mich auf morgen und fühlte eine leise Erregung in mir aufsteigen. Meinen Rucksack packte ich schon am gleichen Abend, denn ich musste sehr früh los, um die erste Fähre nehmen zu können.

In dieser Nacht hatte ich einen sehr intensiven Traum: Ich liege auf einem Bett, und eine Hand kommt von irgendwo her, sticht durch meine Brust, greift in mein Herz und reißt einen Teil des Herzens heraus. Es fühlt sich überhaupt nicht schmerzhaft an, sondern ich spüre plötzlich eine große Befreiung und Leichtigkeit, denn es wurde etwas Schweres, Dunkles, Belastendes von meinem Herzen genommen und im Hintergrund sagt eine Stimme klar, deutlich, laut und eindringlich zu mir: *„Erneuere dich!“*

Der Wecker riss mich aus diesem Traum. Ich zog mich an, verabschiedete mich schnell, aber liebevoll von Anna, nahm meinen Rucksack, erreichte die Fähre pünktlich, der Bus nach Chaiya wartete schon auf dem Festland, und irgendwann sagte der Busfahrer: Wat Suan Mokkh.

Wat Suan Mokkh – Garten der Befreiung

Eine neue Welt eröffnet sich …

In dem Bus waren noch andere *Farangs,* wie die Westler in Thailand genannt werden, die ebenfalls an dem Retreat teilnehmen wollten.

Als ich das Kloster betrat, bemerkte ich die großen Bäume und wilden Pflanzen, einige einfache Holzhütten, gefegte Wege, weiter oben standen einige

Steinbänke vor einem schlichten Steinhaus. Hier wurden wir von Mönchen weitergeleitet in Richtung Küche, wo man sich für den Retreat registrieren lassen konnte.

Als wir ankamen, saßen dort schon einige Teilnehmer mit Tassen in der Hand im Freien auf Holzstühlen und unterhielten sich leise. Dann sah ich das erste Mal einen Westler in einer buddhistischen Robe. Es war *Santikaro*, ein Amerikaner, der schon zwei Jahre in Suan Mokkh lebte und als Übersetzer für *Ajahn*[1] *Buddhadasa*, den Abt des Klosters, tätig war. Er leitete auch die Retreats.

Santikaro war sachlich-freundlich, lächelte kaum und wenn doch, dann nur sehr flüchtig.

Er gab uns weitere Infos über die Registrierung, wo wir wohnen und wann es heute Abend losgehen würde.

Wir wurden, nach Geschlechtern getrennt, in kleinen Holzhütten untergebracht, die als Schlafsäle dienten, mit jeweils sechs einfachen Betten und darüber zusammengeknoteten Moskitonetzen. Die Halle, die uns als Ort der Unterweisung dienen sollte, wurde früher von Pfadfindern genutzt. Sie stand mitten auf einer großen Wiese, umrandet von Wald mit großen Bäumen, zirka fünf Minuten Fußweg von unserer Unterkunft entfernt.

Kurz vor 20 Uhr ertönte eine laute, tiefe Glocke, die anzeigte, dass es an der Zeit war, uns in die Halle zu begeben.

Zwei thailändische Mönche wiesen uns unsere Plätze zu. Jeder bekam eine Matte und ein Sitzkissen. Die Männer saßen auf der rechten Seite und die Frauen auf der linken. Vor uns war eine erhöhte Bühne, worauf eine zirka ein Meter hohe Buddha-Figur stand und vor der sich Santikaro im Schneidersitz niedersetzte. Der Raum wurde von Petroleumlampen erhellt und vor dem Buddha brannten noch ein paar Kerzen.

Wir waren ungefähr dreißig Teilnehmer, alle waren still, nur die Geräusche des Dschungels waren zu hören, es fühlte sich sehr ruhig und friedlich an.

Dann ertönte ein kleiner Gong und Santikaro erzählte, wie die nächsten Tage ablaufen würden: Retreat bedeute Rückzug vom Alltäglichen. Es gehe darum, sich selbst zu erforschen, die Kräfte in sich kennenzulernen, es gehe darum, den Geist durch Meditation in einen ruhigen Zustand zu bringen, die Gedanken zu beobachten und auch die Gefühle. Und das alles natürlich im Schweigen.

---

1 Ajahn: bedeutet auf Thailändisch allgemein Lehrer und wird *Adschaan* ausgesprochen

Schweigen? Also nicht reden? Auch nicht beim Essen oder bei einem Spaziergang?

Nein, Schweigen heißt Schweigen! Er erklärte, dass es den Geist dabei unterstütze, zur Ruhe zu kommen, die Gedanken zu beruhigen, denn Reden sei ja, genau genommen, verbalisiertes Denken.

Zum Abschluss leitete er eine Meditation an, in der wir einfach nur hier sein, uns mit dem Atem verbinden und bemerken sollten, wie er einströmt und wieder ausströmt.

Das war der Anfang, und als der Gong ertönte, gingen wir schweigend zu unseren Hütten und legten uns in die Betten. Ich war sehr müde, ließ mein Moskitonetz herunter und schlief sofort ein.

Der nächste Tag begann um vier Uhr morgens, eingeläutet von der gleichen lauten, dunkel klingenden Glocke, die uns schon am Abend zuvor zur Meditation gerufen hatte.

Um halb fünf waren alle in der Halle versammelt, und wir wurden wieder in der Meditation angeleitet. Nach vierzig Minuten ging wieder der Gong.

Santikaro erklärte noch ein paar organisatorische Abläufe und dann hatten wir Zeit, die Waschräume und Toiletten aufzusuchen, im Wald herumzulaufen, den Ort langsam kennenzulernen, denn Frühstück gab es erst um sieben Uhr. Das bestand aus Reis, verschiedenen thailändischen Gemüsesorten und Früchten, kein Fleisch. Das Essen war vegetarisch und zu trinken gab es Sojamilch in allen Variationen.

Wir nahmen unser Essen, serviert auf Blech- oder Plastiktellern, auf kleinen Holzstühlen sitzend im Freien ein. Es schmeckte richtig gut.

Es war sehr seltsam, mit dreißig Menschen zusammenzusitzen und nicht zu reden. Nicht nur ungewohnt, fast schon peinlich fühlte es sich zuweilen an.

Dann wieder die laute, dunkle Glocke, und um neun Uhr waren wieder alle in der Halle versammelt. Ich riskierte einen Blick auf die andere Seite der Halle, wo die Frauen saßen, und entdeckte sogleich einige, die recht attraktiv aussahen.

Andy saß auch in der Halle, etwas weiter vorne.

Santikaro nahm wieder vor dem Buddha Platz und hieß uns nochmals offiziell willkommen.

Er wünschte uns eine fruchtvolle und erkenntnisreiche Zeit und meinte, wir sollten das Beste aus dieser Zeit herausholen, denn es gehe auch darum, neu auf das Leben zu schauen und es dadurch vielleicht auch neu zu bewerten.

Was er da sagte, kam mir sehr entgegen. Sprach er nicht genau das an, was ich am Strand sitzend gefühlt hatte? Diese Sattheit und Unerfülltheit und auch die Ratlosigkeit, in welche Richtung ich gehen sollte?

Ich fühlte mich sehr wohl mit dem, was ich da hörte, und es gab keinen besseren Platz auf der ganzen Welt, wo ich in diesem Moment lieber gewesen wäre.

Dann leitete er wieder eine Meditation an und erklärte anschließend die Gehmeditation.

Das heiße, einfach nur zu gehen und sich sehr bewusst darüber zu sein, wie sich der Fuß hebt, nach vorne bewegt und wieder senkt. Und wir müssten nirgendwo ankommen, außer immer nur in diesem Moment. Alles klar, kein Problem, mach ich!

Dann lief ich hin und her, wie alle anderen auch, und dachte über alles Mögliche nach.

Was macht Anna eigentlich gerade? Meine Freunde in Berlin, ja und Reinhold, mein jüngerer Bruder, Mama und Papa in Fulda, gut, dass ich immer mal eine Postkarte schrieb. Michael, mein älterer Bruder, und seine Frau Uschi. Hoffentlich kommen genug Aufträge im Frühjahr rein … upps … Also, habe ich gerade den rechten oder linken Fuß oben? Der Fuß geht hoch, bewegt sich durch den Raum und setzt vorne wieder auf. Das war Gehmeditation. Gehen, ohne anzukommen, und zu wissen, dass man das tut, das sei Achtsamkeit, erläuterte Santikaro später.

Und die Aufmerksamkeit immer, so gut es halt geht, im Moment zu halten bei allem, was man gerade tut, sei ein Aspekt der Meditation.

Vom Gehen habe ich kaum etwas mitbekommen. Ich bemerkte im Nachhinein nur, wie viele Gedanken ständig in meinem Geist kreisten, dass ich ständig an etwas dachte und das Gehen gar nicht mitkriegte.

Dann wieder zurück in die Halle, schweigend, leise, achtsam sein, sich wieder in die Meditationshaltung begeben und ab jetzt die Aufmerksamkeit auf den Atem lenken, einatmen, ausatmen und spüren, wo ich den Atem gerade fühle.

Und so wurden wir in das Meditationssystem von *Anapanasati* eingeführt, was heißt, die Ein- und Ausatmung achtsam wahrzunehmen.

Mit diesen wechselnden Übungen verbrachten wir den ersten Tag, dazwischen eine Mittagspause, dann wurden Texte rezitiert, wieder meditiert, Abendessen, und am Abend gab es einen Vortrag.

Santikaro war, wie ich anfangs schon erwähnte, ein Schüler von Ajahn Buddhadasa, dem achtzigjährigen Abt des Klosters.

Er gründete dieses Kloster schon vor vielen Jahrzehnten, und später erfuhr ich, dass ich bei einem der bekanntesten und wohl auch einflussreichsten Meditationslehrer gelandet war, die es in Thailand gab. Er hatte den Buddhismus lange studiert und schließlich erkannt, dass der gelebte Buddhismus in Thailand stark vom Ursprünglichen abwich, und er wurde zu einer Art Reformator.

Ajahn Buddhadasa meinte, dass nichts geglaubt werden solle, sondern man müsse etwas selbst erforschen und erleben, um dessen praktischen Nutzen zu erfahren.

Er versuchte den Aberglauben abzuschaffen. Zum Beispiel opfern die Thais verschiedenen Hausgeistern kleine Speisen und glauben an alle möglichen Arten von Geistern, die überall seien und mit Opfergaben befriedet werden müssten. Sie sind davon überzeugt, dass Amulette eine beschützende und Glück bringende Kraft haben, und treffen keine wichtige Entscheidung, ohne zuvor irgendwelche Geister um Beistand gebeten zu haben.

Ajahn Buddhadasa lehnte das alles ab, denn das habe mit Buddhismus nichts zu tun. Er brachte den ursprünglichen Buddhismus wieder zurück in sein Land. Mir war das sehr sympathisch und machte mich noch neugieriger und interessierter. Nicht glauben müssen – ja, das war es, was ich brauchte. Ich hatte genug davon, etwas glauben zu müssen, denn ich bin ja katholisch erzogen worden und hatte von der Aufforderung: „Du musst glauben und gehorchen!" wirklich die Nase voll.

Ajahn Buddhadasa hatten wir bis jetzt noch nicht zu Gesicht bekommen. Es war der amerikanische Mönch Santikaro, der Vorträge hielt, die Meditation leitete und uns praktische Hinweise gab.

Ja, das Schweigen hatte es in sich. Da saßen wir Teilnehmer nun schweigend zusammen in der Meditationshalle, liefen schweigend zu den Mahlzeiten nebeneinander her und schwiegen uns beim Essen an – und ich fühlte mich irgendwie alleine. Allein mit meinen Gedanken, meinen Gefühlen, meinen Meinungen, und es schien, als würde es in mir immer lauter werden.

Der Abendmeditation folgte dann ein Vortrag einer Thailänderin, die *Ajahn Ranschuan* hieß.

Sie war zirka sechzig Jahre alt und sprach sehr gutes Englisch. Sie lebte in Suan Mokkh, war Professorin in Bangkok gewesen, was erklärte, warum sie so gut Englisch sprach, und sie hatte eine sehr gesammelte, ruhige und klare Ausstrahlung.

Sie begann ihren Vortrag mit den Worten: „Meine lieben Freunde im *Dhamma*[2]."

Und dann erlebte ich etwas, was ich sehr selten zuvor erlebte hatte. Ich bildete mir ein, dass sie über mich sprach, mich beschrieb, und mich beschlich das Gefühl, sie könne in mich hineinschauen.

„Mit unseren Gedanken sind wir immer woanders und denken meist an Vergangenes oder Zukünftiges. Unser Geist wird ständig von verschiedenen Kräften bewegt, die uns dazu bringen, Dinge zu tun oder nicht zu tun, die uns in die verschiedenen mentalen und emotionalen Zustände verleiten, so dass wir manchmal nicht wissen, was mit uns geschieht."

Dann sprach sie über Gier, Hass und Verblendung und meinte, dass diese Kräfte ständig in uns aktiv seien und wenn wir das nicht erkennen würden, es uns schlecht gehe.

Ja, das konnte ich so unterschreiben.

Dann meinte sie noch, dass wir diese Kräfte kennenlernen müssten, damit sie nicht die Macht über uns haben, und dass hier die Meditation ins Spiel komme, denn Meditation heiße ja auch, seinen Geist mit etwas zu verbinden, was jetzt stattfinde, wie der Atem.

Als Nächstes sprach sie über Achtsamkeit. Es bedeute, sich, so gut es geht, darüber bewusst zu sein, was gerade geschieht. Also sich immer auf den gegenwärtigen Moment zu beziehen, um die Wirklichkeit so zu erfahren, wie sie tatsächlich ist, egal, was man gerade erlebte.

Und so wurden wir immer wieder angehalten, bei der Sitzmeditation den Atem zu spüren, den Körper zu fühlen, beim Essen wirklich das Essen zu sehen und zu schmecken und beim Gehen uns der sich bewegenden Füße bewusst zu sein.

Die Theorie dahinter war, dass Gedanken einen immer weniger in ihre Geschichte verstricken könnten, wenn man seine Aufmerksamkeit immer auf das lenkt, was gerade passiert und was man gerade tut, und so würde man auch seine Gedanken und Gefühle besser kennenlernen.

In einem Nebensatz sagte sie dann noch: *„Achtsamkeit ist der Schlüssel zur Weisheit."*

Sie erläuterte das nicht weiter, aber in mir wurde auf einmal etwas tief berührt.

---

2 Dhamma: a. die Lehre des Buddha, b. die Natur und deren Gesetzmäßigkeiten, c. die Wahrheit uvm.

Ich fühlte mich angesprochen, war beeindruckt von dieser Frau und fühlte mich noch mehr an dem Platz auf der Welt, an dem ich sein sollte – und ich war hier!

Und ich fühlte eine Freude in mir aufsteigen, wie ich sie sehr selten gespürt hatte, wenn überhaupt schon mal. Ich fühlte mich, ja, so könnte man es sagen, irgendwie zuhause angekommen.

Es war ein langer Tag, und als ich dann im Bett lag und das Moskitonetz heruntergelassen hatte, schlief ich sofort ein.

Am nächsten Tag hatte ich Schmerzen in den Knien, hatte Schmerzen im Rücken, denn das lange Sitzen auf dem Boden war für die meisten von uns Westlern sehr ungewohnt. Aber es war noch einigermaßen erträglich, und die freundlichen und mitfühlenden Worte und Anleitungen, entweder von Santikaro oder Ajahn Ranschuan, halfen, einen anderen Blick auf diese Schmerzen zu werfen.

„Meine lieben Freunde im Dhamma, auch das geht vorbei. Lasst euren Geist dadurch nicht aus der Ruhe bringen …" Ja zum ersten Teil und nein zum zweiten.

Ich ärgerte mich über den Schmerz, ärgerte mich über die langen Sitzzeiten, ärgerte mich über das Rascheln und Husten eines Nachbarn, ärgerte mich über … eigentlich alles an diesem Tag.

Ja, ich kannte diesen Ärger, er brannte, und ich merkte, wie der Ärger mir seine Gedanken aufzwang. Wie ich versucht war, meinen hüstelnden Nachbarn zurechtzuweisen, wie ich die Meditationshalle verlassen wollte, weil der Gong zu spät ging, ärgerte mich über das frühe Aufstehen, über das Essen, das Wetter – über alles.

Ich erschrak und fühlte mich hilflos, ich hätte laut aufschreien können, und es wurde immer stärker. Ich fing an, gedanklich die Mönche zu kritisieren, wie sie aussahen, was sie sagten, kritisierte andere Teilnehmer aufgrund meiner Ansichten, die ich über sie hatte – einfach alles.

Aber ich blieb sitzen und spürte einfach nur den Ärger, denn so lautete der Rat von Santikaro: „Egal, was im Geist geschieht, beobachte das einfach nur." Und ich beobachtete – immer mehr.

Ich dachte eigentlich bislang, ich sei ein freundlicher junger Mann – und jetzt das. Das sollte niemand mitbekommen, und ich hätte es am liebsten auch nicht mitbekommen. Aber es gab kein Entrinnen, keine Ablenkungen, kein TV, keinen Kühlschrank und nicht einmal ein zerstreuendes Schwätzchen, denn wir sollten ja schweigen. Niemand reagierte auf mich und ich reagierte nicht auf andere, nur gedanklich. Ich bekam keinerlei Rückmeldung über mich. Es fühlte sich plötzlich sehr einsam an und ich war, im wahrsten Sinne des Wortes, auf mich selbst zurückgeworfen.

Ging es den anderen auch so? Erlebten sie das Gleiche wie ich? Und, wer war das, auf den ich hier zurückgeworfen wurde?

Da waren meine vielen Gedanken, Gefühle, Geisteszustände und Meinungen, und es gab niemanden, dem ich das mitteilen konnte, niemanden, den ich daran Anteil haben lassen konnte, niemanden, der etwas dazu sagte, und es wurde immer deutlicher, wie schnell sich das alles in meinem Geiste abspulte und wie sich Gedanken und Gefühle die Klinke in die Hand gaben.

Vipassana[3]*-Romanze*

In der Meditationshalle saß ich etwa in der Mitte des Raums und konnte so mindestens die Hälfte der anderen Teilnehmer sehen.

Vorne links saß dieser Franzose. Er kam nicht achtsam und leise in die Meditationshalle gelaufen, sondern polterte, laute Geräusche machend, herein. Er setzte sich nicht auf das Meditationskissen, sondern schmiss sich darauf und saß in einer Art und Weise, die mich an einen verkümmerten Baum erinnerte. Sein ganzes Verhalten ging mir auf den Wecker, und nur wenn ich ihn schon sah, stieg in mir heftiger Ärger hoch.

Aber vorne rechts, bei den Frauen, saß dieser Engel, eine wunderschöne, blonde Schwedin. Sie lief nicht in die Meditationshalle, sondern schwebte eher herein, anmutig, schön, tadellos. Und auch wenn sie sich zur Meditation niedersetzte, wobei ‚setzen' für diese bezaubernde Bewegung schon viel zu irdisch formuliert ist, strahlte sie in einer anziehenden Schönheit, die nicht nur bestechend, sondern einfach nur umwerfend war.

Ich hatte mich sofort verliebt, und Meditation, den langweiligen Atem beobachten und dieses Gehen, immer nur hin und her, erachtete ich bei der Größe meiner Empfindungen als absolut zweit-, wenn nicht drittrangig, wenn ich sie überhaupt noch irgendwie erachtete.

---

3 Vipassana: bedeutet klares Sehen

Und nun war ich in einer fast neuen und doch bekannten Welt angekommen – der Welt der Sinnlichkeit, und sie schmeckte süß.

Wer wollte mir jetzt noch etwas erzählen? Welcher Mönch konnte da noch mithalten? Und ich fantasierte die schönsten Vorstellungen und Unternehmungen, die ich nach dem Retreat mit dieser jungen Frau haben könnte.

Der Atem kam und ging auch ohne mich, und ich war nun einige Stunden damit beschäftigt, mich mit diesem neuen ‚Verliebtsein' anzufreunden. Ich suchte mir einen Gehpfad in ihrer Nähe aus, schaute oft in ihre Richtung mit der sicheren Gewissheit, dass es ihr bestimmt auch so gehen würde. Es war schon der vierte Retreat-Tag, und ich müsste ihr doch schon längst aufgefallen sein.

An diesem Abend war Santikaro an der Reihe, wieder eine Belehrung in Form eines Vortrages zu halten. Er begann allgemein über die Wirkungsweise des Geistes zu sprechen, über die wechselnden geistigen Inhalte, aber was viel interessanter war als das, was er anfangs erzählte, war: Mein Engel hatte heute Abend ein langes, weißes Kleid an, ihre blonden Haare lagen lang und sanft auf ihren Schultern und sie saß in einer bestechenden, edlen Haltung da, und meine Schwärmereien wollten nicht enden.

Santikaro meinte dann, dass es bei Schweigeseminaren ein interessantes Phänomen gebe, allgemein bekannt als *Vipassana*-Romanze. Bei dem Wort Romanze wurde ich aus meinen Fantasien herausgerissen. Schaute er gerade in meine Richtung? Hatte er meine Gedanken gelesen und mich dabei ertappt? Ich fühlte mich ertappt!

Er erklärte weiter, dass wir im Schweigen noch stärker mit unserem Bewertungssystem konfrontiert würden und alles, was wir sehen, ganz gewohnheitsmäßig in positiv und negativ, mögen oder nicht mögen einteilen würden, und wir sollten erkennen, wenn das passiert.

Und es könnte schon mal vorkommen, dass man sich verlieben, also jemanden übersteigert aufwerten und gleichzeitig jemand anderen maßlos abwerten würde. Und er ergänzte, dass das ein Versuch des Geistes sei, eine gewisse Sicherheit in der gewohnten und bekannten Bewertungsstruktur zu finden.

Ich war sprachlos, nicht nur, weil das ein Schweigekurs war, sondern weil mein schönes, buntes, verliebtes Kartenhaus, bei so viel nüchterner Erklärung, einfach in sich zusammenfiel. Ich fühlte mich ertappt, erwischt, entlarvt – und plötzlich wieder alleine und ernüchtert, so, als hätte mir jemand etwas Schönes weggenommen. Es war wie das Zerplatzen einer Seifenblase, in der sich alles Bunte und Schöne dieser Welt widergespiegelt hatte.

Natürlich wusste ich tief drinnen, dass ich letztendlich diesen Impulsen nicht gefolgt wäre, denn ich war ja mit Anna zusammen, und doch hatten diese Gedankenspiele einen besonderen Reiz.

Am nächsten Morgen gab es keinen ‚Engel' und keinen ‚blöden Franzosen' mehr.

Ich fühlte mich entlarvt und bekam nun etwas Abstand zu meinen Fantasien – und musste plötzlich schmunzeln, ja schon fast laut loslachen.

Ich war beeindruckt, auch über die Vorhersagbarkeit solcher Ereignisse. Ich wollte mehr über meinen Geist erfahren, über die Gedanken und Gefühle, ich wollte diese Weisheit haben, ich wollte Erkenntnisse und Wissen und natürlich die Erleuchtung, worüber ich schon einiges gelesen hatte.

Die nächsten Tage verliefen im gleichen Rhythmus wie zuvor. Ich befolgte weiterhin die Anleitungen und lauschte interessiert den Vorträgen. Ich hatte jetzt ein Ziel, irgendwie.

Nachmittags wurde eine Fragestunde eingerichtet, bei der man aber nur Fragen stellen sollte, die mit der Meditation zu tun hatten.

Buddhismus ist dafür bekannt, dass an Wiedergeburt geglaubt wird. So ergab es sich, dass neben Fragen über den Sinn und Zweck der Meditation, Meditationserlebnisse und die Bitte um weitere Erklärungen viele Fragen über Karma und Wiedergeburt gestellt wurden.

Ajahn Buddhadasa lehne es aber ab, so Santikaro, über die Art von Wiedergeburt zu sprechen, die angeblich nach dem Tod des Körpers stattfinden würde, sondern er erkläre Wiedergeburt auf eine sehr praktische Weise. Wie ich oben schon anmerkte, wollte Ajahn Buddhadasa etwas lehren, was einen praktischen und nachhaltigen Nutzen hatte, und zwar in diesem Leben. Es stand also nicht die Frage im Vordergrund: Gibt es ein Leben nach dem Tod?, sondern: Was für ein Leben führe ich *vor* dem Tod?

Santikaro kam nicht mehr darum herum, etwas dazu zu sagen: „Wiedergeburt ist etwas, was du jeden Tag mehrmals erlebst. Es ist die Geburt in einen Bewusstseinszustand hinein. Immer wenn du Kontakt mit der Außenwelt hast, entsteht ein Gefühl des Mögens oder Nicht-Mögens, dann willst du dieses ‚Ding' oder du willst es nicht. Dann machst du eine gewisse Anstrengung, auf dieses Ding zuzugehen oder von ihm weg. Das bestimmt in diesem einen

Moment dein Leben, deine Existenz, und dementsprechend fühlst du dich. Auf Grund der Gefühle entstehen deine Wünsche. Sobald du an ihnen anhaftest, kommst du ins Handeln, um sie dir zu erfüllen, und du wirst so in einen bestimmten Bewusstseinszustand hineingeboren. Das kann an einem Tag mehrere hundert Mal passieren."

Ja, das hatte ich doch gerade erlebt. Bekam ich jetzt nicht die Theorie nachgeliefert für das Erlebnis, das ich da hatte? Die Geburt eines Engels und der Tod eines Engels, die Geburt eines blöden Franzosen und der Tod desselben. Aber das alles geschah doch nur in mir. Ich war als der ‚Verliebte' geboren und durch das, was ich dann hörte, ‚starb' der Verliebte wieder. Und immer wenn ein Gefühl entsteht, wird man in diesen Zustand ‚geboren'. Das leuchtete mir ein.

Ich war begeistert, wie klar das plötzlich für mich war, und begann von nun an, alle diese Gefühlszustände als eine neue Geburt zu sehen, mit der Gewissheit, dass diese Zustände auch wieder ‚sterben' mussten.

Jede Freude, jeder Ärger, jede Eifersucht, die Schmerzen in den Beinen, Gedanken, Gefühle und das Essen, was ich oben reinschob, plumpste es nicht kurze Zeit später unten wieder heraus? All das entstand, verweilte und verging auch wieder.

Wenn das nicht eine tiefe Erkenntnis war, dachte ich, die mich der Erleuchtung einige Schritte näherbrachte?!

Die Tage vergingen in diesem Rhythmus und ich begann mich daran zu gewöhnen, morgens um vier Uhr aufzustehen, zum Frühstück Reis und Gemüse zu essen, zu schweigen, zu meditieren und zu beobachten, was da so durch meinen Geist zog.

Der letzte Tag war angebrochen und heute würde uns Ajahn Buddhadasa zum Abschied einen Vortrag halten. Nach dem Frühstück versammelten wir uns am Hin Kong, dem Steinkreis.

Große Steine, auf denen man sitzen konnte, waren dort in einem Kreis angeordnet, drumherum wuchsen große Bäume, alles auf sandigem Boden. Am oberen Ende stand eine Holzplattform, die aus einer großen Baumwurzel herausgearbeitet war und auf der der jeweilige Mönch saß, der einen Vortrag hielt. Das war hier so Brauch.

Ajahn Buddhadasa war schon achtzig Jahre alt, hatte einen rundlichen Körper, war gekleidet in die bei buddhistischen Mönchen übliche orangefarbene

Robe und er näherte sich langsam der Plattform, gestützt auf einen hölzernen Gehstock, und nahm Platz.

Er hatte eine klare, sehr gesammelte und ruhige Ausstrahlung, und während ich das hier schreibe, weiß ich, dass ich es eh nicht mit Worten einfangen kann, wie ich ihn erlebte. Aber ich fühlte plötzlich eine tiefe Verbundenheit zu diesem Mann. Nein, er war mir nicht fremd, alles hier war mir nicht fremd, und wie ich schon gesagt habe: Es fühlte sich an, als ob ich zuhause angekommen sei. Ich war selbst sehr erstaunt darüber.

Wir saßen auf Bastmatten auf dem Boden und waren angehalten, uns dreimal zu verbeugen, auch das war hier so Brauch.

Er begann auf Thai zu sprechen und Santikaro übersetzte: „Liebe Freunde im Dhamma. Ihr seid aus vielen Ländern der Welt gekommen und reist von einem Ort zum anderen – um was zu finden? Ihr alle sucht Freude, Glück und Erfüllung und versucht es irgendwo da draußen zu bekommen. Dann merkt ihr irgendwann, dass es da nichts zu holen gibt, und reist dann weiter in der Hoffnung, euer Glück und eure Erfüllung woanders zu finden.

Schließlich seid ihr hier in Suan Mokkh gelandet und habt nun diese Tage erlebt. Ich hoffe, ihr habt etwas inneren Frieden gefunden, habt vielleicht erkannt, dass Leiden und Unzufriedenheit immer dann entstehen, wenn wir an etwas anhaften und festhalten wollen. Alles, was es gibt, hat drei universelle Merkmale: Es ist unbeständig. Wenn wir daran festhalten, entsteht Leid, und alle Dinge, auch wir Menschen, haben keinen Selbstbestand oder Wesenskern. Da gibt es kein ‚Ich' oder ‚Mein', das sich nie ändert."

Er sprach noch eine Weile in dieser ruhigen, freundlichen und sicheren Klarheit und verabschiedete uns mit seinen besten Wünschen.

Nein, ich musste nicht alles verstehen, was ich da hörte, aber ich fühlte plötzlich dieses tiefe Vertrauen zu diesem Mann. Er bestand darauf, dass man nichts glauben solle, bezeichnete sich selbst nicht als Lehrer, sondern als *Kalyanamitta*, was so viel wie ‚spiritueller Freund' bedeutet. Wenn man etwas nicht verstehen würde, riet er an, dann solle man es nicht gleich wegwerfen, sondern zur Seite legen und es irgendwann wieder hervorholen und kontemplieren. All das kam mir sehr entgegen.

Später hatte ich einen Traum, in dem er vorkam, welcher die Haltung symbolisiert, die er als spiritueller Freund einnahm: Ich träumte, dass wir gemeinsam einen Hügel hinaufgehen und oben angekommen, werde ich von einem unglaublichen Glücksgefühl durchflutet. Ich strecke meine Arme nach oben aus und helle Lichtstrahlen und Blitze strömen rechts und links von den Bäumen in meine Hände, in meinen Körper und laden mich mit diesem unglaublichen Glücksgefühl auf und ich fühle mich mit dem ganzen Universum verbunden. Als dieses Strahlen vorbeigeht, bin ich erfüllt von tiefer Dankbarkeit und großer Freude. Ajahn Buddhadasa steht ein paar Meter vor mir und ich gehe auf ihn zu, will ihn umarmen und mich bedanken. Er aber hält eine Hand hoch und sagt nur: „Ich habe nichts damit zu tun!"

Die zehn Tage waren vorbei und das Schweigen wurde ‚gebrochen'.

Es war seltsam, dass ich das Gefühl hatte, viele der Teilnehmer gut kennengelernt zu haben, obwohl ich mit den meisten nie gesprochen hatte. Ich bedankte mich bei Santikaro, bei Ajahn Ranschuan, gab eine Spende ab, verabschiedete mich von dem ‚Engel', der nun ein ganz normaler Mensch war, von dem ‚blöden Franzosen', den ich wiedertreffen sollte, Jean war sein Name und wir wurden später Freunde.

Zurück auf die Insel

Der Bus würde bald nach Surat Thani abfahren.

Ich war bei mir, fühlte mich sehr gesammelt, mir fielen Dinge auf, die ich sonst nie beachtet hätte: ein Kieselstein am Wegesrand, ein Blatt im Wind, die bunten Farben der exotischen Blumen, Gedanken, Gefühle. Nichts störte mich, weder der Lärm der anfahrenden Mopeds noch die längere Wartezeit später an der Fähre. Ich hatte keine Eile, irgendwo hinzukommen, und doch war ich gespannt darauf, Anna wiederzusehen.

Auf der Fähre angekommen, legte ich mich auf meinen Platz und ohne, dass ich es wollte, kamen plötzlich die Bilder unserer ersten Begegnung in meinen Sinn.

Anna

Sie war damals gerade von München nach Berlin gezogen, um zu studieren. Eines Nachts hatte Anna ihren Wohnungsschlüssel vergessen und ihre Gastgeberin hatte ihr Klingeln nicht gehört. So machte sie sich auf ins Pressecafé am Zoo, wo man um diese Zeit schon frühstücken konnte.

An diesem frühen Morgen kam ich gerade von einer Party aus Spandau nach Hause. Müde war ich noch nicht und im Hinterhof brannte in Burkhards Wohnung noch Licht. Ich war hocherfreut, lud ihn zum Frühstücken ein und wir machten uns auf den Weg ins Pressecafé.

Dort angekommen, setzten wir uns an einen der Tische am Fenster und konnten so dem noch spärlichen Treiben auf den Straßen zuschauen. Wir waren gut drauf, lachten und scherzten, und zu erzählen gab es mit Burkhard immer etwas. Er gehörte in Berlin zu meinen besten Freunden. Die junge, hübsche, blonde Frau am Nachbartisch war uns nicht entgangen, auch nicht, dass sie da ganz alleine saß. Wir waren beide nicht wenig überrascht, als sie plötzlich zu uns rüberkam und fragte, ob sie sich zu uns setzen könne. Na klar doch, sehr gerne.

Dann die üblichen Fragen: Woher kommt ihr, was macht ihr, was machst du?, und wir legten los, uns darzustellen. Erzählten von unseren Drogengeschäften, dem Etablissement, in dem Frauen für uns arbeiteten, kleine Waffengeschäfte nebenbei – Anna glaubte nichts davon, mit Recht. Aber sie brauchte für diese Nacht einen Schlafplatz und ich lud sie ein, bei mir zu schlafen, vergaß aber nicht, ihr zu versichern, dass sie ein Bett für sich alleine haben könne, sogar ein eigenes Zimmer, da mein jüngerer Bruder Reinhold, der übergangsweise bei mir wohnte, gerade nicht da war. So machten wir das auch und ein paar Wochen später wurde Anna meine Freundin.

Irgendwann fragte ich sie, warum sie sich damals zu uns setzte, und sie meinte, wir hätten eine schöne Atmosphäre um uns gehabt und ihr gefielen meine Augen.

Und während sich alle diese Bilder aus der Vergangenheit vor meinem inneren Auge lebhaft abspulten, musste ich plötzlich lachen und freute mich umso mehr auf Anna.

Am Nachmittag erreichte die Fähre Koh Samui, das Sammeltaxi brachte mich zum Chaweng Beach, und ich erreichte unsere Bungalowanlage am frühen Abend.

Anna war in unserer Hütte und döste gerade ein wenig. Wir umarmten uns und freuten uns, einander wiederzusehen.

„Wie war es?“, wollte sie gespannt wissen, „und hast du eine Antwort auf deine Frage nach dem Sinn des Lebens bekommen?“ Ich versuchte ihr das alles zu erzählen, was mir aber nicht wirklich gelang. Irgendetwas hatte sich jedoch in mir verändert.

Ich wurde zum ständigen Beobachter meiner Gedanken und erschrak immer öfter bei der Erkenntnis, dass ich viele unbewusste Absichten hatte, von denen ich vorher nichts wusste, sogar bei den trivialsten Alltäglichkeiten.

Zum Beispiel sagte ich später zu Anna: „Lass uns einen Kaffee trinken." Und tief drinnen lauerte die Erwartung, dass sie jetzt losgehen, zwei Kaffee holen und sie herbringen solle. Dann bemerkte ich dieses Auftauchen der vielschichtigen Absichten immer mehr und fast ständig, und ich bekam einen Schreck nach dem anderen. Das war also damit gemeint, dass Achtsamkeit eine klärende Wirkung habe.

Es klopfte an unserer Tür und ein Italiener stand davor und meinte zu Anna, ob sie Lust habe, Volleyball zu spielen. Nein, hatte sie nicht, oder vielleicht doch? Sie erzählte mir, dass sie die letzten Tage oft Volleyball gespielt hatte. Ich erinnerte mich an den Satz: ‚Wenn du etwas Schönes hast, dann gibt es auch andere, die das schön finden.' Den kurzen, eifersüchtigen Gedanken schob ich gleich wieder in seine Ecke und besann mich auf die Gelassenheit, die ich im Kloster entdeckt hatte.

Am nächsten Morgen war ich, noch im Rhythmus des Klosters, früh wach, ging zum Strand runter, beobachtete die kleinen Wellen, die sanft, aber stetig gegen den Sand rollten, leicht aufschäumten und gefolgt von weiteren Wellen mit ihnen verschmolzen und wieder zurückflossen.

Während meiner Abwesenheit war eine Gruppe junger Leute aus dem Allgäu angekommen. Ich bemerkte eine junge Frau, die tänzelnd den Strand entlanghüpfte, direkt auf mich zu.

Sie lachte vor Freude und rief mir mit deutschem Akzent ein „good morning, how are you?" entgegen. „Good morning", antwortete ich und meinte, ob sie denn auch aus Deutschland sei. „Yes", sagte sie, und ich war neugierig, was denn der Grund für ihre Freude war, ob ich denn irgendwo etwas verpassen würde?

„Wir machen heute einen Ausflug über die Insel, haben einen Jeep gemietet und fahren nachher gleich los." Ich wünschte ihr viel Spaß und ging später mit Anna frühstücken.

Am frühen Abend sah ich dieselbe Frau mit einer Whiskeyflasche in der Hand alleine im Sand sitzen, die Hälfte war schon geleert und Tränen rollten über ihr Gesicht.

„Was ist denn passiert?", fragte ich neugierig und etwas besorgt, und sie meinte: „Wir hatten einen so schönen Tag heute und jetzt ist alles vorbei."

Ich wollte ihr meine neu gewonnenen Weisheiten über Vergänglichkeit und Unbeständigkeit, über Anhaften und Loslassen nicht aufdrängen, sagte irgendetwas Freundliches zu ihr und ging zurück zu unserer Hütte, wo die folgenden Worte aufs Papier flossen:

In einer Welt …

… die ständig auseinanderfällt,
das ewige Bemühen, den Mangel auszugleichen.
… und das gezwungene Lächeln,
das den Schmerz des Menschseins übertünchen soll.
Was soll's!?

Im Gleichschritt der Zeit ein Überdauern der Ewigkeit!?
Das wär's.
Sogar sie ist zu überwinden.
Aber der Wind bewegt auch weiterhin
die Blätter – auch die geistigen,
und sie füllen den Raum.

Müde Gesichter im Blick nach hinten
und sorgenvolle in der Schau nach vorne.
Nichts bleibt zu tun.

Die Lasten können abgesetzt werden,
aber niemand scheint es zu interessieren.
Es ist eine Entscheidung,
doch worauf kommt es an?

Das Lachen eines Kindes
weiß nichts vom Morgen
und Schokolade
schmeckt niemals besser als jetzt.

Liebe und Hingabe ohne zweites Gesicht.
Das ist die Unschuld eines Kindes.
Es weiß (noch) nichts
und hat auch noch nicht vom Apfel
der zweifelhaften Erkenntnis genascht.

Die Teufel warten aber schon
ganz geduldig und ohne Eile,
und Engel hoffen im Hintergrund.

Das Locken ist mächtig,
das Ziehen und Drücken.
Überall ist alles
zu sehen, zu hören,
zu riechen, zu schmecken.

Beim Abschied, erst dann,
wird es fade und öde,
ausgelutscht, zerfallen und spröde.

Doch dann ist es einfach
nur das, was es ist.
Und hier natürlich auch
das, was es war.
Was bleibt, wenn alles geht?

Da lacht die Dunkelkammer
und öffnet das Licht.
Heiter soll's aber auch sein,
und wenn
auch nur
ein wenig.
So kann's bleiben?!

Bangkok – Tokio – Berlin

Annas Flugzeug würde in drei Tagen in Bangkok Richtung Tokio abheben. Wir packten unsere Rucksäcke, verabschiedeten uns von unseren Freunden, von Jomana und Garun, die das Restaurant betrieben, und dann machten wir uns mit dem Nachtzug auf den Weg nach Bangkok.

Wir stiegen im Malaysia Hotel ab, verbrachten den folgenden Tag in Chinatown und den Straßen von Bangkok, den großen Kaufhäusern, machten eine Schifffahrt auf dem Chao-Phraya-Fluss, gingen noch irgendwo essen und am nächsten Abend fuhren wir mit dem Taxi zum Flughafen.

Es fühlte sich für mich nicht wie ein langer Abschied an, denn wir waren im Laufe unserer Beziehung ja schon öfters einige Monate getrennt und irgendwie gehörten diese Phasen der ‚Trennung' scheinbar zu unserer Beziehung. Es hatte also nichts Beunruhigendes oder Trauriges oder gar Dramatisches. Anna freute sich darauf, nach Japan zu fliegen und eine neue Erfahrung zu machen, und ich freute mich darauf, mich mit der Meditation und der Lehre Buddhas eingehender zu beschäftigen, auch wenn das in den nächsten Monaten in Berlin sein würde statt in einem Kloster.

Im Flughafengebäude fanden wir noch zwei freie Plätze in einem Restaurant, tranken noch eine Cola und aßen einen Hamburger. Dann brachte ich sie zum Check-in. Dort umarmten wir einander innig und verabschiedeten uns mit einem liebevollen Kuss und ich wünschte ihr alles Gute in Japan. Natürlich wollten wir in Kontakt bleiben, ab und zu mal schreiben, ab und zu mal telefonieren. Dann ging alles sehr schnell. Ihr Flug wurde aufgerufen, sie ging zum Check-in und weg war sie. Mutige Frau, dachte ich so bei mir, als ich den Flughafen verließ und mich ein Taxi zurück ins Hotel fuhr.

Ich hatte noch drei Tage in Bangkok, bis auch mein Flieger nach Berlin zurückflog. Ich wandte mich wieder der Meditation zu. Auf der Dachterrasse des Hotels übte ich mich in Gehmeditation, ging tagsüber zur Schlangenfarm, machte ein paar Ausflüge, besuchte das Kloster *Wat Po*, kaufte mir ein Buch über Zen-Buddhismus, verbrachte ein paar Stunden den *Spiegel* lesend im Goethe-Institut und war alles in allem zufrieden mit dem, wie es gerade war.

Im Goethe-Institut kam ich mit einem Deutschen ins Gespräch.

Er hatte sich kürzlich mit einer Thailänderin vermählt und freute sich darauf, den Rest seines Lebens in diesem wunderbaren Land zu verbringen. Doch er hatte die Rechnung ohne den Wirt gemacht und nicht daran gedacht, mit seiner Frau, die mittlerweile von ihm schwanger war, zu besprechen, an welchem Ort sie zukünftig gemeinsam leben wollten. Wie sich dann herausstellte, war sie der festen Überzeugung gewesen, dass sie gemeinsam nach Deutschland gehen würden, um dort zu leben. Der junge Mann wirkte recht verzweifelt.

Die Griechen prägten für diesen Zustand das Wort ‚Dilemma', und auf Thai heißt das: *Glühn mai gao, gleih mai ork* – was so viel bedeutet wie: ‚Man kann es nicht herunterschlucken, aber auch nicht ausspucken.'

Ich wünschte ihm trotzdem alles Gute und war froh, nicht in seiner Haut zu stecken.

Zurück in Berlin

Das Flugzeug landete irgendwann mittags in Berlin, ich nahm Bus und S-Bahn und war wieder in Berlin-Moabit. Mein Bruder Reinhold, der mittlerweile bei mir wohnte, war gerade in Fulda und ich schlief erst mal für den Rest des Tages. Ich hatte noch keine Lust, irgendjemanden zu sehen. Ich kaufte ein paar Lebensmittel und verbrachte den Abend bei mir, mit mir, und es fühlte sich gut an. Ich spürte weiterhin diese innere Gesammeltheit und Gelassenheit, meditierte ein paar Stunden und genoss die Ruhe und Stille und das Schweigen, denn es war ja niemand da, und die Geräusche der Straße störten mich nicht.

Am nächsten Tag traf ich dann meine Freunde und Bekannten wieder.

Ich wohnte im zweiten Stock eines vierstöckigen Hauses und fast direkt unter mir machte eine neue Kneipe auf. Die Betreiber waren ehemalige Mitglieder der „Bewegung 2. Juni", ein Ableger der RAF. Sie wurden durch die Lorenzentführung berühmt und berüchtigt, und nachdem sie ihre Haftstrafe abgesessen hatten, eröffneten einige von ihnen diese Kneipe, die sie bezeichnenderweise ‚Untergrund' nannten.

Fritz Teufel saß immer mal morgens dort und frühstückte und ich lernte Gerald, der als Geschäftsführer fungierte, kennen und mögen. Er war einer der Köpfe der „Bewegung 2. Juni“ gewesen. Seine Frau hatte, glaube ich, sieben Jahre auf ihn gewartet, bis er wieder aus dem Gefängnis entlassen wurde. Wir trafen uns regelmäßig im ‚Untergrund‘, tranken Bier, aßen Pommes, spielten Karten und ließen die Zeit an uns vorüberziehen.

Diesmal wusste ich schon, wann mein nächster Flieger zurück nach Bangkok gehen würde, und somit hatte ich ein klares Datum und genügend Zeit, um hoffentlich genug Geld zu verdienen. Wir schreiben das Jahr 1987, es ist Mai und ein paar Aufträge für Platten legen, Zäune bauen und Rasen anlegen kommen herein.

Immer noch zehrte ich von diesen Tagen in Suan Mokkh, auch meditierte ich fast regelmäßig, aber der Alltag hatte mich wieder mit den gewohnten Freizeitbeschäftigungen, den Treffen mit meinen Freunden und Kneipenbesuchen eingefangen.

Anna ruft an und erzählt, dass sie ein kleines Zimmer und auch einen Job gefunden habe. Sie arbeite in einem Club und verdiene dabei eine Menge Geld. Es gehe ihr gut, sie vermisse mich auch ein wenig, aber ansonsten habe sie ein paar Mädels aus England und Deutschland kennengelernt, mit denen sie ab und zu durch Tokio streife. Ich freute mich für sie. Mutige Frau, dachte ich mal wieder.

In Suan Mokkh hatte ich mir ein paar Bücher in englischer Sprache gekauft und machte mich daran, mit den Lehren des Buddha vertraut zu werden, las, was Ajahn Buddhadasa lehrte, und versuchte auch im Alltag Achtsamkeit zu üben.

An diesem Nachmittag musste ich am Geldautomaten warten, bis eine Frau vor mir fertig war, und als ich meine Karte reinsteckte, bemerkte ich, dass da noch zwanzig Mark im Schlitz steckten. Sie konnte noch nicht weit sein und tatsächlich nahm ich den Schein, lief hinter ihr her und sagte, dass sie etwas vergessen habe. Vor wenigen Monaten noch hätte ich mir allerdings überlegt, ob ich ihn nicht lieber selbst behalten sollte. Ich staunte über mich und ordnete diese Ehrlichkeit dem meditativen Prozess zu, der bereits Früchte zu tragen schien.

An einem Abend ging ich mal wieder in den ‚Untergrund‘. Die meisten Stühle waren besetzt, an der Theke standen zwei Männer, die sich unterhielten, und ich verfolgte die Unterhaltung ein wenig. Ich weiß nicht mehr den Inhalt des Gesprächs, aber ich bemerkte an einem Punkt der Unterhaltung, dass der eine die Frage des anderen nicht verstanden hatte, aber trotzdem eine Antwort darauf gab. Dem anderen fiel das gar nicht auf und sie redeten weiter.

Und dann hörte ich mal genauer hin, auch auf das, was ich so sagte.

Ich erschrak darüber, wie wenig man sich gegenseitig zuhörte und wie emsig jeder darauf bedacht war, seine Geschichten loszuwerden.

Da meine Achtsamkeit auch weiterhin alles erfasste, bemerkte ich, wie ich schneller atmete, nur um mit der nächsten Ausatmung auch meine Geschichten zum Besten geben zu können. Ich fühlte mich langsam davon gestresst, kaum einen Satz entspannt zu Ende sprechen zu können, und es begann mich zu nerven. Hörte überhaupt irgendjemand zu?

Ich hatte keine Lust mehr, abends zu saufen, zu kiffen, in Kneipen zu sitzen und Karten zu spielen oder mit irgendwelchen Frauen zu schlafen. Es machte mir keine Freude mehr und fühlte sich so sinnentleert an.

Während einer Meditation in Suan Mokkh hatte ich eine entsprechende Erkenntnis und sagte zu Santikaro: „Ich glaube, dass achtzig Prozent der menschlichen Kommunikation aus Missverständnissen besteht.“ Und er meinte nur: „Nein, neunundneunzig.“

Da ich nicht jeden Tag arbeitete, begann ich Gedichte und Geschichten aufzuschreiben, hängte mir abends eine Leinwand an die Wand und malte abstrakte Bilder mit Titeln wie ‚Der Abstand zwischen zwei Punkten ist immer gleich‘ oder ‚Alle bedingt entstandenen Erscheinungen vergehen‘ oder ‚Offene Verbindungen‘.

Es machte mir viel Freude, und ich hatte das erste Mal das Gefühl, Kunst zu machen. Ich entdeckte zwar den Gedanken in mir: Wie werden diese Bilder anderen gefallen? Aber auch hier hatte ich genug Achtsamkeit, die das Gieren nach Beifall und Anerkennung entlarvte und diese Gedanken sofort verwarf. Ich fühlte mich so frei und präsent wie noch nie zuvor in meinem Leben.

Als ich gerade von einer Baustelle zurückkam, rechnete ich einige Posten im Lkw schnell durch, schaute auf die Straße, sah die Autos, sah die vorbeieilenden Menschen und fragte mich, wohin die denn alle gehen. Plötzlich kam der Gedanke: „Will ich das eigentlich mein ganzes Leben lang machen?“ „*Nein!*“, war die entschiedene Antwort aus irgendeiner Ecke meines Gehirns – oder kam es aus meinem Herzen?

Ich will dich, Leser, nicht mit weiteren, belanglosen Geschichten langweilen, die sich sowieso immer nur wiederholten.

Die Tage zogen ins Land, der Sommer kam und ging auch wieder und eine leise, aber stetige Ernüchterung und Übersättigung machte sich in mir breit.

Mit meinem Bruder Reinhold erlebte ich ein paar schöne Zeiten. Nach durchgezechten Nächten in Diskos und Kneipen fuhren wir morgens zum Teufelsberg, filmten uns gegenseitig mit einer Videokamera, schauten uns Sonnenaufgänge an, philosophierten über das Leben, genossen die Zeit miteinander, und der Tag meiner Abreise kam immer näher, worauf ich mich freute.

Es war kurz nach Weihnachten, als ich mich freudig und leicht mit meinem Rucksack und einem Ticket auf den Weg nach Bangkok machte.

Wat Pang Bua – das Kloster am Lotusteich

Anna war schon zwei Tage in Bangkok und wir trafen uns im vereinbarten Hotel, fielen uns in die Arme, und es fühlte sich so an, als ob keine Zeit seit unserer letzten Begegnung verstrichen war. Sie sah gut aus, hatte ihre Haare hellblond gefärbt, und wir erzählten einander die Geschehnisse der letzten Monate.

Wir hatten Pläne: erst nach Koh Samui und dann gemeinsam nach Indien.

Koh Samui war wie immer – Sonne, Strand und Meer. Art und Andy waren auch wieder da und wir machten das, was man auf so einer Insel eben macht. Wir hatten ja schon Übung darin.

Ich erfuhr, dass es hier auch ein kleines Kloster gab, namens *Wat Pang Bua*, was so viel heißt wie ‚Kloster am Lotusteich'. Es war ein Zweigkloster von Suan Mokkh, und zu meiner Freude würde dort bald ein Meditationskurs stattfinden. Voller Begeisterung erzählte ich Anna davon, die ebenfalls Interesse zeigte, mitzumachen. Einige Tage später meldeten wir uns an und checkten ein.

Es war wieder ein Schweigekurs und Anna und ich würden nun zehn Tage keinen Kontakt miteinander haben. Santikaro war da, Ajahn Ranschuan und *Ajahn Po*, ein damals zirka sechzigjähriger Thai-Mönch, der in Suan Mokkh als zweiter Abt fungierte. Sein Englisch war eher dürftig und sehr bedächtig, aber es klang irgendwie süß.

Wie mir jemand erzählte, hatte Ajahn Po sieben Jahre in einer Höhle gelebt, und er meinte später mal, dass man im Dunkeln das Licht seines Geistes einschalten müsse.

Er hatte angeblich fortgeschrittene Stufen der Meditation erlangt, manche behaupteten sogar über ihn, dass er geistige Kräfte wie das Gedankenlesen und Ähnliches entwickelt habe.

Einige Jahre später kam er mir mal in einer stockdunklen Nacht entgegen und stand plötzlich vor mir. Ich selbst hatte natürlich eine Lampe in der Hand, denn es gab hier sehr viele Giftschlangen, und man musste besonders nachts aufpassen, wohin man seinen Fuß setzte. Aber er lief ohne Lampe herum. Bei einem späteren Retreat fiel ein Teilnehmer von einem Podest herunter und musste ins Krankenhaus gebracht werden, und obwohl sich Ajahn Po zu der Zeit drei Kilometer weiter weg aufhielt, meinte er am nächsten Morgen, was denn gestern Abend passiert sei, denn er sei unruhig geworden.

Es gab ein Problem mit den Toiletten in diesem Kloster, denn sie wurden nur noch für diese Retreats benutzt, die vielleicht viermal im Jahr stattfanden. Die Wurzeln der Bäume wuchsen in die Abwasserrohre hinein und verstopften alles, so dass nichts mehr abfließen konnte. Ajahn Po suchte Freiwillige, die sich dieses Problems annahmen. Ist ja klar, dass ich dabei war.

Er wickelte etwas Stacheldraht um ein Bambusrohr, damit wir so die Wurzeln und alles, was sich da noch so verfangen hatte, herausziehen konnten. Wir machten uns an die Arbeit, aber die Wurzeln waren zu dick geworden, so dass diese ‚Werkzeuge' einfach nicht funktionierten. Ich musste kurz überlegen, griff dann aber mit bloßen Händen beherzt in diese Rohre und riss alles, was da drinnen war, heraus. Nach erledigter Arbeit mussten wir uns erst mal ordentlich waschen. Es fühlte sich irgendwie gut an, trotz der ganzen Fäkalien an Armen und T-Shirt.

Ajahn Po lächelte uns anerkennend zu und meinte, dass wir uns gerade in *Dhammaduty* geübt hätten, einer zu erledigenden Aufgabe, die für alle nützlich sei. Selbstloses Tun und das Erfüllen einer notwendigen Aufgabe seien genauso wichtig und nützlich wie Meditation, meinte er noch.

Ich konnte das zwar nicht ganz glauben, freute mich aber über sein Lob und seine Anerkennung. Das kam meiner frühkindlichen Konditionierung entgegen, denn Lob verschaffte mir eine gewisse Sicherheit des Seins im Leben.

Dann traf ich einen weiteren Westler in Mönchsroben, der Ajahn Po bei diesem Retreat unterstützen sollte. Ich sprach ihn auf Englisch an und er antwortete mir auf Englisch. Definitiv hörte ich hier einen bayrischen Slang heraus. Und so war es auch.

Viriya war sein Mönchsname und er lebte eigentlich in Suan Mokkh, aber war immer mal in anderen Klöstern unterwegs. Seit vier Jahren sei er nun schon in Roben, nachdem er in München einfach keinen Sinn mehr in seinem Leben fand und es ihn schließlich, nach mehreren Meditationskursen, hierher verschlagen hatte.

Ajahn Po hatte einen Gong in der Hand und brauchte etwas, um ihn anzuschlagen. Ich fand einen passenden Stock und schlug gegen den Gong, dass es nur so schepperte. Ajahn Pos Rat folgend wickelte ich ein Tuch um den Stock, schlug ihn wieder an, und er sagte: „Jetzt ist es anders." „Ja, jetzt ist es besser", ergänzte ich. „Anders", meinte er wieder, „ja, besser", sagte ich nochmals, woraufhin er mich einfach nur anlächelte. Irgendetwas hatte ich in dem Moment verstanden.

Wir waren zirka fünfundzwanzig Teilnehmer. Ajahn Po, Santikaro, Viriya und Ajahn Ranschuan waren unsere Lehrer – oder besser gesagt, unsere spirituellen Freunde, die den Retreat leiten würden.

Dann begann der Retreat mit einer Einführung. „Meine lieben Freunde im Dhamma …", eröffnete Ajahn Ranschuan ihren Vortrag an diesem Abend, und eine Welle tiefer Vertrautheit machte sich auf den Weg durch meinen ganzen Körper.

Es ging in diesem Retreat wie immer darum, seinen Geist auf das zu richten, was im Moment stattfindet, egal, was man gerade tut, und zur Erinnerung: *Das war die Achtsamkeit, der Schlüssel zur Weisheit.* Diesen Satz hatte ich nicht vergessen. Er hatte etwas Geheimnisvolles, ja fast schon magisch Vielversprechendes, und ich wollte mehr darüber erfahren.

Meditation

Eines Abends saßen wir wieder in der Meditationshalle und waren angehalten, den Atem immer wieder zu spüren, sollten beobachten, wenn sich Gedanken einschleichen würden, diese bemerken und dann erneut zum Atem zurückzukehren – immer wieder und immer wieder. „Es brauche Geduld, viel Geduld", meinte Ajahn Ranschuan in ihrer sanften, freundlichen und liebevollen Art. Sie hatte Recht!

Da saß ich nun, Matthias Jordan, Wahlberliner, Landschaftsgärtner, dreißig Jahre alt, in Beziehung lebend, keine Kinder, keine Pläne, keine Ahnung, wie das Leben weitergehen würde. Aber es war mir egal, ich machte mir keine großen Sorgen oder Gedanken über die Zukunft und ließ alle diese Gedanken kommen und wieder gehen und kommen und wieder gehen, konzentrierte mich nach Anleitung auf meinen Atem, immer wieder und immer wieder.

Und dann spürte ich auf einmal an der Nasenspitze dieses feine Gefühl des Atems, spürte für die gesamte Dauer des Atmens dieses Gefühl, es zog mich an, es zog mich hinein und dann war nur noch Atem da, fein, leicht, nur das und mehr nicht, aber begleitet von einem Gefühl tiefer, ausgedehnter Freude. Ich fühlte mich nur noch als Atem, ohne irgendwelche Gedanken. Ich war hier, und zwar genau hier.

Als der Gong erklang, hörte ich die vibrierenden Wellen des Schalls an mein Trommelfell klopfen, sie wurden dann immer feiner und leichter, bis ich schließlich nichts mehr hörte. Ich saß da, die Beine schmerzten jetzt, aber es war mir egal, es waren nur Empfindungen, ohne dass sie mich irgendwie irritierten. Stattdessen fühlte ich eine innere, noch nie erlebte feine Freude, und es kam mir der Gedanke: Ich bin der Atem. Denn der war immer noch im Vordergrund meiner Wahrnehmung.

Die Abendsession war beendet und ich ging zurück in mein sehr kleines Zimmer, das mir Ajahn Po angeboten hatte. Es war etwas über einen Meter breit und gut zwei Meter lang und so musste ich nicht mit den anderen in den Dormitorien schlafen.

Hier hatte ich meine wenigen Sachen verstaut, übersichtlich und klar. Ich legte mich hin und verweilte noch in diesem Frieden, bis wir wieder um vier Uhr von der Glocke zur Morgenmeditation geweckt wurden.

In den Pausen saß ich am Lotusteich, schaute auf die rosa Blüten und die grünen Blätter, spürte den warmen Wind auf meiner Haut, sah leichte Wellen auf dem Teich tanzen, vom gleichen Winde gekräuselt, und beobachtete Ameisen bei ihrem geschäftigen Treiben. Alles bewegte sich in seiner eigenen Natürlichkeit und ich fühlte in mir einen tiefen Frieden.

Nach einem der Vorträge über das Anhaften und die daraus resultierenden Konsequenzen des Leidens in seinen mannigfaltigen Formen, wie Ängsten, Sorgen und Unsicherheiten, lud Ajahn Ranschuan zu Fragen ein. Ein Teilnehmer meinte, dass es doch auch positives Anhaften gäbe, wie das an seinen Kindern oder seinen Liebsten.

Dazu meinte Ajahn Ranschuan nur: „Nein, man kann seine Liebsten auch ohne Anhaftungen lieben, denn Anhaftungen führen immer zu Sorgen, Kummer, Leid und Schmerz und besetzen den Geist. Ein sorgenvoller Geist ist immer in der Zukunft, also nie im Jetzt. Weiterhin besitzt ein anhaftender Geist nicht mehr die Fähigkeit, Veränderungen zu akzeptieren, weil er schon eine Vorstellung davon hat, wie etwas zu sein habe, und so wird der natürliche Fluss der Dinge behindert …" Das war eine sehr klare Ansage.

Dann sprach sie über Gefühle und erklärte, dass sie nichts Reales seien, sondern immer nur aufgrund von Bedingungen entstünden. Bevor ein Gefühl entstehen könne, müsse es immer zu einem Kontakt über die Sinne kommen, und dann entstehe entweder ein angenehmes, unangenehmes oder neutrales Gefühl.

Eijeijei, war das eine nüchterne Betrachtung der so hochgeschätzten Gefühle, dachte ich bei mir. Und sie ergänzte, dass man mal beobachten solle, wie schnell sich diese Gefühle immerzu verändern würden. Und meine Gefühle änderten sich – und zwar immerzu.

Am nächsten Tag war es aus unerklärlichen Gründen vorbei mit dem Frieden.

‚Scheiße', dachte ich, ‚was ist los?' Tausende von Gedanken während der Meditation, keinen ruhigen Geist mehr – und mein Ärger war wieder im Anmarsch.

Mein kritischer Blick war plötzlich wieder unterwegs, ich fand wieder jemanden, den ich geistig runtermachte und abwertete. ‚Wie die dasitzt, wie der da läuft …', und dann passierte es, dass jemand seinen Löffel während des Essens fallen ließ. In der Stille der im Schweigen eingenommenen Mahlzeit klang der auf den Steinfußboden aufschlagende Löffel wie ein Auto, das gegen eine Wand fuhr.

Voller Verachtung trafen den Verursacher meine bösen Gedanken: ‚Du Idiot, du sollst doch achtsam essen, aufpassen, was du machst, nicht deinen belanglosen Gedanken hinterherjagen und verdammt nochmal diesen Löffel festhalten.' Und immer weiter ging es in diesem ärgerlichen Gedankenstrom, bis ein Gong das Ende der Mahlzeit anzeigte und ich mir bewusst wurde, welche Gedanken ich gerade hatte, oder besser gesagt, welche Gedanken mich gerade hatten.

Hat das denn nie ein Ende? Nein, es hatte noch kein Ende, und wenn doch, dann nur ein vorläufiges. Aber so wie der Ärger kam, so ging er auch wieder, und es wurde wieder zur Meditation eingeladen, angekündigt durch einen Gong.

Und auch diese Tage vergingen in äußerlichem Schweigen, aber innerlich gab es immer wieder diesen Aufruhr, ein Wechselbad der Gefühle und vieler Erinnerungen und Gedanken, die einfach kamen, ohne eine Einladung abzuwarten. Und die meisten dieser Gedanken hätte ich bestimmt nicht eingeladen. Dann kam der letzte Tag und das Schweigen wurde wieder ‚gebrochen'.

An diesem frühen Abend saß ich an meinem Lieblingsplatz, am Lotusteich, und zeichnete mit einem Stöckchen verschiedene Zeichen in den Sand, beobachtete die Ameisen, spürte den warmen Wind auf meiner Haut und fühlte eine unglaubliche Stille in mir.

Ich war dem Schweigen näher als dem Reden und dann stand Anna vor mir. „Na", meinte sie zu mir, und ich wusste nichts darauf zu erwidern, zwang mich aber zu einem „Na", und ein paar Worte fielen nur langsam aus meinem Mund.

Es gab gerade nicht wirklich etwas zu sagen und so schwiegen wir, und ich deutete an, dass es mir gerade lieber wäre, noch etwas allein hier zu sitzen. Anna musste sowieso noch etwas erledigen.

Dann gab es eine letzte Abendmeditation und einen letzten Vortrag mit praktischen Hinweisen für den Alltag und Ermutigungen, die Meditation weiter zu üben.

Von all den Worten, die Ajahn Ranschuan an diesem Abend sprach, sind mir bis heute zwei Sätze sehr deutlich in Erinnerung geblieben: *„Mache das Beste aus jedem Moment!"* und *„Werde dein bester Freund!"*

Am nächsten Morgen herrschte die übliche Aufbruchsstimmung.

Matten, Sitzkissen und Petroleumlampen wurden weggeräumt, Rucksäcke gepackt, Erfahrungen ausgetauscht, Adressen auch, und wir verabschiedeten uns von Santikaro, Viriya, Ajahn Po und Ajahn Ranschuan.

Irgendwie hatte Anna etwas ‚Seltsames' an mir wahrgenommen – und ich selbst auch.

Beim Abschied fragte sie Ajahn Ranschuan, ob es denn möglich sei, den spirituellen Weg gemeinsam in einer Partnerschaft zu leben, oder müsse man dazu in ein Kloster gehen? Ajahn Ranschuan meinte auf diese Frage, dass es wundervoll für eine Partnerschaft sei, wenn man auch hier einen gemeinsamen Weg gehen würde. Anna schien mit dieser Antwort sichtlich zufrieden zu sein und mich beschlich das leise Gefühl, dass sie die Frage nur gestellt hatte, damit ich diese Antwort hörte.

Indien oder nicht?

Bevor wir nach Indien weiterreisen wollten, gingen wir zurück zu unserer Bungalowanlage am Chaweng Beach. Ich fühlte mich sehr mit mir verbunden, sehr auf mich selbst fokussiert, und meine Achtsamkeit war gut entwickelt.

Anna fand die Meditation und die Lehre Buddhas ganz interessant, war aber doch nicht so sehr beeindruckt davon wie ich und wollte weiter nach Indien. Aber wollte ich auch nach Indien? Hier auf Koh Samui erwartete uns das Übliche: Sonne, Strand und Meer, viel gutes Essen und Kokosnuss-Milchshakes. Es faszinierte mich nicht mehr.

Traum

In dieser Nacht hatte ich folgenden Traum: Ich wache morgens auf, gehe ins Restaurant und alle sehen sehr krank aus, sind weiß im Gesicht, haben dunkle Ringe unter den Augen und sie laufen sehr schleppend und müde umher, wie von einer Krankheit befallen, aber scheinen es selbst nicht zu bemerken. Ich spüre nichts von den Symptomen und will herausfinden, was los ist. Als ich in der Stadt ankomme, sehe ich eine Amerikanerin, und sofort weiß ich, dass sie weiß, was passiert ist, dass sie vielleicht etwas damit zu tun haben könnte. Ich stürme auf sie zu, sie rettet sich in einen Fahrstuhl, ich schaffe es gerade noch hinein und frage sie: „Was ist hier los?" Sie will erst nichts sagen, druckst herum, aber ich bleibe dran, zwingend, beständig, fordernd, und lasse nicht locker, bis sie sagt: „Es ist hier eine Kokosnuss-Epidemie ausgebrochen."

Der Traum hatte eine Bedeutung, die sich mir nur gefühlsmäßig erschloss.

Kurz gesagt: Auch das Schönste, Schmackhafteste, Beste, Tollste wird eines Tages, irgendwann einmal öde, spröde und ohne Geschmack und Faszination sein. Und wenn man das nicht bemerkt, kann einen auch das Schönste und Beste krank machen.

Dieses Gefühl hatte ich in etwas abgemilderter Form mittlerweile bei allem, was ich auf dieser Insel machte, sogar wenn ich mit Anna schlief, bekam das auch diesen Geschmack, und ich begann mir Sorgen zu machen. Aber worüber sorgte ich mich eigentlich? Dass mir Bekanntes genommen wird, dass ich das

‚Schöne' nicht mehr als solches sehen, fühlen und erleben konnte, dass sich eine tiefe Ernüchterung in mir breit machte? Was passierte hier eigentlich mit mir?

Ich sprach mit Anna. Ich wollte nicht nach Indien, ich wollte nach Suan Mokkh, sie könnte ja mitkommen. Denn zum Abschied hatte Santikaro noch in einem Nebensatz erwähnt, dass man auch außerhalb der Retreats in Suan Mokkh willkommen sei, und *das* hatte ich mir gemerkt, und mehr noch, es wurde für meine Ernüchterung zu einer Art Rettungsring und allein der Gedanke daran gab mir ein besseres Gefühl.

Anna wollte nach Indien und ich nicht – und – wir hatten ein Problem.

Wir überlegten und erwogen verschiedene Möglichkeiten und kamen zu der Lösung, dass jeder das tun solle, was er mag, und wir uns ja wieder in Nepal, in Katmandu, treffen könnten, in sechs Wochen oder so, den genauen Zeitpunkt wollten wir noch bestimmen.

Sie würde noch eine Woche auf Koh Samui bleiben, bevor sie nach Indien aufbrach.

Sie war enttäuscht darüber, dass ich nicht mitwollte, und ich war auch enttäuscht, aber vor allem war ich ernüchtert: in Bezug auf Sonne, Strand und Meer, von all den Kokosnuss-Milchshakes, dem Windsurfen, den Stranddiskos – von allem.

Und hier fasse ich dieses Wort ‚Enttäuschung' im wahrsten Sinne seiner Bedeutung auf, dass ich keiner Täuschung mehr erliegen wollte, ja nicht einmal erliegen konnte, sogar, wenn ich es gewollt hätte. Irgendetwas in mir hatte verstanden, dass es da draußen in der Welt nichts gibt, was eine Beständigkeit von Freude oder Glück versprechen konnte. Ich war wirklich satt!

Abstecher nach Suan Mokkh

Am nächsten Tag verabschiedete ich mich von Anna und wir verabredeten, uns mit Telegrammen auf dem Laufenden zu halten und uns in Nepal wiederzutreffen.

Ich nahm die Nachtfähre, kam morgens in Surat Thani an, nahm den Bus nach Suan Mokkh, stieg aus und betrat dann dieses wunderbare Waldkloster. Ich fühlte diese Stille und Ruhe, spürte den Frieden und die Geborgenheit der riesigen Bäume.

Santikaro begrüßte mich und zeigte mir ein großes Dormitorium, in dem ich mich einrichten könne. Es waren noch drei andere Männer da. Einen kannte ich noch vom letzten Retreat.

Dann schlenderte ich durch den Wald, ging zur Meditationshalle im Dschungel, setzte mich zur Meditation hin und fühlte plötzlich eine große Welle der Traurigkeit und Schwermut über mich hereinbrechen.

Was machte ich hier eigentlich? War das richtig, war das falsch? Anna alleine nach Indien gehen zu lassen? Bin ich verrückt geworden? Tief in mir drinnen wusste ich, dass ich am richtigen Ort war, aber irgendwie wusste ich auch, dass ich bei Anna sein sollte. Ich fühlte diese tiefe, schwere, innere Zerrissenheit und wusste nicht mehr, was richtig oder falsch war.

Da saß ich nun, alleine, mitten im Dschungel, und weinte die bitterlichen Tränen des Abschiednehmens. Aber es war nicht nur der Abschied von Anna. Erst später verstand ich, dass es der Abschied von meinem gewohnten Leben war, von allem, was ich bisher gelebt und geliebt hatte und was mir doch nicht die Erfüllung bieten konnte, wonach sich mein innerstes Wesen so sehr sehnte. In diesem Moment verstand ich nichts mehr. Ich sehnte mich nach Gesellschaft, nach Vertrautem, letztendlich nach Liebe und Verbundenheit, und dann war mir klar, was ich zu tun hatte.

Ich packte meine Sachen und versuchte Santikaro zu erklären, was in mir geschah. Der meinte nur, ich solle mir einen Baum aussuchen und dort ein Blatt beobachten, das sich im Wind hin- und herbewegt. Das versuchte ich drei lange Minuten und machte mich dann auf den Weg zur Hauptstraße.

Dort erwischte ich ein Taxi nach Surat Thani und hatte noch ein paar Stunden Zeit, bis die Nachtfähre ablegen würde. Ich kaufte mir eine Flasche Mekong-Whisky und betrank mich, fand aber noch den Weg zu meinem Platz auf der Fähre, wo ich bald darauf einschlief.

Einige Stunden später wurde ich vom Tuten der Fähre geweckt, packte leicht verkatert meine Sachen, denn in zirka zehn Minuten würden wir in Koh Samui anlegen.

Wieder ein Sammeltaxi, das mich zu ‚meinem' Strand brachte.

Anna und ich freuten uns beide sehr, umarmten und küssten uns, und doch klang immer noch im Hintergrund der Abschied mit seiner dumpfen Melodie, ein Abschied, der sich nur etwas verzögern würde.

Nach ein paar Tagen auf Koh Samui fuhren wir gemeinsam nach Bangkok und bezogen ein Hotel. Anna kaufte sich ein Ticket nach New Delhi, und ein paar Tage später brachte ich sie zum Flughafen.

Ich war froh, dass ich diese Entscheidung getroffen hatte und Anna noch mal sah, bevor sie nach Indien aufbrach. Alles zu seiner Zeit – auch die Erleuchtung konnte noch etwas warten.

Zurück nach Suan Mokkh

Am übernächsten Tag war ich wieder auf dem Weg nach Suan Mokkh und kam noch rechtzeitig zum nächsten Retreat. Alles war gut!

Ajahn Po, Ajahn Ranschuan und Santikaro würden ihn leiten. Ich erkannte ein paar vertraute Gesichter, Jean, der ‚blöde' Franzose, war auch da, wir freuten uns über das Wiedersehen und so schwang ich mich langsam, leise und freudvoll auf zehn Tage des Schweigens ein.

Als der Retreat zu Ende war, blieb ich.

Ich fuhr nach Chaiya, einem kleinen Ort zirka fünfzehn Kilometer von Suan Mokkh entfernt, mit einem Bahnhof, zwei Hotels, einer Bank, vielen Geschäften, und ließ mir beim ansässigen Friseur die Haare abrasieren. Da fielen sie, meine blonden Locken, im Takte des Rasierers langsam, aber stetig zu Boden, bis ich mich das erste Mal ohne Haare im Spiegel sah.

Es fühlte sich richtig gut an!

Wieder in Suan Mokkh teilte mir Ajahn Po eine echte Mönchshütte zu, die hierzulande *Kuti* genannt wird. Sie stand auf zirka einen Meter fünfzig hohen Betonstelzen und man erreichte sie über eine Treppe. Die Kuti war aus Holz gebaut und das Dach mit Wellblech gedeckt. Der Innenraum war zirka zweieinhalb mal drei Meter groß und hatte vor der Treppe eine kleine Veranda mit einem Holztisch und einer Holzbank: mein neues Zuhause.

Ich glaube, ich fing langsam an, mich an das Wort ‚glücklich' zu gewöhnen, denn anders konnte ich mein Gefühl nicht beschreiben, das sich langsam in mir breit machte, obwohl eine alte Abneigung und eine gehörige Portion Misstrauen diesem Wort gegenüber immer noch im Hintergrund mitschwangen.

Aber war ich nicht hier, um mich zu ‚erneuern'? Auch um meine Sichtweisen, Meinungen, Vorstellungen und mein festgefahrenes Bewertungssystem in ein neues Licht zu stellen?

Wollte ich nicht mein ganzes dreißigjähriges Leben neu bewerten und überlegen, wie es weitergehen sollte? Gab es irgendeinen Sinn in diesem Leben? Gab es hier irgendetwas zu finden, was wirklich von Wert war? Und viele andere Fragen kamen in mir auf.

Nein, ich hatte den Traum vor meinem ersten Retreat nicht vergessen! Wenn ich mich darauf einließ, fühlte ich immer noch die Hand, die etwas aus meinem Herzen herausriss, und diese unbeschreibliche Leichtigkeit und Freiheit, die ich daraufhin spürte.

Jetzt gab es einen neuen Rhythmus im Kloster und keine geregelten Meditationszeiten.

Als eines Tages Viriya, der bayrische Mönch, wiederkam, organisierte er täglich zwei Meditationssessions für die Westler, die wie ich noch eine Weile im Kloster geblieben waren. Abends wurden ab und zu Kassetten mit Vorträgen abgespielt, und ich schwang mich auf diesen Rhythmus ein.

Morgens, vor dem Frühstück, fegte ich gemächlich, aber sehr achtsam einige Wege und machte mir ein kleines Feuer unter der Hütte, auf dem ich mir heißes Wasser zubereitete. Das war erlaubt, ein kleines Feuer. Was nicht erlaubt war, war Rauchen, und ich muss gestehen, dass ich mir doch ab und zu eine ansteckte.

Die meiste Zeit des Tages lief ich durch den Wald, machte kleine Zeichnungen und übte mich weiterhin in Meditation und Achtsamkeit.

Es gab zwei Begriffe, an denen man in Suan Mokkh nicht vorbeikam: *Achtsamkeit* und *Nicht-Anhaften*. Das war es, worauf es hier ankam, und Ajahn Buddhadasa meinte sogar: „*Wenn wir die Dinge festhalten und daran anhaften, werden sie zur Quelle des Leids – das ungeschickte Festhalten aufzugeben, ist der Schlüssel zur buddhistischen Praxis.*“

Ich liebte diese kurzen, klaren Anleitungen, und so übte ich mich in ihnen.

Ich versuchte wirklich alles zu beobachten und beobachtete auch, wie schnell ich wieder bei irgendwelchen Geschichten aus der Vergangenheit gelandet war. Wie war das noch mal mit der Geduld? Ich brachte die Achtsamkeit immer wieder zurück zu dem, was ich tat, denn alles sollte zur Meditation genutzt werden, und das beschränkte sich nicht nur auf das Sitzen.

Eines Tages lief ich die Wege entlang, es hatte geregnet und ich fand trotzdem ein trockenes Stückchen Holz, um damit Feuer machen zu können. Sehr achtsam beugte ich mich nach vorne, sah, wie die Finger meiner Hand bereit waren, dieses Hölzchen zu greifen, alles in achtsamer Beobachtung, als ich plötzlich verstand, was ich da tat: Ich nahm mir ein Stück Holz, das vorher einmal eine Funktion hatte. Vielleicht war es ein Zweig, an dem Blätter wuchsen und Blüten blühten, manch ein Vogel ruhte sich auf ihm aus, manche Schlange wickelte sich darum herum, abertausende von Regentropfen hatten ihn berührt, die Sonne hatte auf ihn geschienen, der Wind um ihn geweht, und nun lag es hier, direkt vor meinen Füßen, um einer weiteren Bestimmung zugeführt zu werden. Denn bald würde es zu Asche verbrannt werden, der Wind die Asche irgendwo hintragen, und doch ging nichts verloren.

Weiterhin verstand ich die ‚Unschuld' meines Tuns, denn ich nahm etwas Lebloses, musste nicht töten oder verletzen, um den Nutzen dieses Hölzchens voll auszuschöpfen.

Und diese Betrachtungen geschahen innerhalb von ein oder zwei Sekunden. Es war aber ein Verstehen, ohne zu denken. Später lernte ich, dass man so etwas Einsicht nennt oder die Dinge so zu sehen, wie sie wirklich sind. Diese zwei Sekunden hinterließen einen nachhaltigen Eindruck in mir, auch wenn die Intensität und Tiefe in der Erzählung hier leider nicht vermittelt werden kann.

Nach solchen Erlebnissen, denn es sollten noch ähnliche kommen, war ich sehr ermutigt, weiterhin die Achtsamkeit zu üben und auch das Nicht-Anhaften, wozu es gleich am nächsten Tag eine gute Gelegenheit gab.

Ich hatte mir einen schönen Platz für meinen Gehpfad ausgesucht, zwischen zwei großen Bäumen im Halbschatten liegend, und ihn sehr ordentlich gefegt.

Als ich an diesem Nachmittag zu ‚meinem' Pfad ging, sah ich schon von Weitem, dass ein anderer darauf wandelte. ‚*Das* kann doch nicht wahr sein, sieht er denn nicht, dass er schon von jemand anderem angelegt und genutzt wird? Dieser Egoist! Ich glaub, es geht los …'

Der Ärger über diese Unverschämtheit baute sich immer mehr auf, und als mich der darauf Wandelnde freundlich anlächelte, war ich sprachlos. Ich erinnerte mich an das Nicht-Anhaften, lächelte leicht gezwungen zurück und lief einfach weiter. Na, das hatte ich gut gemacht, dachte ich mir, gerade noch die Kurve gekriegt.

Ich ging zurück zu meiner Hütte, machte ein Feuer, kochte mir einen Kaffee und rauchte unerlaubterweise eine halbe Zigarette.

Achtsamkeit machte Spaß. Die kleinen Dinge wurden immer interessanter, und da ich beobachtet hatte, dass sich alles von klein nach groß entwickelte und aufbaute, wandte ich dieses Prinzip auch beim Feuermachen an. Ich legte kleine Hölzchen aufeinander, zündete sie an und legte immer größere darauf, bis das Feuer schließlich groß genug war, um Wasser zu kochen. Es war eine Geduldsübung.

Die Gehmeditation übte ich nun bei meiner Hütte und lief im Uhrzeigersinn um sie herum. Ich bemerkte den Schatten des Dachs auf dem Sand. Ich nahm einen Stock und zeichnete die Außenrisse des Schattens nach, um nach einigen Umrundungen meiner Hütte festzustellen, dass der Schatten sich weiterbewegt hatte, die von mir gezeichnete Linie aber nicht. Und so zeichnete ich immer wieder den neuen Schatten nach und ein tiefes Gefühl von Zeitlosigkeit und Hiersein durchflutete mich. Hier – immer nur Hier, das war es. Hätte ich dieses ‚Kunstwerk' auf Leinwand gemalt, hätte ich es ‚Zeitlinien' genannt.

Keine Gedanken gerade an irgendetwas, woran auch? Das, was ich gerade erlebte, war viel zu spannend, um es mit Gedanken zu kontaminieren. In dieser Zeitlosigkeit fühlte ich eine Stille, die sich für einen Teil in mir etwas beängstigend anfühlte. Aber dann war da noch dieser Beobachter in mir, der beides wahrnahm, sowohl die tiefe Stille als auch das Ängstliche, und von der Warte des Beobachters aus gab es nichts Beunruhigendes mehr. Ich war erfüllt von tiefer Freude und dem Gefühl, am richtigen Platz zu sein, und irgendwie ging es mit der Erleuchtung langsam, aber sicher voran, so dachte ich.

Ich machte es mir abends zur Gewohnheit, mich mit dem Wasser zu duschen, das bei Regen vom Dach meiner Kuti herablief und sich in einem Tonkrug von der Größe einer Tonne sammelte. Vor meiner Hütte war ein Pflanzenbeet angelegt, mit ein paar Trittsteinen darin. Ich stellte mich auf diese Steine und übergoss mich mit Regenwasser in der Absicht, Wasser zu benutzen, aber es nicht zu verschwenden, und wässerte damit gleichzeitig die Pflanzen. Das fühlte sich verdammt gut an, und ich fühlte mich eingebunden in den großen Kreislauf des Seins und des Werdens.

Diese Zufriedenheit war einem Teil in mir verdächtig – es kann doch nicht so einfach sein!?

Während einer unserer Gruppenmeditationen war ich mit dem Atem so sehr verbunden, dass ich jeden einzelnen Atemzug spürte, und plötzlich hörte ich eine Stimme von irgendwoher: „*Du bist getragen von einer Welle fließender Existenz.*"

War das Gott, der zu mir sprach? Aber im Buddhismus glaubte man ja nicht an einen Schöpfergott, und ich erklärte es mir so, dass es die innere Weisheit war, die da zu mir sprach. Und die Erleuchtung rückte in fühlbare Nähe, so dachte ich.

Ein paar Tage später ging ich in eine der Toiletten, hockte mich auch hier sehr achtsam nieder und war dabei, Tage zuvor Gegessenes wieder auszuscheiden. In dem Moment ‚sah' ich den gesamten Kreislauf des Essens. Ich sah die Reisfelder und die Bauern, die sie bewirtschafteten, sah, wie sie ernteten, wie der Reis gekocht, in Teller abgefüllt, in Münder geschoben und in Körpern verdaut wurde. Ich verstand, wie das verdaute und ausgeschiedene Essen wieder zu Erde wurde, zum Dünger für Bäume und andere Pflanzen. Ich sah und verstand diesen ganzen Kreislauf.

Auch diese Einsicht dauerte nicht länger als ein, zwei Sekunden, und ich fühlte mich erfüllt, eingebunden, ja weise und auf alle Fälle auf dem richtigen Weg.

Auf der anderen Seite von Suan Mokkh sollte ein neues Meditationszentrum entstehen und so gingen wir zweimal die Woche dorthin, um zu arbeiten. Wir schleppten Sand und Zement, verteilten Erde, trugen Steine und folgten den Anweisungen von Ajahn Po, der das alles gut im Blick hatte.

Zum Arbeiten war ich eigentlich nicht hierhergekommen, dachte ich so bei mir, und fühlte mich in meiner Meditation etwas unterbrochen. Das Wort – Nicht-Anhaften – kam mir plötzlich wieder in den Sinn und ich erinnerte mich daran, dass Ajahn Buddhadasa einmal sagte: Wenn man nur seine Aufgaben erfülle, sei das schon das Ausüben des *Dhamma.*

Egal, ich arbeitete weiter und lernte so auch die anderen kennen.

Darunter war Pierre, ein ‚französischer' Schweizer. Er war fünfundvierzig Jahre alt, hatte in Frankreich seinen Verlag verkauft, lebte zurzeit auf Hawaii und war am Überlegen, ob er nach Thailand übersiedeln sollte. Er nahm es mit der Achtsamkeit sehr genau und füllte die Eimer und Schubkarren sehr langsam und bedächtig mit den Händen – denn es komme ja nicht darauf an, etwas schnell zu erledigen, sondern achtsam. Wie war das doch gleich wieder mit der Geduld? Wir lernten uns später gut kennen und wurden Freunde.

Ein weiterer in der Gruppe war Paul aus Österreich. Er war vor vier Wochen in Suan Mokkh angekommen und hatte ein Jahr lang in einem Zen-Kloster in Japan gelebt.

Die dortige Praxis drehte sich größtenteils um die Lösung rätselhafter Fragen, genannt *Koans*, die der Lehrer seinen Schülern stellte.

„Ein Koan kann man nicht durchs Denken lösen, sondern die Antwort muss aus deinem intuitiven Verständnis kommen", meinte er. Einige der bekanntesten Koans lauten: ‚Wie klingt der Klang *einer* klatschenden Hand?' oder: ‚Wie sah dein Gesicht vor der Geburt deiner Eltern aus?'

„Und darauf gibt es Antworten?", fragte ich sehr erstaunt. „Ja", meinte Paul, „der Sinn eines Koans ist es, das Denken anzuhalten und die Intuition zu schärfen, und aus diesem Raum kommen die Antworten."

Ich wollte es ausprobieren und er meinte: „Okay, versuch's mal hiermit: Ein Wildpferd rast auf dich zu. Halte es an!" Alles klar.

Im Geiste sah ich nun dieses Wildpferd auf mich zurasen und versuchte, es anzuhalten. Ich warf ihm ein Lasso um den Hals. Falsche Antwort. Ich baute ein enges Gitter drumherum, auch die falsche Antwort. Dann erschoss ich es, ganz falsche Antwort, und Paul meinte, es könne Monate dauern, bis man eine Lösung aus dem Raum der Intuition bekommen würde.

Ich übte mich weiter in Meditation und eines Abends sah ich dieses Wildpferd wieder vor meinem inneren Auge auf mich zurasen und war sehr überrascht, was ich dann tat: Ich sprang einfach auf.

Wow, dachte ich, das ist die Lösung, einfach aufspringen. Und da es jetzt keine Trennung mehr zwischen dem Pferd und mir gab und ich immer da war, wo es war, hatte ich es auf diese Weise angehalten. Paul schien mit dieser Antwort zufrieden zu sein.

Ab und zu hielt Ajahn Buddhadasa Vorträge, meist morgens, wenn er sich am fittesten fühlte; schließlich war er schon achtzig Jahre alt. Wir hörten ihm auf dem Boden sitzend zu, den Geräuschen des Dschungels lauschend, während Santikaro das Gesagte ins Englische übersetzte, und irgendwann fingen die Hühner und Hähne an zu gackern.

Ajahn Buddhadasa sprach immer wieder von der zentralen Bedeutung der Meditation und davon, dass man am Atem alle Gesetzmäßigkeiten des Universums erleben könne, nämlich das Entstehen, Verweilen und Vergehen.

Bei seinem Studium der buddhistischen Schriften hatte er ein Wort entdeckt, das *Atammayata* heißt, und er meinte, dass darin die gesamte Bedeutung der buddhistischen Lehre enthalten sei. Es bedeute in freier Übersetzung, dass der Geist einen Zustand erreichen könne, wo er von den Dingen der Welt nicht mehr verführt, hineingezogen oder sonst wie beeinflusst werden könne, und doch würde man das tun, was zu tun ist.

Alleine über dieses Wort hielt er damals insgesamt zehn Vorträge und machte durch viele Beispiele deutlich, wie wichtig es sei, an nichts anzuhaften, und dann sagte er etwas, was ich nie mehr vergessen sollte: *„Es gibt nichts, das es wert wäre, zu sein, zu haben, zu werden oder festzuhalten."*

Als ich das hörte, fühlte es sich an, als ob plötzlich eine riesige Last von mir genommen wurde. Hörte ich hier nicht genau das Gegenteil von dem, was in der westlichen Welt mit ihrer materiellen Orientierung gelehrt und gelebt wurde?

War ich nicht so erzogen worden, immer etwas zu haben oder zu werden, irgendetwas darstellen und vorzeigen zu müssen? Und hier hörte ich genau das Gegenteil!?

Ich sah mein ganzes Bemühen, irgendetwas sein zu wollen, und sei es nur der dynamische Jungunternehmer in Berlin, der immer etwas haben oder später etwas werden und sein wollte. Ich erinnerte mich an all die Eitelkeiten und Selbstdarstellungen als mühevoller Versuch, gut dazustehen, etwas darzustellen, etwas sein zu wollen, andere zu beeindrucken.

Und ja, die mir lieb gewordenen Dinge wollte ich schon festhalten, auf alle Fälle wollte ich sie nicht verlieren.

Aber dann schaltete sich mein Verstand ein und zweifelte diese Behauptung an. „Was soll das heißen: Es gibt nichts, das es wert wäre, zu sein, zu haben und zu werden? Natürlich gibt es Werte, wie das Gute im Menschen, Großzügigkeit und die Liebe zum Beispiel. Und hat es keinen Wert, gute Freunde, Partner oder Kinder zu haben? Auch ein gewisser Wohlstand und Lebensstil haben einen Wert. Die Position in der Gesellschaft oder im Beruf hat auch einen Wert. Und auch die Erfüllung von Träumen oder Zielen und Hoffnungen hat einen Wert."

Das wurde auch nicht bestritten, und Ajahn Buddhadasa sagte mal, dass man sich an alledem erfreuen, aber nicht daran festhalten solle. Das war die eigentliche Kernaussage dieses Satzes.

Er machte uns darauf aufmerksam, ja fast schon warnend und sehr eindringlich, dass alles die Natur des Vergehens in sich trage und dass das Festhalten an Vergänglichem der sichere Weg ins Unglück sei. Und auch das weltliche Glück, das immer *wegen* etwas entstehe, sei vergleichbar mit einer Schlange und ihrem attraktiven bunten Schwanz: Sobald du den schönen Schwanz ergreifst, dauert es nicht lange und die Schlange wird dich beißen.

Ich spürte, dass er aus klarer innerer Überzeugung und direktem Einsichtsvermögen sprach, auch ohne die thailändische Sprache zu verstehen.

Ich machte mir über alles, was er sagte, Gedanken, erwog es, betrachtete es, und ja, ich musste nach reiflicher Überlegung allem zustimmen.

Im Buddhismus geht es nicht darum, Glaubenssätze zu übernehmen, sondern selbst zu eigenen Antworten und Erkenntnissen zu kommen. Und das, was man nicht versteht oder nachvollziehen kann, solle man seinem Rat zufolge nicht wegwerfen, sondern zur Seite legen und es ein anderes Mal wieder hervorholen, um es erneut zu bedenken und zu kontemplieren. Verwerfen kann man es später immer noch.

Ich fühlte eine tiefe Verbundenheit zu diesem Mann. Er sprach mir aus dem Herzen, er sprach zu meinem Herzen, er berührte mein Herz und er strahlte Weisheit und Herzenswärme aus.

Aber was für mich noch viel wichtiger war: Ich vertraute ihm!

Dann hatte er dieses tiefe, satte Lachen, was so schnell beendet war, wie es begonnen hatte. Wie eine Welle, die aufsteigt, im Wind tanzt und dann wieder zum Ozean wird.

Er strahlte eine innere Ruhe und Konzentration aus, die ich so noch nie bei einem Menschen erlebt hatte. Ich empfand eine tiefe Zuneigung und großen Respekt für diesen Mann.

Ich erkor ihn zu meinem ‚spirituellen Vater', und ich sollte, auch noch nach seinem Tod, sehr oft von ihm träumen.

Die Tage gingen dahin in ihrem eigenen Rhythmus. Sie waren erfüllt von Meditations- und Arbeitsperioden, und immer wieder schrieb ich meine kleinen Erkenntnisse auf, malte Bilder, meist abstrakte, die diese Erkenntnisse wortlos aufzeigen sollten. Ich liebte dieses Sein in dieser klaren, einfachen Natürlichkeit.

Achtsamkeit und Nicht-Anhaften waren das Mantra, das mich immerzu begleitete und woran ich mich ständig erinnerte. Ich fühlte einen Frieden und eine innere Klarheit in mir, war aber auch konfrontiert mit diesen Kräften, die man Herzenstrübungen nennt.

Ja, da war diese Gier in mir, und viele Erinnerungen kamen mir in den Sinn, wo mein Handeln von ihr bestimmt wurde, wo ich einfach nicht genug haben konnte von etwas, nicht, weil ich nicht satt war, nein, sondern weil ich es einfach haben konnte. Ja, in Berlin habe ich es oft wild getrieben. Habe mit Frauen geschlafen, obwohl ich wusste, dass es dabei nicht um Liebe ging, sondern einfach nur deshalb, weil es sich anbot.

Und immer wieder spürte ich diesen Ärger und einen knallharten Kritiker in mir, und ich war froh, dass das Prinzip des Entstehens, Verweilens, Vergehens auch hier seine Gültigkeit hatte.

Wie weit meine Achtsamkeit entwickelt war, merkte ich an kleinen Dingen.

Eines Nachts wachte ich auf und musste pinkeln. Ich kroch unter dem Moskitonetz hervor, stand auf, bewegte mich in stockdunkler Hütte auf das Regal zu, griff hinein und fand zielsicher die Streichhölzer, ganz im Dunkeln und ohne etwas zu sehen. Alles in meiner Hütte war auf seinem Platz und mit Achtsamkeit genau da abgelegt, wo es hingehörte, und deshalb konnte es auch gar nicht woanders sein.

Die erste ‚Erleuchtung'

Es geschah an einem Morgen im April.

Als ich erwachte, fühlte ich eine starke innere Wachheit und Gegenwärtigkeit. Ich öffnete die Tür meiner Hütte und die Welt schien verändert. Die Farben der Bäume und Pflanzen, den leichten Wind auf meinem Gesicht nahm ich plötzlich in einer vorher noch nie erlebten Intensität wahr, und ich erinnerte mich an die Zeit in meiner Jugend, wo wir öfters LSD einnahmen, so ungefähr fühlte es sich an und doch total anders.

Keiner der aufkommenden Gedanken war in der Lage, mich in seine Geschichte hineinzuziehen, keine Herzenstrübung hatte die Chance, anzuwachsen, alle geistigen Bewegungen wurden sofort als das entlarvt, was sie waren. Dann lief ich durch den Wald und staunte über alles, was ich da sah. Ich verstand alles, ohne dieses Verständnis rational in Worte fassen zu können. Ich fühlte mich mit mir tief verbunden und spürte keine Trennung zu den Dingen da draußen.

Dann fand ich einen trockenen Ast, legte ihn irgendwo im Dschungel ab und fand ihn später mit einer sicheren Selbstverständlichkeit wieder. Meine Achtsamkeit war messerscharf.

Da lag dieser Dunghaufen und ich *wusste*, dass er genau da liegen musste und keinen Zentimeter weiter. Ich verstand das Wehen des Windes, das Bellen der Hunde und das Strahlen der Sonne. Ich verstand, dass alles an seinem Platz war und nur genau da sein konnte, wo es war, und keinen Millimeter weiter. Ich fühlte eine übergeordnete Gesetzmäßigkeit, die alles regulierte, und ich war mittendrin, gehörte dazu, war Teil des Ganzen, nein, ich war das Ganze.

Ich war beseelt und voller Energie. Das Wort ‚glücklich' fühlte sich zu beschränkt an, um damit mein Erleben zu beschreiben, alle Worte fühlten sich zu beschränkt an, um das wiederzugeben, was ich da erlebte. Ich fühlte mich leicht, gesammelt und sicher in diesem Sein, und vor allem gab es da keine Zeit, sondern nur diesen einen, unglaublich ewigen, zeitlosen Moment.

Ich konnte nicht darüber nachdenken, denn dieses intensive Erleben erfüllte jeden Winkel meiner Wahrnehmung, und so hatten Gedanken kaum eine Chance, eine Lücke zu finden.

Ich vermied es, anderen Menschen zu begegnen, wollte nicht gestört werden und verzichtete an diesem Tag auch aufs Essen – das wäre einfach zu profan gewesen.

Ich erlebte diesen Zustand ein paar Tage lang mit wechselnder Intensität, aber einer sehr gesammelten, einsichtsvollen und achtsamen Grundschwingung. Ich schlief nur wenige Stunden und meine Meditation war still, ruhig, konzentriert und gesammelt.

Dann wurde mir klar, was hier passiert war – ich war erleuchtet!

Als ich so einen Weg entlanglief, kam mir Viriya entgegen, schaute mich an und meinte zu mir: „Wir sind hier nicht in einer Flugschule!" ‚Arschloch', dachte ich, ‚du neidest mir dieses Erlebnis doch nur, und obwohl du Mönch bist, hast du so was noch nicht erlebt, sonst würdest du das nicht sagen … Idiot.' Ich entgegnete ihm: „Ist das so?" und lief einfach weiter.

Upps, was kamen denn da für Reaktionen aus meinem erleuchteten Geist? Egal, kann schon mal passieren, und ich sammelte mich wieder und genoss dieses Hiersein mit der Gewissheit, dass die Erleuchtung jetzt stattgefunden hatte, und wollte es mit jemandem besprechen und, ja, es mir bestätigen lassen.

Ich ging zu Ajahn Ranschuan, die vor ihrem Häuschen gerade ihre Wäsche aufhing, und erzählte ihr, was ich in den letzten Tagen so erlebt hatte und dass ich ja jetzt gehen könnte, weil das Ziel – Erleuchtung – wohl jetzt erreicht sei.

Sie schaute mich aus ihren freundlichen und sehr klaren Augen an und sagte dann mit viel Mitgefühl zu mir: „Hafte nicht daran an!"

Was?! Ich wollte Lob und Lobpreisung und Anerkennung, wollte die Bestätigung meiner Erleuchtung – und dann sagt sie sowas?

Sie meinte weiter, dass das alles sehr gut sei, was ich da erlebe, und ein Zeichen dafür sei, dass ich die Achtsamkeit gut entwickelt hätte und dass Achtsamkeit dann diese starke Konzentration hervorbringe, die ich gerade erlebte.

Dann meinte sie, ich solle mit dem ‚kontemplativen Blick' auf die Dinge schauen, mit dem *Dhamma*-Auge, denn es gehe ja darum zu verstehen, wie die Dinge wirklich sind, und dass ich der Weisheit die Möglichkeit geben solle, mir diese Einsichten zu bescheren. Auch gebe es andere Faktoren, wie liebende Güte, Mitgefühl und Gleichmut, die ebenfalls entwickelt werden müssten.

Wie weit meine liebende Güte und mein Gleichmut entwickelt waren, konnte ich an meiner Reaktion auf Viriya ablesen.

Später erzählte sie mir einmal, dass sie in einem Dschungel gelebt hatte, als sie nicht weit von sich entfernt einen Tiger durchs Unterholz streichen hörte. Aber sie empfand keine Angst. Aus ihren Augen spürte sie ein helles Licht strömen und sie fühlte eine Stärke und Kraft, die keinen Raum für Angst ließen.

‚Der Tiger hätte keine Chance gehabt', dachte ich bei mir, als sie mir das erzählte. Aber auch das seien einfach nur ‚Abfallprodukte' der Meditation und nicht das Ziel.

Ich ging etwas enttäuscht und doch irgendwie erleichtert zurück in meine Hütte.

Die Intensität meiner Erfahrung legte sich langsam wieder und ich fragte mich, wie lange ich das eigentlich ausgehalten hätte? Keine Ahnung!

Achtsamkeit und Nicht-Anhaften blieben das Mantra.

Penang – Katmandu

Unterwegs und doch immer hier

Mein Visum würde bald ablaufen, und ich beschloss, am übernächsten Tag den Nachtzug nach Penang in Malaysia zu nehmen, um es erneuern zu lassen.

Ich packte meinen Rucksack und verabschiedete mich von Ajahn Po, Viriya und Ajahn Ranschuan. Dann stand ich am Bahnhof in Chaiya und wartete auf den Zug aus Bangkok, der um zwei Uhr morgens ankommen sollte.

Ich hatte alle Zeit der Welt, war weder in Eile noch ungeduldig. Es genügte mir, einfach zu sein. Das Nicht-Anhaften übte ich weiter und in seinem Schlepptau bemerkte ich eine Art Vertrauen.

Ich vertraute darauf, dass alles so geschehen würde, wie es geschehen muss, und weshalb sollte ich mich da einmischen? Das hatte zur Folge, dass ich weder einen Sitzplatz noch eine Fahrkarte im Zug reservierte. Die Fahrt dauerte immerhin fünfzehn Stunden und manchmal länger, und auch ein Hotelzimmer in Penang hatte ich nicht gebucht.

Ich genoss es, sorgenfrei und planlos mit dem Leben zu fließen. Im Zug bekam ich dann den vorletzten Sitzplatz, in Penang das letzte Zimmer in meinem Hotel, und ich hatte das Gefühl, dass das Leben es gut mit mir meinte.

Wieder zurück in Suan Mokkh erreichte mich ein Telegramm von Anna. Sie werde in etwa einer Woche nach Katmandu fliegen und wolle wissen, ob und wann ich kommen würde.

Ach ja, Anna. Ich hatte sie nicht vergessen, aber auch nicht sehr oft an sie gedacht.

Es fühlte sich an, wie an ein anderes Leben erinnert zu werden, mein altes Leben.

Es war nun Anfang Mai und ich überlegte hin und her. Ja, ich wollte Anna wiedersehen und mir auch eine Auszeit vom klösterlichen Leben nehmen, und nach Katmandu wollte ich auch schon immer mal. Also entschloss ich mich, in einigen Tagen nach Bangkok zu fahren, um mich auf den Weg nach Nepal zu machen. Wir wollten zusammen auf dem bekannten Annapurna Treck wandern, der in der Nähe von Pokhara beginnt. Dazu hatte ich extra meine Wanderschuhe aus Berlin mitgenommen, die mich eigentlich die ganze Zeit in Thailand belasteten, auch eine warme Trekkingjacke hatte ich die ganze Zeit mit mir herumgeschleppt.

Aber schon ein paar Wochen vorher war während eines Retreats in unseren Schlafraum eingebrochen worden und die Jacke und die Schuhe wurden mir geklaut. Außerdem war ich barfuß in einen verrosteten Nagel getreten, die Wunde hatte sich entzündet und längeres Gehen bereitete mir Schwierigkeiten. Mit der Trekkingtour würde es also wohl nichts werden, für mich auf alle Fälle nicht.

Auch hier erkannte ich einen Zusammenhang zwischen langem Planen und den Vorkehrungen, die man traf, und dass alles anders kommen kann, als man es geplant hatte. Als mir die Sachen geklaut wurden, ärgerte ich mich überhaupt nicht darüber, denn ich war ja im Nicht-Anhaftungs-Modus, und wenn ich ehrlich bin, war ich sogar erleichtert, im wahrsten Sinne des Wortes, denn ich musste den ganzen Kram nicht mehr mit mir herumschleppen. Dann erinnerte ich mich an ein altes Sprichwort: „Wenn du Gott zum Lachen bringen willst, dann erzähle ihm von deinen Plänen."

Das Ticket war schnell besorgt, Anna über meine Ankunftszeit informiert und aus dem Flugzeug sah ich zum ersten Mal die Gipfel des Himalayas, und „das ist der Mount Everest“, meinte eine der Flugbegleiterinnen noch.

Wir landeten in Katmandu, wo Anna in der kleinen Ankunftshalle auf mich wartete. Wir freuten uns beide, einander wiederzusehen, und hatten viel zu erzählen.

Sie war schon seit drei Tagen hier, hatte ein Hotelzimmer organisiert, und so erkundeten wir erst einmal die Stadt. Ich bemerkte, dass ich sehr bei mir war und nach all den Wochen keine Lust verspürte, mit Anna zu schlafen oder ihr sonst wie körperlich näher zu kommen. Wäre das nicht im Kontext meiner klösterlich-meditativen Erfahrung geschehen, hätte ich mir echte Sorgen gemacht. Aber Anna war auch nicht fit, sie hatte Durchfall und fühlte sich schlapp, und so fiel ihr meine Distanz nicht sofort auf.

Meinen zweiunddreißigsten Geburtstag feierten wir in Katmandu, und sie überreichte mir als Geschenk ein T-Shirt, worauf ein kleines, abstraktes Bild gestickt war, und ich erschrak zunächst, denn es sah genauso aus wie eine Zeichnung aus meinem Notizbuch.

Ja, die liebe Anna hatte mir diese Zeichnung ‚entwendet‘ und dem Sticker als Vorlage gegeben. Wir verstanden uns gut und verlebten ruhige und harmonische Tage in Nepal. Ohne mich wollte sie auch nicht auf den Annapurna Treck gehen. Wir blieben eine Woche in Pokhara, machten kleine Tagesausflüge, besuchten tibetische Klöster und fuhren wieder nach Katmandu.

Anna flog zurück nach Berlin, ich zurück nach Bangkok, um schließlich auch drei Tage später wieder in Berlin zu landen.

Berlin

Es war Ende Mai 1988, der Frühling war schon eine Weile da und ich musste mich wieder um Aufträge kümmern. Berlin fühlte sich fremd an. Ich war nicht am richtigen Ort, machte nicht die richtigen Dinge, so fühlte es sich zumindest an. Auf jeden Fall musste ich mich jetzt erst mal orientieren.

Anna orientierte sich auch neu. Bislang hatte sie Geschichte und Germanistik studiert, dieses Studium abgebrochen und schaffte dann auch die Prüfung zum Studium als Industriedesignerin an der Hochschule der Künste.

Bevor ich mich als Landschaftsgärtner selbstständig machte, hatte ich auch sechs Semester Industriedesign studiert, dieses Studium aber dann abgebrochen. Ich ging nur noch halbherzig zur Uni, war an den Projekten nicht mehr interessiert, störte mich immer mehr an einer gewissen Arroganz, die ich meinen Mitstudenten unterstellte, und die Aussicht, später für die Industrie zu gestalten, war nicht besonders attraktiv für mich. Als Semesterarbeiten entwickelte und baute ich immerhin einen Hocker, eine Lampe, lernte etwas über Bildhauerei, Malerei und Gestaltung und hatte eine tolle Projektwoche an der Nordsee mit meinen Mitstudenten und dem Bildhauer, Professor Günther Ohlwein.

Wir wohnten damals in der Mühle von Hannes Wader in Strukum und beschäftigten uns mit Windobjekten. Wir verbanden Holzstäbe miteinander und bespannten sie mit Papier, so dass sie aussahen wie Drachen, nur dass sie nicht in die Luft flogen, sondern auf dem Boden rollend vom Wind bewegt werden sollten. Sie wurden dann genauso vom Wind mitgenommen, wie ich es mir vorgestellt hatte.

Eine Woche Arbeit wurde in wenigen Minuten vom Wind verweht, von Wasser durchnässt und wieder in seine Bestandteile zerlegt. Dann sammelten wir die Einzelteile wieder ein, brachten sie zum Müll und mich beschlich damals schon ein leises Gefühl der Sinnlosigkeit in Bezug auf dieses ganze Projekt.

Vergänglichkeit! Unbeständigkeit! Ja, das fühlte ich sehr stark in diesem Moment.

Dann entdeckte ich das angeschwemmte Strandgut: viele Plastikflaschen, Holz- und Baumteile, alte Schuhe, die alle vom Wasser weich abgeschliffen waren und eine besondere Faszination auf mich ausübten. Ich verband dieses Strandgut mit ihrer jeweiligen Geschichte, sah den Baum, an dem einst Äste wuchsen, im Gesamtgefüge eines Waldes und sah den Baum, der hier tot vor mir lag. Da lagen Plastikflaschen und Schuhe und viele andere Gegenstände, die alle eine Geschichte erzählen könnten. Alle diese Dinge hatten eine Funktion und einen Nutzen gehabt. Jetzt lagen sie hier, vom Wasser angespült, vom Sand eingegraben und von der Sonne geblichen – nutzlos und verbraucht.

‚Sieh an', dachte ich, ‚da hatte ich ja schon damals solche ernüchternden Gedanken gehabt.'

Auf alle Fälle verbrachten Anna und ich viel Zeit miteinander und trafen auch oft unsere Freunde. „Alles wie gehabt", wie Burkhard manchmal so einfach und doch sehr zutreffend meinte.

Abends malte ich abstrakte Bilder und war dazu übergegangen, Kartoffelsäcke und Sackleinen als Leinwand zu verwenden. Dieses Material schien mir am geeignetsten, um durch die Wiederverwendung von bereits Benutztem eine Art Einklang mit der Natur sowie einen nachhaltigen Gebrauch natürlicher Ressourcen auszudrücken, einer Eingebung folgend, die mir in Suan Mokkh beim Duschen über den Pflanzen gekommen war.

Ich erledigte verschiedene Gartenbauarbeiten, hatte in diesem Sommer gut zu tun, aber diese Ernüchterung wollte nicht weichen.

Ein Nachmittag mit Anna

Eines schönen Nachmittags war ich mit Anna bei ihr verabredet. Wir kochten zusammen, tranken Rotwein, lachten und erinnerten uns an unsere gemeinsamen Reisen durch Asien und sprachen über verschiedene Erlebnisse.

„Hättest du dem Mann wirklich die Flasche auf den Kopf geschlagen?", fragte sie mich plötzlich, und ich wusste gar nicht, was sie meinte. „Welcher Mann? Welche Flasche?", fragte ich erstaunt. „Na, du weißt schon, als wir damals in Penang waren und …" „Ach ja, stimmt ja, das hatte ich fast vergessen", unterbrach ich sie und erinnerte mich sofort an diesen Abend.

Wir aßen abends immer an einem der zahlreichen Essensstände direkt an der Straße. Gleich nebenan befand sich eine Moschee. Das Freitagsgebet war gerade beendet und um uns herum waren fast nur weiß gekleidete Männer mit ihren traditionellen Mützen, dazwischen auch ein paar Rikscha-Fahrer. Einer von ihnen saß nur wenige Meter von uns entfernt, als er plötzlich unter den Tisch griff, eine Katze in der Hand hielt, aufsprang und sie gegen eine Wand schleuderte. Alle Restaurantbesucher verstummten auf der Stelle und starrten in seine Richtung. Wir auch.

Aber der war mit der Katze noch nicht fertig, ergriff einen großen Stein und schlug, über ihr kniend, mehrmals auf sie ein. Wir waren entsetzt, konnten nicht glauben, was wir gerade sahen. Als er mit der Katze fertig war, kehrte er an seinen Tisch zurück und aß weiter, so als ob nichts geschehen wäre. Es blieb mucksmäuschenstill.

Anna war besonders entsetzt und warf dem Mann böse, verachtende Blicke zu. Der bemerkte das, stand plötzlich auf und bewegte sich langsam auf uns zu. Oh, Mann. Neben mir stand eine Kiste mit leeren Cola-Flaschen, und ganz automatisch ergriff meine rechte Hand eine der dicken Glasflaschen, während ich in mir eine klare Entschlossenheit fühlte. Anna saß vor mir und der Mann kam immer näher. Irgendwie hatte ich geistig eine Schutzlinie zwischen ihm und Anna gezogen, und er blieb tatsächlich zirka einen halben Meter vor dieser Grenze stehen und meinte auf Englisch, dass die Katze ihn gebissen habe, und sagte noch irgendetwas anderes, was wir nicht verstanden. Dann ging er zurück auf seinen Platz und die Flasche zurück in den Kasten.

„Ja, mein Schatz, ich hätte sie ihm auf den Kopf geschlagen", war meine sichere Antwort auf ihre Frage.

Dann erinnerten wir uns wieder daran, wie es überhaupt dazu kam, vor zirka zwei Jahren, nach Asien zu reisen. Eigentlich hatten wir ganz andere Pläne – und alles begann damals mit einer kleinen Meldung am 26. April 1986.

Ein russisches Atomkraftwerk in Tschernobyl hatte Probleme und irgendetwas trat aus. Dann wurden die Nachrichtensprecher immer ernster und die Meldungen darüber auch. Und irgendwann verstanden wir, nein, es war kein kleiner Unfall, sondern eine schwerwiegende Bedrohung. In Berlin hatten wir damals noch Glück im Unglück, weil der Wind in diesen Tagen aus Westen wehte und somit die radioaktive Wolke von Berlin fernhielt. Es kamen die ersten Warnungen: Kinder sollten nicht im Sand spielen und man sollte sich bei einsetzendem Regen davor hüten, nass zu werden.

Einige Tage später saßen Anna und ich auf meinem Balkon und spielten mit dem Gedanken, auszuwandern. Wir malten uns alle möglichen Horrorszenarien aus, die mit einer nuklearen Katastrophe einhergehen würden, und kamen zu dem Schluss, dass Südostasien sicherer war als Europa. Wir dachten darüber nach, in Thailand vielleicht ein Restaurant und einen Surfbrettverleih aufzumachen. Und so kam es, dass wir uns damals auf den Weg nach Asien machten, um die Möglichkeiten vor Ort etwas genauer abzuchecken.

„Wie die Zeit vergeht", sagten Anna und ich gleichzeitig und wir mussten lachen.

Das Thai-Curry, das wir an diesem Nachmittag gemeinsam zubereitetet hatten, war schon zur Hälfte gegessen, als Anna mir plötzlich diese bedeutungsschwangere Frage stellte: „Könntest du mit dem Gartenbau eine Familie ernähren?" Irgendetwas in mir erstarrte: „Äh, ja, glaube schon", murmelte ich etwas erschrocken. Nein, sie war nicht schwanger, aber eben in dem Alter, wo diese Gedanken für eine junge Frau ganz normal sind.

Ist das die Richtung, in die unsere Beziehung gehen würde, der ‚normale' Weg? War ich denn überhaupt schon bereit dafür? War ich dafür überhaupt geschaffen?

Nichts, aber auch gar nichts klang in mir an. Weder fühlte ich eine freudige Stimmung in mir aufkommen, noch sah ich erwartungsfrohe Bilder mit Eigenheim und zwei Kindern vor meinem inneren Auge. Ein Leben als Familienvater war für mich ganz und gar unvorstellbar. Anna musste mein Unbehagen bemerkt haben und beließ es bei dieser Frage. Sie meinte nur noch: „Nein, nicht heute oder morgen", ... aber irgendwann und dann für immer ...', ergänzte ich im Stillen diesen Satz, ausgeliehen aus dem Film *Casablanca*.

Nein, sie wolle ja auch ihr Studium beenden, meinte sie dann, vielleicht noch ein bisschen von der Welt sehen, aber es schien so, als wollte sie schon mal vorchecken und meine generelle Haltung mit dieser Frage prüfen. Ich glaube, ich war haushoch durchgefallen.

Ein neuer Gedanke

Ich weiß nicht mehr genau, wann diese Entscheidung fiel, es war eher wie ein ‚Kippen' in eine Richtung. Irgendetwas in mir schloss mit Berlin ab und es formierten sich Gedanken und Ideen der besonderen Art: „Hey, wie wäre es eigentlich, wenn ich für ein paar Monate ins Kloster gehen und Mönch auf Zeit werden würde?"

Ich hatte eine interessante Rechnung aufgemacht. Ich überlegte, wie viele Einsichten und ‚Erleuchtungserlebnisse' ich in diesen Wochen gehabt hatte. In acht Wochen hatte ich soundso viel erlebt, in neun Monaten würde ich also soundso viel erleben!?

Anna war schließlich auch sieben Monate in Japan gewesen, sie könnte unmöglich etwas dagegen haben. Auch wenn Anna etwas schluckte, als sie von meinen Plänen hörte, meinte sie dann doch: „Na ja, neun Monate sind ja keine Ewigkeit."

Ihre Mutter lebte in Australien und würde nächstes Jahr fünfzig werden und Anna war eingeladen, sie zu besuchen. Sie wäre dann sowieso zwei Monate in Australien und wir könnten uns dann wieder im April des kommenden Jahres in Bangkok treffen und zusammen zurück nach Berlin fliegen. Das hörte sich alles sehr gut für mich an und deckte sich mit meinem Zeitfenster.

Allerdings wollte ich nicht wegen irgendwelcher Verpflichtungen wieder nach Berlin zurück. Also beschloss ich, meinen Lkw und einen Teil der Werkzeuge zu verkaufen. Reinhold würde meine Wohnung übernehmen, und die schon vorliegenden Aufträge würde ich an befreundete Landschaftsgärtner abgeben. Gesagt, getan.

Abschied von Berlin

Nach einem letzten Sommer in Berlin, mit den üblichen Freizeitbeschäftigungen, zog der September ins Land. Ich hatte alles verkauft, was ich zum Gartenbau nicht mehr brauchte, regelte noch ein paar Formalitäten, und zwei Tage vor meiner Abreise fuhr ich nochmal durch die Straßen Berlins.

Es kamen mir viele Erinnerungen an vergangene Zeiten in dieser Stadt hoch. Immerhin hatte ich bislang elf Jahre hier gelebt, gelebte Zeit, gelebtes Leben, viel erlebt, und doch war ich nirgendwo angekommen, wo ich hätte sagen können: Hier bleibe ich!

Es war ein Abschiednehmen ohne Trauer. Es fühlte sich so an, als wäre ich in einen Kokon eingehüllt, während die Häuser und Straßen und die vielen Erinnerungen an mir vorbeizogen. Und am vorletzten Abend traf ich mich zum letzten Mal mit meinen lieben alten Freunden im ‚Untergrund'. Wir lachten und tranken Bier, witzelten und sprachen über dies und das, die alten Zeiten, die gemeinsamen Erlebnisse, und irgendwie war ich schon gar nicht mehr da.

Den letzten Tag verbrachte ich mit Anna. Wir waren mittlerweile darin geübt, uns eine Weile nicht zu sehen, und so war es auch nicht weiter schlimm, denn wir hatten so etwas ja schon öfter durchgemacht. Wir führten eine sehr unübliche Beziehung und waren immer mal für längere Zeit räumlich getrennt. Ich glaube auch, dass wir beide das zu schätzen wussten, denn so konnte jeder die Dinge tun, die er tun wollte, und niemand musste sich für den anderen verbiegen.

Dann hatten wir ein letztes gemeinsames Abendessen bei ihr und eine letzte gemeinsame Nacht, und das machte es mir nicht leichter, sie eine Weile nicht zu sehen.

Kurz vor dem Schlafengehen schrieb ich noch etwas auf, was ich selbst nicht richtig verstand, aber es kam aus meinem Herzen, und Poesie ist ja bekanntlich dazu da, etwas in Worte zu fassen, wofür es eigentlich keine Worte gibt.

Die Bande …

… wie geschmiedete Ketten, aber Ösen gleich, eine geschlossene Öffnung.
Und durch den Sumpf der Dinge zeichnet sich die Klarheit ab,
wird von dem Nichts aufgefressen.
Mein Land, so weit du sehen kannst, mein, und kein Fleck,
dem ich gehöre, der mir gehört.

Die Sonne ergießt, Orgasmus gleich,
ihre hellen Fluten in schwarze Schluchten,
und die Reiter machen sich auf den langen Weg durch die grüne Wüste.
Eine Tasse Kaffee vertreibt die Spiralnebel.
Elitär vertrocknete Äste schwingen leicht im Winde
und schlagen ihre Vergänglichkeit ins innere Auge des Betrachters.

Steine rollen und Fliegen fliegen, bis sie am Bande gefangen verstummen.
Trost und Erlösung kommen erst in der Ewigkeit?!

Abgebrannte Zigarettenstummel und zerdrückte Cola-Dosen,
lieblich gelagert neben Einwegflaschen und Plastiktüten,
machen den Weg zum Gipfel seltsam
und zugleich befremdlich schön verführerisch.

Eingebunden in Gewalten.
Heißer Kaffee läuft die Kehle hinunter, und eine glimmende Zigarette
zwischen Mittel- und Zeigefinger der linken Hand,
in dieser Stellung der Meditation verharrend,
werde ich warten und Zeiten an mir vorüberziehen lassen.

Ein Kind schaukelt leicht im Wind,
nur gehalten von einem Strick am Ast.
Eine seltsame Verbundenheit bilden die Bande des Strickes
um des Kindes Halse straff gezogen.
„Lass dich nicht so hängen!", schreie ich ihm entgegen.
Und während es antwortet:

„Die Zeiten haben sich geändert
und für einen Cadillac gebe ich alles!",
erkenne ich in ihm mein Spiegelbild.

Die Zustimmung des lachenden Publikums
über sein Todesurteil verblüfft mich weniger
als das Zurückkommen des Bumerangs.
Barfuß springe ich durch Feuersglut,
während die Stiefmütterchen nicht ihre Farbe verlieren.
Einem Rollschuhfahrer gleich, Walkman am Gürtel hängend,
fliege ich über schwarzen Asphalt und verliere mich in grünen Wiesen,
wo schon lange nichts mehr wächst.

Polizisten schießen auf Kinder,
und Kinder werden schon lange nicht mehr geboren.
Spanien liegt fern, Amerika liegt fern.
Der Wind verstärkt sich im dichten Gestrüpp
und Häuser zerren Flugzeuge auf die Felder.
Schweißnasse Hand zwischen erigierten Beinen.
Nackte Körper, durch Lügen gerodet, gestraft durch ihr Sein,
belohnt von dem Nichts.
Einsam zieht der Falke seine Kreise.

Rückblick

Genau genommen hatte ich alles gehabt, was ein normales Leben lebenswert macht. Eine tolle Freundin an meiner Seite, eine schöne Wohnung mit Balkon, gute Freunde und ein Beruf, der mir Spaß machte und der mich vielleicht nicht reich, aber doch wohlhabend gemacht hätte.

Aber es fehlte etwas. Ich konnte gar nicht genau sagen, was da fehlte. Ich fühlte, dass das nicht alles gewesen sein konnte. Aber vielleicht war es genau das: alles zu haben und doch nicht erfüllt zu sein, trotzdem eine tiefsitzende Unzufriedenheit zu spüren und kein Silberstreif am Horizont zu sehen, dass sich an dieser Unzufriedenheit etwas ändern würde, wenn ich diesen Lebensstil so weitergeführt hätte.

Es fühlte sich richtig an, mir diese Auszeit zu nehmen, alleine, nur mit mir, mein Leben zu leben, meine Lebensreise zu machen und keine Ahnung zu haben, wo und vor allem ob ich irgendwo ankommen würde.

Reinhold übernahm, wie gesagt, meine Wohnung, und ich holte am nächsten Tag alle wichtigen Dinge, wie Pass, Geld, Reiseschecks, aus meinem Regal, packte meinen Rucksack, vergewisserte mich des Tickets nach Bangkok und fuhr am nächsten Abend mit der S-Bahn nach Berlin Schönefeld, von wo mein Flieger mich direkt nach Bangkok bringen würde.

Die Maschine hob gemächlich ab, durchstieß irgendwann die Wolken, und als es langsam dunkel wurde, fiel ich in einen tiefen Schlaf.

Bangkok / Suan Mokkh

Nach einer Zwischenlandung in Dubai landete die Maschine um zirka sieben Uhr morgens in Bangkok. Ich fuhr direkt zum Hauptbahnhof und kaufte mir ein Ticket für den nächsten Zug Richtung Süden und erreichte Chaiya am nächsten Morgen um sechs Uhr.

Ich war aufgeregt, nein, freudig erregt, als mich das Taxi an den zahlreichen Essensständen absetzte, die vor dem Kloster Wat Suan Mokkh standen und zu dieser Zeit noch geschlossen waren.

Das Tor zum Kloster stand immer offen und so ging ich langsam hinein. Ein paar Mönche fegten die Wege, andere waren dabei, mit ihren Almosenschalen auf den täglichen Almosengang zu gehen. Ich lief an Ajahn Buddhadasas Hütte vorbei, erreichte den Hin Kong und sah auf einem dieser im Kreis liegenden Steine eine zirka zwei Meter lange schwarze Schlange. Sie schlängelte sich langsam über die Felsen; ihr Körper war nicht rund, sondern lief am Rücken spitz zu. Es handelte sich um eine der giftigsten Schlangen Thailands. Als sie mich bemerkte, schaute sie kurz in meine Richtung und verschwand dann langsam und gemächlich im Unterholz der Bäume.

In der Küche wurde schon gekocht und das freundliche Lächeln eines der Küchenmädels gab mir sofort ein heimisches, willkommenes Gefühl.

Ja, ich war wieder da, an dem Ort, der sich richtig anfühlte, der Ort, an dem ich mich zuhause fühlte, der Ort, an dem ich sein wollte.

Dann erschien plötzlich Santikaro, begrüßte mich und meinte, der Retreat habe schon gestern begonnen, aber ich könne noch einsteigen. Nichts lieber als das!

Er bot mir an, dass ich gleich in eine Kuti ziehen könnte, denn ich erzählte ihm, dass ich für länger gekommen sei. Für wie lange? Keine Ahnung, mal sehen.

Und so fühlte sich alles sehr gut und sehr vertraut an, und ich freute mich auf zehn Tage des Schweigens, auf das Hören von Vorträgen und auf die Meditation.

Die Tage entfalteten sich in ihrem eigenen, mir schon bekannten Rhythmus und Santikaro sagte zu mir, dass ich erst mal langsam runterschalten solle und ankommen müsse. Nein, ich war schon längst drinnen, zumal ich in Berlin ja wirklich die meisten Tage meditiert hatte und jeden Tag an Suan Mokkh denken musste.

Am Ende des Retreats blieben, wie immer, noch einige für ein paar Tage hier, manche für länger, und wir fanden wieder einen neuen Rhythmus. Ein Däne verabschiedete sich von mir und meinte, dass die Meditation so sei wie das Segeln, was wohl sein Hobby war. Da müsse man auch immer sehr achtsam sein. Ich wusste sofort, dass es ihn nicht ‚erwischt' hatte, und spürte eine gewisse Arroganz des Besserwissers in mir. Ja, da stand ich, eigentlich kurz vor der Erleuchtung, und der will das mit Segeln gleichsetzen? Ich murmelte ein paar Worte des Abschieds und fegte weiter meine Wege.

Nein, es musste nicht immer etwas Besonderes passieren, auch nicht in der Meditation, es reichte aus, einfach nur zu sein und die Dinge zu tun, die getan werden mussten.

Ich beobachtete Regentropfen an Blätterrändern, die kurz vor dem Fallen nochmal das Blatt umschmeichelten, ehe sie losließen. Manche Blätter waren wie ein Trichter gewunden und so konnte sich das Wasser in der Pflanze sammeln, für regenärmere Tage. In der Designersprache würde man sagen: Die Form folgt der Funktion.

In der Natur gibt es nichts Unnötiges, alles hat seinen Platz und seinen Sinn.

Im Kloster gab es einige Hunde, die eigentlich nur sich selbst gehörten und darauf hofften, dass etwas Essbares für sie abfiel. In der Nähe der Küche fanden sie reichlich Essensreste, wurden von der Küchenchefin auch mal gefüttert, und ab und zu brachte ich ein paar ‚Abfälle' mit und sie warteten schon darauf, was zur Folge hatte, dass sie sich meist in der Nähe meiner Hütte aufhielten und nachts darunter schliefen. Wie es schien, wurde ich langsam zum Führer des Rudels, das außer mir aus noch vier bis fünf Hunden bestand.

Sogar hier im Kloster wurde immer mal wieder in die umliegenden Hütten eingebrochen, und eines Nachts erhob mein Rudel ein so lautes Gebell und Gejaule, dass selbst der hartnäckigste Einbrecher Reißaus genommen hätte.

Karma

„Was du tust und denkst,
kommt immer wieder auf dich zurück."

Ich hielt regelmäßige Meditationszeiten ein, nahm weiterhin an Arbeitsperioden teil und saß sehr gerne vor meiner Hütte und entwickelte meine Meditation. Dann geschah während der Meditation etwas sehr Seltsames.

Während ich so mit geschlossenen Augen dasaß, beschlich mich urplötzlich eine Angst, es könne jemand von hinten kommen und mir mit einem Messer den Hals durchschneiden. Mein Verstand sagte: ‚Quatsch', und er hatte Recht, auch mein Rudel hätte das nie zugelassen. Aber egal, wie rational ich mir das auch erklärte, die Angst kam immer wieder und mein Geist fand keine Ruhe mehr.

Dann erinnerte ich mich daran, dass es mir auf Koh Samui auch schon mal so ergangen war.

Es war in einer Vollmondnacht. Während ich mit geschlossenen Augen nah am Wasser saß und das sanfte Geräusch der am Strand auflaufenden Wellen vernahm, beschlich mich unversehens die gleiche Angst: Es kommt jemand von hinten und schneidet mir den Hals durch, und es war vorbei mit der Ruhe. Aber auf der Insel war mir das gar nicht so bewusst geworden, denn dort gab es vielerlei Zeitvertreibe, welche von der Angst ablenkten. Zudem war ich zu jener Zeit nicht bereit, mich eingehender mit unangenehmen Empfindungen zu befassen.

Aber hier im Kloster gab es keine Ablenkung und es ging ja um Selbsterkenntnis und Selbsterforschung, aber ich wollte lieber was Schöneres erforschen als das da.

„Du kannst rennen, aber dich nicht verstecken", hat mal irgendjemand gesagt, und dieser Satz bekam nun für mich die Bedeutung, die er hatte.

Wenn ich etwas las oder die Wege fegte oder mit den Hunden durch den Wald lief, war diese Angst wie weggeblasen. Erst wenn ich mich hinsetzte, kam sie wieder. Ich redete mit niemandem darüber, weil ich dachte, sie würden denken, ich sei etwas verrückt geworden und am Durchdrehen, was einigen bei so viel Ruhe und Stille durchaus schon passiert war.

Es war schon spät in der Nacht, als ich in die Pfadfinderhalle, unsere Meditationshalle, ging, dort eine Petroleumlampe anmachte und mich zur Meditation hinsetzte.

Ich saß vielleicht zehn Minuten, als diese Angst urplötzlich wieder in mir aufkam und langsam, aber sicher mit ihren kalten und immer stärker werdenden Wellen meinen ganzen Körper durchflutete. Dieses Mal wollte ich es wissen und blieb entschlossen sitzen.

Plötzlich hörte ich einige Meter hinter mir Schritte, die langsam schlurfend auf mich zukamen, und zu allem Überfluss war da auch noch ein klirrendes, metallenes Geräusch zu hören, so als ob jemand ein Schwert oder langes Messer aus einer Scheide ziehen würde. Ich blieb sitzen und dachte, scheißegal, dann werde ich jetzt halt sterben. Diese innere Haltung des ‚Kriegers' machte sich in mir breit, und die Schritte kamen immer näher und näher und ich war wirklich bereit, enthauptet zu werden. Jetzt war er schon ganz dicht hinter mir und ich würde mich keinen Zentimeter rühren.

Und dann wurde ich urplötzlich weit in die Vergangenheit katapultiert.

Ich sehe mich sehr deutlich in kurzen Lederhosen, meine rote Sparbüchse in der Hand, und mein Freund Rainer und ich, wir beide etwa im Alter von fünf Jahren, laufen über eine Wiese. Hier schleichen wir uns von hinten langsam an Bienen heran, die gerade auf Blumen gelandet waren und treten auf diese Bienen drauf, sodass sie zwar noch leben, aber nicht mehr weiterfliegen können. Wir stecken sie alle in diese Sparbüchse hinein. Weiter sehe ich, dass der Boden der Büchse schon mit vielen zappelnden, umherkriechenden Bienen gefüllt ist, manche leben mehr als andere. Und so laufen wir über diese Wiese und morden immer weiter. Die Farbe der Büchse rot, der Verschluss weiß, die Wiese grün, bunte Blumen, alle diese Farben sehe ich mit großer Intensität und Klarheit und auch die Bienen sehe ich in ihrem Leiden sehr deutlich. Und was noch verrückter war, ich fühlte wirklich ihren Schmerz.

Ich öffnete erschrocken die Augen, und mir wurde klar, dass das wirklich geschehen war, damals als Fünfjähriger.

Wir hatten es nicht getan, um die Bienen bewusst zu verletzen, sondern wir wollten sie einfach nur haben. Dennoch schaute ich mich um, einem automatischen Impuls folgend, um mich zu vergewissern, ob nicht doch jemand mit einem Schwert hinter mir stand. Doch da war natürlich niemand.

Aber ich erkannte den Zusammenhang zwischen der Angst, dass mir jemand den Hals durchschneiden würde, und dem Zertreten der Bienen. Saßen sie nicht auch einfach nur auf Blumen, in Frieden mit ihrem Sein und ihrem Tun, und dann schlichen wir uns von hinten heran und mordeten die Ahnungslosen? Und wollte ich am Strand nicht auch einfach nur dasitzen und das alles genießen und in der Halle meditierend Frieden finden?

Dann kam der Satz: „Das, was du tust, kommt immer wieder auf dich zurück."

Es spielte keine Rolle, dass dieses Geschehnis fünfundzwanzig Jahre zurücklag. Dieses verschüttete Ereignis war tief in meiner Psyche vergraben gewesen und hatte jetzt nach langer Zeit die Gelegenheit erhalten, durch die meditative Stille meines Geistes an die Oberfläche meines Bewusstseins aufzusteigen und wieder erlebt zu werden.

Nach diesem tiefgreifenden Erlebnis war die Angst, von hinten ermordet zu werden, verschwunden, und sie tauchte nie mehr wieder auf.

Von einer ähnlichen Geschichte hörte ich Jahre später in einem anderen Kloster.

Tom, ein Anwärter auf das Noviziat, traute sich nach Einbruch der Dunkelheit nicht mehr aus seiner Hütte heraus, weil er Angst davor hatte, von Schlangen, Skorpionen, Hundertfüßern und anderen giftigen und nicht giftigen Tieren angegriffen zu werden. Die Nacht im Dschungel empfand er als reinste Bedrohung, als ginge es um sein Leben.

Das ging so weit, dass er nachts aus dem Fenster pinkeln musste, denn die Toiletten befanden sich außerhalb der Hütte, und frühmorgens, wenn es noch dunkel war, musste er von jemandem zur Morgenmeditation abgeholt werden.

Eines Tages während der Meditation stieg folgende intensive und ungemein lebhafte Erinnerung in ihm auf: Er sieht sich, zehnjährig, mit einem Freund in Australien. Sie haben eine große Echse gefangen, sie an den Beinen festgebunden und schlitzen sie mit einem Messer bei lebendigem Leibe auf, woraufhin sie elendig verendete.

Auch er empfand, genau wie ich, bei dieser in ihm aufsteigenden Erinnerung eine tiefe Reue und Schuld über den Schmerz und das Leid, das er dem Tier zugefügt hatte. Er entschuldigte sich ebenfalls innerlich für seine Missetat, und von da an war diese Angst verschwunden und kam nie mehr wieder zurück.

Das war also damit gemeint, dass Meditation auch alle Ungereimtheiten und ‚moralischen Vergehen' ins Bewusstsein holt und einem eine zweite Chance gibt, eine neue Haltung zum Leben und den Dingen, die man getan hat und sicherlich noch tun wird, einzunehmen. Unglaublich, wenn man das weiterdenkt.

Ich war nach meinem Erlebnis davon überzeugt, dass alle ‚Vergehen' im großen Bewusstseinsraum abgespeichert waren und nach Ausgleich, nach Harmonisierung strebten.

Später lernte ich, dass Buddha ein Gesetz entdeckte, das als *Karma* bekannt ist und kurz beschrieben besagt: Alles, was du absichtsvoll tust, kommt irgendwann auf dich zurück.

Das bezog sich sowohl auf heilsame wie auch auf unheilsame Handlungen, und Zeit spielte dabei keine Rolle.

Es heißt, dass die richtigen Bedingungen vorherrschen müssten, damit sich etwas entfalten könne. Als Beispiel für Karma wird das Bild eines Samens genannt, der jahrelang irgendwo liegen kann. Wenn jedoch die passenden Bedingungen wie fruchtbarer Boden, Regen und Sonnenschein vorliegen, kann daraus ein Baum erwachsen.

Alle Bedingungen sind nötig, damit sich sein Potenzial entfalten kann. Und so ist es auch mit den von uns ‚gesäten' Handlungen. Sie sind wie Samen, die irgendwann ihr Potenzial entfalten, wenn die dazu nötigen Bedingungen hinzukommen.

Ich wollte mehr wissen, mehr erkennen, wollte alle negativen Taten aus der Vergangenheit auflösen, die ich anderenfalls irgendwann bereuen würde.

Ich begann plötzlich den Sinn der Worte: *Wer andere beschützt, beschützt sich selbst, und wer sich selbst beschützt, beschützt andere*, auf einer tieferen Ebene zu verstehen.

Ab diesem Zeitpunkt geschah es nur noch selten, dass ich ein lebendes Wesen mit Absicht tötete. Manchmal musste eine Mücke dran glauben, aber sofort erinnerte ich mich an die potenziellen Folgen dieser Tat. Wenn ich das meinen Freunden in Berlin erzählt hätte, würden sie mich gleich für verrückt erklären.

Ich sah das Leben mit neuen Augen, respektierte alle lebenden Wesen und sah sie als gleichwertig an. Der Dschungel war an sich nicht gefährlich, aber wenn man sich darin unachtsam bewegte, könnte er gefährlich werden. Ich würde es auch nicht zulassen, dass mir jemand auf den Kopf tritt, und eine Schlange wehrt sich eben auf ihre Weise. Und obwohl ich dieses Wort nicht mag, fühlte ich eine tiefe Demut in mir aufsteigen, ich fühlte mich nicht klein, aber auch nicht besser oder mehr wert als dieser Schmetterling, der da gerade an mir vorbeiflog. Meine menschliche Arroganz schmolz langsam dahin, und so fühlte ich mich als Freund unter Freunden, und ich sah gerne Schlangen zu, wie sie sich durch das Unterholz schlängelten, und es waren viele, die hier lebten. Und irgendwie spürte ich, dass ich mit dieser neuen Haltung der Freundlichkeit und des Wohlwollens gut beschützt war.

Internationales Waldkloster

Im Nordosten Thailands gab es ein Kloster, in dem hauptsächlich westliche Mönche lebten, *Wat Pah Nana Chat* hieß es, Internationales Waldkloster. Es wurde von *Ajahn Chah* gegründet mit dem Ziel, Westlern die Möglichkeit eines klösterlichen Lebens und Trainings zu bieten, ohne die thailändische Sprache beherrschen zu müssen. Die Verkehrssprache war Englisch. Das interessierte mich sehr, und Santikaro meinte, es sei bestimmt gut, dort mal vorbeizuschauen. Gesagt, getan.

Der Zug brachte mich nach Bangkok, wo ich mir eine Fahrkarte für die Weiterfahrt in den Nordosten des Landes, den *Isaan*, kaufte.

Ich erreichte *Warin,* die Bezirksstadt, nach ungefähr zwölf Stunden Fahrt. Als ich ausstieg, war der Bahnsteig voller Menschen, die entweder gerade ankamen, irgendwo hinwollten oder etwas zum Verkauf anboten.

Thailänder sind freundliche Menschen, die dieses berühmte Lächeln auf dem Gesicht haben. Wie ich später lernte, gab es eine Menge Arten zu lächeln, die alle eine bestimmte Bedeutung haben und nicht unbedingt immer eine freundliche. Aber lächelnde Gesichter fühlen sich erst mal sehr angenehm an, und als ob sie wüssten, wohin ich wollte, sagten einige „Wat Pah Nana Chat" zu mir, lächelten wissend und zeigten in Richtung der Tuk-Tuks, dreirädrige Mopeds, die zirka drei Leute transportieren können und vor dem Bahnhof auf Gäste warteten.

Der Preis war schnell ausgehandelt und so fuhren wir aus der Stadt hinaus an Reisfeldern vorbei. Große, alte LKWs überholten uns hupend, zwischen den Feldern standen Holzhütten auf Stelzen, vereinzelte riesige Bäume, ein paar Kokosnussbäume und Palmen, Wasserbüffel, die von kleinen Jungs irgendwohin geführt wurden, und ich war gespannt, wo ich jetzt landen würde.

In der Ferne tauchte dann ein Wald auf, und der Fahrer deutete mit einer Hand in diese Richtung und meinte: „Wat Pah Nana Chat."

In den Wald führte eine Betonstraße. Ich nahm meinen Rucksack, bezahlte und ging diese Straße entlang, die rechts und links von hohen Bäumen gesäumt war.

An einem dieser Bäume hing ein Schild, auf dem stand: ‚*Wenn du Zeit zum Atmen hast, dann hast du auch Zeit zum Meditieren.*' Gezeichnet: Ajahn Chah.

Als ich das erste Haus erblickte, kam auch schon ein glatzköpfiger, in Weiß gekleideter Mann auf mich zu und meinte auf Englisch: „Na, gerade angekommen?"

Es stellte sich heraus, dass er auch Deutscher war. Er erklärte mir kurz, dass ich mich später beim Abt vorstellen sollte, aber jetzt sei erst mal Essenszeit und ich könnte ja schon mal helfen, die Essensschüsseln in die Sala zu bringen.

Die Sala war eine große Halle, in der ein großer Buddha stand. Auf der Längsseite war ein zirka sechzig Zentimeter hohes Podest, das sich über die ganze Längsseite hinzog und worauf schon einige Mönche saßen, einer neben dem anderen. Bastmatten waren auf dem Boden der Sala ausgerollt und dort wurde mir ein Platz zugewiesen, auf dem bereits eine Schüssel mit Löffel stand.

Da saßen nun zirka fünfzehn Mönche, die sich die Essensschüsseln reichten, etwas davon in ihre Schale legten und die Schüsseln dann weiterreichten. Dann bekamen wir Besucher die Schüsseln. Es gab eine reiche Auswahl an Reis, Gemüse, auch Fleisch und Fisch und eine große Vielfalt an Früchten.

Als wir uns alle bedient hatten, sprachen die Mönche einen Segen und anschließend nahmen wir alle die Mahlzeit schweigend ein.

Komischerweise fühlte sich das alles nicht fremd an, und ich genoss es, schweigend zu essen.

Nach dem Essen wurde ich dem Abt vorgestellt. Er war Kanadier und hieß *Ajahn Pasanno.* Ich erzählte ihm, woher ich kam, dass ich bei Ajahn Buddhadasa gewesen war, über die Retreats, die ich gemacht hatte, und dass ich eine Weile hierbleiben wolle.

Ja, das sei möglich, und da ich ja schon einen rasierten Kopf hatte, durfte ich auch gleich eine Kuti im Wald beziehen.

Ich bekam eine Bastmatte, ein Kopfkissen und konnte mir auch eine Decke nehmen, falls ich eine wollte. Und so richtete ich mich in dieser Hütte ein, fegte erst mal den Gehpfad, der neben jeder Hütte angelegt war, und fühlte mich richtig gut und wohl, ja irgendwie angekommen, vorerst zumindest.

Ein anderer Deutscher war *Cattamo,* der Kutimönch, dessen Aufgabe darin bestand, die Hütten zuzuweisen und in Ordnung zu halten. Er erklärte mir kurz den Tagesablauf.

Um fünfzehn Uhr läutete eine Glocke, die zur nachmittäglichen Arbeitsperiode ruft. Dann solle ich mich zur Sala begeben. Nach der Arbeit träfen sich alle in der Hütte des Abtes zum Nachmittagstee. Alles klar.

Als die Glocke zur Arbeitsperiode läutete, wurde ich zum Wassertragen eingeteilt. Zu zweit trugen wir große Wassereimer an einer Bambusstange hängend zu den Toiletten, zu den Fußbädern, die sich vor jedem Gebäude befanden, während andere die Wege fegten oder den Boden der Sala putzen.

Gegen zirka sechzehn Uhr versammelten sich die in ockerfarbene Roben gekleideten Mönche und die weiße Kleidung tragenden Besucher und Mönchsanwärter in der Kuti des Abtes.

Hier gab es eine klare Sitzordnung, und ich lernte, dass die Sitzordnung der klösterlichen Rangordnung folgte. Dabei war nicht das biologische Alter entscheidend, sondern die Zeitspanne der Ordination, die in *Vassa*, Regenzeiten, gemessen wird.

Diese Information schickte mich in die letzte Reihe und so konnte ich alle Mönche und die anderen Besucher gut überblicken. Manche musterten mich mit kurzem Blick, während große Kessel mit warmen Getränken herumgereicht wurden. Jemand reichte mir schweigend eine Tasse, und so saßen wir auch hier schweigend und nippten an unseren Getränken.

Nach einer Weile begann der Abt über eine innerklösterliche Angelegenheit zu sprechen, der ich keine gesteigerte Aufmerksamkeit schenkte.

Am Ende verbeugten sich alle in Richtung des Abtes und des Buddhas und gingen ihrer Wege.

Ajahn Pasanno wollte noch einmal mit mir reden und so wartete ich, bis die meisten gegangen waren und er mich zu sich rief. Ajahn Pasanno war Kanadier, neununddreißig Jahre alt, seit fünfzehn Jahren Mönch und der Abt des Klosters.

Er wollte noch mehr über mich erfahren. Ich erzählte ihm kurz von meiner Zeit in Berlin, berichtete von dieser Ernüchterung, erzählte von Anna, meinen Reisen und dass ich irgendetwas suchte, was ich bisher noch nicht gefunden hatte, und erzählte von meiner Zeit in Suan Mokkh.

Er sagte, ich solle mich einfach in den Tagesablauf einfügen und die Meditationszeiten mitmachen, und wenn ich Fragen hätte, könne ich mich gerne an ihn wenden.

Ich war dankbar für diese freundliche Aufnahme, die mir entgegengebracht wurde.

Sehr zufrieden ging ich zurück zu meiner Hütte und legte mich schon bald schlafen, denn bereits um drei Uhr morgens würde die nächste Glocke zur Morgenmeditation rufen. Du meine Güte, drei Uhr morgens, Wahnsinn, dachte ich so bei mir.

Mitten in der Nacht wurde ich vom dumpfen Klang der Glocke geweckt, der mit aufeinander folgenden, immer schneller werdenden Schlägen durch das Kloster tönte. Ich zog mich an, nahm meine Taschenlampe und ging in die Sala, wo die Morgenmeditation stattfinden würde.

Die in ockerfarbene Roben gekleideten Mönche kamen in die Sala, nahmen ihren Platz in der vordersten Reihe ein, während mir ein Platz weiter hinten zugewiesen wurde.

Zunächst wurde ein monoton klingender Sprechgesang in Pali angestimmt, der Sprache, in der die frühen buddhistischen Texte verfasst wurden. Anschließend gab es eine einstündige Meditation.

Am Ende der morgendlichen Sitzung erklang wieder ein kleiner Gong. Die in Weiß gekleideten Pah Kaos und Besucher begaben sich zur Küche und bereiteten große Schüsseln vor, die wir später in die Sala trugen. Mike, so war der Name des Deutschen, der mich bei meiner Ankunft begrüßt hatte, meinte, da würde dann das Essen hineinkommen, das die Mönche von der Almosenrunde zurückbrachten.

Mike wies mich ein, erzählte mir über den Tagesablauf, und ich war froh, dass sich jemand meiner annahm. Dann fegten wir die Sala, legten Matten auf dem Boden aus und platzierten kleine, weiße Schüsseln darauf.

Anschließend konnte ich wieder in meine Hütte zurückgehen, bis die Mönche zurückkamen.

Wie am ersten Tag nahmen alle zusammen schweigend ihre Mahlzeit ein und danach wurde aufgeräumt, abgewaschen und alles wieder auf seinen Platz gebracht. Die Mönche gingen wieder ihrer Wege, in ihre Hütten. Und jetzt?

Auch ich ging wieder in meine Hütte, fegte den Gehpfad, denn es fielen immerzu Blätter von den Bäumen. Ich wollte ein kleines Nickerchen machen, aber dann hörte ich ein Räuspern und ein Mönch stand vor mir. Er wollte wissen, woher ich kam und wie lange ich bleiben wollte, und so kamen wir ins Gespräch.

Er hieß *Anamodasi,* war aus Israel und schon seit fünf Jahren in den Roben eines buddhistischen Mönchs. Er meinte, das hier wäre der beste Platz, um altes Karma abzuarbeiten, man brauche einfach nur alles mitzumachen, die Regeln einzuhalten, und der Rest würde sich schon ergeben. Altes Karma? Was meinte er denn damit?

Da er noch etwas zu erledigen hatte, würde ich ihm die Frage ein anderes Mal stellen müssen.

So, nun war ich hier angekommen, in einem buddhistischen Kloster.

Warum war ich eigentlich hier? Ja richtig, ich wollte meditieren, wollte den großen Fragen des Lebens auf die Spur kommen, wollte Weisheit und Wissen erlangen und natürlich erleuchtet werden. Und dieser Lebensstil hier sollte mich dort hinbringen?!

Berlin war weit weg, meine Freunde auch, Anna in Australien, und ein besserer Ort als der hier war gerade nicht verfügbar für mich.

Mit der Zeit lernte ich nach und nach die Gemeinschaft kennen.

Vanado war auch ein deutschsprachiger Mönch, kam aber aus Belgien und lebte schon seit sieben Jahren in Roben. Er erklärte mir die Hierarchie der Gemeinschaft. Es gehe nicht darum, wie alt jemand sei, sondern wie lange er schon die Roben trage. Man müsse dem ‚Älteren' Respekt zollen, und wenn jemand drei Jahre länger als man selbst dabei ist, solle man die Hände vor der Brust zusammennehmen, wenn man ihn anspricht.

Er erläuterte dann noch einige andere Verhaltensregeln, und ich hörte mir das alles an, nicht ohne einen gewissen Unmut wahrzunehmen, der sich immer in mir regt, wenn mir jemand Regeln erklärt.

Egal, ich war der Gast, ich wollte lernen, ich wollte eine Weile hierbleiben, und das gehörte wohl dazu. Natürlich war ich der Meinung, dass jemand, der schon fünf oder sieben Jahre in den Roben war, es in Sachen Weisheit, Wissen und Erleuchtung schon weit gebracht haben müsste, und so fühlte ich einen gewissen Respekt den Mönchen gegenüber.

Kurzum: Ich lernte die Verhaltensregeln kennen, lernte, mich den Mönchen gegenüber zu ‚benehmen', und fand mich langsam in den klösterlichen Rhythmus ein.

Die Abendmeditation wurde im sogenannten *Bot* abgehalten, ein aus weißem Stein gebauter, nach allen Seiten offener Versammlungsort, mit einem spitz zulaufenden Glasdach, worin zirka dreißig Menschen sitzen konnten.

Nach der Meditation hielt Ajahn Pasanno einen Vortrag, der wie immer eine buddhistische Betrachtung zum Gegenstand hatte, oft gefolgt von einer Erinnerung daran, dass auch im Alltag, bei jeder Tätigkeit, die Achtsamkeit immer wieder geübt und beim Essen Maß gehalten werden solle.

Danach verbeugten wir uns dreimal in Richtung der Buddha-Statue und gingen zurück in unsere Hütten. Um drei würde wieder die Glocke läuten.

Und so zogen die Tage ins Land und ich gewöhnte mich langsam ans frühe Aufstehen, die verschiedenen Aufgaben, die mir zugewiesen wurden, an nur eine Mahlzeit am Tag, an den ganzen klösterlichen Ablauf, und ich begann, diese Gleichmäßigkeit und verlässliche Regelmäßigkeit des Ablaufs zu schätzen.

Erste Ordination

Mittlerweile trug ich weiße Hosen und Hemden und sollte in ein paar Tagen zum Pah Kao, was so viel heißt wie ‚der in Weiß Gekleidete', ordiniert werden. Als Pah Kao würde ich dann einen Wickelrock und ein Hemd tragen, das eine Schulter frei lässt, genau wie die Mönche, allerdings in Weiß. Außerdem würde ich dann auch morgens mit den Mönchen auf Almosenrunde gehen dürfen, mit meiner eigenen Almosenschale. Das war die Vorstufe zum Noviziat, was wiederum die Vorstufe zum Mönch war.

Mike und ich wurden langsam Freunde, und ein Dritter im Bunde, *Ashin* aus Japan, gesellte sich dazu. Wir drei waren die nächsten, die als Pah Kao ordiniert werden sollten.

Es war eine kleine, formelle Zeremonie, in der wir gelobten, insgesamt acht Tugendregeln zu befolgen, die auf Pali *Silas* genannt werden.

Zusätzlich zu den ersten fünf Silas, keine lebenden Wesen zu töten, nicht die Unwahrheit zu sprechen, nichts zu nehmen, was nicht gegeben wird, sexuell enthaltsam zu sein sowie keine Substanzen zu sich zu nehmen, die den Geist vernebeln, gelobten wir außerdem, keine feste Nahrung nach zwölf Uhr mittags zu uns zu nehmen, keinen Schmuck zu tragen, keine Kosmetika zu benutzen, keine Unterhaltungsveranstaltungen zu besuchen, keine Musik zu hören, nicht zu tanzen und zu singen und nicht auf einem hohen, weichen Bett zu schlafen.

In den Ansprachen von Ajahn Pasanno wurde immer wieder darauf hingewiesen, sich mit dem Lebensnotwendigen zufrieden zu geben: Kleidung, Essen, ein Dach über dem Kopf und im Falle von Krankheit Medizin zu haben.

Das einfache Leben sagte mir zu, und meine Besitztümer waren überschaubar. Ich hatte zwar noch einen Walkman, aber den benutzte ich nur, um mir ab und zu verschiedene Vorträge auf Kassetten anzuhören. Geld hatte ich auch noch etwas, aber davon brauchte ich im Kloster nichts.

Ab und zu fuhren wir mit dem Sammeltaxi nach Warin, um verschiedene Sachen zu kaufen, und ich genoss es, auch mal wieder in der sogenannten ‚richtigen Welt' zu sein.

Da wir durch unsere Kleidung leicht als buddhistische Anhänger erkennbar waren, genossen wir einen dementsprechenden Respekt, wurden auch mal gefragt, woher wir kämen, und wenn ich Germany sagte, antworteten manche darauf gleich mit Bayern München, Fußball oder erwähnten auch mal eine deutsche Automarke. Peinlicherweise identifizierten manche Thais die langsam verblassende Tätowierung eines Peace-Zeichens auf meinem Unterarm mit einem Mercedes-Stern, und ich lernte über diesen Umweg das Wort für Frieden auf Thailändisch: *Santipaahp.*

Klösterliches Leben

Das klösterliche Leben hatte es in sich.

Aber was es wirklich in sich hatte, waren die wöchentlichen Nachtsitzungen. Die Voll- und Neumondnächte sind in Thailand besondere Tage, aber die dazugehörigen Halbmondtage auch. An diesen Tagen trafen wir uns am frühen Abend, nach den *Chores,* wie die Arbeitsperioden heißen, in der Sala, wo es zunächst meist ein kühles oder ein warmes Getränk gab.

Danach brachte ein kleiner Bus die klösterliche Gemeinschaft in das Hauptkloster Wat Pah Pong. Dort versammelten wir uns vor dem Haus, in dem Ajahn Chah gepflegt wurde. Er lag schon seit einigen Jahren nach mehreren Schlaganfällen im Koma und wurde von seinen Mönchen liebevoll gepflegt. Wir rezitierten die *Parittas,* verschiedene buddhistische Texte, während Ajahn Chah im Rollstuhl auf seiner Veranda saß.

Dann fuhren wir wieder zurück und die klösterliche Gemeinschaft traf sich später in der Sala, um gemeinsam mit einer ansehnlichen Gemeinde aus den umliegenden Dörfern zuerst buddhistische Texte auf Pali zu rezitieren, und anschließend verbrachten wir die Zeit bis Mitternacht mit Sitz- und Gehmeditation.

Um Mitternacht gab es wahlweise Tee, Kakao oder Kaffee und es wurden braune Palmzuckerstücke gereicht. Das gab einem die nötige Energie, um die ganze Nacht mehr oder weniger wach zu bleiben.

Der Sinn dieser Nachtmeditationen war, wie Karunito erklärte, dass man die tiefer liegenden Herzenstrübungen ins Bewusstsein hole, sie besser kennenlerne und ihnen so etwas von ihrer Macht nehme. Und ja, Geduld würde man auch entwickeln und vor allen Dingen brauchen!

Das hörte sich spannend, ja schon fast wissenschaftlich an, und ich war bereit, sie kennenzulernen, diese tiefer liegenden Herzenstrübungen.

Im Westen würde man diese *Uppakilesas*, wie sie in der Pali-Sprache heißen, einfach ‚schlechte Launen' nennen. Dieses Grummeln im Bauch, dieses Muffelige eines Morgenmuffels, diese Ärgerlichkeit, die manchmal einfach so da ist, oder eine undefinierbare Traurigkeit, dass man sich oft wunderte, woher sie kam. Jetzt sollte sich zeigen, welche Gewohnheiten und emotionalen Reaktionsmuster im Laufe des Lebens vorherrschend waren.

Und all das sollte in der Stille deutlich werden?

Die Nacht schritt voran, und nach dem Mitternachtskaffee praktizierte ich in der Sala Gehmeditation. Einige andere gingen ebenfalls auf und ab, während der Rest im Sitzen meditierte, auf alle Fälle hatten sie die Augen geschlossen. Offensichtlich waren einige im Sitzen eingeschlafen, aber vielleicht handelte es sich ja auch um eine besondere Meditationsmethode, von der ich noch nichts gehört hatte. Der Oberkörper bewegte sich leicht, aber stetig nach vorne, um wieder ruckartig in die sitzende Ausgangsposition zurückgeholt zu werden. Manche saßen kerzengrade, andere mit gekrümmtem Rücken.

Tja, da hat wohl jeder so seine Haltung.

Plötzlich ödete mich etwas an, irgendwie kam eine Unzufriedenheit in mir hochgeschlichen, begleitet von einer sich langsam aufbauenden, ärgerlichen Stimmung. Was machte ich hier eigentlich? Schweigend hin- und herlaufen mitten in der Nacht? Und die da machen das auch!? Was soll das Ganze hier eigentlich? Und der Mönch da, wie der läuft, viel zu schnell für meine Begriffe. Und der da drüben, man kann es mit der Langsamkeit auch übertreiben, oder will er zeigen, wie toll er meditieren kann? Ich war müde und wollte schlafen. Das war aber noch nicht vorgesehen, und so ging ich erst mal pinkeln.

Als ich in die Sala zurückkam, ging das Meckern und Nörgeln in meinem Geist weiter und ein immer stärker werdender Ärger über alles machte sich in mir breit. In dem Wechsel von Geh- und Sitzmeditation verging die Nacht und um vier Uhr morgens läutete eine Glocke, die uns auf unsere Plätze rief, um mit der Morgenrezitation zu beginnen. Das hatte mir gerade noch gefehlt, auf den Fersen sitzend Texte auf Thailändisch und Pali rezitieren, die ich ja eh nicht verstand. Aber auch das ging zum Glück irgendwann vorbei. Anschließend fegten wir die Sala.

Alle Gesichter um mich herum sahen sehr müde aus, die Mönche machten sich bereit, auf Almosengang zu gehen, und auf dem Weg zur Küche rempelte ich *Sucinno* aus Versehen an, woraufhin er mich böse anschaute und etwas von „Aufpassen, Achtsamkeit und schauen, wohin man läuft" ärgerlich murmelte. Ah, noch so ein Ärger-Typ, folgerte ich, aber als Mönch sollte er sich gefälligst nicht so anstellen, dachte ich, wo sind liebende Güte, Mitgefühl und Geduld? Du Arschloch!

Das waren sie also, die tiefer sitzenden Herzenstrübungen, die schlechten Launen, die bewertenden und herabwürdigenden Gedanken, diese tief sitzende Traurigkeit, das Gefühl der Einsamkeit, Wut und Ungeduld.

Ja, ich kannte das alles bei mir, aber es fühlte sich einfach nur Scheiße an, so drauf zu sein.

In der Ajahn-Chah-Tradition und ihren vielen Zweigklöstern wurde auf diese Praxis der Nachtmeditation viel Wert gelegt.

Ajahn Chah wollte nicht, dass man sich in einen Kokon angenehmer Gefühle einrichtete, sondern dass man grundlegend mit allen möglichen geistigen Störungen aufräumt. Deshalb sollte man sie kennenlernen und sie an sich selbst erfahren.

Eine Geschichte über ihn verdeutlicht diese Haltung: Manchmal lief er durch das Kloster und fragte einige Mönche, wie es ihnen denn so gehe? Einer sagte: „Ajahn, die Sonne scheint so schön, die Vögel zwitschern friedlich, das Essen war ausreichend und meine Roben riechen heute nach dem Waschen so gut." Dazu meinte Ajahn Chah nur: „Schlechte Praxis!"

Ein anderer Mönch teilte ihm mit, dass er heute viel Ärger in sich fühle. Da sei dieser eifersüchtige Gedanke über eine gewisse Begebenheit und überhaupt habe er mit seinen Herzenstrübungen gerade sehr zu kämpfen. Dazu meinte Ajahn Chah: „Gute Praxis!"

Nach dem Essen ging ich in meine Hütte und legte mich schlafen. Das war gerade die beste Praxis für mich. Ich schlief und schlief, bis der Fünfzehn-Uhr-Gong uns alle zur Arbeitsperiode rief. Es fühlte sich an, als ob ich mitten in der Nacht aus dem Schlaf gerissen wurde.

Was mich oft an solchen Nachmittagen hochhielt, war die Vorfreude auf den Nachmittagskaffee in Ajahns Hütte.

Nach dem Treffen gab es etwas Besonderes. Wir hatten am Waschplatz eine Sauna stehen, die immer nach den Nachtsitzungen angeheizt wurde, und wir genossen es, darin zu sitzen und zu schwitzen. Es war hier Brauch, dass Novizen und die Juniormönche den Seniormönchen Massagen gaben. ‚Gut, dass ich kein Novize bin', grummelte es schon wieder in mir, ‚das hätte mir jetzt gerade noch gefehlt, ich könnte selbst eine Massage gebrauchen.'

Und so zogen die Tage ins Land. Immer wieder erlebte ich friedliche Meditationen, wurde von meinem Ärger aufgewühlt, studierte die Lehren Buddhas, folgte dem Tagesrhythmus, lernte, mich Kobras und anderen Schlangen gegenüber vorsichtig zu verhalten, und konnte mittlerweile die verschiedenen Ameisen voneinander unterscheiden.

Von *Tan Mäo*, einem thailändischen Mönch, lernte ich, wie man kleine, aber giftige Skorpione mit den zappelnden Fingern der einen Hand ablenkte, während man sie mit Zeigefinger und Daumen der anderen Hand an deren Stachel packte, um sie dann irgendwohin zu tragen, damit sie niemandem schaden konnten.

Nur einmal ging es schief. Ich hatte den Stachel nicht richtig erwischt. Dafür erwischte mich der Skorpion direkt im Daumen, gefolgt von einem stechenden Schmerz und einer tauben Hand. Aber auch das ging vorbei.

Ich fegte Wege, kochte Wasser, schleppte Wasser, reinigte Toiletten. Die Regelmäßigkeit des klösterlichen Alltags hatte etwas sehr Verlässliches, aber es ödete mich immer wieder mal an und eine gewisse Verdrossenheit mit alledem machte sich in mir breit. Ich musste mal was anderes machen, ich musste mal wieder raus.

Freude und Glück der Welt

An diesem Morgen ging ich vor dem Essen zu Ajahn Pasanno und bat um Erlaubnis, mal wieder in die Stadt fahren zu dürfen. Er fragte, warum ich das denn machen wolle?

„Ich muss hier einfach mal wieder raus, Ajahn“, rutschte es mir unvermittelt aus meinem Mund. Er schaute mich lächelnd an und meinte: „Okay, weil du so ehrlich bist, kannst du nach dem Essen los.“

Eine Welle unglaublicher Freude durchflutete mich. YES!

Und in Gedanken fing ich an mir auszumalen, was ich in der Stadt alles machen würde. Ja klar, drei Sachen fielen mir sofort ein: Als Erstes würde ich in den Eissalon gehen und mir ein riesiges Eis reinschieben, mit Sahne, versteht sich – ich schmeckte es schon fast. Als Zweites würde ich in ein Café gehen und mir eine, zwei oder drei Tassen dieses mit süßer Kondensmilch vermischten schwarzen Thai-Kaffees trinken, und drittens würde ich dazu eine, zwei oder drei Zigaretten rauchen. Yeah!

Nach dem Essen hatte ich es eilig, in meine Hütte zu kommen, schnappte mir meine Tasche und mein Geld und lief freudig aus dem Kloster zum Sammeltaxi.

Ich schwebte, ich hätte vor Freude laut schreien oder irgendwelche Lieder singen können, ich wollte tanzen und der Welt laut mitteilen, wie schön das Leben ist, das gute, gute Leben, der gute, gute Ajahn. Durch nichts wäre diese Freude zu toppen gewesen, aber auch gar nichts. Ich hatte das noch nie so erlebt. Die Freude hätte nicht mehr, nicht stärker sein können, auch nicht dann, wenn ich mir einen Ferrari oder eine Villa gekauft oder eine supertolle Frau kennengelernt hätte.

Dann hielt ich plötzlich inne: Hey, Matthias Jordan, was ist los mit dir? Du bist hier am Platzen vor Freude, ja schon fast in Ekstase – wegen einem Eis, einem Kaffee und zwei Zigaretten?! Hey, Junge, komm mal wieder runter!

Als ich das Sammeltaxi erreichte, hatte ich wohl noch diesen leicht dämlichen Gesichtsausdruck, der entsteht, wenn man sich in irgendwelchen Träumereien verloren hatte. Aber egal. Jetzt konnte es sich nur noch um Minuten handeln, und als ich bei der Eisdiele ausstieg, musste ich feststellen, dass sie heute geschlossen war. „Scheiße“, entfuhr es mir laut und die vorbeigehenden Thailänder lächelten mich freundlich an.

Nach diesem Dämpfer blieben noch Kaffee und Zigaretten, und die bekam ich dann auch irgendwo. Mich an die asketische Waldtradition erinnernd, nahm ich nur zwei Kaffee und eine Zigarette. Und noch bevor ich den Kaffee getrunken und die Zigarette geraucht hatte, war dieser Rausch auch schon verflogen.

Ich lernte an diesem Vormittag etwas über die Freude und über die Dinge kennen, die sie in mir erweckten. Ich erkannte, dass es meistens die Freude ist, nach der wir Ausschau halten, die wir gerne erleben und mit der wir am besten immer verbunden bleiben wollen. Aber diese Freude kam aus mir, sie war in mir und wurde durch Vorstellungen und äußere Dinge nur geweckt.

Und es gab so viele Arten der Freude: die leise-feine, die leichte-zufriedene, die sich spontan-äußernde, die meditativ-besonnene, die gebend-mitfühlende, die tief-verbundene, die zärtlich-liebende, aber auch die laute-ekstatische, und die war es, die ich gerade erlebt hatte. Definitiv!

Es war am späten Nachmittag, als ich wieder in meiner Hütte ankam, und ich legte mich erst mal schlafen.

Ich hatte mir ein paar Schleckereien mitgebracht: schwarze Schokolade, die man auch nach zwölf Uhr essen durfte, etwas Käse, der eher als ‚Medizin' betrachtet wurde, und für einige Mönche hatte ich ein bestimmtes, sehr begehrtes, gut duftendes Öl besorgt. Auch ich benutzte es, rieb es mir auf Mückenstiche oder einfach nur unter die Nase. Es roch sehr intensiv und besonders in den Nachtsitzungen war es sehr nützlich und half, wach zu bleiben.

Aber um ehrlich zu sein, diente es als Ersatz für die Sinnlichkeit, die ja im Kloster nur sehr begrenzt ausgelebt werden konnte. Es gab nun mal keinen Sex, keine Drugs und auch keinen Rock 'n' Roll, im weitesten Sinne.

Ja, da blieben nur das Essen, die Kaffeezeiten, manchmal ein Buch lesen und die Meditation in dieser unglaublichen Natur. Es war schon eine riesige Umstellung im Vergleich zu meinem gewohnten Leben in Berlin.

Und ich erkannte, was ich damals alles gehabt hatte, ohne es wirklich wertzuschätzen, eben weil es ständig verfügbar war. Zum Beispiel konnte ich mir in Berlin jederzeit einen Kaffee kochen, hier nicht. In Berlin hatte ich ein nahezu geregeltes Sexualleben und konnte jederzeit den Kühlschrank aufmachen, in Kinos, Kneipen oder Diskos gehen.

Aber jetzt war ich hier im Kloster und hatte nur diese wenigen Dinge. Alles, was man brauchte, beschränkte sich auf die sogenannten Lebensnotwendigkeiten, wie es immer wieder betont wurde. Und das war ja unter anderem der

Lebensstil eines Mönches: Man hatte alles, was man brauchte, aber nicht alles, was man wollte.

Regeln

Diese Vorstufen der Ordination wurden auch als eine Gewöhnungszeit ans Mönchsleben angesehen und jeder konnte für sich selbst überprüfen, ob diese Lebensform für einen überhaupt in Frage kam. Das Leben als Pah Kao war schon begrenzt, aber als Novize kamen nochmal einige zusätzliche Regeln hinzu, und als Mönch hatte man sage und schreibe 227 Regeln zu befolgen.

Es gab vier Regeln, genannt *Paraschika*, gegen die ein Mönch nie verstoßen sollte: Man durfte nicht absichtlich töten, nicht stehlen, keinen Geschlechtsverkehr haben und nicht mit übernatürlichen Kräften prahlen, die man nicht wirklich realisiert hatte.

Wenn ein Mönch eine dieser Regeln brach, hatte er damit automatisch seinen Mönchsstatus verwirkt, ähnlich wie bei der Exkommunikation in der römisch-katholischen Kirche.

Die nächste schwerwiegende Kategorie von Vergehen hieß *Sanghadisesa.*

Dazu gehörte beispielsweise absichtliches Onanieren, Frauen mit lustvollen Gedanken zu berühren, und sei es nur mit der Fingerspitze, sowie sich als Kuppler zu betätigen.

Hatte man gegen eine dieser Regeln verstoßen, musste man dies sofort einem anderen Mönch ‚beichten' und durchlief dann einen Prozess der Wiedereingliederung in die Gemeinschaft.

Während dieses Prozesses war die gesamte Gemeinschaft über den Regelbruch informiert, man verlor vorübergehend seinen Status in der klösterlichen Hierarchie und es gab noch einige weitere Unannehmlichkeiten, die damit verbunden waren. Wer wollte sich dieser Schmach schon aussetzen?

Es sei darauf hingewiesen, dass für Buddhisten Sinnlichkeit nicht verwerflich oder gar unmoralisch ist. Buddha zeigte allerdings auf, dass das Anhaften an Sinnenfreuden letztendlich zu Leid führt. Mönche und Nonnen hingegen sollten der Sinnlichkeit entsagen, sie durchschauen und den Frieden jenseits der Sinnlichkeit anstreben.

In einer Lehrrede sagte Buddha einst zu den versammelten Mönchen: „Ich erlaube euch nur eine Form der Freude, und das ist die Freude der meditativen Zustände."

Das war die eigentliche Arbeit eines Mönches: das Kultivieren und Entwickeln meditativer Zustände und Erkenntnisse.

Darüber hinaus gab es noch zahlreiche andere Regeln. Sie regelten die Beziehungen untereinander, zum Kloster, den Umgang mit Roben, Essen, Unterkunft und Medizin sowie das Verhalten in der Öffentlichkeit. Dieses Regelwerk wird *Vinaya* genannt.

Anfangs gab es gar keine Regeln, denn die ersten Mönche Buddhas hatten genug Weisheit und Wissen, um sich angemessen zu verhalten. Als aber mit der Zeit immer mehr Mönche ordiniert wurden, kam es vermehrt zu anstößigen Verhaltensweisen und Buddha sah sich gezwungen, Verhaltensregeln aufzustellen.

Da kam zum Beispiel eine Gruppe von Mönchen in ein Dorf, die herumerzählten, dass sie Gedanken lesen, in Zukunft und Vergangenheit schauen könnten und verschiedene geistige Kräfte erlangt hätten, mit der Absicht, die Dorfbewohner zu beeindrucken, um von ihnen gut versorgt zu werden. Nachdem Buddha davon gehört hatte, stellte er eine Regel auf, um zukünftiges Fehlverhalten dieser Art zu unterbinden. Jede Regel besaß eine dazugehörige Geschichte ihrer Entstehung.

Okay, ich war aber noch kein Mönch, sondern nur Pah Kao.

Zwar befriedigte auch ich ab und zu meine Sinnesgelüste und rauchte mal 'ne Zigarette, fuhr ab und zu in die Stadt und aß ein Eis, und irgendwann bekam ich mit, dass sich die anderen Pah Kaos in einer Hütte trafen, heimlich rauchten und selbstgekochten Kaffee tranken.

Ach, schau an, der liebe Mike war auch dabei. Wir waren insgesamt fünf an der Zahl. Es war sehr aufmunternd und eine willkommene Abwechslung zum Klosteralltag.

Tom, der Australier, hatte immer eine kleine weiße Stofftasche bei sich und irgendetwas klimperte beim Gehen darinnen. Als ich einmal die Möglichkeit hatte hineinzuschauen, sah ich zirka zwanzig bis dreißig kleine Glasfläschchen, alle gefüllt mit verschiedenen Duftölen.

Eijeijei – ein Riechöljunkie, sieh an, sieh an, der sein sinnliches Verlangen mit diesen verschiedenen Aromen, die er sich ständig unter die Nase rieb, befriedigte.

Eines Tages wurden wir von Karunito erwischt. Er hielt uns erstmal einen Vortrag über den Sinn und Zweck des meditativen Lebens, der Abgeschiedenheit, gefolgt von der Zurechtweisung, nicht mit anderen abzuhängen und überflüssiges Zeug zu quatschen. Ein Wort, das er ständig benutzte, war ‚Restraint', in Deutsch etwa ‚Zurückhaltung' oder ‚Zügelung'. Dann durchsuchte er die Hütte nach weiteren weltlichen Giften und entdeckte neben Zigaretten und Kaffee die Schachfiguren, die Tom in mühsamster Kleinarbeit aus Kerzen geschnitzt hatte. Das war dann doch zu viel für Karunito, und er meldete es dem Abt.

Ajahn Pasanno hatte wohl etwas Verständnis für uns Weltlinge und meinte nur, dass wir das zukünftig sein lassen sollten. Alles klar.

Herzenstrübungen und Hindernisse

Nach dem Essen hatten wir immer Zeit für uns und waren angehalten, auch die Gehmeditation zu üben. Der Gehpfad bei meiner Hütte maß ungefähr dreißig Schritte. Das Dach war mit langem Gras gedeckt und Bambus säumte den Weg rechts und links.

Da lief ich meine Bahnen hin und her und beobachtete, wie mein Fuß anhob, nach vorne ging und aufsetzte, in gleicher Weise gefolgt vom anderen Fuß.

Man nennt es auch ‚Gehen, ohne anzukommen', und wenn ich das Ende des Gehpfades erreicht hatte, drehte ich mich um und ging wieder zurück. In diesem Rhythmus lief ich schon eine ganze Weile hin und her, bis ich mit einem Mal durch ein lautes Geräusch aufgeschreckt wurde.

Da wurde mir bewusst, in welche Fantasien ich gerade verstrickt war und dass ich schon seit geraumer Zeit nur an eine Sache gedacht hatte: Ritter Sport-Joghurtschokolade.

Genüsslich brach ich im Geiste die Packung auf, steckte mir ein Stück in den Mund, lutschte die Schokoladenummantelung ab, um endlich an die weiße Joghurt-Füllung zu kommen, und schmeckte sie in aller Süße, aus der Erinnerung an meine Hausmarke in Berlin.

Ajahn Buddhadasa sprach oft von gedanklichen Inhalten, die im Alltag einfach unbemerkt an uns vorüberziehen, aber für längere Zeit unseren Geist besetzen, das heißt, ihn in Erinnerungen oder Vorstellungen schwelgen lassen.

Man müsse dies erkennen, wenn es passiert, denn diese unbewussten Gedanken würden sich sonst endlos weiterspinnen und Weisheit könne sich nicht entwickeln, weil man dann immer entweder in der Vergangenheit oder in der Zukunft sei.

Er meinte in diesem Zusammenhang, dass die Herzenstrübungen, wie Gier, Hass und Verwirrung, leichter zu durchschauen seien, weil man sie sehr deutlich fühle und sie sehr stark ‚brennen' würden.

Die sogenannten ‚Hindernisse' hingegen agierten im Verborgenen und seien nicht so offensichtlich. Man müsse sie sich bewusstmachen, um ihre Funktionsweise verstehen zu können. Das war das erste Mal, dass ich das so direkt beobachten konnte.

Sinnliches Verlangen war nur eines der fünf Hindernisse, die einen von der Meditation ablenkten. Nach und nach lernte ich sie alle kennen.

Dann gab es noch das Gegenteil davon, nämlich diese ärgerliche, wütende Verstimmtheit, und da war ich als Ärger-Typ ja Profi.

Dieses zweite Hindernis wurde mir deutlich, als ich mich an eine Geschichte in Berlin erinnerte. An einem grauen Sonntagnachmittag klingelte Burkhard bei mir und hatte trotz dieser trüben Witterung seine Sonnenbrille auf. Als er sie abnahm, sah ich sein geschwollenes blaues Auge, und auch seine Oberlippe war blutig.

In der Nacht zuvor war er einem jungen Mann zu Hilfe geeilt, der kurz zuvor von drei Skinheads zusammengeschlagen worden war. Als die Skinheads sahen, dass er sich um ihn kümmerte, haben sie Burkhard auch zusammengeschlagen.

Einige Wochen später waren wir wieder einmal in der ‚Music Hall' und Burkhard meinte zu mir, dass am Tresen einer von den Typen sitze, alleine. Zu dieser Zeit trug ich eine Gaspistole bei mir, und wir planten, ihn herauszulocken und ihm dann eine Ladung direkt ins Gesicht zu schießen, was wir aber letztlich nicht taten.

Als dann aber später im Kloster dieses zweite Hindernis in meinem Geist auftauchte, fielen mir alle möglichen Racheaktionen ein, die wir diesem Skin hätten angedeihen lassen können, und sobald sich die eine Fantasie aufgebraucht hatte, begann ich mir auch schon die nächste auszumalen. Und hätte ich das nicht mitbekommen, wäre das sehr lange so weitergegangen.

Das dritte Hindernis zeigt sich als Sorgen und Ängste, Gedanken, die in die Zukunft gehen, oder als Reue und Schuldgefühle, Gedanken, die aus der Vergangenheit kommen.

Das vierte ist eine Art der Lethargie oder gefühlten Langeweile und das fünfte der skeptische Zweifel.

Ich lernte sie allesamt kennen, und jedes von ihnen hatte irgendwelche Geschichten im Schlepptau, die den Geist einbanden, beschäftigten und ständig in Bewegung hielten.

Wieder etwas gelernt, dachte ich, und zwar nicht durch Lesen oder Hörensagen, sondern durch die direkte Erfahrung.

Mein dreiunddreißigster Geburtstag

Der Klosteralltag entfaltete sich weiter in dem gewohnten Rhythmus.

Es war Mai 1989, und mein dreiunddreißigster Geburtstag stand vor der Tür. Es würde ein Halbmondtag sein und wir würden wieder die ganze Nacht durchmachen.

Ich wollte meinen Geburtstag auf besondere Weise feiern. Ich wollte an diesem Tag fasten, mit niemandem sprechen und beschloss an diesem Morgen, nicht mit auf Almosenrunde zu gehen. Ich freute mich sogar auf die kommende Nachtsitzung.

Am frühen Abend trafen wir uns alle in der Sala zum gemeinsamen Rezitieren verschiedener Texte. Es waren wieder einige Dorfbewohner anwesend, die auch die Nacht meditierend hier verbringen würden. Mittlerweile hatte ich ein lebhaftes Interesse an diesen Nachtsitzungen entwickelt, weil ich nie wusste, wie ich mich am nächsten Morgen fühlen würde, welche Gedanken plötzlich da waren, welche Erinnerungen sich zeigen und welche Erkenntnisse sich einstellen würden.

Es war kurz nach dem Mitternachtstrunk, als ich während der Meditation plötzlich in einen tiefen, düsteren inneren Raum gezogen wurde, in eine dunkle Kammer, in der sich all das befand, was unterdrückt worden war. Und damit meine ich insbesondere jene Dinge, die man nicht so gerne anschaut oder fühlt. Hier schienen sich alle die dunklen Kräfte vereint zu haben, die sich ab und zu den Weg ins Bewusstsein bahnten. Aber in dieser geballten Form fühlten sie sich an wie eine mächtige Armee.

An erster Stelle waren da der Ärger, die Wut und der Zorn. Dahinter gleich die Gier, der Neid und die Eifersucht. Dann waren da all die unklaren, zweifelnden und manipulierenden Kräfte, und als ich sie so einzeln betrachtet hatte, kamen auch die dazugehörigen Erinnerungen, in denen diese Kräfte mein Handeln, Fühlen und Denken bestimmten.

Ja, Anna, ich hätte dir damals helfen sollen, diese Kisten in den Keller zu tragen. Ja, ich hatte Emil mit seiner Freundin betrogen. Hier hielt ich mir aber zugute, dass ich wirklich in sie verliebt gewesen war. Ja, ich hatte diesen Typen in Berlin zusammengeschlagen, und ich freute mich im Nachhinein darüber. (Aber wir wurden ja angegriffen und ich beschützte damals meinen alten Freund Bady und mich.) Ja, da war ich sehr unfreundlich zu jemandem, aber auch nur deshalb, um mich groß zu fühlen und meine gefühlte Kleinheit nicht spüren zu müssen. Ich sah, wo ich immer auf meinen eigenen Vorteil bedacht war, wo ich lieber genommen als gegeben habe, und auch die kleinsten Ungereimtheiten zeigten sich.

Dann kam ein neues Bild.

Wenn ich mich manchmal klein und anderen gegenüber minderwertig fühlte, gab ich ihnen das Gefühl, etwas falsch gemacht zu haben, beschuldigte sie mal sehr subtil und manchmal offen, konnte mich so selbst erhöhen und spürte Macht über sie. Nun lächelte mich ein tief gefühlter Minderwertigkeitskomplex an, den ich auf diese Weise nicht fühlen musste, weil ich mich durch die Anklage über die anderen erheben konnte. Ufff.

Aber es war noch nicht vorbei.

Plötzlich entdeckte ich einen Anteil in mir, den ich als ‚Zerstörer von Harmonie' bezeichnen würde. Wenn sich manche über schöne Dinge verbanden, sich an Geschichten und Erlebnissen erfreuten und ich daran nicht teilhaben konnte, dann fand ich Wege, ihnen das madig zu machen, und wenn mir das gelang, hatten diese ‚Dinge' auch nicht mehr den Wert, den sie vorgaben zu haben, und durch die Fähigkeit, das abwerten zu können, verlor das ‚Ding' nicht nur seinen Reiz, sondern ließ mich auch noch Macht über andere fühlen. Die dahinter liegenden Herzenstrübungen trugen die Namen Neid, Eifersucht, Missgunst und ja, auch Angst. Oje!

In der Toilette hing ein kleiner Spiegel, und als ich in dieser Nacht darin mein Gesicht sah, hatte ich das Gefühl, der Teufel höchstpersönlich schaue mich an. Alle diese dunklen Kräfte schienen mich durch meine eigenen Augen anzustarren.

Und wenn ich das Bild einer Waage benutzen würde, fühlte es sich so an, als ob die Waagschale der ‚Dunkelheit' einen immer größeren Überhang bekam.

Ich rettete mich aus dieser unerträglichen Situation, indem ich eine Erinnerung hervorholte, in der ich zu jemandem auch mal etwas Nettes gesagt hatte und großzügig war.

Eigentlich hatte ich doch ein ganz passables Selbstbild von mir gehabt – und jetzt DAS!?

„Wenn wir meditieren, halten wir an, und wenn wir anhalten, werden wir zum Empfänger aller Ungereimtheiten in unserem Leben", sagte mal jemand, und jetzt verstand ich diese Worte, weil ich genau das erlebte.

Dann formierten sich Bilder und Gedanken, die ich später aufschrieb: ‚Alles und jeder hat seine Aufgabe in diesem Universum, auf dieser Welt. Nichts passiert ohne Grund und alles, was passiert oder getan wird, hat seine Richtigkeit, entstanden aus vielschichtigen Ursachen und Bedingungen. Wenn ich mich gegen die Aufgaben des Moments stelle, werde ich Leid und Unzufriedenheit fühlen müssen.'

Ich fasste einige ‚Sünden' nochmal zusammen: mehr genommen als gegeben, habe nicht gesehen, wo mich jemand gebraucht hätte, habe letztlich nicht getan, was der Moment von mir als Aufgabe einforderte.

Ich beschloss, dieses Konto auszugleichen, nach dem Motto: ‚Wenn du alles richtig machst, dann kann nichts falsch laufen.' Das hörte sich für mich irgendwie plausibel an.

Plötzlich war die Nachtsitzung vorbei, denn die kleine Glocke rief wieder jeden auf seinen Platz, zum Rezitieren der Texte und zu einer kurzen Meditation.

Das war mein dreiunddreißigster Geburtstag.

Als die Sonne aufging, fühlte ich mich durchgeschüttelt und -gerüttelt, und es kamen mir Menschen in den Sinn, die gut zu mir waren, zuallererst meine Eltern.

Obwohl sie sehr beschäftigt waren und ich die Liebe meiner Mutter sehr selten durch Liebkosungen oder Umarmungen erlebte, sah ich doch ihr Bemühen, immer alles richtig machen zu wollen, sah, wie sie mich und meine beiden Brüder versorgte und uns alles gab, was sie hatte. Mehr war einfach nicht möglich gewesen.

Und mein Papa, der so viel arbeitete und den ich meist nur an Wochenenden sah, der sich bemühte, seine Familie gut zu versorgen. Eine tiefe Dankbarkeit stieg in mir auf.

Danke, Mama, und danke, Papa, für alles, was ihr für mich getan habt. Ich hätte sie gerne umarmt, aber sie waren einige tausend Kilometer weit entfernt, und so schrieb ich ihnen einen Brief.

Am meisten fühlte ich mich zu meinem Papa hingezogen, von ihm ging die emotionale Wärme und Nahrung aus. Zu seinem Geburtstag schrieb ich ihm nochmal einen ganz persönlichen Brief, in dem ich ihm meinen Dank und meine Liebe sehr deutlich zum Ausdruck brachte. Später erzählte mir Uschi, meine Schwägerin, dass er sich sehr darüber gefreut und zu meiner Entscheidung, ins Kloster zu gehen, gemeint habe: „Das soll ihm erst mal jemand nachmachen." Danke, Papa, für deine Anerkennung und deine Liebe!

Tod und Vergänglichkeit

Dreißig Meter vor der Sala standen zwei sich gegenüberstehende Klinkermauern. Jede Mauer war ungefähr drei Meter lang, zwei Meter hoch und dazwischen passte ein Sarg. Das war unser ‚Krematorium', und schon am ersten Tag meines neuen Lebensjahres durfte ich einer Feuerbestattung beiwohnen.

Poh Som war gestorben und man erzählte, dass er zehn Tage vor seinem Tod aufgehört habe zu essen und drei Tage vor seinem Tod zu trinken. Er war gut vorbereitet und hatte dem Tod ohne Angst entgegengesehen. Das hatte bestimmt etwas mit seiner ganzen buddhistischen Lebensweise zu tun gehabt. Jetzt lag Poh Som in dieser Kiste aus Sperrholz und seine Angehörigen stapelten Holz zwischen den Klinkermauern und oben darauf wurde dann die Kiste gestellt.

Ajahn Pasanno und ein paar andere Mönche rezitierten bestimmte buddhistische Texte, deren Übersetzung etwa wie folgt lautet: *Alle Erscheinungen sind vergänglich. Sie entstehen und vergehen wieder. Nachdem sie entstanden sind, kommen sie zu einem Ende. Wenn sie Frieden gefunden haben, ist das ein großer Segen.*

Dann entzündeten sie den Scheiterhaufen und die Angehörigen steckten Räucherstäbchen und Kerzen in den Holzhaufen, und einer von ihnen half mit einer brennenden Fackel nach, um das Feuer so richtig zum Lodern zu bringen. Das Feuer brannte sehr schnell nach oben durch, bis es schließlich den Sperrholzsarg erreichte. Plötzlich schnellte oben aus dem Sarg ein ausgestreckter Arm empor, der den schon brennenden Deckel durchschlug, und kurz darauf folgte ein Bein.

Das schien die Angehörigen in keiner Weise zu beunruhigen, also sah auch ich keine Veranlassung, die Treppen der Mauer hochzustürmen und den brennenden, aber scheinbar noch lebenden Leichnam aus der Kiste zu zerren. Dieses Phänomen erklärt sich dadurch, dass die Hitze die Sehnen und Muskeln verkürzt und so die Extremitäten in Bewegung kommen.

Ein Mönch stand auf der obersten Stufe und wollte kontemplativ mitansehen, wie der Körper verbrannte. Er war leicht nach vorne gebeugt, als aus der Kiste ein Strahl irgendeiner Flüssigkeit nach oben spritzte, direkt in sein Gesicht und auf seine Robe.

Poh Som wollte scheinbar keine Zuschauer.

Langsam legte sich der Geruch verbrennenden Fleisches über den Platz, und als das Feuer zur Hälfte heruntergebrannt war, gingen die Angehörigen wieder nach Hause.

Ein Mönch drückte mir einen Eisenrechen in die Hand, zeigte auf die schon in einiger Entfernung wartenden Hunde und meinte, wir, das waren zwei Novizen und ich, sollten aufpassen, dass die Hunde sich nichts holten, und wir sollten herausrollende Leichenteile wieder zurück ins Feuer schieben. Und so schob ich mit diesem Rechen die brennenden, herausrollenden Fleischbrocken wieder zurück ins Feuer.

Ein unglaubliches Bild, von außen betrachtet, dachte ich, und hätte mir jemand noch vor einigen Wochen erzählt, dass ich das mal machen würde, ich hätte es nicht geglaubt.

Aber es fühlte sich völlig natürlich an, das zu tun – und erfüllte ich hier nicht nur eine Aufgabe, die der gegenwärtige Moment mir anbot, ja von mir forderte?

Es dauerte, bis Poh Soms Körper verbrannt war. Das, was am längsten brannte, war der Hüft- und Bauchbereich, weil es wohl so viele Flüssigkeiten in dem Bereich gab und natürlich auch die ganzen Organe.

Irgendwie erwischte einer der Hunde doch noch seinen Happen, aber egal, es waren noch genug Knochen von Poh Som übrig, die die Angehörigen am nächsten Tag einsammeln würden. Das war hier so Brauch.

Nicht alle Toten in Thailand werden verbrannt. Wenn jemand gewaltsam oder plötzlich durch einen Unfall starb, wurde er erst für ein Jahr begraben, damit sein Bewusstsein begreifen könne, dass er tot ist. Dann wurde er wieder ausgebuddelt und schließlich doch noch verbrannt.

Nicht-Anhaftungs-Training

Ich hatte in meiner Geburtstagsnacht eine klare Botschaft bekommen. Ich musste das alles erst noch sortieren und entschloss mich zu einem selbstauferlegten Nicht-Anhaftungs-Training, was mit folgenden Worten am besten beschrieben werden kann: *Tue das, was du nicht magst, und tue nicht, was du magst. Und vor allem tue das, was dir aufgetragen wird.*

Ich öffnete mich dem Dienen und wollte mich nicht länger in meine Hütte zurückziehen, nur um nicht angesprochen oder zu irgendeiner Arbeit verdonnert zu werden.

Und als hätten die anderen von meinem Entschluss Wind bekommen, wurde ich in zahlreiche Aufgaben eingespannt: hier heißes Wasser kochen, dort das Unkraut wegmachen, dann sollte eine Rasenfläche angelegt, woanders Steine gestellt werden, naja, kein Problem für einen Landschaftsgärtner, und Feuerholz wurde auch gebraucht, und da ich und ein kanadischer Novize die Einzigen waren, die mit einer Motorsäge umgehen konnten, war ich gut beschäftigt, besonders dann, wenn mal wieder ein tropischer Wirbelsturm über das Kloster fegte und ein paar Bäume entwurzelte. Aber das Dienen fühlte sich gut an und ich hatte das Gefühl, die Waagschale meines Karmas langsam wieder ins Gleichgewicht zu bringen.

Sehr begehrt bei den Mönchen waren Plastikdeckel, die perfekt auf die Trinkbecher passten, um nach der nachmittäglichen Teestunde noch einen gefüllten Becher mit in die Hütte nehmen zu können, ohne etwas zu verschütten.

Ich hatte einen perfekt passenden Deckel und ein Mönch neben mir hatte keinen. Da ich ja im Nicht-Anhaftungs-Training war, reichte ich ihm großzügig, wenn auch etwas zögerlich meinen Deckel, worüber er sich hocherfreut zeigte.

Das hatte zur Folge, dass ich meine Tasse nur halb füllen und davon nur die Hälfte in meine Hütte retten konnte, aber dafür, so nahm ich an, füllte sich langsam die Waagschale meines guten Karmas reichlich.

Als ich am nächsten Nachmittag den Weg entlanglief, schimmerte unter einigen Blättern etwas Weißes hervor. Ich schaute nach und da lag einer dieser Deckel, von noch besserer Qualität als der, den ich gerade weggegeben hatte.

Wow, dachte ich, das darf nicht wahr sein, ich hatte schon viel darüber gehört, dass man das wiederbekommt, was man geben würde, nur dass es so schnell ging, war schon etwas überraschend.

Und ich erinnerte mich an ein Zitat von Jesus: *Sehet die Vögel unter dem Himmel an, sie säen nicht, sie ernten nicht, sie sammeln nicht in Scheunen; und euer himmlischer Vater ernährt sie doch.* Aber da im Buddhismus kein himmlischer Vater vorgesehen war, dankte ich der großen Kraft, wie immer sie auch hieß.

Und ja, ich hatte es schon oft erlebt, dass ich fast immer das bekam, was ich brauchte, aber es hatte meist einen Mangel. So bekam ich einmal eine Tasche und der Geber meinte, naja, da sei aber noch ein Loch zu flicken. Jemand schenkte mir mal ein Fahrrad und meinte, die Bremsen gehen aber nicht mehr. Und so war es auch mit anderen Dingen, die ich bekam. Aber dann erinnerte ich mich, dass die Sachen, die ich weggab, auch nicht die Neusten waren und ebenfalls Mängel hatten. Spannende Geschichte, ich würde das weiter beobachten.

Es sind oft die kleinen Dinge, durch die sich dieses ‚Gesetz', wenn es denn eins war, offenbarte. Und ich erinnerte mich, dass an meinem Geburtstag eine Blume direkt vor meine Füße fiel.

Dann fiel mein Blick auf den Kalender und ich sah, dass mein thailändisches Visum in zwei Wochen ablaufen würde und ich bald nach Malaysia aufbrechen müsste, um es zu erneuern.

Das letzte Treffen

Und dann kam ein Telegramm von Anna. Sie werde bald ihr Studium an der Hochschule der Künste aufnehmen und habe Zeit, für zwei Wochen nach Thailand zu kommen.

Das war eine Überraschung, passte aber gut in meinen Zeitplan, falls es den überhaupt gab, denn eigentlich wusste ich gar nicht, was als Nächstes in meinem Leben anstehen würde.

Erst mal nach Malaysia, Visum holen, dann einen Abstecher nach Suan Mokkh, und dann – naja, würde ich wieder hierherkommen, denn ich wusste im Moment immer noch keinen besseren Ort auf der ganzen Welt für mich.

Ich hatte mal gelesen, dass Buddha jemandem anriet: „Wenn du nicht weißt, was du tun oder wohin du gehen sollst, dann bleibe erstmal da, wo du bist."

Dann schrieb ich Anna in einem Telegramm, dass ich in Suan Mokkh auf eine Nachricht von ihr warten würde, denn in zirka acht Tagen müsste ich dann dort sein.

Ich verabschiedete mich von den Pah Kaos, von einigen Mönchen und hatte noch ein kurzes Gespräch mit Ajahn Pasanno.

Ja, ich könne sehr gerne wiederkommen, solle aber nicht zu viel Zeit verstreichen lassen und aufpassen, dass mich die Welt der Sinnlichkeit nicht in ihr Spiel hineinziehe.

„Nein, Ajahn", sagte ich voller Überzeugung, „das Spiel habe ich zur Genüge kennengelernt und bislang noch nichts gefunden, was mich wirklich fasziniert hat, sogar die Kokosnuss-Milchshakes reizen mich nicht mehr." Es musste lachen.

Ja, der klösterliche Alltag war eintönig, aber beruhigend. Ich hatte mich daran gewöhnt, nur einmal am Tag zu essen, an das frühe Aufstehen auch. Ich fand sogar Gefallen an den Nachtsitzungen, und in der Meditation hatte ich immer wieder sehr stille Momente erlebt, frei von jeglichen Gedanken, die mir viel Energie für mehrere Tage gaben.

Ich wollte die Meditation erforschen, wollte überprüfen, ob Buddha mit seinen Thesen Recht hatte, und ich liebte dieses einfache Leben, auch wenn es manchmal sehr schmerzhaft war, diese tiefer liegenden Herzenstrübungen zu spüren und zu erleben. Jemand sagte mal: „Du hast keine Chance, aber die kannst du nutzen." Und das wollte ich.

Ajahn Pasanno meinte noch, ich solle in spätestens drei bis vier Wochen wieder zurück sein, dann könne ich im August als Novize ordiniert werden, wenn ich das denn wollte.

Von meinem Treffen mit Anna sagte ich ihm nichts.

Ich verabschiedete mich von ihm, verneigte mich dreimal, wie es hier halt üblich war, und machte mich auf den Weg nach Warin, um am Abend meinen Zug nach Bangkok zu nehmen.

Ich war schnell in Malaysia, innerhalb von sechs Tagen zurück in Thailand und erreichte Wat Suan Mokkh zwei Tage vor Annas Ankunft in Surat Thani, die nur zirka fünfzig Kilometer von Suan Mokhh entfernt liegende Stadt, wo auch die Fähre nach Koh Samui ablegt.

Ich freute mich, Ajahn Po zu sehen, und erzählte ihm von meinen Plänen, Novize zu werden. Dazu meinte er nur: *Die Maahk* – was so viel heißt wie: sehr gut.

Da ich nur ein paar Tage bleiben wollte, wurde mir ein Bett im Schlafsaal zugewiesen.

Bei einem Spaziergang durch den Wald begegnete ich meinem alten Rudel. Die Hunde schienen sich an mich zu erinnern, denn ich wurde freudig und schwanzwedelnd von ihnen begrüßt. Dann kam ich an meiner alten Hütte vorbei, in der jetzt ein Mönch wohnte. Von Weitem sah ich die Pflanzen, die ich damals beim Duschen mitgewässert hatte; ja, sie waren etwas gewachsen. Dann ging ich auf den kleinen Hügel, wo ein großer, weißer Buddha stand, und setzte mich auf einen der Felsen.

Da saß ich nun, Matthias Jordan, ein Wanderer zwischen den Welten, so fühlte es sich an, der Gefallen am Lebensstil eines Mönchs entwickelte und eigentlich nicht wirklich wusste, was in zwei Monaten sein würde, und sich auch keine großen Gedanken darüber machte. Ein Glück!

Auf der einen Seite die Askese und in zwei Tagen, zirka fünfzig Kilometer weiter, meine Freundin Anna.

Als ich in Surat Thani ankam, traf ich Anna gleich im verabredeten Hotel. Wir umarmten uns und freuten uns, einander wiederzusehen. Da standen wir uns nun direkt gegenüber. Es fühlte sich etwas fremd an, wenn ich ehrlich sein soll. Ich ließ mir aber nichts anmerken und dann erzählte ich von meinen Erfahrungen und sie erzählte von ihren und so verbrachten wir eine Weile, erzählend, scherzend, lachend. Wie vertraut sie mir dann doch wieder war. Mit allen Unterbrechungen waren wir schon über sechs Jahre zusammen, ließen uns viel Raum und unterstützten einander auf unseren Wegen, das wusste ich sehr zu schätzen und sie sicherlich auch.

Novize wollte ich auf alle Fälle werden, aber wollte ich auch Mönch werden? Wollte ich dieses Leben wirklich führen, auch zu dem Preis, eine Zukunft mit Anna, meinen Freunden und meiner Firma aufzugeben?

Zu dieser Zeit wusste ich wirklich noch nicht, dass eine ganz andere Instanz alles schon längst entschieden hatte und dass unser Treffen und diese zweifelnden Gedanken letztendlich nicht nur auslaufende Manöver einer zu Ende gehenden Beziehung waren, sondern auch das Ende meines alten Lebens sein sollten.

Und so zogen wir am nächsten Tag los, wollten ‚unsere Insel' besuchen und ein paar Tage dort verbringen. Anna hatte zwei Wochen Zeit.

Wir mieteten uns in einer neuen Bungalow-Anlage ein, an einem anderen Strand, und nahmen unsere Beziehung wieder auf, schliefen miteinander, gingen schwimmen, und es machte viel Freude, in dieser Leichtigkeit die Tage zu verbringen.

Abends schauten wir uns den Sonnenuntergang an, aßen Fisch, tranken Kokosnuss-Milchshakes, machten Strandspaziergänge, und das Leben nickte uns freundlich zu.

Es war Vollmond, und ich musste unwillkürlich an die Nachtsitzungen in Wat Pah Nana Chat denken. Gab der Ajahn gerade eine Belehrung? Hatte Mike eine andere Hütte bezogen? Ob es um Mitternacht wohl wieder richtigen Kaffee gab?

Als ich am nächsten Morgen aufwachte, schlief Anna noch unter der leichten Decke, die ich ihr in der Nacht übergelegt hatte. Ich betrachtete sie, wie sie so friedlich schlafend dalag, und wurde erneut von einer Welle der Traurigkeit durchflutet, als ich mir des kommenden Abschieds bewusst wurde.

So verbrachten wir weitere schöne Tage, aber wie es mit uns weitergehen sollte, traute sich irgendwie keiner von uns beiden anzusprechen. Im Januar des kommenden Jahres würde ihre Mutter fünfzig werden, und Anna war eingeladen und würde einen Monat in Australien verbringen. Auf dem Rückweg wollten wir uns wieder in Bangkok treffen und gemeinsam zurück nach Berlin fliegen. Damit konnte ich leben und sie anscheinend auch.

Am letzten Tag auf der Insel saßen wir zusammen im Sand und hörten von Weitem die Musik einer Strandparty. Janis Joplin sang gerade *Bobby McGee*, und dann kamen diese Worte: „... eines Tages oben bei Salinas, Gott, dort ließ ich ihn dann gehen; er sucht nach seinem Zuhause und ich hoffe, er findet es. Aber ich würde all meine zukünftigen Tage gegen einen einzigen aus der Vergangenheit tauschen, nur um Bobbys Körper noch mal an meinem spüren zu können ... Freiheit ist nur ein anderes Wort dafür, nichts mehr zu verlieren zu haben, nichts, das ist alles, was mir von Bobby blieb ...“

Ich lag in Annas Armen und weinte und weinte, und ja, die gute Janis sang dieses wunderbare Lied, und es fühlte sich an, als ob sie über uns sang: ‚Er sucht nach seinem Zuhause und ich hoffe, er findet es ...‘ – und Anna würde mich nur ungern gehen lassen und ein Teil von mir sie ebenso wenig. Ich wünschte mir in diesem Moment, ein *klares* Ja oder Nein von irgendwo zu hören, aber ich hörte es nicht. Ich wusste gar nichts mehr, fühlte nur diese tiefe Trauer des Abschieds, und irgendwie fühlte ich, dass es ein Abschied für immer sein sollte.

Ich begleitete sie noch nach Bangkok zum Flughafen.

Wir verabschiedeten uns herzlich, küssten und drückten uns und sie schenkte mir noch ihr Schweizer Armeemesser zum Abschied. Dann sah ich, wie sie, umringt von Menschen, im Strom von Körpern verschwand, und dann streckte sie ihren Finger aus der Menschenmasse heraus und ich streckte meinen in die Höhe, das hatten wir früher schon so gemacht.

Das war das Letzte, was ich von ihr sah.

Es schmerzte, sie gehen zu lassen, und doch fühlte sich ein Teil in mir sehr frei an, und ich hatte keine Ahnung, was da in mir los war.

Zurück in Pah Nana Chat

Als ich drei Tage später morgens mit dem Tuk-Tuk in Wat Pah Nana Chat ankam, regnete es in Strömen, es war Monsunzeit, und völlig durchnässt erreichte ich die Sala.

Karunito ordnete gerade einige Dinge in der Kleiderkammer, sah mich und meinte: „Du bist ja doch wieder zurückgekommen." Er schien darüber etwas überrascht zu sein. Und wenn ich ehrlich sein soll, war ich es auch, aber irgendwie auch wieder nicht! Und ein anderer Teil in mir war sich so sicher, am richtigen Ort zu sein.

Der deutsche Mönch *Cattamo* war immer noch für die Hütten zuständig und gab mir eine, die etwas weiter im Wald stand. Ich vertraute ihm die Geschichte mit Anna an, meine Zweifel, meinen Schmerz, meine Zerrissenheit und doch diese innere Gewissheit, hier sein zu sollen.

Er war mitfühlend, hatte selbst Ähnliches erlebt. Er kam aus dem Ruhrpott, wo er zusammen mit seiner Freundin gelebt hatte. Sie hatten gemeinsam über ein Jahr lang ein Haus renoviert, um anschließend dort zu leben. Als es fertiggestellt war, meinte sie zu ihm, dass sie ihn nicht mehr liebe.

Er machte sich auf den Weg nach Asien, kam auch eines Tages hier an und war jetzt schon zwei Jahre im Kloster. Ich war dankbar, einen Zuhörer gefunden zu haben, dem ich mein Herz ausschütten konnte. Nachdem ich mich in der Hütte eingerichtet hatte, lauschte ich dem Regen, der auf das Wellblechdach prasselte und mich mit seinem vertrauten Rhythmus in den Schlaf wog.

Um fünfzehn Uhr weckte mich die Glocke und rief mich zur Sala. Es war Arbeitszeit. Aber statt dort hinzugehen, setzte ich mich zur Meditation hin, und was ich dabei erlebte und ‚sah', schrieb ich gleich danach auf:

Was ich bin, das bin ich nicht (mehr),

und was ich habe, hab' ich nicht, und was ich sein soll,
will ich nicht mehr sein.
Nichts mehr wollen, nichts mehr sollen – und – auch kein andrer sein.
Voll geworden, nach und nach, zum Brechen satt.
Und schon fließt raus der ganze Dreck,
schleimig, stinkend, falsch gefärbt, ohne Form und ohne was zu sagen.
Ich gebe es zurück – ohne was dafür zu fordern.

Die Falschheit kommt in vielerlei Gestalt von hinten angeschlichen,
mit Tarnfarbe angestrichen, unmerklich anfangs,
dringt die Brühe in uns ein – und schwer ist es, sie wieder loszuwerden.
In dieser Welt gibt es nicht viel, was sich lohnt dafür zu leben,
und schon gar nichts, um dafür zu sterben.

Ich habe einfach nur ein weißes Licht gesehen.
Es war so ehrlich, klar und gut – und wollte nichts von mir.
Es hatte nichts und wollte nichts – es war ganz einfach da.
Es hat mich freundlich ganz durchdrungen,
ein Stück des Weges mit sich mitgenommen,
und ohne viel zu fragen: woher, wohin, warum?
bin ich ihm gefolgt – und dann war's wieder dunkel, plötzlich.

„Aha, so ist das also", hat etwas in mir und um mich herum gedacht,
und vor lauter Freude habe ich ganz laut gelacht.
Alles fließt und ändert sich so schnell,
und nichts befriedigt uns auf Dauer wirklich,
und der, der das erfährt, den gibt es eigentlich nicht.
Gibt es hier noch irgendeine Frage?
(Entweder keine – oder Tausende, die ohne Antwort bleiben werden.)

Anschließend ging ich zu Ajahn Pasannos Hütte, zum Nachmittagstee. Ich verbeugte mich dreimal vor ihm und er meinte lächelnd: „Na, wieder da?"

Mike und ich freuten uns, einander wiederzusehen, und ja, er war in eine andere Hütte gezogen. Einige Hütten lagen außerhalb des Waldes und man musste einen längeren Weg zurücklegen, um zu seiner Unterkunft zu kommen. Dafür hatte man aber einen weiten Blick über Wiesen und Reisfelder und konnte auch entspannter eine Zigarette rauchen, ohne dass es gleich alle rochen.

In der buddhistischen ‚Typenlehre' gibt es drei Hauptgruppen von Menschen: den sinnlichen, den ärgerlichen und den verwirrten Typ, was mit den drei grundlegenden Herzenstrübungen korrespondierte, die Menschen charakterisieren. Jeder Mensch trägt alle drei Trübungen in sich, sie sind jedoch bei jedem unterschiedlich ausgeprägt, wobei aber meist eine dominiert.

Dass ich der Ärger-Typ bin, war für mich definitiv geklärt. Ärger brennt, Ärger tut weh, verdunkelt den Geist, lässt keine Freundlichkeit mehr herein und auch nicht hinaus. Er kann an nichts etwas Gutes finden, und wenn er so richtig in Fahrt kommt, entzweit er den armen Menschen von sich selbst, von anderen – ja vom Leben an sich.

Ärger ist eines der Hindernisse in der Meditation, die den inneren Frieden verhindern, und ein Bild, das in der buddhistischen Literatur dafür verwandt wird, ist heißes, brodelndes Wasser, und genau so fühlte es sich auch manchmal an.

Buddha sagte über den vom Ärger dominierten Menschen, dass er am schnellsten Weisheit entwickeln könne, weil er einen Weg aus dem Ärger finden müsse, um nicht in seinem Feuer zu verbrennen. Das gab mir Hoffnung, denn dann hatte der Ärger auch etwas Gutes, irgendwie.

Aber Mike gehörte definitiv der sinnlichen Kategorie Mensch an.

Meistens hatte er was zu schlecken und zu lecken und zu lutschen bei sich, und in seiner Hütte war er gut mit Honig, Käse, Kaffee und Zigaretten ausgestattet. Das war wohl auch einer der Gründe, warum er eine Hütte außerhalb des Waldes bevorzugte, hier konnte man auch mal ein Feuerchen machen für den Kaffee, den guten und begehrten, und ich war immer mal wieder gerne sein Gast.

Er war in der klösterlichen Hierarchie mein Senior, nicht weil er gerade mal zwei Monate älter war als ich, sondern weil er fünf Minuten vor mir Pah Kao wurde; Ashin hingegen, der Japaner, war Junior zu mir aus dem gleichen Grunde, was auch die Sitzordnung beim Essen und den Zusammenkünften regelte.

Mara

Eines Morgens beim Essen, es war mal wieder Wan Phra, wurden uns kleine Sahnetörtchen gereicht, die kamen von Unterstützern aus Bangkok. Mike hielt leicht verträumt dieses Tablett in der Hand, konnte sich aber nicht entscheiden, welches und wie viele Sahnetörtchen er sich nehmen sollte. Und dann gab's da noch ein Problem: Wohin damit?

Wir sammelten mit unseren Almosenschalen nicht nur das Essen in den Dörfern ein, sondern aßen auch daraus. Die Praxis, alles Essen in die Schale zu legen, war auch eine Übung des Nicht-Anhaftens, denn die Schale wurde als eine Art äußerer Magen betrachtet, in dem sich schließlich sowieso alle Speisen ungeordnet vereinen würden.

Da saß er nun, war in Not und rettete zwei dieser Sahnetörtchen in den Deckel seiner Schale.

Er war etwas zögerlich, ob denn noch ein drittes gestattet sei, und ich schaute zu ihm hinüber und sagte: „Achtung, mein Lieber, *Mara* beobachtet dich." Er erwachte plötzlich aus seiner Verträumtheit, war wieder da, und reichte mir dann, etwas zögerlich, das Tablett weiter.

Übrigens ist Mara in der buddhistischen Mythologie die verführerische Gottheit der Sinnlichkeit und lebt vom Leiden der Menschen. Das ist seine Nahrung. Erst gibt er ihnen das Begehrte und dann braucht Mara eigentlich nichts weiter zu tun, als auf das Gesetz der Unbeständigkeit zu vertrauen, das unweigerlich zuschlagen wird und dem Menschen das Begehrte wieder nimmt. Und je stärker die Anhaftung, umso stärker ist auch das Leid, und Mara hat wieder eine Mahlzeit.

Dem ärgerlichen Typen war es eigentlich egal, wo das Sahnetörtchen liegen würde. Ich nahm mir eins, legte es in meine Schale, die schon mit Reis, Fisch, Gemüse und Curry halb gefüllt war, und dass dabei ein Teil des Törtchens von Currysoße getränkt wurde, war mir egal. „Gute Praxis", würde Ajahn Chah hoffentlich sagen.

Aber dafür kochte mein Ärger unversehens hoch, in Momenten, in denen ich nicht damit rechnete, und zwar in einer Heftigkeit, dass sogar ich manchmal einen Schreck bekam.

Aber Mara war auch ab und zu in meiner Nähe.

Als Pah Kaos hatten wir unter anderem die Aufgabe, in der Küche die Nachmittagsdrinks zuzubereiten. Die ganzen Vorräte befanden sich eingeschlossen in einem Verschlag, den wir die ‚Zuckerkuti' nannten, und wir hatten den Schlüssel dazu.

Eines Abends saß ich in meiner Hütte und hatte plötzlich Lust auf etwas Süßes, und sofort fiel mir die Zuckerkuti ein, die von oben bis unten mit Süßem gefüllt war. Ich dachte an diese süße Kondensmilch und überlegte, ob ich mir nicht eine Dose holen sollte. Nein, ich wollte sie nicht stehlen, sondern nur ausborgen und beim nächsten Einkauf würde ich sie ersetzen und wegen meines schlechten Gewissens noch zwei weitere dazustellen.

Es begann sich ein innerer Kampf sich widerstreitender Stimmen zu entfalten, und ich fühlte die Schmach, wenn mich jemand dabei erwischen würde, aber ich hörte auch die Stimme Maras, die verführerisch lockte: „Ach, hol sie dir doch, es ist doch nichts Schlimmes, was Süßes ist nichts Böses, denk nur daran, wie gut das schmeckt, ein kleines Büchslein süße Milch für den lieben Matthias, er hat's verdient, quäl dich doch nicht so …"

Ich war dann ganz stolz auf mich, dass ich der Stimme Maras nicht folgte, und als Geschenk für meine Entsagung wurde ich mit einer kleinen Erkenntnis beschenkt: *Jeder Verzicht auf das Nicht-Notwendige ist wie ein gewonnener Kampf.* Und genau so fühlte es sich an!

Wieder mal überrascht und erfreut über eine weitere Einsicht, schrieb ich diesen Satz auf einen Zettel und legte ihn auf die Flipflops von Varado, von dem ich mittlerweile wusste, dass auch er den Schleckereien zugeneigt war. Das war wohl nicht so eine gute Idee, denn als ich ihn fragte, wie er diese Erkenntnis fand, war er einfach nur empört darüber, dass ein Pah Kao einem Mönch eine Belehrung geben wollte. Na, wieder was gelernt bezüglich Seniorität, dachte ich.

Ich musste aufpassen, dass Varado nicht zur Zielscheibe meines Hochmutes, meiner Arroganz und meines Ärgers wurde. Er machte schon mal eine nach meinem Geschmack ‚unmönchische' Bemerkung, als ich mir zwei alte, mit Stockflecken gespickte Badetücher aussuchte und er dazu nur meinte: „Damit würde ich mir noch nicht mal die Füße abtrocknen!"

Die Geschichte mit dem Engel und dem blöden Franzosen hatte ich noch lebhaft in Erinnerung, und mein Bewertungssystem freute sich, die Dinge in ‚gut' und ‚böse' einzuteilen, und Varado musste dafür herhalten. Aber ich war auf der Hut.

Und so zogen die Monate ins Land. Das klösterliche Leben hatte diesen gleichmäßigen Ablauf, man brauchte sich keine Sorgen um Geld, Arbeit oder Beziehungen zu machen, und somit war solchen Gedanken die Grundlage entzogen, sich auszubreiten.

Dieser Lebensstil unterstützte die Meditation und die Selbsterforschung. „Es geht ja auch darum", meinte Anomodasi, der israelische Mönch, „alle diese Kräfte in sich kennenzulernen." Und derer gab es jede Menge.

Mike, Ashin und ich waren die nächsten, die bald als Novizen ordiniert werden würden, und wir trafen uns regelmäßig, um die entsprechenden Formeln, die wir aufsagen mussten, in der Pali-Sprache zu lernen.

Es war aufregend, denn wir würden dann auch die ockerfarbenen Roben der Waldmönche tragen, und so gingen wir mit dem Mönch, der für die Roben zuständig war, in die Kleiderkammer und suchten uns schon mal passende Kleidungsstücke aus: zwei Wickelröcke, einen Gürtel, zwei Hemden mit einer Schulter frei, eine Außenrobe und zwei Unterröcke, die auch als Badetücher benutzt wurden. Das war's auch schon.

Chando und *Sudasso* waren zwei Amerikaner, die ich schon in Suan Mokkh kennengelernt hatte. Sie waren zwei Monate zuvor zu Novizen ordiniert worden und beauftragt, uns in die Pflichten eines Novizen einzuführen. Großer Wert wurde auf das Dienen gelegt, aber darin hatte ich ja schon etwas Übung. Dazu gehörte von nun an auch, dass man die Schale eines Mönchs, der länger als fünf Jahre ordiniert war, nach dem Essen reinigte, auch seine Roben am Waschtag für ihn wusch. Und beim morgendlichen Almosengang trug man die Schale eines Seniormönchs bis zum Ortseingang, übergab sie ihm dort, und nachdem die Runde durchs Dorf beendet war, trug man sie wieder ins Kloster zurück.

Da fing es bei mir schon wieder an, innerlich zu grummeln. Dienen ist ja okay, wenn es denn sein musste und notwendig war. Ich hatte kein Problem damit, einen Kranken zu pflegen oder etwas für die Gemeinschaft zu machen, wie Klos putzen und Wege fegen. Aber eine zweite Schale tragen, die dann gut gefüllt mit klebrigem Reis ziemlich schwer sein konnte, und ich hatte ja auch noch meine Schale zu tragen! Ich fand für *mich* tausend gute Gründe, diese Dienste nicht anzubieten, aber das Training für Novizen war nun mal so ausgelegt.

Als ich am nächsten Tag vom Almosengang zurückkam, erspähte ich im Vorbeigehen, dass die Novizen den Mönchen in den Fußbädern die Füße wuschen.

Ich traute meinen Augen nicht. Das war mir zu viel an Unterwürfigkeit, und ich beschloss, dass ich DAS nie tun würde, NIE!

Aber wie war doch gleich wieder das Motto meines Nicht-Anhaftungs-Trainings? Tue nicht das, was du magst, sondern tue das, was du nicht magst, und vor allem tue das, was dir aufgetragen wird. Und das wurde jetzt auf eine ernstzunehmende Probe gestellt. Aber noch war ich ja nicht Novize.

Mit Sudasso hatte ich damals in Suan Mokkh eine besondere Begegnung gehabt.

Als wir uns bei einem Gruppeninterview gegenübersaßen, schauten wir uns in die Augen und ich fühlte einen tiefen Sog in einen Raum der Verbundenheit, des Gleichseins, des Friedens, und es fühlte sich so an, als ob wir eins waren, ohne Namen, ohne Identität, ohne Ich oder Du, keine Getrenntheit, zeitloses Sein.

Wäre mir das mit einer Frau passiert, hätte ich es als ‚Verliebtsein' bezeichnet, wahrscheinlich auch deswegen, um einem unbekannten Gefühl einen Namen zu geben. Ich erschrak und war dann wieder ganz schnell Matthias Jordan. Im Hintergrund beschlich mich eine leichte Angst, dass mich dieses Gefühl in einen unüberschaubaren Geschlechtskonflikt bringen könnte. Aber das war nur der Verstand, der da seine Einwände vorbrachte. Auf einer tieferen Ebene verstand ich etwas über das Einssein und dass wir alle aus der gleichen Substanz sind, wie es der Begründer der Waldtradition, Ajahn Man, einmal gesagt hatte.

Ordination zum Novizen

Am Vorabend der Ordination bestellte uns Ajahn Pasanno zu sich und erklärte uns, wie die Zeremonie ablaufen würde. Wir würden nach dem Essen in ein anderes Kloster fahren, zu unserem *Uppaschaija*, einem älteren Mönch, der die Erlaubnis hatte, zu ordinieren, würden vor ihm die auswendig gelernten Formeln aufsagen, die Roben entgegennehmen, uns umziehen, zurückkommen, uns dreimal verbeugen und dann offiziell die zehn *Silas* als Gelübde annehmen und wären somit als Novizen im Orden aufgenommen.

Ajahn Pasanno hatte unsere neuen Namen ausgesucht, die wir bei der Ordination bekommen würden: Mike würde Gambhiro, Ashin würde Mahaviro und ich würde Dhammavaro heißen.

Die Bedeutung meines Namens heiße so viel wie *Dhamma*, die Lehre, die Wahrheit, und *varo*, exzellent, besonders. Mir persönlich gefiel: der Wahrheit besonders zugeneigt.

Wunderbar, den Namen mochte ich, und Ajahn Pasanno meinte noch, dass diese Namen dazu gedacht seien, eine Erinnerung und Inspiration zu sein und deren Sinn zu erfüllen.

Okay, alles klaro!

Nach der Ordination kehrten wir, nunmehr gekleidet in die ockerfarbenen Roben der Waldtradition, zurück ins Kloster – und es fühlte sich verdammt gut an.

Die Roben fühlten sich überhaupt nicht ungewohnt oder fremd an, sondern eher wie eine zweite Haut. Schon als Pah Kao hatte ich mehrmals Träume, in denen ich die ockerfarbene Robe trug.

Als ich das einmal Ajahn Pasanno erzählte, meinte er, dass er sich erst sieben Jahre nach seiner Ordination zum Mönch das erste Mal im Traum in Roben gesehen habe.

Bei unserer Ankunft im Kloster kamen uns einige Mönche entgegen, um uns zu begrüßen, zu beglückwünschen und im Orden willkommen zu heißen. Das erstaunte mich zunächst etwas, denn als Pah Kao hatten sie kaum einmal Kontakt zu mir gesucht.

Es fühlte sich gut an, als gleichwertiges Mitglied der Gemeinschaft anerkannt zu werden.

Aber vielleicht wollten sie sich auch nur einen ‚Diener' sichern, war ein kurzer, misstrauischer Gedanke, den ich schnell wieder zur Seite schob.

Später verstand ich die Zurückhaltung mancher Mönche Neuankömmlingen gegenüber, denn es kamen viele Besucher ins Kloster, die maximal drei Tage blieben und dann wieder verschwanden. Wer länger als drei Tage bleiben wollte, musste sich nämlich die Haare abrasieren; Frauen waren allerdings von dieser Regel ausgenommen. Diese Regel diente auch dazu, die Spreu vom Weizen zu trennen und nur denjenigen einen längeren Aufenthalt zu gewähren, denen es wirklich ernst war.

Manche blieben einige Wochen oder Monate, bis sie wieder abreisten.

Dann gab es einige, die nach drei Tagen schon wussten, dass sie auf alle Fälle Mönch werden wollten, den Lebensstil geil fanden, voller Enthusiasmus waren, stundenlang meditierten, überall mithalfen und die Nachtsitzungen durchsaßen.

Joe war einer von ihnen. Er war schon drei Wochen bei uns, und als er eines Nachmittags nicht zum Tee erschien, schickte mich Ajahn Pasanno zu seiner Hütte, um nach ihm zu sehen. Kein Joe mehr da, dafür lagen aber seine weißen Kleider ordentlich auf der Matte zusammengefaltet. Er war verschwunden, hatte keinem Bescheid gesagt, und wir haben ihn nie wiedergesehen. So etwas passierte nicht nur einmal.

Ajahn Pasanno meinte mal zu mir, man müsse den Biss haben, auch mal bei Schwierigkeiten durchzuhalten und nicht schon bei den ersten Unannehmlichkeiten wegzurennen.

Das hatte ich mir gemerkt. Ich selbst fühlte mich eher als ‚Krieger', bestimmt war ich das schon in früheren Leben, und Weglaufen war nicht meine Art, allein schon deshalb nicht, um nicht von anderen als Feigling und Weichei angesehen zu werden, und ich selbst wollte mich auch nicht so sehen. Denn der Lebensstil eines Waldmönches, so stellte sich immer mehr heraus, war wirklich nichts für Weicheier.

Ajahn Chah bemerkte einmal: *„Buddhistische Mönche üben die Meditation nicht aus selbstsüchtigen Gründen, sondern um sich selbst kennenzulernen. Meditation heißt nicht, dass man ständig in Frieden mit sich und der Welt ist, denn wenn man mit sich selbst konfrontiert wird, kann es sich anfühlen, als liefe man in ein krachendes Gewitter hinein. Es kann manchmal zu tiefer Verzweiflung führen, sogar bis zu dem Punkt, dass man sich umbringen möchte. Manche Leute glauben, dass Mönche ein faules und leichtes Leben führen. Wenn es das ist, was sie glauben, dann können sie es einfach mal ausprobieren und sehen, wie lange sie es aushalten. Die Arbeit eines Mönches ist hart, er versucht sein Herz von den Trübungen zu befreien, damit er mit liebender Güte die ganze Welt umarmen kann…"*

Danke, Ajahn Chah, für diese aufmunternden Worte, aber wenn ich da so auf meinen Ärger schaute, hatte ich noch viel vor mir, bevor ich das gesamte Universum mit liebender Güte umarmen könnte – aber natürlich wollte ich dranbleiben.

Und so begann mein Leben als Novize Dhammavaro.

Die Felsenwelt am kleinen Berg

„Dhammavaro, ich lade dich morgen zu einem Ausflug ein. Wir wollen uns einen neuen Platz anschauen. Willst du mitkommen?“, fragte Ajahn Pasanno. „Ja, Ajahn, ich komme sehr gerne mit“, erwiderte ich und freute mich darauf, endlich mal wieder rauszukommen.

Am nächsten Morgen nach dem Essen brachen wir auf.

Unsere Gruppe bestand aus mehreren Dorfbewohnern und einigen Mönchen und Novizen.

Wir fuhren mit Autos und Kleinbussen in nordöstliche Richtung, direkt an den Mekong. Dort wollten wir eine Gegend erkunden, wo vielleicht ein Zweigkloster entstehen sollte. Es war gut, mal wieder rauszukommen, vielleicht hatte Ajahn Pasanno das bei mir bemerkt und mich auch deswegen eingeladen.

Die Fahrt dauerte ungefähr zwei bis drei Stunden, bis wir schließlich in eine Gegend kamen, wo die Straße zunehmend von bizarr geformten schwarzen Sandsteinfelsen gesäumt wurde.

Das Land war karg und spärlich bewachsen, ab und zu ein paar große Bäume, Reisfelder und immer wieder kleinere Dörfer, wo uns neugierige, aber freundliche Blicke trafen. Die meisten Thailänder hier hatten noch nie westliche Mönche gesehen.

Und immer wieder sahen wir diese großen Wasserbüffel, die vielerlei Arbeiten zu verrichten hatten. Sie zogen Karren, pflügten Felder, manchmal ritten sogar kleine Jungs darauf. Der Nordosten ist die ärmste Region Thailands, und die Menschen leben vom Reisanbau, auch Gemüse und Bananen wachsen hier, und wenn der Mekong Niedrigwasser hat, bauen sie in dem fruchtbaren Boden des Ufers sogar Baumwolle und Tabak an.

Schließlich erreichten wir das Ende der unbefestigten Straße und stiegen aus. Von hier aus wollten wir zu Fuß weitergehen.

Es war eine sehr stille Gegend. Wir liefen über schwarze Sandsteinfelsen, in deren Vertiefungen sich überall kleine Pfützen befanden, denn wir hatten ja schon Oktober und die Regenzeit ging gerade erst ihrem Ende entgegen. In diesen Pfützen wuchsen kleine bunte Blumen in allen möglichen Farben, ein schier endloser Blumenteppich. Es gab hier auch Bäume, die zwar schon sehr alt, aber meist sehr klein und krumm gewachsen waren, was an dem Standort lag, denn viel fruchtbare Erde war in den Felsspalten nicht zu finden. Und so nutzten die Bäume das Wenige, was sie an Nahrung kriegen konnten.

Einer der uns begleitenden Thais wurde Major genannt. Er hatte diese Gegend entdeckt und Ajahn Pasanno darauf aufmerksam gemacht. Er war ein angesehener Mann, hatte wohl auch Einfluss bei verschiedenen Regierungsstellen, und falls wir uns entscheiden sollten, hier ein Zweigkloster zu eröffnen, sei das schon so gut wie beschlossene Sache.

Wir gingen stetig bergan, wobei sich flachere und steilere Abschnitte abwechselten, bis wir schließlich ein Hochplateau mit einer atemberaubenden Aussicht erreichten. In der Ferne sah man Laos, der Mekong schlängelte sich in seiner ganzen Breite als Grenzfluss gemächlich durch die Landschaft. Auf der laotischen Seite war alles voller Wald, ein riesiger, grüner Dschungel, wo noch Tiger und Elefanten lebten.

Wir liefen immer noch auf schwarzem Sandsteinfelsen, bis ich begriff, dass der gesamte Untergrund daraus bestand. Überall standen diese bizarren Felsformationen, von Wind und Wetter, insbesondere vom Wasser zu fantasieanregenden Skulpturen geformt. Hier und da wuchsen wilde Orchideen und wir hörten seltsame, exotisch klingende Vogelgeräusche.

Angeblich gab es hier viele Schlangen und auch große Echsen, die wir aber nicht zu Gesicht bekamen, kein Wunder bei den lauten Geräuschen, die unsere Gruppe, bestehend aus etwa dreißig Menschen, machte.

Dann erreichten wir eine große Höhle. Es war eher ein großer Felsvorsprung, der als Dach diente und unter dem wir alle Platz fanden. Hier machten wir Rast. Die Thais boten uns Wasser und etwas Palmzucker an, mir wurde auch eine Flasche Cola gereicht. Wann hatte ich eigentlich das letzte Mal Cola getrunken?

Ich schaute mich um, und mir gefiel, was ich da sah. Ich mochte diese kleinen runzeligen Bäume und den Bambus, der hier reichlich wuchs. Und die vielen verschiedenen exotischen Pflanzen, unglaublich schön fand ich das alles hier und war auf dem besten Weg, mich geradezu in diese Gegend zu verlieben.

Dann brachen wir wieder auf und nahmen nach unten einen anderen Weg, durch ein Tal, der uns vorbei an noch mehr bizarren Felsformationen führte. Hier standen auch große Bäume mit dichten Kronen.

Der einheimische Führer, *Dörm* war sein Name, zeigte uns noch mehrere kleine Höhlen, und die Feuerstellen darin verrieten, dass sie als Unterstände für Jäger dienten. Dann kamen wir an einen kleinen Wasserlauf, den wir überquerten, liefen noch eine Weile weiter, bis wir schließlich wieder bei unseren Fahrzeugen ankamen.

Ajahn, hier will ich leben, dachte ich. Das war der Ort, wo ein Mönch leben sollte, und mir fielen die kleinen Zen-Zeichnungen ein, die genau solche Felsgegenden abbildeten. Es war komisch, aber ich fühlte mich hier sofort zuhause. Es war mir alles so vertraut.

Wo waren wir hier eigentlich? Dörm sagte, dass man diese Gegend *Puh Jom Gom* nenne, was so viel heiße wie ‚Klitzekleiner Berg'. Der Berg war der höchste Punkt dieser Gegend, aber es war eher ein Hügel, von dem man eine Dreihundertsechzig-Grad-Rundumsicht bis zu allen Horizonten dieser Welt hatte.

„Ich würde hier gerne mal zehn Tage verbringen", dachte ich so bei mir.

Als wir wieder im Kloster ankamen, war es schon dunkel, die Abendmeditation fiel heute aus und ich legte mich gleich schlafen.

Nimalo

Am nächsten Morgen erschien ein neuer Mönch im Kloster. Er war auch Deutscher, hieß *Nimalo* und kam gerade von einer Wanderschaft zurück, was im Mönchs-Jargon *Tudong* heißt.

Er war schon acht Jahre dabei und hatte auch hier ordiniert. Er war groß und schlaksig und wollte für eine Weile bleiben. Es bestand der Verdacht, dass er sich die Malaria eingefangen hatte. An einem Morgen kam er in die Sala am ganzen Körper zitternd, und man brachte ihn in seine Hütte zurück, holte einen Arzt und der Test bestätigte den Verdacht.

Es gab in Thailand vier Arten von Malaria: Bei der einen zogen sich die Erreger des Fiebers in die Organe zurück, bei der anderen ins Gehirn. Die letztere konnte auch tödlich enden, und so musste man genau herausfinden, welche Art Malaria er hatte, um ihm das richtige Medikament verabreichen zu können. Er überlebte und war nach zwei Wochen wieder voll hergestellt.

Vanado, der Belgier, war ein guter Freund von ihm, und man sah sie öfters zusammen sprechen und lachen. Nimalo lachte viel und gestikulierte dabei mit Händen und Armen. Ich freute mich, einen freudvollen Mönch zu sehen, und es ergab sich, dass er ab und zu an meiner Hütte vorbeikam, während ich mir gerade eine Tasse Nescafé machte. Er war natürlich eingeladen und erzählte von seiner Wanderschaft und dass es eigentlich nicht gerne gesehen werde, wenn Mönche ihrer eigenen Wege gingen. Sie sollten vielmehr im Hauptkloster bleiben und den Abt bei den verschiedenen Aufgaben unterstützen.

Das war aber nichts für Nimalo. Er war mehr ein Freigeist und wanderte gerne umher, folgte seinen Intuitionen. Als er mal nicht wusste, welchen Weg er in einem dichten Dschungel einschlagen sollte, kam ein großes Reh, sah ihn an und machte eine Kopfbewegung in eine bestimmte Richtung. Nimalo folgte diesem Hinweis, kam an einen wunderschönen Platz und fand auch aus dem Dschungel wieder hinaus.

Als er eines seiner Badetücher zum Trocknen aufhing, konnte man darauf in großen Lettern ‚Susie Q' geschrieben lesen, der Songtitel einer Rockband, und das in der asketischen Waldtradition.

Die etwas strengeren Mönche sahen das nicht gerne und Karunito machte eine leicht abschätzige Bemerkung darüber. Ich mochte Nimalo.

Er wollte eine Weile bleiben und nach vier Wochen hatte er hier im Kloster mehr Schlangen gesehen als ich in Monaten. Eine drei Meter lange Python habe unter seiner Hütte gelegen, dann wäre er beinahe auf eine Kobra getreten und eine Bänderkrait würde ihm jeden Tag begegnen. Vielleicht hatte er ja eine besondere Beziehung zu Tieren.

Puh Jom Gom – ein Traum wird wahr

Es war beschlossene Sache, dass Puh Jom Gom ein Zweigkloster werden sollte, und Ajahn Pasanno wollte die Gegend näher erkunden. „Dhammavaro, willst du mitkommen?" Und ob ich wollte!

Eine Woche später fuhren wir mit mehreren Laien, Mönchen und Novizen los. Wir erkundeten die Gegend und Ajahn Pasanno bestimmte ein paar Plätze, wo Hütten gebaut werden sollten, auch waren kleinere Dämme vorgesehen, um in der trockenen Jahreszeit genug Wasser zu haben. Die große Höhle wurde unser Basislager, wo wir unsere Moskitonetze aufhängten, Feuer machten und Sachen lagerten.

Nach drei Tagen fuhren alle wieder zurück, und Ajahn Pasanno wollte, dass Nimalo, Mike und ich hierbleiben sollten, und betraute uns mit verschiedenen Aufgaben.

War es Zufall, dass er drei Deutsche aussuchte? Vielleicht wollte er uns über die Verbindung der Sprache die Möglichkeit geben, mal wieder unsere Muttersprache zu sprechen. Wer weiß?

Da wurde mir wieder mal ein Wunsch innerhalb kürzester Zeit erfüllt, und ich freute mich riesig, hier sein zu können. Zu dritt erkundeten wir die Gegend und liefen erst mal Richtung Osten. Plötzlich standen wir vor einem Steilhang, einer Klippe, die bestimmt über hundert Meter nach unten reichte, an deren Basis verlief ein zirka fünfzig Meter breiter Streifen Land, der an den Mekong grenzte, und an dessen gegenüberliegendem Ufer lag Laos.

Von hier hatten wir eine atemberaubende Aussicht. Unweit von dem Platz, wo wir standen, sollte eine Hütte gebaut werden. Dann gingen wir, nicht weit von der Klippe entfernt, den ‚klitzekleinen Berg' hoch, die höchste Erhebung hier, bewachsen mit Bambus, verschiedenen Büschen und ein paar Bäumen – auch hier sollte eine Hütte auf halber Höhe gebaut werden.

Dann gingen wir zurück zur großen Höhle und von dort ins Tal, wo der kleine Flusslauf sich seinen Weg durch die Felsen gebahnt hatte. Auch hier sollte auf der anderen Seite des Wasserlaufs eine Hütte gebaut werden und der kleine Fluss einen Damm bekommen, der dann auch als Weg zur Hütte benutzt werden konnte. Daneben war ein kleiner Wasserfall.

Ich fühlte mich zuhause, immer mehr, und es kam mir die Zeit in Erinnerung, wo ich, zwölfjährig, einen kleinen Wald aufgesucht hatte, in dem ich gerne alleine herumlief und im Winter die Vögel fütterte.

Es gab zwei Wege ins Dorf. Der eine führte durch das Tal, der andere, den wir schon kannten, führte über das Hochplateau.

Wir gingen zurück zur Höhle und kochten erst mal Kaffee. Dann hörten wir Schritte und plötzlich stand Dörm vor uns, mit seinem breiten Lächeln, legte die Handflächen beider Hände vor der Brust zusammen, wie es zur Begrüßung Brauch war. Er wollte mal nach uns schauen und brachte auch ein paar Flaschen Trinkwasser mit.

Ajahn Pasanno hatte uns beauftragt, morgens durch das Dorf auf Almosengang zu gehen, nicht nur um den Lebensstil eines Bettelmönchs aufrechtzuerhalten, sondern auch, damit die Dorfbewohner sich an uns gewöhnten und wir unsere Anwesenheit zeigten.

Des Weiteren sollten wir die Wege markieren. Dazu nahmen wir weiße Farbe und machten in bestimmten Abständen Striche auf die Felsen, so dass man sicher den Weg nach oben zur Höhle und nach unten ins Dorf finden konnte. Es sah hier irgendwie alles gleich aus, und man konnte sich sehr leicht verlaufen, wovon ich später mehrere Kostproben bekommen sollte.

Und so machten wir uns an die Arbeit, zeichneten Wege, rodeten in der Höhle Bambus, was nur Novizen tun durften, denn eine Regel der Mönche lautete, auch keine Pflanzen zu ‚töten'.

Wir aßen nur einmal am Tag, abends meditierten wir gemeinsam in der Höhle, und dann suchte jeder seinen Schlafplatz auf.

Wir sollten aufpassen, meinte Dörm, denn hier in der Gegend gebe es auch Malaria.

Diese kleinen Mücken würden zwar erst zur Abenddämmerung aktiv sein, dafür aber die ganze Nacht hindurch bis zur Morgendämmerung.

Ein Moskitonetz war ein Muss für einen Waldmönch und gehörte zu seiner Ausstattung. Man hängte dazu einen großen Schirm, der extra dafür bestimmt war, an einen Ast, legte das Netz, das oben eine Öffnung hatte, auf den geöffneten Schirm, justierte die Höhe des Netzes mit einem Band, sodass der untere Rand des Netzes gut unter eine Bastmatte gesteckt werden konnte, was den zusätzlichen Vorteil hatte, dass einen auch keine Schlangen, Skorpione oder Hundertfüßer im Schlaf überraschen konnten.

Für die erste Nacht fand ich einen kleinen Baum, hängte mein Netz auf und fühlte mich erfüllt und frei und, ja, fast glücklich. Ein gestörtes Verhältnis zu diesem Wort hatte ich aber immer noch. Über mir sah ich den strahlenden Sternenhimmel des Südens, kein Sternbild war mir bekannt, und ich bekam einen kleinen Geschmack von Unendlichkeit, als ich mir überlegte, was eigentlich weiter dahinter liegen würde.

Am nächsten Morgen trafen wir uns vor Sonnenaufgang in der Höhle, tranken rasch einen Kaffee und machten uns auf den Weg ins Dorf. Wichtig war natürlich eine gut funktionierende Taschenlampe, genug Batterien, und für alle Fälle sollte man noch ein Feuerzeug und eine Kerzenlampe dabeihaben.

Wir brauchten ungefähr fünfundvierzig Minuten, bis wir am Dorfrand ankamen, unsere Roben anzogen, die Schalen umhängten, und dann liefen wir in einer Reihe langsam durch das Dorf, bereit, Essen entgegenzunehmen. Und wir bekamen reichlich, denn das ganze Dorf wusste mittlerweile, dass *Phra Farangs*, wie westliche Mönche genannt werden, in der Gegend angekommen waren.

Ein Vorteil, Novize zu sein, bestand darin, dass man nicht so viele Regeln zu befolgen hatte und sogar Lebensmittel aufbewahren durfte. Mönche durften das nicht, sondern mussten nach Sonnenhöchststand alle Lebensmittel abgeben und durften auch danach nichts mehr essen, wobei Letzteres auch für Novizen galt.

Irgendwie waren wir Deutsche allesamt Kaffeetrinker, und es stellte sich heraus, dass auch Nimalo eher der sinnliche Typ war.

Wir hatten die uns aufgetragenen Arbeiten schon erledigt, und so saßen wir oft zusammen in der Höhle, erkundeten auch, jeder für sich, die Gegend, trafen uns nachmittags zum Kaffee und badeten in dem Fluss, wo das Wasser große, einladende Becken in den Felsen genagt hatte.

In zehn Tagen würde uns Ajahn Pasanno wieder abholen lassen und ich bemerkte erschrocken, dass die Kaffeeration langsam zur Neige ging. Wir hatten noch einen Wan Phra vor uns, wo wir mindestens bis Mitternacht aufblieben, und um sicherzugehen, verwahrte ich uns etwas Kaffee für diese Nacht.

Ein paar Tage später kam die Schreckensnachricht: kein Kaffee mehr. Der Palmzucker ging auch zur Neige, aber wir hatten noch etwas Tee und natürlich reichlich Wasser, das wir einfach aus dem Fluss nahmen, abkochten und trinken konnten.

Es waren noch fünf Tage bis Wan Phra, und früher würde ich den Kaffee nicht herausholen.

Es stellte sich heraus, dass Mike seinen eigenen Kaffee sicherheitshalber mitgenommen hatte, und Nimalo erwischte ihn irgendwie. Dann hatte er noch ein paar andere Schleckereien dabei, das war dann zu viel für Nimalo und er beschuldigte Mike des übelsten Egoismus, weil er es nicht mit uns teilte, es für sich behielt – und ja, auch ich war nicht gerade begeistert davon.

Nimalo bat Dörm, eine Rückfahrt für Mike zum Kloster zu organisieren, denn er wollte ihn nicht mehr hier haben. Und so geschah es dann auch. Ich war über seine Strenge sehr überrascht.

Nimalo und ich trafen uns weiterhin jeden Morgen zum Almosengang, nachmittags in der Höhle, aber jeder erkundete auch für sich diese unglaublich schöne Gegend.

Täglich badete ich in einem Fluss, hatte eine gute Stelle gefunden, wo ich stehen konnte und das Wasser mir bis über den Bauchnabel reichte, etwas weiter konnte man sogar schwimmen.

Plötzlich musste ich an Anna denken. Was sie wohl gerade machte? Dachte sie ab und zu an mich? Es waren jetzt auf den Monat genau sieben Jahre, dass wir uns kannten. Eine halbe Ewigkeit, auch die Zeit in Berlin fühlte sich wie ein Echo aus sehr ferner Vergangenheit an. Ich dachte an Anna, und es kamen Bilder und Erinnerungen hoch, die gemeinsamen Reisen und die schönen Begegnungen, die gesamte Welt der Sinnlichkeit stürzte plötzlich auf mich ein und mein Penis fing langsam an zu wachsen, ich konnte nichts dagegen machen und wollte auch nichts dagegen machen. Ich ließ mich von einer überwältigenden Erregung einfach mitnehmen, das Wasser umspülte meinen Penis und dann half ich noch etwas nach, bis mein Sperma sich einfach ins Wasser ergoss. Es fühlte sich richtig gut an, und als ich nach unten schaute, sah ich kleine Fischlein, die sich an meinem Sperma gütlich taten. Hey, das freute mich sehr, dass ich damit die Fische fütterte, und so wurde das schlechte Gewissen, eine Regel gebrochen zu haben, etwas abgeschwächt.

Als Mönch hätte das weit schwerwiegendere Konsequenzen für mich gehabt. Aber das war ich ja noch nicht. Sexualität und Selbstbefriedigung waren im Buddhismus okay und akzeptiert, nur Mönche und Nonnen durften das nicht ausüben, weil man sich mithilfe der Sinnlichkeit über verschiedene Gefühlslöcher oder Langeweile hinwegretten konnte – aber Mönche waren dazu ‚auserkoren', in diese Löcher zu steigen, sie zu erleben, zu erforschen und kennenzulernen, anstatt sich kleine Ablenkungen zu gönnen.

Und da wir ja keinen Kühlschrank, kein TV oder sonstige Zerstreuungen hatten, wäre die Sexualität über das Onanieren das Naheliegende gewesen.

Aber das war eben nicht vorgesehen. Wir lebten also nicht nur im Zölibat, sondern mussten jeglichen sexuellen Handlungen entsagen.

Als katholisch erzogener junger Mann hatte ich anfangs riesige Probleme mit dieser Regel. Aber als ich später mal tatsächlich für längere Zeit eine Phase der Langeweile und Eintönigkeit erlebte, hätte ich meinen Penis wahrscheinlich öfters in die Hand genommen, wäre diese Regel nicht gewesen.

Es mag sich für den von der westlichen Kultur geprägten Leser befremdlich anhören, aber ich war froh, dass es diese Regel gab. Schließlich ging es ja darum, Frieden und Freiheit jenseits der Sinnlichkeit zu finden. Und davon war ich noch meilenweit entfernt.

Es kam der Tag der Abreise. Nach dem Essen erschien Ajahn Pasanno in Begleitung von Chando und Sudasso, die jetzt meinen Platz an der Seite von Nimalo einnehmen sollten.

Ajahn Pasanno instruierte die Dorfbewohner, wo die ersten Hütten gebaut sowie die Dämme angelegt werden sollten. Am frühen Abend fuhr ich dann mit ihm zurück ins Kloster.

Ich fügte mich wieder in den Klosteralltag ein, hatte eine andere Hütte bekommen, auch etwas außerhalb des Waldes, gar nicht weit von Mikes Hütte entfernt, und lud mich selbst zu einer Tasse Kaffee bei ihm ein.

„Na, mein Lieber, was macht die Erleuchtung?“, fragte ich ihn scherzend, als ich zu seiner Hütte kam. „Erleuchtung, was soll das denn sein?“, meinte er etwas schlecht gelaunt.

Mike war noch sauer auf Nimalo, weil er ihn zurückgeschickt hatte.

Nun, das war auch ein Ausdruck von Macht in der klösterlichen Hierarchie und für uns, die in einer Zeit der antiautoritären Bewegung groß geworden waren, recht gewöhnungsbedürftig.

Man darf nicht glauben, dass es hinter den Klostermauern anders zugeht als im normalen Leben, im Gegenteil, hier zeigten sich bestimmte Verhaltens- und Reaktionsweisen sowie Charaktereigenschaften der Einzelnen noch deutlicher. Man konnte sich nicht verstecken – wie denn auch? Es wurde aber versucht, einen anderen Umgang damit zu finden.

Manchmal kam es halt zu Fehlinterpretationen von Verhalten oder von Aussagen, genau wie im richtigen Leben.

Nako, ein englischer Mönch, hatte bemerkt, dass *Palisiri*, ein Thai-Mönch, nie mit ihm redete, ihm aus dem Weg ging und scheinbar nichts mit ihm zu tun haben wollte. Für Nako war das schwer auszuhalten. Natürlich überlegte er hin und her, was er wohl falsch gemacht haben könnte, kam aber zu keinem Ergebnis. Dann gab es eine Aussprache, wobei Folgendes herauskam: Als Palisiri in das hauptsächlich von Westlern bewohnte Kloster kam, fragte ihn Nako scherzhaft, ob er es denn mit so vielen Westlern aushalten könne. Palisiri verstand Folgendes: „Pack dein Zeug zusammen und verschwinde, denn du bist hier nicht willkommen.“

Hier trafen zwei Kulturen aufeinander, die in Sachen Kommunikation unterschiedlicher kaum sein konnten. Thailänder äußern praktisch nie offen Kritik oder Missbehagen, bleiben stets freundlich und machen höchstens Andeutungen, wenn ihnen etwas gegen den Strich geht.

Eines Tages kam Ashin, mein japanischer Freund, zu Besuch nach Puh Jom Gom und wollte von mir wissen: „Habt ihr denn in Berlin eine Mauer?“ Es schien für manche schwer begreiflich, dass heutzutage eine ganze Stadt von einer Mauer umgeben war. Dann meinte er, dass man die jetzt abgerissen habe. „Aber klar doch, mein Lieber, die haben die Mauer einfach so abgerissen", und ich dachte noch eine Weile über seine Einfältigkeit nach, bis ich dann offiziell erfuhr, was sich da in Berlin abgespielt hatte. Und wenn dann ab und zu *Der Spiegel* über einen Besucher seinen Weg in unser Kloster fand, konnte ich mit einer gewissen Zeitverzögerung alles über die Ereignisse in Berlin und andere Weltgeschehnisse nachlesen.

Abschied von Anna

Einige Wochen später wurde mir ein Brief von Anna übergeben. Sie wollte Ende März zurück nach Deutschland und wollte wissen, wie es bei mir aussehe.

Doch hinter der vordergründigen Mitteilung steckte noch eine andere Nachricht, die ich nicht verstand. Da war noch irgendeine verborgene, unausgesprochene Mitteilung, über deren Inhalt ich nur rätseln konnte. Es ging so weit, dass ich Anna in Australien anrufen wollte, um mir Klarheit zu verschaffen.

Ajahn Pasanno zeigte Verständnis dafür. Ich hatte von Anfang an mit offenen Karten gespielt und Ajahn Pasanno erzählt, dass ich noch eine Freundin hatte und auch nur Novize auf Zeit sein wollte.

Das war in Thailand überhaupt kein Problem, im Gegenteil. Junge Männer wurden manchmal nur für zehn Tage oder für ein paar Wochen oder Monate ordiniert, was ihre gesellschaftliche Stellung um ein Vielfaches verbesserte und ihnen sogar erleichterte, einen Job oder eine Ehefrau zu finden. Die allgemeine Auffassung war, dass man selbst durch einen noch so kurzen Zeitraum als Mönch ein besserer Mensch werden würde, der, nachdem er in die Gesellschaft zurückkehrt, ein größeres Vertrauen genießt und weiser geworden ist. Ehemalige Mönche erhielten nach dem Ablegen der Robe sogar einen ehrenvollen Zusatz zu ihrem Geburtsnamen, der sich von dem Pali-Wort *Pandit* ableitet, was so viel heißt wie „Weiser Mann". Thailänder benutzen gerne Namenskürzel, und so nahm man nur die drei letzten Buchstaben dieses Wortes – also ich wäre dann zum Beispiel: *Dit* Matthias.

Da hatte ich nun diesen Brief in der Hand mit Andeutungen und unklaren Formulierungen; die Worte waren kühl, distanziert, ohne Gefühl und unpersönlich. Vielleicht hatte Anna auch nur ihre eigene Unsicherheit und ihren Zweifel zum Ausdruck gebracht und irgendwie nicht direkt sagen können, was sie eigentlich wirklich meinte. Also rief ich an.

Am anderen Ende der Leitung hörte ich ihre bekannte Stimme und doch klang sie fremd, nicht nur weil mehrere tausend Kilometer zwischen uns lagen, sondern auch gefühlsmäßig war sie weit weg, und ich spürte sie nicht. Ja, es stimmte, dass wir uns in Bangkok hatten treffen wollen, das war der Plan gewesen, vor acht Monaten oder so.

Und hier werde ich die Geschichte etwas abkürzen. Sie hatte einen Australier kennengelernt, den ihre Mutter mit ihr bekannt gemacht hatte. Er kam nach Berlin und wollte Europa kennenlernen. Er wohnte wohl schon eine ganze Weile bei Anna und wie das dann halt so geht, sie kamen sich näher und näher und dann richtig nahe. Sie wusste wahrscheinlich nicht, was sie fühlen sollte, wusste nicht, wie nahe wir uns noch waren, und ich wusste es auch nicht. Wir beide wussten eigentlich nichts darüber, wie es mit uns weitergehen sollte oder würde. Nun hatte ich tatsächlich etwas zu kontemplieren.

Die Meditationen der nächsten Tage hatten nur noch dieses Thema zum Gegenstand: eine Entscheidung zu treffen. Ich hatte noch etwas Zeit und fühlte und dachte in alle Richtungen, erwog und überlegte, aber kam jedoch zu keinem Entschluss.

Doch dann hatte ich die klare und schmerzliche Erkenntnis: Unsere Wege werden sich trennen! Hatten sie sich denn nicht schon vor langer Zeit getrennt? Hatten wir nicht einfach nur die Zeichen übersehen? Haben wir uns nur nicht getraut, es uns selbst und dem anderen einzugestehen?

Unter solchen Vorzeichen wollte ich die Beziehung sowieso nicht aufrechterhalten und auch noch mit einem Nebenbuhler konkurrieren müssen, aber das war zweitrangig.

Das waren alles nur Gedanken, die kamen und gingen. Auf einer tieferen Ebene war das alles schon vor langer Zeit entschieden worden, vom Leben selbst, dem großen Mysterium. Versteht überhaupt irgendjemand, was das Leben eigentlich ist und warum die Dinge so geschehen, wie sie geschehen – letztendlich?

Ich hatte hier eine neue Heimat gefunden, ich liebte dieses einfache Leben, ich kam immer besser mit mir selbst zurecht, war zufriedener und hatte immer noch das Gefühl, am richtigen Ort auf dieser Welt zu sein.

Auf der anderen Seite meldete sich aber auch ein verletzter Persönlichkeitsanteil, der sich in irgendeiner Weise hintergangen fühlte. Ein anderer Mann, das war für den Eifersüchtigen in mir schwer auszuhalten, für den Mann in mir auch, aber ich hatte ja noch die anderen Persönlichkeitsanteile in mir, den Weisen, zum Beispiel! Und dann die gesamte Lehre Buddhas, die eigentlich nur ein Thema zum Gegenstand hatte – sich von Anhaftungen zu befreien und das Leiden zu beenden.

Nein, ich hatte Anna nie schlecht behandelt und sie mich auch nicht. Das fühlte sich gut an.

Doch als ich so darüber nachsann, kam unvermittelt die Erinnerung hoch, dass ich einmal mit Inge geschlafen hatte, als Anna sich in Japan aufhielt. Allerdings erfuhr ich später, dass auch Anna zweimal mit einem sehr guten Freund von mir geschlafen hatte, das schien sich also auszugleichen. Aber ich wollte jetzt kein Soll-und-Haben-Konto eröffnen, sondern spürte plötzlich eine Klarheit und Sicherheit, dass ich hierbleiben werde, und teilte ihr diese Entscheidung schriftlich mit.

Ja, Abschied tut weh, immer! Innerlich gab ich Anna meinen Segen – und mir selbst auch.

Ich fuhr nicht nach Bangkok, stieg nicht mit ihr in das Flugzeug, flog nicht mit ihr zurück nach Berlin, und es fühlte sich richtig an. Ich glaube, Anna ging es auch gut damit.

Sie flog dann ohne Zwischenstopp in Bangkok direkt nach Berlin.

Irgendwie kam mir die letzte Szene aus dem Film *Casablanca* in den Sinn, wo Rick entscheidet, dass Ilsa doch mit Victor Laszlo fliegen solle und er selbst in Casablanca bleiben würde, und am Flughafen sagte er zu ihr: „Wenn du hier bleibst, wirst du es bereuen, vielleicht nicht heute, vielleicht nicht morgen, aber eines Tages – und dann für immer."

Und wäre ich mit Anna zurückgeflogen, wäre es ein Drama für uns beide geworden, weil wir uns füreinander verbogen hätten. Wir hatten mittlerweile eine unterschiedliche Sicht auf das Leben gewonnen, jeder mit seiner Ausrichtung, und die gingen nicht zusammen.

Alles war gut, auch wenn es immer mal wieder kurze, emotionale Nachklänge gab, und so konnte ich mich jetzt in meinem neuen Leben vollends einrichten, mich wirklich darauf einlassen, ohne Termine, ohne Zeitdruck und ohne immer wieder darüber nachdenken zu müssen. Demzufolge konnte ich nun meine Ordination zum Mönch im kommenden Mai ins Auge fassen.

Als ich einmal Ajahn Pasanno alle meine Zweifel darlegte, ob ich Mönch werden sollte oder nicht, und immer wieder all meine Bedenken äußerte und um Klarheit rang, sagte er zu mir: *„Folge deinem Herzen!"* Danke, Ajahn, das werde ich von jetzt an tun, so gut es halt geht!

Ordination zum Mönch Dhammavaro Bhikkhu

An diesem Vormittag fuhren Gambhiro, Mahaviro und ich, begleitet von Ajahn Pasanno und einigen anderen Mönchen, zu dem Seniormönch, der uns ordinieren würde, unserem *Uppaschaija*. Wir hatten unsere Pali-Texte gelernt, hatten uns mit den Regeln vertraut gemacht, es waren nun 227 an der Zahl, und zu unserer äußeren Robe würden wir nun noch eine zweite erhalten, den sogenannten *Sangati*.

Dort angekommen, betraten wir die Sala und setzten uns auf die uns zugewiesenen Plätze. Dann kam unser Uppaschaija herein, wir verbeugten uns dreimal und erklärten auf Pali, dass wir die höhere Ordination als Mönche erbitten möchten. Dann sagten wir die ritualisierten Formeln auf und begannen mit: *Namo Tassa Bhagavato Arahato Sammāsambuddhassa* – was übersetzt bedeutet: Ehrerbietung dem Erhabenen, dem Heiligen, dem vollkommen erwachten Buddha. Dann nahmen wir Zuflucht zu Buddha, dem Erwachten, zu Dhamma, der Lehre, und zur Sangha, der Gemeinschaft der Mönche. Daraufhin gab er uns eine Belehrung über den Sinn des Mönchseins, nämlich dem noblen achtfachen Pfad zu folgen und uns von Anhaftungen und dem damit verbundenen Leid zu befreien. Dann hängte er uns den Sangati, die zweite Robe, über unsere Schulter, überreichte uns die Almosenschale, wir verbeugten uns dreimal und waren ab sofort als Mönche in die Gemeinschaft aufgenommen.

Und so begann mein Leben als Mönch Dhammavaro Bhikkhu.

Es gibt eine besondere Regel, wonach Mönche in der Regenzeit drei Monate an einem Ort verweilen müssen, damit sie auf Wanderschaft nicht die frisch gesetzten Reispflanzen zertreten würden. Diese Zeit wurde dazu genutzt, die Meditation besonders intensiv zu üben, und es wurden viele Gruppensitzungen abgehalten.

In meiner ersten Regenzeit als Mönch kam *Ajahn Jayo* als unser Abt ins Kloster. Er war Engländer, ein Jahr jünger als ich, aber schon seit zehn Jahren

Mönch. Er würde also unser neuer „Chef" sein, denn Ajahn Pasanno wollte diese Regenzeit in Puh Jom Gom verbringen. Ich war enttäuscht, dass ich nicht auch dazu eingeladen worden war, selbst das Nicht-Anhaftungs-Training konnte hier nicht richtig greifen.

Aber Mike, der ja jetzt *Gambhiro* hieß, war eingeladen, zusammen mit noch drei anderen Mönchen und einem Novizen.

Irgendwann hatte ich mich damit abgefunden, nahm es mit Gelassenheit, so gut es ging, richtete mich in meiner Hütte ein und freute mich auf die Zeit intensiver Meditation.

Wir schrieben das Jahr 1990, das Jahr, in dem Deutschland zum dritten Mal Fußball-Weltmeister werden sollte.

Am Abend vor dem Regenzeit-Retreat versammelten wir uns alle im *Bot*.

Dieser Versammlungsort war besonders Mönchen vorbehalten und diente den verschiedenen Zeremonien und Ritualen, wie dem Rezitieren der Regeln, was alle zwei Wochen hier abgehalten wurde, sowie dem gegenseitigen Bekennen von Regelverstößen und anderen Treffen, die regelmäßig hier stattfanden.

Nach der Abendmeditation erklärte Ajahn Jayo, wie diese drei Monate ablaufen würden. Nach dem Almosengang würden wir uns vor dem Essen im Bot treffen und jeden Morgen einige der 227 Regeln besprechen, erläutern und immer besser kennenlernen.

Nach dem Essen würden wir zwei Stunden gemeinsam meditieren, dann sei freie Zeit und um vierzehn Uhr werde die Glocke die gesamte Gemeinschaft zur Nachmittagsmeditation in eine kleinere Sala außerhalb des Waldes rufen.

Danach sei die Arbeitsperiode und dann, na … nein, und jetzt kam die Hiobsbotschaft: keine warmen Getränke am Nachmittag.

Ajahn Jayo wollte die Trainingsbedingungen für diesen Retreat etwas verschärfen, um auch hier wieder die sogenannten tiefer liegenden Herzenstrübungen herauszukitzeln.

Ich merkte sehr schnell, dass die bei mir gar nicht so tief lagen. Und ich war nicht der Einzige, dem das so ging. In einem Nebensatz erwähnte er noch, dass die Unterstützer in Bangkok von dieser Askese auch sehr beeindruckt seien.

Das war hart. Es war Regenzeit, was hieß, dass es mehrmals am Tag in Strömen regnete. Manchmal waren deshalb die Roben ständig feucht, und so mussten wir sie mit unserer Körperwärme trocknen. Wir aßen am Tag eh nur einmal und hatten noch diesen geregelten Ablauf mit Arbeitsperioden, und dann keine heißen Getränke am Nachmittag?

Ich begann, an Ajahn Jayos Führungsqualitäten zu zweifeln. Allerdings hatte er als Abt natürlich jederzeit die Möglichkeit, sich was Warmes zum Trinken zu machen. Ob er es in Anspruch nahm, weiß ich nicht. Aber er kam uns dann etwas entgegen und meinte, dass es ab und zu Getränke geben werde, und zwar an den Tagen, wenn um sechzehn Uhr die Klosterglocke läute. Na immerhin.

Er hatte Ajahn Chah noch persönlich als Lehrer gehabt und Ajahn Chah legte seinen Mönchen harte Trainingseinheiten auf. Ohne Vorwarnung mussten sie die ganze Nacht wach bleiben. Wenn ein Mönch gegen gewisse Regeln verstoßen hatte, wurde er zum Fasten verdonnert, bei Krankheiten wie Malaria wurde manchen gesagt, sie sollten sich nicht so anstellen und besser dem Tod ins Auge blicken, als zu jammern.

Ajahn Chah beschimpfte sie an einem Tag und lobte sie am nächsten, er war unberechenbar, sah die kleinen Schwächen und Anhaftungen seiner Mönche, erlaubte ihnen nicht, sich in die Nische einer kleinen, nett eingerichteten Welt zu verziehen, und jeder Rhythmus, an den sich einige gewöhnt hatten, wurde alsbald wieder geändert.

Ajahn Chah machte das aber nicht, um sie zu quälen, sondern um sie ihre Anhaftungen und das damit verbundene Leid erleben zu lassen, und wie mir manche Mönche sagten, die das mit ihm erlebt hatten, fühlten sie immer seine Liebe und sein Mitgefühl und seine Weisheit, der sie vertrauten, und deshalb waren sie bereit, auch große Schwierigkeiten auf sich zu nehmen.

Ich fragte mich, ob Ajahn Jayo auch diese Weisheit besaß?

Nun, irgendwie ging ich davon aus, dass zehn Jahre in Roben wohl zu einiger Weisheit geführt hatten. Später verstand ich, dass die Anzahl der Jahre nichts mit Weisheit zu tun hat, genauso wie in unserem Kulturkreis fälschlicherweise angenommen wird, dass mit dem Alter die Weisheit kommt.

Viele dieser Trainingseinheiten machten wir nur deshalb mit, weil wir glaubten und darauf vertrauten, dass sich dahinter eine tiefere Weisheit verberge, die wir als Juniormönche einfach noch nicht hatten und somit nicht erkennen konnten.

An einem Morgen nach einer Nachtsitzung, wir hatten das Essen gerade beendet und wollten, müde wie wir waren, zu unseren Hütten gehen, meinte Ajahn Jayo, dass wir noch etwas zu erledigen hätten. Am Rande des Dorfes stand eine abgestorbene Palme, die wir nun absägen und alle zusammen ins Kloster rollen sollten. Hier würden wir sie dann aufstellen, als Sinnbild für einen Erleuchteten, der in den Schriften mit einer abgestorbenen Palme verglichen wird, weil bei ihm alle Leidenschaften erloschen waren.

„Dhammavaro, du kannst doch mit der Motorsäge umgehen“, meinte er noch.

Dann stand ich da in Badelatschen, Wickelrock, total übermüdet, schmiss die Motorsäge an und mähte diese verdammte Palme um. „Was hätte wohl in Deutschland die Berufsgenossenschaft zu dieser Ausrüstung gesagt?“, dachte ich kurz und versuchte sehr vorsichtig zu sein.

Karunito merkte noch an, es würde mal wieder um die tiefer liegenden Herzenstrübungen gehen, die an diesem Morgen bei uns allen nicht so tief lagen.

Wir rollten diese Palme dann alle gemeinsam ins Kloster und als kleine ‚Belohnung‘ bekamen wir vor dem Ausruhen noch ein Getränk, was die Herzenstrübungen etwas befriedete.

Einige Tage später bemerkten wir, dass *Kantato,* ein australischer Mönch, sehr schlecht aussah. „Ich halte das nicht mehr aus!“, brach es aus ihm heraus.

Er hatte eine Hütte im dichteren Teil des Waldes und schon seit Tagen war seine Hütte nicht nur dunkel, was einfach an dem Standort lag, sondern sie war auch ständig feucht und seine klammen Roben wollten nicht mehr trocken werden, auch seine Körperwärme brachte es nicht mehr zustande. Er spielte wohl kurz mit dem Gedanken, alles hinzuschmeißen, aber Ajahn Jayo erbarmte sich seiner und wies ihm eine Hütte außerhalb des Waldes zu, in den Feldern, wo auch meine stand.

An einem dunklen, verregneten, nassen Nachmittag näherte sich der Uhrzeiger wieder der magischen Sechzehn-Uhr-Marke, und ich lauschte, mit meiner Tasse in der Hand, in Richtung Sala, ob es denn nicht heute mal wieder ein warmes Getränk geben würde, denn das letzte lag schon eine ganze Weile zurück. Und tatsächlich hörte ich in der Ferne etwas Schepperndes, was für mich die sehr eindeutige und wohlklingende Einladung war, mich in die Sala zu begeben, um mir mein Getränk abzuholen.

Da lief Dhammavaro nun mit seiner Tasse in der Hand, in freudvoller Erwartung, fast schon hüpfend über die Wege, nur um in der Sala ankommend festzustellen, dass er da ganz alleine war, niemand sonst weit und breit und schon gar keine warmen Getränke. Ich musste feststellen, dass ich einer akustischen Halluzination zum Opfer gefallen war.

Mannomann, ich fühlte mich so elendig, dass ich beinahe vor lauter Selbstmitleid geweint hätte.

Im Rhythmus des beschriebenen Tagesablaufes zogen die Wochen ins Land, und dann kam eines Tages ein Päckchen für mich. Ein Päckchen?!

Es war von meiner lieben Freundin Karin aus Freiburg, der ich ab und zu schrieb und wohl auch erwähnte, wie kurz wir hier gehalten wurden. Das veranlasste sie dazu, Yogi-Tee, ein paar andere Tees, schwarze Schokolade und 250 g Filterkaffee an mich zu senden. Ich saß auf meinem Platz in der Sala und schaute mit einem Weihnachtsgesicht in dieses Päckchen hinein. Inmitten meiner langsam wachsenden Freude über diese feinen Sachen meinte Karunito zu mir: „Dass du das nicht behalten darfst, weißt du hoffentlich! Du kannst das alles gleich in der Küche abgeben." Na toll!

Den Kaffee schmuggelte ich irgendwie in meine Tasche, den Rest gab ich in der Küche ab, übergab den Yogi-Tee jemandem mit der Bitte, ihn Mike zukommen zu lassen. Er hatte seinen Regenzeit-Retreat in Puh Jom Gom abbrechen müssen, weil er Malaria bekam, und lag in Ubon im Krankenhaus. Dort besuchte ich ihn später. Er sah schlecht aus, war aber trotzdem irgendwie gut drauf.

Er war in Konflikt mit den Regeln geraten, da die Ärzte wollten, dass er auch abends etwas essen sollte, was er aber als Mönch eigentlich nicht durfte, es dann aber trotzdem tat, weil man das Essen auch als Medizin betrachten konnte. Dafür handelte er sich später von einigen Seniormönchen mitleidlose Kritik ein.

Liebende Güte und die unendliche Weite des Seins

Für mich ging der Retreat weiter und ich hatte ein Problem. Nun hatte ich etwas, was die anderen nicht hatten, nämlich den Kaffee. Ich hätte sie gerne alle eingeladen, aber dazu reichten 250 g nicht aus.

Ich wollte aber auch weiterhin in dem Übungsmodus wie die anderen bleiben, denn die hatten keinen Kaffee, und so stellte ich mir für jede Tasse, die ich trank, eine besondere Aufgabe.

An jenem frühen Abend beschloss ich, Kantato, den australischen Mönch, zu einer Tasse in meine Hütte einzuladen, was er sehr gerne annahm.

Ihm ging es wieder besser und er hatte sich in seiner Hütte, umringt von Reisfeldern, Bambus, ein paar großen Bäumen und mit einem angenehmen Weitblick in alle Richtungen, eingerichtet. Wir unterhielten uns über unsere Meditation, und irgendwie kamen wir auf die Liebe, die nicht-bedingte, zu sprechen. Er erzählte mir, dass er als Laie vor Jahren mal MDMA, auch bekannt als Ecstasy, genommen hatte und es nie bereut habe, denn er konnte aufgrund der Droge erfahren, was Liebe ist, und was noch viel wichtiger für ihn war, er konnte diese Liebesfähigkeit in sich spüren. Ich kannte zwar fast alle Drogen aus meiner Jugend, aber die kannte ich noch nicht, und es hörte sich interessant an.

Irgendwann ging er zurück zu seiner Hütte, und ich kam zum zweiten Teil meiner selbstauferlegten Aufgaben, der darin bestand, die ganze Nacht wach zu bleiben und zu meditieren.

Als es langsam dunkel wurde, stellte ich an jedes Ende meines Gehpfades eine große Kerze, um etwaige Tiere, wie Schlangen, Skorpione oder Hundertfüßer, rechtzeitig erkennen zu können. Ich beabsichtigte, die ganze Nacht abwechselnd mit Geh- und Sitzmeditation zu verbringen, eine private Nachtsitzung sozusagen.

Nach der ersten Sitzmeditation begab ich mich auf den Gehpfad und ging auf und ab, als sich auf einmal eine schwarze Schlange zwei Meter vor meinen Füßen schlängelte und fast lautlos im Gebüsch verschwand. Ich hatte keine Angst vor Schlangen, denn ich wusste aus Erfahrung, dass sie einen nie angreifen, es sei denn, sie fühlen sich angegriffen. Ich sah diese schwarze Schlange jeden Tag, und wir beide wussten, wie wir einander einzuschätzen hatten.

Und während ich so hin- und herlief, kam mir die Erinnerung an ein Ereignis, das schon einige Wochen zurücklag. Ich lief damals mit meiner Taschenlampe von der Sala zu meiner Hütte, als sich plötzlich, zirka drei Meter vor mir, im Kegel meiner Lampe eine Kobra erhob und richtig wütend in meine Richtung zischte. Ich bekam zuerst einen riesigen Schreck, aber erinnerte mich schnell daran, dass es nichts zu befürchten gab, denn sie wollte wohl nur klarstellen, wer der Herr im Hause ist, und ich hatte keinerlei Absicht, mit ihr deswegen zu konkurrieren.

Ich richtete meine Lampe auf sie und sah ihre volle Pracht und Kraft. Ihr Nackenschild war weit ausgefahren, die Zunge bewegte sich in dem halboffenen Maul und sie tänzelte leicht nach rechts und links. Dann entdeckte sie ihren eigenen Schatten auf dem Weg, und als ich die Lampe leicht bewegte und der Schatten sich somit auch, schnellte sie herum und griff ihren eigenen Schatten an. Sie schlug mit ihrem Kopf mehrfach auf den Weg, und ich bewegte die Lampe so, dass ihr Schatten einmal groß und dann wieder klein wurde, und ich ging noch etwas näher an sie heran. Immer wieder schlug sie mit ihrem

Maul auf den Boden, bis sie mir leid tat. Ich trat mehrere Meter zurück und sie verschwand blitzschnell im Unterholz.

‚Der mit der Kobra tanzt', dachte ich kurz, und auch, wer der eigentliche Herr im Hause ist, war für mich geklärt.

Als ich dann weiter meinen Gehpfad auf und ab ging, geschah plötzlich etwas sehr Sonderbares mit mir: Ich fühlte ganz unvermittelt eine Weichheit und allumfassende Zärtlichkeit in mir aufsteigen – nicht einmal das Wort Liebe wäre dafür der passende Ausdruck gewesen. Langsam, aber sicher verließ mich alle Härte, aller Ärger, jegliche Aggression. Eine wohlwollende Freundlichkeit stieg langsam in mir empor, wie ich es noch nie erlebt hatte. Plötzlich fühlte ich mich verbunden mit allem, was ich anschaute, fühlte mich verbunden mit allem, was meinen Geist durchzog.

Ich hatte auf einmal keinerlei Anhaltspunkte mehr für meine Person, und die brauchte ich auch gerade nicht, um meine altgewohnte Persönlichkeit zu erkennen oder zu spüren. Ich machte keinen Versuch, mich über meine sonstigen persönlichen Merkmale zu identifizieren, sondern überließ mich diesem Sog.

Der leichte, warme Wind umhüllte mich zärtlich, und mein Körper bewegte sich in leichter Verzückung, und sogar die Mücke, die gerade auf meinem Arm landete, war von dieser unermesslichen Freundlichkeit umhüllt und gehörte einfach dazu.

Kein Ärger, kein ‚Nein' und auch kein ‚Ja' zu irgendetwas, sondern grenzenloses Einverstandensein mit allem, wie es war – und zwar genau so, wie es war.

Ja, und doch fiel mir später kein besseres Wort dafür ein als Liebe, alles umhüllend, sich in die Unendlichkeit ausweitend, vermeintliche Ungereimtheiten ignorierend, auch diese wurden von einer warmen, zärtlichen Welle grenzenlosen Wohlwollens umhüllt.

Ich versuchte erst gar nicht zu verstehen, was da passierte, kam aber später irgendwie zu dem Schluss, dass ich gerade die archetypischen Qualitäten des Weiblichen, der ursprünglichen Weiblichkeit, erlebte – gebend, liebend, umhüllend, nährend – eingebundenes, verbundenes Sein, mit allem vereint, aber Worte reichen da nicht hin, wie auch?

Die Nacht schritt voran und diese umhüllende Kraft blieb bei mir – ich musste nichts dafür tun. Aber das war es wahrscheinlich, nichts *tun*, nichts Besonderes sein, jenseits aller Beschreibung und besonders jenseits allen Verstehens.

Ich musste hier nichts verstehen. Ich atmete diese Liebe, ich war diese Liebe, sie umhüllte mich und ich umhüllte sie, wobei ich nicht mehr wusste, wer ich war, was ich war, und alle meine bekannten Charaktereigenschaften, anhand derer ich mich sonst erkannte und anhand derer mich andere erkannten, waren nicht mehr vorhanden. Es hatte nichts Beängstigendes, sondern es war wie ein Ankommen im Paradies, wo Begriffe wie ‚gut' und ‚schlecht', ‚richtig' oder ‚falsch' nirgends eine Anbindung hätten finden können, ja überhaupt keinen Sinn machten.

Ja, ich war zur Frau geworden, zur reinen Weiblichkeit, so fühlte es sich zumindest an, und der Krieger und Kämpfer, der Ärgerliche und manchmal Wütende – diese archetypischen männlichen Qualitäten waren nicht mehr spürbar, es schien, als ob sie einfach abgefallen waren. Ich erlebte einen unendlich großen und zeitlosen Moment, in dem ich mich in meinem Sosein ausruhen konnte. Ich fühlte mich erinnert an etwas aus ferner Vergangenheit – sehr, sehr ferner Vergangenheit, die mit dem jetzigen Leben nichts zu tun hatte.

Vielleicht haben wir tatsächlich schon oft gelebt, wurden in diesem *Samsara*[4] herumgewirbelt, mussten uns einfügen in Systeme, mussten die Rollen spielen, in die wir geboren wurden, mit all den dazugehörigen Masken, Gefühlen und Gedanken. Ja, ich fühlte in mir diese Versuchung, das Mysterium der Existenz verstehen zu wollen, doch der Verstand konnte da nichts begreifen. Die Wortlosigkeit des Seins legte sich vertrauensvoll um mein Herz, meine ‚Seele', um mein ganzes Wesen, und ich fühlte mich zuhause angekommen und wurde so zu allem, was es gab. Ich hätte jede meinen Weg kreuzende Schlange umarmen können und war mir sicher, sie mich auch.

An diesem Morgen war das Licht der langsam aufgehenden Sonne von einem warmen, schwefelgelben Glanz gefärbt, der alles umhüllte und anstrahlte. Ich fühlte mich nicht anders als der Baum neben mir, als die Mücke auf mir oder die singenden Vögel über mir, und auch die kleine, schwarze Schlange unter mir erfüllte ihre Aufgabe in diesem großen Mysterium des Seins, sie gehörte dazu wie alles andere, was es gab.

Es wurde Zeit, mich für den Almosengang fertig zu machen, denn gleich würden drei Mönche vorbeikommen, mit denen ich zusammen durchs Dorf gehen würde.

4 Samsara: der ewige Kreislauf von Geburt, Alter, Krankheit und Tod

Darunter war auch *Obamo*, ein Malaysier, mit dem ich ab und zu ein angespanntes Verhältnis hatte. Als sie dann den Weg entlangkamen, reihte ich mich wortlos, nur mit einem kurzen Nicken, in die Gruppe ein und lächelte Obamo freundlich, aber unaufdringlich zu. Ich konnte nicht anders. Immer noch war aller Ärger verschwunden und ich fühlte eine tiefe Liebe und Verbundenheit, auch zu ihm. Und während wir durch das Dorf liefen und die Menschen Essen in unsere Schalen legten, fühlte es sich immer noch weich und weit an und ich empfand Liebe und Dankbarkeit zu ihnen.

Als wir zur Sala zurückkehrten, spürte ich, wie sich auch die anderen Persönlichkeitsanteile wieder meldeten, die mir ach so bekannt und vertraut waren.

Und ja, auch der Ärger wollte wohl noch nicht sterben und wie einen altbekannten Freund begrüßte ich auch ihn in der Mannschaft meiner Persönlichkeitsanteile, aber nur sein Aroma, seinen Schatten, er hatte noch keine Chance, groß zu werden.

Diese warme Grundschwingung blieb noch eine Weile und verschwand schließlich wie Wasser, das sich auf die Haut gelegt hatte und langsam verdunstete, aber einen leichten Film hinterließ.

Ich hatte einen Einblick erhalten dürfen in die große Verbundenheit, in unermessliche Liebe, in grenzenloses Mitgefühl und die Einheit aller Dinge. Und auch, wenn es sich so anfühlte, als würde ich wieder aus dem Paradies hinausgeworfen, war ich erfüllt von einer tiefen Dankbarkeit. Nur wem gegenüber sollte ich dankbar sein? Denn letztlich richtete sich diese Dankbarkeit an etwas, das völlig unpersönlich, unbegreifbar und unbenennbar ist. Ich identifizierte diese Dankbarkeit als die reine Freude des Seins, die sich an nichts anbinden musste.

Was würde Ajahn Ranschuan jetzt sagen? Wahrscheinlich würde sie mich wieder mit ihren gütigen, wissenden und klaren Augen anschauen und sagen: „Hafte nicht daran an!“

Als ich nach dem Essen meine Schale reinigte, kam Ajahn Jayo zu mir und meinte: „Gestern hat Deutschland gegen England gespielt. England hat besser gespielt, aber Deutschland hat gewonnen.“ Immer noch beeindruckt von meinem intensiven Erlebnis, verstand ich erst gar nicht, was er meinte, aber dann fiel der Groschen: ach ja, ach so, die WM. Alles klar.

Für mich war es eine lange Nacht gewesen, und so legte ich mich erst mal schlafen, war aber immer noch zu erfüllt, um wirklich schlafen zu können, und überlegte mir, mit wem ich das hätte teilen können. Aber ich wollte es auch nicht zerreden, und so behielt ich dieses Erlebnis für mich.

Ajahn Jamaro

Für ein paar Tage kam ein italienischer Mönch zu Besuch: *Ajahn Jamaro.* Er war auch schon über fünfzehn Jahre dabei und Abt eines Zweigklosters in Neuseeland. Zu diesem Anlass gab es auch mal wieder ein Nachmittagsgetränk, bei dem er eine Belehrung über das klösterliche Leben hielt, über das Zufriedensein mit dem, was man hat, und er meinte, dass das Leben in der Welt immer komplizierter werde. Weiterhin pries er die Einfachheit und die in Aussicht stehende Freiheit eines spirituellen Lebens. Und dann sagte er noch, dass dieser Lebensstil als Mönch schon so minimalistisch sei und das normale Leben schon genug Schwierigkeiten mit sich bringe, dass man nicht noch mehr draufpacken müsse. Fast jeder von uns dachte gleich an das Aussetzen des Nachmittagsgetränks, denn unser Leben war auch so schon asketisch genug. Nur eine Mahlzeit am Tag, kein Sex, keine Drugs und keinen Rock 'n' Roll, im weitesten Sinne, und all das andere, das ich bereits erwähnt habe – warum also noch mehr Beschwerlichkeiten oben draufpacken?

Wir waren junge Männer aus dem Westen, hatten wohl noch nie wirkliche materielle Not gelitten, viele hatten einen Beruf oder eine Ausbildung, und jeder hatte seinen Grund, hier zu sein. Keiner von uns war wegen der materiellen Grundversorgung hier, das hätte man zuhause besser haben können. Bei einigen thailändischen Mönchen war das vielleicht anders. Manche kamen aus sehr armen Familien und hatten jetzt als Mönch oder Novize auch materiell ein besseres Leben. Aber auf uns Westler traf das nicht zu. Das war wohl auch einer der Gründe, warum die Thais uns so verehrten, manchmal fast schon idealisierten, denn sie meinten, dass wir es mit dem spirituellen Weg sehr ernst meinen müssten, weil wir offensichtlich nicht aus materiellen Gründen Mönch wurden und auf vieles verzichten würden. Da hatten sie nicht ganz Unrecht!

Vielleicht war die Ansprache von Ajahn Jamaro der Grund, weshalb für den Rest des Regen-Retreats die Nachmittagsgetränke wieder eingeführt wurden.

Ein Jahr später erreichte uns die Nachricht, dass Ajahn Jamaro entrobt hatte und wieder nach Italien zurückgekehrt war. Und das nach über fünfzehn Jahren in Roben.

Ein Schweizer Mönch erzählte mir später, dass eine langjährige Hauptunterstützerin seines Klosters an Krebs erkrankt und gestorben war. Das hatte zur Folge, dass Ajahn Jamaro bei öffentlichen Vorträgen wie aus heiterem Himmel anfing zu weinen, denn mit dem Tod dieser Frau war ein altes Kindheitstrauma wieder hochgekommen, der Tod seiner Mutter.

Als sie starb, war er wohl erst fünf oder sechs Jahre alt, und er und seine drei Brüder bekamen von ihrem Vater die Anweisung: „Am Grab wird nicht geweint!" Was sie dann auch nicht taten. Aber Jahrzehnte später brach die unterdrückte Trauer dann doch unkontrolliert hervor. Bei öffentlichen Vorträgen musste er öfters weinen, und die Thailänder wunderten sich wohl darüber, dass das einem Mönch mit fünfzehn Jahren in den Roben passierte.

Diese Geschichte zeigt auch wieder sehr deutlich, dass Zeit *keine* Wunden heilt, sondern die Geschehnisse in der Zeit die alten Wunden nur überlagern.

Obamo

Während dieses letzten Monats im Regen-Retreat begann der malaysische Mönch Obamo, ein seltsames Verhalten an den Tag zu legen. Er wusch sich ständig die Füße, meinte, nachts irgendwelche Leute um seine Hütte herumschleichen zu hören, und fühlte sich bedroht.

Wenn man ihm die Essenstöpfe reichte, und er saß gleich hinter mir, prüfte er immer sehr sorgsam, was er in seine Schale legte. Als ich ihm einmal ein Tablett mit kleinen Brötchen weiterreichte, quetschte er jedes einzelne mit seiner Hand zusammen, um zu fühlen, ob darin nicht irgendein verdächtiger Fremdkörper enthalten war. Silacaro, ein Franzose, der gleich hinter Obamo saß, wurde darüber richtig wütend, denn er bekam dieses merkwürdige Treiben hautnah mit und als Nächster das Tablett gereicht.

Eines Morgens kam Obamo nicht zum Essen. Ajahn Pasanno, der für drei Tage zu Besuch ins Kloster kam, auch um nach Mike zu schauen, dessen Malaria sich wieder gebessert hatte, schickte mich zu Obamos Hütte, um nach ihm zu schauen.

Auf dem Weg dorthin hatte ich plötzlich eine sehr intensive Vision: Ich sehe Obamo in einer Art asiatischem Konzentrationslager, wo er in einer Uniform, eine Peitsche schwingend, auf Menschen einschlägt und sie brüllend zu irgendetwas auffordert. Er schaut sehr böse, und seine ganze Art ist sehr gewaltsam und erbarmungslos.

Als ich bei seiner Hütte ankam, stand er auf der Terrasse, versuchte gerade seinen Gürtel anzulegen und hatte dabei einen sehr verzweifelten Gesichtsausdruck. Ich ging ihm zur Hand, und dann begaben wir uns gemeinsam zur Sala.

Es stellte sich heraus, dass er einen Verfolgungs- und Vergiftungswahn entwickelt hatte und von den Ärzten als paranoid-schizophren diagnostiziert wurde. Da es ihm aber selbst nach mehrwöchiger Einnahme verschriebener Medikamente immer schlechter ging, schickte man ihn in Begleitung in seine Heimat zurück, was wohl auch seinem eigenen Wunsch entsprach.

Ich erzählte Ajahn Pasanno von meiner Vision, und er meinte, etwas Derartiges könne durchaus der Fall sein. Auch hier hörte ich wieder das Wort ‚Karma' und dass die Resultate unserer Handlungen sich irgendwann einmal manifestieren werden, in die eine oder andere Richtung, und ich erinnerte mich plötzlich wieder an die Geschichte mit den Bienen.

Aber über Obamo gibt es noch eine interessante Geschichte zu erzählen:

Zu allem Überfluss wurde er auch noch von einer Kobra gebissen. Ich selbst war zu jener Zeit in Puh Jom Gom, wurde aber später von Silacaro darüber unterrichtet.

Obamo pflegte auf dem Betonfundament seiner Hütte die Gehmeditation zu üben, aber dazu machte er nachts weder Kerzen an, noch benutzte er eine Taschenlampe. Er wollte vielleicht einfach nicht gesehen werden. Beton hat nun mal die Eigenschaft, feine Vibrationen nicht wirklich gut weiterzuleiten, und so kam es, dass sich im Dunkeln eine Kobra direkt unter seinen Fuß schlängelte. Er hatte wohl eine Taschenlampe in der Hand und konnte gerade noch erkennen, welche Schlange ihn gebissen hatte, und dann schrie er das ganze Kloster zusammen.

Aber weder ein Gegenserum noch ein Arzt waren um diese Uhrzeit verfügbar, und so schickte man nach dem *Mohr Ngu,* dem Schlangendoktor des Dorfes. Das sind meist Männer, die ihre eigenen schamanischen Methoden entweder erlernt oder selbst entwickelt hatten, um Schlangenbisse zu heilen. Und so kamen schließlich drei leicht angetrunkene Männer aus dem Dorf, schauten sich das schon ziemlich geschwollene und dunkel verfärbte Bein Obamos an und waren sich dann einig, was zu tun sei. Einer von ihnen nahm einen kräftigen Schluck Mekong-Whisky und sprühte ihn aus seinem Mund blasend auf die Bisswunde, während er gleichzeitig Kopfbewegungen in Richtung von Obamos Fuß machte, so als wollte er das Gift dort ausleiten. Das wiederholte er immer und immer wieder, und als er müde wurde, machten die anderen beiden mit der ‚Behandlung' weiter. Aber das Erstaunlichste an der Sache war, dass sowohl die Schwellung als auch die dunkle Färbung der Haut mit der Zeit verschwanden. Obamo überlebte und war bald wieder körperlich hergestellt.

Ende der ersten Regenzeit

Der Vollmond im Oktober signalisierte das Ende des dreimonatigen Regenzeit-Retreats, worauf traditionsgemäß in buddhistischen Klöstern das sogenannte *Kathina*-Fest begangen wird. Sehr viele Menschen kamen zu diesem Anlass ins Kloster, um verschiedene Spenden in Form von neuen Roben, Moskitonetzen, Taschenlampen, Toilettenartikeln und auch Geld zu überreichen sowie Unmengen an Essen. Zudem wurden die ganze Nacht über Vorträge und Lehrreden gehalten.

Am Tag darauf wurde es dann wieder ruhiger im Kloster. Einige Mönche begaben sich innerhalb der nächsten Wochen in andere Zweigklöster, während andere auf Wanderschaft gingen.

Von denen, die zurückblieben, nähten sich manche neue Roben. Ich selbst nähte mir ein neues Moskitonetz, das ich mit einem Boden aus Kunststoff sowie drei Reißverschlüssen ausstattete, sodass ich es, über meinem Schirm hängend, ganz dicht machen konnte, damit außer mir auch wirklich nichts mehr hineinkrabbeln konnte.

Wat Küan, das Inselkloster

Nicht weit von Wat Pah Nana Chat, im Länderdreieck von Thailand, Laos und Kambodscha, gab es ein weiteres Zweigkloster von Ajahn Chah, das auf einer Halbinsel lag und nur mit dem Boot zu erreichen war. Eine Gruppe von Mönchen wollte es besuchen, und auch ich war eingeladen, und so fuhren wir mit dem klostereigenen Auto dorthin.

Ajahn Parimo, ein Australier, war der Abt und auch schon über fünfzehn Jahre Mönch. Er war bekannt für seine asketischen Praktiken, und die Betrachtung des Körpers war eines seiner Hauptmeditationsobjekte. Der Sinn dieser Übung lag darin zu verstehen, dass der Körper vergänglich und ein Teil der Natur ist und dass er einem nicht gehörte. Das musste nicht nur intellektuell verstanden, sondern intuitiv begriffen werden, um die Anhaftungen an ihn aufzulösen. Zu diesem Zweck gab es die verschiedenen Übungen und Praktiken.

Eine von Ajahn Parimos Übungen war es, seine Mahlzeiten genau dort zu sich zu nehmen, wo er sich all die Tage zuvor entleert hatte. Während er also aß, schaute er auf diese ‚alten Essenshaufen', die er die letzten Tage ausgeschieden hatte, um so zu dieser intuitiven Einsicht zu gelangen. Das war vielleicht ein Grund, warum er besonders schlank, ja dünn war, aber doch von einer drahtigen Gestalt und voller Energie. Als er dann irgendwann Magenprobleme bekam, brach er diese Übung ab, so wurde mir erzählt.

Während unseres Aufenthaltes dort wurde in einem nahegelegenen Dorf ein Mann erstochen und ein Familienmitglied dieses Mannes erschoss dann den Mörder.

Da das Kloster für die Körperkontemplation bekannt war, bot man Ajahn Parimo an, die Leiche des ersten Mörders im Kloster ‚zwischenzulagern', da ja gewaltsam verstorbene Menschen erst nach einem Jahr verbrannt wurden. Dementsprechend wurde die Leiche ins Kloster gebracht und in eine Holzkiste mit abnehmbarem Deckel gelegt, wo sie sich jeder nach Belieben anschauen konnte, um folgende Betrachtung dabei zu üben: Das, was da liegt, ist ohne Bewusstsein, wie ein gefallener Baum, und dieser Körper besteht aus den vier Hauptelementen, die sich jetzt auflösen und wieder ‚nach Hause' gehen. Asche zu Asche, Staub zu Staub, wie es im westlichen Kulturbereich heißt.

Weiterhin sollte man verstehen, dass sich der eigene Körper vom Körper eines Toten nur dadurch unterscheidet, dass er noch Bewusstsein hat; verlässt das Bewusstsein den Körper, geht er genau den gleichen Weg wie der in dieser Kiste.

Ajahn Parimo machte vom Verfall der Leiche jede Woche ein Foto und in den tropischen Breitengraden schreitet der Verfall sehr schnell voran. Es war unglaublich, wie schnell das ging und wie sich die Termiten und Ameisen ihren Anteil holten, wie sich die Haut dunkelbraun bis schwarz verfärbte und die Körperhülle immer faltiger, hohler und erdfarbener wurde. Es schien, als ob der Körper langsam, aber sicher zurück in die Erde hineinschmolz, was eine eigentümliche Art von Schönheit besaß.

Ein paar Thai-Mönche lebten auch in dem Kloster, die man aber so gut wie nie bei dieser Leiche sah, denn der Glaube an die Existenz von Geistern ist bei den Thais sehr weit verbreitet. Sie meinten vermutlich, dass man diesen Geist durch die eigene Anwesenheit erzürnen könnte. Zudem wäre es möglich, dass dieser

Geist nunmehr als Dämon wiedergeboren wurde, und so zogen sie es vor, einen weiten Bogen um diese Stelle im Wald zu machen, besonders nachts.

Aber Cora ließ sich von den Geschichten über Dämonen und Geister nicht abschrecken. Sie war eine deutsche Frau Anfang dreißig und lebte schon seit ein paar Monaten als Langzeitbesucherin im Kloster. Sie studierte Buddhas Lehre und übte sich in der Meditation. Auch sie praktizierte die Kontemplation über die Unbeständigkeit und den Tod und ging nachts immer mal wieder zu der Leiche, nahm den Deckel herunter, stellte auf den Kistenrand ein paar Teelichter und betrachtete den toten Körper. Das sprach sich bei den Thai-Mönchen sehr schnell herum und brachte ihr eine Menge Respekt ein.

Ich machte dann meine Späße mit den Thais und fragte sie, wann sie denn das letzte Mal bei der Leiche gewesen seien und wie es denn mit der Betrachtung über den Tod so laufen würde. Das wollten sie aber nicht weiter besprechen.

Auch in diesem Kloster wurden die Nachtsitzungen strikt eingehalten, zu denen auch Laienanhänger aus den umliegenden Dörfern kamen, um hier die Nacht meditierend zu verbringen.

Darunter war auch eine auffallend hübsche junge Frau, die der Meditation sehr zugeneigt war und mit Ajahn Parimo, ihrem Meditationslehrer, in gutem Kontakt stand. Ajahn Parimo sprach nicht nur sehr gut Thailändisch, sondern beherrschte auch den Dialekt des Nordostens, eine Mischung aus Thailändisch und Laotisch. Als Laie war er Musiker gewesen und hatte so ein gutes Ohr für die feinen Nuancen der Sprache entwickelt.

Man sah ihn öfters mit der jungen Dame reden und durch den Wald gehen, was dann wohl langsam, aber stetig seine männliche Seite wieder in Schwingung brachte.

Ein Jahr später hörten wir, dass er mit dieser jungen Dame zusammenkam, die Roben abgab und sie schließlich heiratete, um mit ihr in Australien zu leben.

Auch hier zeigte sich die Vergänglichkeit und dass jederzeit alles möglich ist. Es gibt in Thailand die Redensart, dass drei Dinge unausweichlich sind: dass eine Hochschwangere ein Kind gebiert, dass jemand mit vollem Darm sich entleeren muss und dass ein Mönch, der sich entschieden hat, zu entroben, schließlich entrobt.

Immer wenn ein Mönch die Roben abgegeben hatte, kam gleich die Frage: „Wie heißt sie?“ Andere sagten einfach nur *mod bunn,* was so viel heißt wie: Ende des guten Karmas, das einen befähigte, das Leben eines Mönches leben zu können.

Für uns junge Mönche war das immer ein kleiner Schock, wenn einer der Seniormönche, die ja auch unsere Lehrer waren, in die Gesellschaft zurückkehrte, insbesondere, wenn es sich um jemanden handelte, der schon viele Jahre in Roben war und ein hohes Ansehen genoss.

Und so rankten sich unausweichlich auch viele Geschichten um sie, beispielsweise die Frage, welche Stufe der meditativen Vertiefung oder der Erleuchtung sie wohl erreicht haben mochten. Zudem wurde es von den thailändischen Unterstützern nicht gern gesehen, wenn westliche Seniormönche entrobten. Aber wie schon gesagt, in Thailand war es eigentlich nichts Ungewöhnliches, wenn Mönche in die Gesellschaft zurückkehrten, und so wurden sie im Allgemeinen mit den besten Wünschen entlassen.

Ein Gedanke macht den ganzen Unterschied

‚Richtet nicht, damit ihr nicht gerichtet werdet.'

Trotzdem war ich verwirrt und enttäuscht darüber, dass Parimo entrobt hatte. In gewisser Weise hatte ich ihn für seinen asketischen Praxisstil bewundert und gedacht, dass ich eine Menge von ihm lernen könne. Und dann läuft er mit einer Frau davon, das war einfach zu lächerlich. Aber wie das in der Welt der Dualität so ist: Wenn man etwas bewundert, gibt es auch immer etwas, das man verachtet.

Während meiner ersten Monate im Kloster als Besucher und später als Pah Kao hatte ich meine Mitmenschen knallhart beurteilt, insbesondere die Mönche, denn ich meinte zu wissen, wie sich ein Mönch gefälligst zu verhalten habe.

Eines Morgens, während der Mahlzeit, verfing sich mein Blick bei einem englischen Mönch, der nach meinem Dafürhalten nicht achtsam aß, wie es sich für einen Mönch geziemte, sondern fraß wie ein Schwein. Und dann legte mein innerer Kritiker richtig los: „Wie er das Essen in sich reinschaufelt, wie er den Löffel hält, er kaut nicht mal richtig, sondern würgt es einfach so runter. Wie die Essensreste an seinen Backen und den Mundwinkeln kleben, einfach ekelhaft."

Obwohl es sich um die einzige Mahlzeit des Tages handelte und er schon seit vierundzwanzig Stunden nichts gegessen hatte, ließ ich das nicht als Entschuldigung für sein Verhalten gelten. Er war bei mir unten durch.

Drei Jahre später holte mich diese Episode gewissermaßen wieder ein.

An jenem Morgen, ich war damals seit zwei Jahren Mönch, saß ich auf der erhöhten Plattform und nahm meine einzige Mahlzeit des Tages ein.

Nach ein paar Löffeln des genüsslichen Speisens schaute ich so nach unten in den Saal und sah, wie mich ein in Weiß gekleideter Pah Kao anschaute, oder vielleicht beobachtete er mich?

Jetzt rate mal, was ich dachte, was er gerade denkt? Genau das!

Und dementsprechend fühlte ich mich auch immer elender bei dem Gedanken, dass er mich gerade ‚runtersaute‘ und ich es nicht mal korrigieren konnte. Ich muss zugeben, dass ich etwas langsamer aß, mir mit einem Tuch die Mundwinkel abwischte und versuchte, mich zu ‚benehmen‘.

Dieses Ereignis bescherte mir einen kleinen Erkenntnisgewinn zum Thema Karma:

‚Was du tust und denkst, kommt immer wieder auf dich zurück‘, und sei es Jahre oder Jahrzehnte oder gar Lebzeiten später.

Dieses Erlebnis wäre mir vielleicht erspart geblieben, wenn ich vor drei Jahren andere Gedanken gehabt hätte und der Kritiker dem Mitfühlenden gewichen wäre.

Ich hätte zum Beispiel denken können: „Hey, der hat aber Hunger. Kein Wunder, wenn man die letzte Mahlzeit vor vierundzwanzig Stunden zu sich genommen hat. Und jetzt kann er endlich was essen, der arme Kerl, schön, dass er was zu essen hat.“

Nun ja, das Leben wird mir sicherlich immer wieder die Möglichkeit anbieten, den verschiedenen Lebensereignissen gegenüber eine weitherzigere Haltung einzunehmen.

Leben in der Wildnis

„Betrachtet die Welt als leer, versteht das substanzlose Selbst und schaut auf alles mit dem Blick der Unbeständigkeit.“

Die Wintermonate kündigten sich an, was man unter anderem daran merkte, dass ab Oktober/November der Wind auf Nordost drehte und von nun an aus China wehte. Uns Westlern war das ganz recht, denn die Tage hatten angenehme fünfundzwanzig bis achtundzwanzig Grad Celsius, aber die Nächte waren schon recht kalt, was das Thermometer manchmal bis auf acht Grad absenkte, aber wir hatten ja noch unsere zweite Robe. Die Luft fühlte sich klarer an, der Dschungel roch anders, Blätter fielen auch weiterhin, und ich fühlte mich in dieser Zeit besonders energiegeladen. Diese angenehme Jahreszeit hielt sich ungefähr bis Ende Februar. Wenn der Wind dann wieder drehte, stiegen die Temperaturen wieder auf über vierzig Grad im Schatten an. Am heißesten war es dann im März/April.

Dem Kloster war erneut ein Stück Land angeboten worden, das sich zur Errichtung eines weiteren Waldklosters eignen könnte. Es lag ganz im Westen des Landes, an der Grenze zu Burma, nicht weit von der legendären Brücke am Kwai. Dort sollte es noch unberührten Wald geben, mit riesigen Bäumen, wilden Elefanten, Bären und Tigern.

Aber auch dort waren die Holzfäller schon angekommen und rodeten, was das Zeug hielt.

Die eigentliche Einladung kam von einer Thai-Familie, die dort Zinn schürfte und einigen burmesischen Flüchtlingen Arbeit gab. Sie wollten den Wald erhalten, denn wenn Waldmönche in der Gegend waren, würden die Bäume nicht mehr gerodet. Das war der Plan.

Es war beschlossene Sache, dass nahezu alle Klosterbewohner mehrere Wochen während der heißen Jahreszeit dort verbringen sollten, auch weil es dort kühler war als in anderen Teilen Thailands. Drei Mönche sollten im Kloster verbleiben und es während unserer Abwesenheit hüten.

So fuhren wir Anfang Februar mit einem Bus über Bangkok nach Kanchanaburi, stiegen auf kleinere Pickups um und waren alsbald von dichtem Dschungel mit riesigen Bäumen umgeben.

Nach unserer Ankunft wurden wir von Ajahn Pasanno angewiesen, dass sich jeder seinen eigenen Platz im Dschungel aussuchen sollte. Einige der Minenarbeiter und Thais würden uns dabei helfen, eine Plattform aus Bambus, über die wir unsere Moskitonetze hängen konnten, sowie einen Gehpfad zu errichten.

Ich fand einen großen Baum, hängte mein Netz an einen kleineren, fegte einen Pfad frei und richtete mich ein. Zwischen zwei weitere Bäume spannte ich eine Leine, um meine Roben und Tücher aufhängen zu können. Ich fühlte mich sehr wohl an diesem Ort und hatte nun wirklich das Gefühl, ein waschechter Waldmönch zu sein.

Unsere allmorgendliche Almosenrunde würden wir bei den Menschen machen, die für die Mine tätig waren, denn sonst gab es weit und breit kein Dorf.

An unserem ersten Abend hielt Ajahn Pasanno eine Ansprache und meinte, dass das jetzt eine sehr gute Gelegenheit sei, die Meditation zu entwickeln, mitten in der unberührten Natur: „Schaut mal, wie ruhig ihr euren Geist bekommen könnt. Welche Einsichten werden euch kommen? Schaut in die Natur und seht, dass sich alles ständig verändert. Welche Emotionen und Gedanken werden sich zeigen? Vielleicht auch Ängste und Unsicherheiten, lasst das alles zu, beobachtet, kontempliert, übt euch im Nicht-Anhaften." Und dann sagte er weiter: „Betrachtet die Welt als leer, versteht das substanzlose Selbst und schaut auf alles mit dem Blick der Unbeständigkeit." Kurz und bündig, klar und einfach. Alles klar!

Eines frühen Abends hörte ich den ersten Tiger weit in der Ferne brüllen. Sie trauten sich nicht in die Nähe von Menschen, waren nachtaktive Tiere und jagten auf dem Hochplateau des Dschungels. Einer der Thai-Novizen brachte einmal mehrere, von Tigern abgenagte Wildschweinköpfe und Knochen mit, die er irgendwo gefunden hatte, und wir verstanden, ja, es gibt sie hier wirklich.

Auch Elefanten machten sich bemerkbar. Eines Nachts hörte ich, nicht mehr als zwanzig Meter von meinem Netz entfernt, im Unterholz ein lautes Krachen und Rascheln und das Getrampel von mehreren Elefanten, die immer näher auf mich zukamen.

Wie sollte ich jetzt reagieren? Weglaufen, sitzenbleiben, rufen, singen, beten? Nein, natürlich nicht, vielleicht sollte ich lieber meditieren und mich auf den Tod vorbereiten?

Ich konnte nichts anderes tun, als einfach nur sitzen zu bleiben und zu lauschen und meine Angst wahrzunehmen. Seltsamerweise wurde es wieder ruhiger in mir, und was bemerkenswert war, ich spürte zwar Angst, fühlte mich aber gleichzeitig irgendwie beschützt und wusste: Ich werde hier lebend und unversehrt rauskommen. Ich glaubte schon fast den Riesenkörper eines Elefantenbullen in der Dunkelheit zu sehen, der nur wenige Meter vor meinem Netz stand, mit seinem Rüssel schnupperte. Aber dann, nach und nach, entfernten sich die Geräusche, bis sie schließlich gänzlich verschwanden. Noch mal Glück gehabt!

Am nächsten Morgen lag am Ende meines Gehpfades ein riesiger Dunghaufen, der nur von einem Elefanten sein konnte.

Und so hatte fast jeder von uns seine Erlebnisse in der Wildnis.

Ein Mönch überraschte einen Bären, der gerade an seinem Moskitonetz herumschnupperte, einem anderen fielen zwei miteinander kämpfende Leoparden rollend und keifend vor die Füße, ein anderer wurde von einem jüngeren Elefantenbullen eine ganze Weile im Wald in dreißig Metern Entfernung begleitet, dem er tags zuvor eine Banane hingeworfen hatte.

Am beeindruckendsten fand ich aber die Geschichte von Sucinno.

Er suchte sich morgens zum Essen einen Platz im Wald aus, auf den die Sonne schien und wo es schon angenehm warm war. Auf die gleiche Idee kam aber auch eine Königskobra, die sich in der Kälte auch nicht wohlfühlte und den gleichen Platz zum Aufwärmen auserkoren hatte.

Bei seiner ersten Begegnung mit ihr saß Sucinno in der langsam wärmer werdenden Sonne, als er diese große, gut über drei Meter lange Schlange gemächlich auf sich zukommen sah. Auch sie war zuerst recht erschrocken, reckte ihren Kopf aber nur wenige Zentimeter empor, um zu schauen, wer dieses fremde Wesen denn war, und machte es sich dann, in nur drei Metern Entfernung von ihm, in der Sonne gemütlich, ringelte sich ein und schien zu schlafen. Die beiden begegneten sich von nun an jeden Morgen und gewöhnten sich aneinander. Manchmal war sie die Erste am Platz, ein anderes Mal Sucinno.

Dieser Wald hatte eine besondere Atmosphäre. Die riesigen Bäume strahlten eine verlässliche, schützende Beharrlichkeit aus, manchmal umarmte ich sie und glaubte ihre Kraft zu spüren. Sie spendeten Schatten, produzierten Sauerstoff, ihre Wurzeln hielten die Erde fest und zogen das Wasser nach oben. Ganz viele kleine und große Tiere lebten auf ihnen, an ihnen und manche in ihnen. Ja, und ich lebte neben ihnen. Ich liebte diese Bäume. Doch in der Ferne war immer mal wieder zu hören, wie einer umfiel, abgesägt, einfach so. Die Holzmafia trieb auch hier ihr Unwesen und konnte die riesigen Stämme, unbehelligt von offiziellen Stellen, abtransportieren, denn Bestechungsgelder konnten eine Menge bewirken. Es war ziemlich traurig, das mitansehen zu müssen.

Aber es war bald beschlossene Sache, dass dieser Ort ein Waldkloster werden würde, auch um die Bäume zu schützen. Ajahn Pasanno besprach später alles Weitere mit den dazu nötigen Regierungsstellen und wir hatten auch Unterstützer, die sehr einflussreich waren. Dazu gehörte die Schwester des Königs, die ich ein paar Mal in unserem Hauptkloster mit ihrem Gefolge sah.

Wir waren nun sechs Wochen hier gewesen, und ich hatte verschiedene Einsichten in die Zusammenhänge natürlicher Prozesse gewonnen, ja, auch mein Körper gehörte dazu.

War er nicht irgendwie auch wie ein Baum, nur dass er sich bewegen konnte? War er nicht abhängig von Sonne, Nahrung, Wasser und Sauerstoff? Und so wie ein Baum aus einem kleinen Samen erwuchs, entwickelte sich dieser

Körper aus Sperma und Eizelle, wuchs heran, wurde älter und würde dann irgendwann einmal sterben – und fallen wie ein Baum.

Es war alles so natürlich, und wenn man das wirklich begreifen würde, wäre dann die Angst vor dem Tod überhaupt noch da? Würde sie nicht einer einsichtsvollen Akzeptanz in die natürlichen Prozesse weichen? Es würde Freiheit von Leid bedeuten, zu wissen, dass Alter, Krankheit und Tod einfach dazugehören und nichts Außergewöhnliches sind und dass man sie nicht persönlich nehmen darf. Hatte ich nicht bemerkt, wie schnell sich die Gedanken und Gefühle durch meinen Geist bewegten, und doch war da immer eine Instanz, die das beobachtete? Meditationsmeister des Nordostens bezeichneten diese Instanz als *Puh Ruh*, was so viel heißt wie *Der, der weiß* oder *Der Wissende.*

Es war eine erfüllende, lehrreiche Zeit und ich fühlte mich mal wieder als Teil des Ganzen, eingebunden in diese unglaubliche, überwältigende Natur.

Ajahn Pasanno wies oft darauf hin, dass wir Waldmönche die Erben einer sehr langen Tradition seien und genau den Lebensstil aufrechterhielten, den Buddha und dessen Sangha, die Gemeinschaft derer, die seiner Lehre folgten, vor über 2500 Jahren vorgelebt hatten.

Zu guter Letzt kam mir nach einer Meditation der Satz in den Sinn: „Der ganze Westen, die ganze materiell orientierte Welt lebt falsch."

Ich sah das ganze Zuviel von allem, den Überfluss, die Gier, die nach immer mehr strebt und letztendlich doch nie zufrieden ist. Sie bestimmt das Handeln und ist auch für die Zerstörung der Natur verantwortlich. Wir haben uns verlaufen und wissen nicht mehr, woher wir kamen und dass wir dazugehören. Aber was sollen wir sonst tun? Was sollen Menschen tun, die keine spirituelle Ausrichtung haben? Was bleibt ihnen anderes übrig, als über materiellen Erfolg und Schwelgen in der Sinnlichkeit etwas Freude und Wohlergehen aus diesem Leben herauszuquetschen? Und dann bleiben die ‚Dinge', die sie sich mühsam erarbeitet haben, nicht bei ihnen, sie verändern sich, vergehen, und dann geht es immer weiter mit dem Bestreben, etwas festhalten zu wollen. Nein, man konnte nichts festhalten. Ich sah das Spiel der Herzenstrübungen und wie wir Menschen ihnen ständig untertänigst dienen. Aber wir kommen nirgendwo an, und wenn doch, können wir da nicht lange verweilen.

Nach der letzten Mahlzeit verabschiedeten wir uns von den Thais und den burmesischen Arbeitern und Familien, dankten ihnen für ihre großzügige Unterstützung mit einem Segen, der auf Pali rezitiert wurde. Ich umarmte ein letztes

Mal meinen Baum, dann bestiegen wir die Pickups, stiegen später in die Busse um und kehrten nach Wat Pah Nana Chat zurück.

Während der Busfahrt schloss ich müde meine Augen, war mir aber weiterhin meiner Atmung sehr bewusst. Plötzlich formten sich vor meinem inneren Auge Bilder und ich sah mich an einem Grab stehen und eine Grabrede halten. Ich schaute auf den Sarg und bemerkte, dass es das Grab meines Vaters war. Aber diese Bilder verflüchtigten sich so schnell, wie sie gekommen waren, und am frühen Abend erreichten wir Wat Pah Nana Chat.

Die Kutis wurden uns neu zugeteilt, und dann hatten wir noch ein kurzes Treffen in Ajahns Hütte. Nebst einem Getränk wurde auch die Post verteilt, und ich hatte mehrere Briefe in dieser Zeit bekommen. Die meiner Brüder hob ich bis zuletzt auf.

Mein Papa

Mein großer Bruder Michael begann seinen Brief mit einem Zitat von Osho und schrieb: „So wie der Wassertropfen nach einer langen Reise wieder zurück in den Ozean fällt, wieder nachhause kommt, so ist auch unser Vater wieder nachhause gegangen …"

Ich musste es nochmal lesen und nochmal, bis ich begriff, was da stand. Mein Papa war gestorben. Papa.

Ich versuchte es zu verstehen und las den Brief von Reinhold, meinem jüngeren Bruder, der Näheres über den Tod unseres Vaters schrieb. Er war beim Legen eines Bypasses im Krankenhaus gestorben, bei einer Routineoperation.

Ich fühlte nichts, war wie gelähmt und lief einfach los, durch den Wald, lief die Wege lang und versuchte, das zu sortieren. Ich verstand die Endgültigkeit dieser Nachricht, verstand es immer mehr, ging zurück zur Hütte und las die Briefe nochmal. Er war schon vor drei Wochen gestorben, und ich war nicht auf seiner Beerdigung gewesen. Er war gerade mal neunundsechzig Jahre alt geworden.

Am nächsten Tag erzählte ich es Ajahn Pasanno und meinen Mitmönchen und bekam viel Mitgefühl von ihnen. Ich spürte die Kraft dieser Gemeinschaft, und dafür liebte ich sie alle.

Deutschland

Der Rückflug nach Deutschland war innerhalb einer Woche organisiert, und an einem warmen Frühlingstag im April 1991 landete ich in Frankfurt, wo mich Michael und Uschi abholten.

Sie sahen mich das erste Mal in den ockerfarbenen Roben eines buddhistischen Mönchs. Wir umarmten uns herzlich und fuhren dann zu ihrem Haus im Hunsrück.

Zwei Tage später kam dann auch meine Mutter mit meinem Bruder Reinhold. Wir umarmten uns und meine Mama weinte, schaute mich an und wusste nicht so recht, was sie sagen sollte, aber es gab nicht viel zu sagen, und so erkundigte ich mich nach ihrem Wohlbefinden, und sie erzählte mir dann alles über die Umstände seines Todes.

Reinhold meinte, dass unser Papa ein leichtes Lächeln auf dem Gesicht gehabt habe, als er da lag. Er sei sehr friedlich gestorben.

Alles andere hätte mich auch gewundert. Er war ein guter Mann, ein guter Mensch gewesen. Sein Name war Clemens, was der Sanfte bedeutet. Ich hätte ihn gerne besser kennengelernt, hätte mir gewünscht, dass er mich in den Roben gesehen hätte, hätte gerne über vieles mit ihm geredet. Ich hätte ihm gerne gesagt, dass ich ihn liebe.

Ich habe ihn manchmal sonntags umarmt und auf die Wangen geküsst, weil er so süß aussah in seinem schicken Hemd, frisch rasiert und nach diesem Rasierwasser duftete.

Er hatte seine eigene Herzlichkeit, die wir drei Brüder allesamt gerne häufiger gefühlt hätten, aber er arbeitete sehr viel und wir sahen ihn nicht sehr oft unter der Woche. Er hatte ein großes Herz, liebte meine Mutter über alles und war darauf bedacht, dass sie alles hatte, um ihr das Leben und den Haushalt zu erleichtern.

Als er später in Rente ging, sprach er auf seinen Spaziergängen gerne ältere Damen an, von denen er dachte, dass sie einsam seien, und wollte sie so etwas aufheitern, und sich selbst wahrscheinlich auch. Er war auch ein ängstlicher Mann, machte sich viele Sorgen um die Zukunft, und Geld war oft knapp. Aber sie bauten ein Haus und zahlten es mit seinem geringen Verdienst als Bierbrauer ab. Jetzt war mein Papa gestorben.

Ich war sehr froh darüber, dass ich ihm ein Jahr zuvor diesen Brief schrieb, in dem ich mich für alles bei ihm bedankte, was er für mich getan hatte. Danke für alles, lieber Papa.

Vor seiner Beerdigung wurde er noch in einer kleinen Kirche aufgebahrt, und Uschi erzählte mir, dass sie bei der Rückfahrt damals das Gefühl hatte, als führe irgendeine Energie bei ihnen mit. Als sie dann ins Wohnzimmer kamen, zerplatzte aus unerfindlichen Gründen die Birne einer Lampe.

Einige Tage später fuhren wir alle zusammen nach Fulda, und als ich dann am Grab meines Papas stand, konnte ich zum ersten Mal so richtig weinen und nahm schweigend Abschied von ihm.

Ich blieb sechs Wochen in Deutschland, lief in meinen Roben durch Fulda und zog natürlich die Blicke auf mich. Es fühlte sich anfangs etwas befremdlich an, aber irgendwie gewöhnte ich mich daran. Ich besuchte ein paar alte Freunde, machte mit Reinhold Spaziergänge in der Rhön und verbrachte einige Zeit in seinem Häuschen. Er bot mir ein kleines Zimmer an und im nahegelegenen Wald hängte ich mein Moskitonetz auf, legte eine Plastikplane darüber, falls es regnen sollte und verbrachte dort einige Nächte und Tage mit Sitz- und Gehmeditation.

Einige Tage später in Fulda traf ich Bettina. Sie war damals meine erste große Liebe, mit der ich zirka zwei Jahre in Berlin zusammenlebte. Wir plauderten über gemeinsame Freunde und was es alles Neues gab. Als ich abends wieder zuhause war, kamen mir viele Einzelheiten aus der damaligen Zeit mit ihr in Erinnerung.

Bettina und ich lebten damals zusammen in Berlin. Aber nach zirka zwei Jahren trennte sie sich von mir, um mit ihren neunzehn jungen Jahren eigene Wege zu gehen. Der Abschied war verdammt hart, zumal ich mir vorgestellt hatte, mit meinen zweiundzwanzig Jahren, dass wir immer zusammenbleiben würden.

Es begann damals eine sehr intensive Zeit für mich. Ich kam mit meiner Einsamkeit in Kontakt. Ich erinnerte mich gut an diese tiefe, schmerzende Wunde, begleitet von dem Gefühl, das verloren zu haben, was das Leben für mich lebenswert machte. Das Leben war sinnlos für mich geworden. In dieser Zeit weinte ich sehr viel. Es waren die Tränen des Verlassenen, des Einsamen, des Verletzten, die schon viele vor mir geweint hatten. Hermann Hesse war in dieser Zeit ein guter Begleiter, und einer seiner Sätze lautete: „Ist es nicht gut, die Freuden der Sinne mit Leiden zu bezahlen?" Nein, das war es nicht, aber diese Worte gaben mir ein wenig Trost und das Gefühl, nicht allein in meiner Misere zu stecken.

Dann passierte etwas Wundersames in mir. Ich kam mit einer neuen, vorher noch nie gefühlten Kraft in Kontakt. Diese Kraft war durchdrungen von einer erbarmungslosen Ehrlichkeit und einer inneren Wachheit, so dass ich zuweilen den Eindruck hatte, ein anderer Mensch erwache in mir, jemand, den ich ab und an fühlen konnte, aber den ich überhaupt noch nicht kannte.

Ich hatte nichts mehr zu verlieren. Ich musste niemandem mehr etwas vorspielen, auch mir selbst nicht mehr. Es interessierte mich plötzlich nicht mehr, was andere von mir dachten, aber ich bemerkte, was ich von anderen dachte. Je mehr ich zu mir selbst fand, desto deutlicher wurde mir die Unechtheit, die ich bei anderen oft sah. Ich ließ mich nicht länger von den Masken täuschen, den gespielten, freundlichen, wollenden, manipulierenden, aufgesetzten, hilflosen. Nein, ich entlarvte sie sofort und reagierte dementsprechend. Ich fühlte mich stark und in gewisser Weise auch frei.

Merlin der Zauberer wurde einst von König Arthur gefragt, was die höchste Tugend eines Ritters sei, und er antwortete: *Wahrhaftigkeit.* Ich spürte eine schonungslose Wahrhaftigkeit in mir, vielleicht auch deswegen, weil ich nichts wollte und wirklich nichts zu verlieren hatte und deshalb so sein konnte, wie ich war.

Das war damals verdammt hart gewesen, aber über den Schmerz fand ich zu einer neuen Kraft, und wer weiß, vielleicht war dieser Schmerz eines der Puzzleteile, die zu dem Gefühl der Ernüchterung beitrugen und mir einen weiteren Blick auf das Leben bescherten.

Zurück nach Thailand

Es kam der Tag, um meine Rückreise nach Thailand zu organisieren.

Meine Brüder versicherten mir, dass es okay sei, wenn ich wieder nach Thailand ginge.

Beim Abschied umarmte ich meine Mutter und es kam mir der Gedanke: Wo fängt Abschied eigentlich an? Wenn ich sie loslasse und noch einen Meter vor ihr stehe? Wenn ich zwanzig Meter entfernt von ihr bin? Vielleicht erst, wenn ich im Auto zum Flughafen sitze, oder gar erst im Flugzeug? Oder wenn ich wieder in Thailand angekommen bin?

Wo fängt Abschied an? Und ich verstand, dass Abschied nur die Vergrößerung oder Erweiterung des Raumes zwischen zwei Menschen ist und nichts mit Trennung zu tun hatte.

Diese Erkenntnis nahm ich sehr gerne mit auf meine Reise.

Bangkok

Frühmorgens landete die Maschine in Bangkok und die Stadt empfing mich mit ihrem geschäftigen Treiben, dem Verkehrschaos, den vielen Menschen, dem Lärm und Gehupe der Autos und Motorräder, und dazwischen die gleichmütigen Thailänder, die all das meist lächelnd ertrugen.

Aber zuvor stand ich in der langen Schlange beim Zoll und der Passkontrolle. Als ich da so geduldig wartete, kam ein hoher Offizier auf mich zu, faltete respektvoll seine Hände vor der Brust und bat mich mitzukommen. Er fragte, wo ich denn ordiniert worden sei, und als er hörte, dass ich aus Wat Pah Nana Chat komme, schien er sehr erfreut, denn Ajahn Chah gehörte zu den angesehensten Mönchen im ganzen Land. Er drückte mir einen Stempel in den Reisepass, brachte mich vor das Flughafengebäude und verabschiedete mich mit einem Wai.

Dieser Mönchsbonus hatte mir eine längere Wartezeit erspart. Ich nahm den nächsten Bus in die City, um in Wat Bovorn für einige Tage abzusteigen und irgendwie an ein Zugticket in den Nordosten zu kommen. Als Mönche der Waldtradition durften wir zwar kein Geld benutzen, aber da viele öffentliche Verkehrsmittel und auch die medizinische Versorgung für Mönche kostenlos waren, brauchte man eigentlich auch kein Geld.

Frühmorgens um sechs begab ich mich auf Almosenrunde und lief durch die um diese Zeit noch angenehm kühle Stadt. Auf den Märkten herrschte bereits reges Treiben. Hier waren auch andere Mönche unterwegs, um Essen einzusammeln, und ich tat es ihnen gleich.

Als Mönch lief man einfach an den Marktständen entlang, bis jemand andeutete, dass er etwas in meine Schale legen wollte. „*Nimon, ka noi*", war die Redewendung dafür, was so viel heißt wie: „Ich bitte zu warten und das Dargereichte in Empfang nehmen."

Äußerlich unterschieden sich Stadtmönche und Waldmönche im Allgemeinen anhand der Farbe ihrer Roben. Während die Stadtmönche Orange trugen, trug ich eine braune Robe, womit auch der asketische Lebensstil verknüpft wurde, und der dazugehörige Respekt blieb nicht aus.

An einer Stelle standen die Menschen auf dem Marktplatz dichtgedrängt. Als sie mich sahen, bildeten sie eine Gasse, um mich durchzulassen. Viele Thais hatten noch nie zuvor einen westlichen Mönch gesehen.

Eine Frau wollte mir auch Geld geben, was ich dankend ablehnte. „*Rap mai dai*", sagte ich dann, was so viel heißt wie: „Darf ich nicht annehmen."

Als ich wieder im Kloster ankam, war meine Schale bis obenhin voll mit in kleine Plastiktüten abgepacktem Essen. Ich hatte auch noch zahlreiche Plastiktüten an den Händen baumeln.

Ich nahm mir ein paar Tüten und etwas Reis, den Rest legte ich auf einen Tisch im Kloster. Später am Morgen kamen Kinder aus der armen Bevölkerungsschicht und holten sich das, was da noch übrigblieb, und das war nicht gerade wenig. Mir gefiel das.

Als ich meine Tüten auspackte, entdeckte ich, dass manche doch den einen oder anderen Geldschein in meine Schale geschmuggelt hatten. Gemäß den Regeln durfte ich das Geld noch nicht mal anfassen, nahm es aber trotzdem und drückte es einem kleinen Jungen in die Hand, der erst gar nicht wusste, wie ihm geschah, sich aber riesig darüber freute.

Am nächsten Morgen, als ich bereits auf dem Weg zurück ins Kloster war, kam mir eine Prostituierte entgegen. „Nimon kah noi", rief sie mich an, und ich blieb stehen. Sie zog ihre Highheels aus, kniete sich in ihrem viel zu engen Rock nieder, was hier so Brauch war, und legte mir drei Tüten in die Schale. Sie sah schlecht aus, übermüdet und traurig waren ihre Augen. Ich überlegte kurz, ob ich sie ins Kloster einladen sollte, um einfach mal mit ihr zu reden. Aber das hätte wohl nur zu Missverständnissen geführt, und so rezitierte ich einen traditionellen Segen, denn mehr hatte ich nicht zu geben, wünschte ihr alles Gute, und wir gingen unserer Wege. Aber vielleicht hatte sich ja ihre Wahrnehmung über westliche Männer, mit denen sie wohl zumeist Begegnungen anderer Art hatte, durch unsere Begegnung ein wenig verändert.

Während meines mehrtägigen Aufenthalts in dem Bangkoker Kloster bot dann jemand an, mir eine Fahrkarte in den Nordosten zu besorgen.

Zurück in Wat Pah Nana Chat

Als ich endlich wieder das Klostertor durchschritt, fühlte ich mich sogleich wieder wie zuhause angekommen. Ajahn Pasanno befand sich gerade in Kanada, um seine Eltern zu besuchen, und Ajahn Jayo war an diesem Tag irgendwo unterwegs.

Ich richtete mich in der mir zugeteilten Hütte ein und sortierte die kleinen ‚Schätze', die ich aus Deutschland mitgebracht hatte, Kaffee und etwas Tabak. Es war nicht erwünscht, dass man rauchte, aber die Regeln verboten das auch nicht ausdrücklich, denn Tabak und Kaffee waren keine Drogen, die das Bewusstsein so vernebelten, dass man nicht mehr wusste, was man tat, im Gegensatz zu Alkohol und anderen Drogen. In manchen strengen Waldklöstern bekamen Mönche sogar ihre wöchentliche Ration an Kaffee und Zigaretten. Ajahn Chah selbst rauchte manchmal nach dem Essen, bis er eines Tages verkündete, dass das von nun an nicht mehr gestattet sei.

Es war nun schon Ende Juni und in einem Monat würde wieder der dreimonatige Regenzeit-Retreat beginnen, während dem wir Mönche im Allgemeinen in einem Kloster bleiben würden. Man konnte sich ein Kloster aussuchen, und manchmal entschied der Abt, wohin man gehen sollte.

Am nächsten Morgen begrüßte ich Ajahn Jayo. Ich hatte in Deutschland wohl etwas Gewicht angesetzt, was er mit „Puh Jom Gom wird das schon wieder regeln" kommentierte.

YES. Ich würde die kommenden drei Monate in Puh Jom Gom verbringen können, mein Herz jubilierte. Es waren dort mittlerweile sechs Hütten und zwei kleine Staudämme gebaut worden. Bei der großen Höhle waren sechs Wassertanks aufgestellt worden, die das Regenwasser einsammelten und insgesamt sechstausend Liter fassten.

Puh Jom Gom (Zweite Vassa)

Es waren insgesamt fünf Mönche vorgesehen: Ajahn Jayo als Abt und, in der Reihenfolge der Seniorität, der deutsche Mönch Kemo, der Thailänder Panja, ich, Ashin, der Japaner, der zusammen mit mir und Mike ordiniert hatte, sowie Punna, ein kanadischer Novize.

Der Beginn des Regenzeit-Retreats ist traditionell der Vollmond im Juli.

Außer Ajahn Jayo, Punna und Panja sollten wir schon zwei Wochen vorher nach Puh Jom Gom fahren, einfach um dort zu sein und um nach den Wassertanks zu schauen, damit sie auch weiterhin von Regenwasser gut gefüllt wurden. Weiterhin sollten wir die anderen Hütten reinigen und noch verschiedene andere Dinge erledigen.

Von Weitem schon waren die markanten Felsformationen dieser abgelegenen Region erkennbar. Von der Abzweigung der Hauptstraße fuhren wir auf dem unbefestigten Weg nach *Tung na Müang*, was ‚der Ort zwischen den Reisfeldern' bedeutet. Es dauerte noch zwanzig Minuten, bis wir in dem kleinen Dorf ankamen, das dem Hügel, auf dem sich unser Kloster befand, am nächsten lag.

Unsere Sala war aus dem Holz eines abgerissenen Hauses gebaut worden.

Dort würden wir uns jeden Morgen treffen, bevor wir zu unserer Almosenrunde aufbrachen, dort würden wir unsere Mahlzeiten einnehmen sowie die wöchentliche Nachtsitzung abhalten.

Mit ihren zirka sechzig Quadratmetern Fläche war sie auch groß genug, um ausreichend Platz für Besucher an speziellen Tagen zu bieten.

Dörm begrüßte uns und freute sich sichtlich, uns die neuen Hütten und Dämme zu zeigen. Er war hier für uns der ‚erste Mann' am Platz und hatte die Aufgabe übernommen, nach den Hütten zu sehen, eventuelle Reparaturen vorzunehmen, und bekam vom Kloster dafür eine angemessene Bezahlung.

Zwei der Hütten waren im Tal gebaut worden, die eine direkt am Weg und die andere, die mir zugeteilt wurde, am Hang, direkt neben einem kleinen Wasserfall.

Und so nahmen wir unsere Sachen und machten uns auf den Weg dorthin.

Ich lief über den neuen Damm, der den kleinen Fluss staute, und stand vor meiner Hütte, die wie alle anderen auf Holzpfosten gebaut worden war. Die Wände bestanden aus Bambus und das Dach war mit Grasmatten bedeckt. Die

Wohnfläche betrug zirka zwei mal drei Meter, manche verfügten zudem über eine kleine Veranda.

Mein neues Zuhause für zumindest die nächsten drei Monate. Dörm meinte, wir sollten in Altöl getränkte Tücher um die Pfosten wickeln, um zu verhindern, dass Ameisen und Termiten in die Hütte kämen, und diese Schutzschicht sollte alle paar Tage erneuert werden. Alles klar.

Zunächst befestigte ich mein Moskitonetz an der Decke und legte darunter eine Bastmatte und ein Kissen auf den Boden, stellte zwei Wasserflaschen in die Ecke und ordnete meine wenigen Habseligkeiten, darunter auch ein Buch von Ajahn Chah. Zuletzt noch meine Kerzenlampe an ein dünnes Seil gehängt, und fertig war meine Einrichtung. Ich hatte wirklich alles, was ich brauchte.

Punna, der Kanadier, würde in die Hütte unten am Weg ziehen und erst in einer Woche zu uns stoßen. Ich lief zu seiner Hütte, um mal zu schauen, ob da alles okay war.

Jede Hütte war mit einem Besen ausgestattet, der unter dem vorstehenden Dach untergebracht war. Da ich erst mal sauber machen wollte, langte ich nach dem Besenstiel, und bevor ich begriff, was das laute Summen zu bedeuten hatte, hatte ich mir schon mindestens fünf Wespenstiche eingefangen. Ich hatte dieses Nest nicht gesehen, das sich unter dem Dach befand, und ich bekam immer mehr Stiche ab, so dass ich schnellstens die Flucht ergriff.

Sie verfolgten mich nicht, aber ich hatte überall am Körper höllische Schmerzen, die zum Glück nach etwa einer Stunde nachließen, denn die hiesigen Wespen sind weniger giftig als ihre europäischen Verwandten.

Da Punna demnächst hier einziehen würde, entschloss ich mich, die Wespen auszuräuchern.

Zu diesem Zweck besorgte ich mir am nächsten Tag eine Blechbüchse und stopfte alles mögliche brennbare Material hinein, das ich auftreiben konnte, wie Gras, Holz, Papier, Gummi und Wachs. Dann nahm ich einen langen Bambusstock, band die Büchse oben dran, entzündete das Ganze und hielt die qualmende Büchse unter das Dach. Sogleich summte und brummte es, und der ganze Schwarm Wespen flog auf und davon und kam nie mehr wieder zurück.

Ich machte mir im Nachhinein Gedanken über die durch mich verursachte Vertreibung eines ganzen Volkes, das schließlich schon länger hier ansässig war als wir. Nach eingehender Überlegung kam ich aber zu dem Schluss, dass ich mich keiner Regel- oder Moralverstöße schuldig gemacht hatte.

Einer meiner Lieblingsplätze befand sich auf dem Hochplateau, direkt an der Steilklippe. Ich konnte den Sonnenaufgang über Laos mit seinen dichten Wäldern sehen, unter mir floss der Mekong langsam und gemächlich gen Norden, und abends drehte ich mich um hundertachtzig Grad und ich sah den Sonnenuntergang über Thailand. Ich war fasziniert von dieser überwältigenden Natur.

Etwa zwei Wochen später verstand ich dann das Phänomen ‚zwei Wochen Urlaub', denn nach ungefähr diesem Zeitraum wurde das zuvor so Atemberaubende nach und nach zur Normalität und verlor seine Außergewöhnlichkeit.

Die Sonnenaufgänge und -untergänge waren nichts Besonderes mehr, der Mekong nur noch ein Fluss, die Felsen bloß Gebilde aus Stein. Alles war dann einfach nur so, wie es war. Immer noch angenehm, hier zu sein, wegen der Ruhe und der Natürlichkeit, aber ich hörte auf, es zu verherrlichen. Es wurde einfach und normal und der Blick verfing sich nicht mehr in der Weite, sondern begann sich langsam nach innen zu richten.

Mir kam ein ZEN-Gedicht von *Su Tung-P'o* in den Sinn, und ich verstand dann auch, was es bedeutet:

Nieselregen auf dem Berge LU
und wilde Wellen auf dem Che-chiang.
Solange Du nicht dort gewesen,
wirst Du Dich darum grämen.
Warst Du erst dort und wendest wieder heim den Schritt,
wie nüchtern sehen dann die Dinge aus -
Nieselregen auf dem Berge LU
und wilde Wellen auf dem Che-chiang.

Ajahn Jayo, Punna und Panja kamen schließlich eines Nachmittags an und richteten sich ein.

Wir versammelten uns zu einer Besprechung in der Sala, und es wurde schnell klar, dass die Dinge hier anders laufen würden als im Hauptkloster.

Wir würden lediglich morgens zur gemeinsamen Runde durch das Dorf und der anschließenden gemeinsamen Mahlzeit zusammenkommen und den Rest des Tages nach eigenem Belieben verbringen können, unterbrochen nur vom willkommenen Nachmittagstee in der großen Höhle.

An den Mondtagen würden wir abends in der Sala zusammenkommen, wo sich auch einige Dorfbewohner einfänden, und dann Texte rezitieren, die Nacht durchmeditieren und am nächsten Morgen, nach dem Essen, würden wir wieder zu unseren Hütten zurückkehren.

Das hörte sich alles gut für mich an.

Der Regen-Retreat begann, und ich gewöhnte mich schnell an den neuen Rhythmus.

Täglich regnete es für ein paar Stunden in Strömen, und ich genoss es, nur mit einem Badetuch um die Hüften gewickelt, im Regen zu stehen und die Kühle des Wassers in der Wärme der Luft zu spüren. Der kleine Fluss stieg sehr schnell an und da, wo er gestaut war, strömte er über den Damm hinweg wie ein Wasserfall.

Eines Morgens traf ich Punna an der Stelle, wo wir den Fluss überquerten, der zu einem reißenden Wasser geworden war. Zum Glück hatten wir schon Tage zuvor ein dickes Seil zwischen zwei Bäume gespannt, um uns daran entlangzuhangeln, aber an diesem Morgen zögerten wir beide. Mit unseren Roben sicher in Plastiktüten verstaut, nahmen wir es schließlich doch mit der Naturgewalt auf und kamen beide unbeschadet am anderen Ufer an. Es war nicht das erste Mal, dass ich mich hier durch irgendetwas beschützt fühlte.

Der andere Weg führte über das Hochplateau, auf dem es auf halber Strecke einen kleinen Wald aus knorrigen Bäumen gab.

Es war seltsam, aber immer, wenn ich durch dieses Wäldchen lief, umhüllte mich eine tiefe Zufriedenheit, Leichtigkeit und Freude, die ich nicht verstand. Manchmal war es so intensiv, dass mir vor Freude und Berührtheit die Tränen aus den Augen liefen.

Puh Jom Gom hatte für mich etwas sehr Bezauberndes, ja fast schon Magisches an sich.

An manchen Tagen kamen morgens einige Dorfbewohner mit ihren Kindern, um uns Essen zu bringen. Die Kinder, zumeist im Grundschulalter, gekleidet in ihre blau-weißen Schuluniformen, waren fröhlich lachende kleine Wesen, die mein Herz erfreuten.

In der Nähe der Küche waren auch zwei Hütten für Frauen gebaut worden, die die Regenzeit mit uns verbringen würden und zusätzliche Mahlzeiten für uns zubereiteten, denn das Essen aus dem Dorf war schon ziemlich karg.

Eine der beiden Frauen, Kun June, war eine etwa vierzigjährige Thailänderin, die auch sehr gut Englisch sprach. Sie war das, was man die ‚gute Seele' nennt.

Wenn es morgens manchmal richtig kalt war, brachte sie jedem Mönch vor dem Essen eine Tasse mit warmer Kürbiscremesuppe in die Sala.

Nach und nach lernte ich die Gegend um Puh Jom Gom immer besser kennen. Mehrmals verlief ich mich an einer Stelle, weil ich eine Abzweigung verpasste und mich dann irgendwann wunderte, warum ich nicht schon längst bei meiner Hütte war.

Die Felsformationen kamen mir zunehmend unbekannt vor, und so stieg ich zum höchsten Punkt über mehrere Felsen hinweg und sah schließlich den Mekong in weiter Ferne fließen. Aber nun konnte ich mich wieder orientieren und stand schließlich, wie durch ein kleines Wunder, nach einer Stunde über Stock und Stein plötzlich vor meiner Hütte.

Auf diesen unfreiwilligen Streifzügen lernte ich die Gegend und die Tierwelt immer besser kennen. Da gab es grüne Käfer mit smaragdgrünen Flügeln, viele Schmetterlinge, die gerne um den Bambus tanzten, sowie große Vögel, deren Schreie schon von Weitem zu hören waren. Manchmal krachte das trockene Laub unter dem Gewicht einer mittelgroßen Python, und Kobras, Bänderkraits und viele andere Schlangen waren hier beheimatet. Einmal sah ich einen Frosch vor mir den Weg entlanghüpfen, dicht gefolgt von einer Schlange. Schließlich erwischte sie ihn, und selbst als er schon verschluckt war, hörte ich noch sein immer leiser werdendes Quaken aus dem Bauch der Schlange. Es ging immer um Leben und Tod.

Ich beobachtete gerne die kleine Welt der Termiten und Ameisen.

Da gab es zum einen die kleinen roten und die großen roten Ameisen. Dann waren da noch die ganz kleinen schwarzen Ameisen, die in ihrem Strom ein paar große dabei hatten. Das waren die ‚Panzerknacker', die Äste und sonstige Hindernisse mit ihren scharfen Zangen aus dem Weg räumten. Und es gab die kleinen und großen Termiten. Manche von ihnen bauten in ungeschütztem Gelände Tunnel aus Sandkörnern und waren so unangreifbar. Doch zuweilen fiel ein Ast oder dergleichen auf den Tunnel, und wenn das die roten Ameisen spitzkriegten, gab es ein unglaubliches Gemetzel. Sie drangen in den Tunnel ein und holten sich die kleinen, braunen, nackten Termiten, die in ihren Fängen zappelten und nicht die geringste Chance hatten.

Die großen Termiten waren anders. Wenn sie in einem langen Strom von zirka 10-20 cm Breite zu Abertausenden durch die Gegend zogen, stellten sie Wächter entlang des Weges auf, denn die großen roten Ameisen lagen schon auf der Lauer. Aber sie trauten sich nicht näher heran. Termiten sind eher mit Farmern und Sammlern zu vergleichen, die von Pilzen lebten, die auf dem von ihnen gesammelten Gras wuchsen. Ameisen dagegen sind die Jäger, und immer ging es ums nackte Überleben.

Überall dort, wo Wasser auf ein wenig fruchtbare Erde traf, schossen kleine bunte Blumen aus dem Boden, sodass Teile des Hochplateaus wie ein großer bunter Teppich aussahen. Manchmal sah man kleine Rehe in der Gegend, doch sobald die Dorfbewohner davon Wind bekamen, machten sie Jagd auf sie. Deshalb erzählten wir auch niemals den Dorfbewohnern, wenn wir irgendwelche Tiere gesichtet hatten, denn auch die Haut einer Python beispielsweise hätte ihnen einiges an Geld eingebracht.

Wenn nach einem Regen die Sonne das Tal wieder durchstrahlte, glitzerten die an den Blätterspitzen hängenden Regentropfen wie tausende kleiner Kristalle. Die Luft war dann erfüllt von einer besonders klaren und frischen Atmosphäre und roch nach feuchter Erde. Die Sonne verdunstete die Regentropfen langsam, aber sicher, und im ganzen Wald knisterte es, so als ob die Wassertropfen zerplatzen würden.

Wenn man horchte, einfach nur lauschte, gab es immer irgendwelche Geräusche, die die Stille durchbrachen. Einmal hörte ich ein sehr lautes Krachen, aber es war nur ein großes, trockenes Laubblatt, das auf einen Felsen fiel, und mir wurde klar, wie außergewöhnlich still es hier war.

Während der Regenzeit war allerdings das Geräusch von Wasser in seinen vielfältigen Formen überall zu hören. In der Nähe meiner Hütte, direkt hinter meinem Gehpfad, befand sich ein kleiner Wasserfall. Hier nahm ich mittags mein tägliches Bad. Wenn ich unter dem Wasserfall stand und das Wasser von meinem Kopf wegspritzte, konnte ich viele kleine Regenbögen um mich herum sehen.

Neben meiner Hütte hatte ich eine kleine Feuerstelle angelegt, um mir heißes Wasser kochen zu können. Kurzum, es war alles perfekt, ein wunderbarer Platz zum Meditieren, zum Kontemplieren, und der beste Ort für einen Waldmönch – und alles entfaltete sich in seiner ureigenen Natürlichkeit.

Eines Nachmittags legte ich mich zu einem Schläfchen hin und hatte folgenden Traum: Ich bin in meiner Mönchsrobe bei meinen Eltern. Mein Papa und ich sind in der Küche. Er kommt mit einem großen Glas Bier, teilt es in zwei kleine Gläser auf, reicht mir eins davon, erhebt es feierlich und sagt: „Mein Junge, was auch immer du tust, ich bin damit einverstanden." Er lächelt mich sehr liebevoll an und prostet mir zu.

Ich erwachte weinend aus diesem Traum. Ich weinte und weinte, war traurig und vermisste meinen Papa. Aber vielleicht war ich auch deshalb so tief berührt, weil er mir im Traum seinen Segen gab, mich liebevoll und freundlich anschaute und mich mit seinem Einverständnis in gewisser Weise zum Mann initiierte. Danke, lieber Papa.

Das Mysterium entfaltet sich

Die Dorfbewohner waren der Meinung, dass es hier in der Gegend nur so von Geistern wimmeln würde, und auch Dämonen sollten sich hier rumtreiben. Zudem sollte es auch *Devas* geben, feinstoffliche Lichtwesen, und dabei musste ich immer an den kleinen Wald denken.

Zu guter Letzt war auch noch von einem *Naga* die Rede, einer unsichtbaren, riesigen Schlange, eine Art Schlangengott, der einem entweder wohlgesonnen war oder nicht, je nachdem, wie man sich hier verhielt. Auf alle Fälle passte er wohl auf die hier lebenden Schlangen auf, und wenn jemand einer etwas zu Leide tat, dann würde er von einer anderen Schlange gebissen werden.

Wir Westler glaubten irgendwie nicht an solche Geschichten, aber dann gab es doch immer wieder Erlebnisse, die mich an diese Geschichten denken ließen. Aber davon später mehr.

Für die Dorfbewohner waren wir westlichen Mönche fast schon so gut wie erleuchtet, weil wir die Nächte hier oben verbrachten, und manchmal schauten sie uns morgens erleichtert und erstaunt an, vielleicht, weil wir immer noch am Leben waren.

In zwei aufeinanderfolgenden Nächten hatte ich das Gefühl, dass irgendeine schmierige, dunkle und ‚böse' Energie um meine Hütte herumschlich. Hören konnte ich nichts, aber es war wie ein unsichtbarer, dunkler Nebel, den ich zu fühlen meinte. Einige Tage später erzählte ich einem der Mönche davon, worauf er meinte, dass es ihm vor mehreren Tagen ähnlich ergangen war.

Vielleicht müssen wir uns auf das Mysterium des Lebens neu einlassen, ohne irgendetwas verstehen zu müssen, und das Erlebte einfach so stehen lassen; denn was können wir letztendlich wirklich wissen? Kennen wir alle Zusammenhänge der Dinge, die geschehen?

Die rein verstandesmäßige Herangehensweise an unerklärliche Phänomene führt oft dazu, dass alles, was nicht wissenschaftlich nachweisbar ist, als Blödsinn abgetan wird.

Ajahn Chah fand sich als junger Mönch oft in Situationen, in denen er mit seiner Angst konfrontiert wurde, insbesondere dann, wenn er sein Nachtlager neben einem Verbrennungsplatz aufgeschlagen hatte. Es gibt viele Geschichten, die er von seinen Wanderjahren erzählte, und die Biografie von *Ajahn Man* ist voll von Erlebnissen mit Geistern, Dämonen, Devas und wilden Tieren.

Ajahn Man hat die thailändische Waldtradition Anfang des 20. Jahrhunderts neu begründet, indem er wieder nach den ursprünglichen Regeln lebte und die Meditation in den Vordergrund stellte. Er verbrachte seine Zeit hauptsächlich im Dschungel, wo er von ernsthaft praktizierenden Mönchen, darunter auch Ajahn Chah, aufgesucht wurde, um von ihm Belehrungen zu erhalten.

In Ajahn Mans Biografie gibt es eine Geschichte, in der er erzählt, dass Devas ihn aufgesucht hätten und ihm versicherten, dass sie über Mönche ihre schützende Hand halten würden, solange sie sich korrekt verhielten.

Vielleicht ist das ja der Grund, weshalb Begegnungen mit wilden Tieren nie zu ernsthaften Verletzungen führten. Nach meiner Kenntnis kam es sehr selten vor, dass ein Mönch von einer Schlange gebissen (Obamo war da die große Ausnahme), von einem Tiger angegriffen oder von einem Elefanten zertrampelt wurde.

Und aus unerklärlichen Gründen fühlte ich mich hier in der Wildnis immer sicher und beschützt, so als ob wirklich jemand seine schützende Hand über mich hielt.

Nur einmal hatte ich etwas Angst. Jahre später, als ich alleine in Puh Jom Gom lebte, war ein Tiger aus Laos auf unsere Seite gekommen und nicht weit von meiner Hütte gesichtet worden. Auch wenn ich damals nur fünfundsechzig Kilo wog, wäre ich für ihn ein Leckerbissen gewesen. Aber dann hörte ich, dass er nicht mehr gesehen worden war.

Ajahn Jayo war hier viel entspannter als im Hauptkloster und genoss es sichtlich, nicht die Verantwortung für so viele Mönche tragen zu müssen, und auch mit all den organisatorischen Dingen, die in einem großen Kloster anfallen, sowie den zahlreichen Besuchern hatte er hier nicht viel zu tun.

Der Lebensstil hier war darauf ausgerichtet, mit sich selbst alleine klarzukommen, die formale Meditation zu entwickeln und das ursprüngliche Leben eines Waldmönches in dieser wilden Natur zu erfahren. Dazu gehörte natürlich auch, dass man die Natur und die hier lebenden Wesen beachtete und sorgsam mit ihnen umging.

Es gab immer wieder Begegnungen mit Schlangen, jeden Tag sah ich welche, und es wäre ein Leichtes gewesen, sie mit einem großen Stein oder Knüppel zu töten. Aber so was machten wir natürlich nicht, warum auch? Dem Schlangengott schien das zu gefallen, und manchmal hatte ich das Gefühl, als ob er mich prüfen würde.

In dem kleinen Wald lebte eine dieser hochgiftigen Kettenvipern. Manchmal warf ich ihr etwas zu fressen hin, ein Stück Fisch oder Ei, fand aber heraus, dass sie meine Geschenke nicht annahm, wohl weil es nicht in ihr Beuteschema passte. Und doch setzte ich so ein Zeichen meiner Zuneigung diesen Wesen gegenüber, und das fühlte sich gut an.

An einem anderen Morgen saß ich neben einem Felsen, und als ich nach links schaute, lag da eingekringelt in einer Kuhle, nur dreißig Zentimeter von meinem Kopf entfernt, eine weiße Schlange mit einem großen Kopf. Sie schaute reglos einfach nur in meine Richtung. Wir hatten keinerlei Angst voreinander und akzeptierten die Anwesenheit des anderen.

Ich fragte dann im Dorf nach, was das denn für eine Schlange gewesen sein könnte, aber eine weiße Schlange hatte hier noch nie jemand gesehen. Hm, vielleicht war es ja der Schlangengott, der *Naga* selbst gewesen, und ich genoss es, mich von den Mythen und dem Mysterium mitnehmen, ja einfangen zu lassen.

Am letzten Tag der *Vassa,* wie diese Zeit der inneren Einkehr auch genannt wird, kamen viele Menschen, sogar aus dem entfernten Bangkok, um dieses neue Zweigkloster kennenzulernen und um dem Kloster verschiedene Lebensnotwendigkeiten und Spenden zu schenken.

Meine Robe war schon ziemlich abgenutzt, sodass ich sie immer öfter flicken musste.

Daher nähte ich mir aus dem gespendeten Stoff eine neue Robe und färbte sie ein. Um die Farbe herzustellen, schlugen wir aus dem Kernholz des Jackfruchtbaums mit einer Machete kleine Holzstückchen. Man brauchte, um eine Robe zu färben, drei große Wannen dieser Holzstückchen, die dann in Wasser gekocht wurden und so diese ockerbraune Farbe ergaben. Diese Prozedur dauert zwei Tage lang. Den Rest der Farbe füllten wir in große Flaschen, denn damit wuschen wir einmal die Woche unsere Roben.

Diese Allroundkleidung, die ich jeden Tag trug, würde etwa zwei Jahre überdauern.

Die alten Roben wurden in Teile zerschnitten und dienten als Putzlappen oder Fußabtreter. Somit wurde alles noch so weit verwertet, bis es sich schließlich in seine Bestandteile auflöste. Das fühlte sich sehr gut an und war im Einklang mit der Natur.

Der Weg ist das Ziel

Wir alle fuhren ein paar Tage später nach Wat Pah Nana Chat, um dem dortigen Kathina-Fest beizuwohnen. Und dann ging wieder das Reisen los. Wer geht in welches Kloster, wer wird wohin geschickt? In der Ajahn-Chah-Tradition musste man fünf Jahre in sogenannter ‚Abhängigkeit' von einem Lehrer leben. Das hatte Buddha selbst so festgelegt, damit man im *Dhamma-Vinaya*[5] gut gefestigt ist, bevor man seine eigenen Wege geht.

Ajahn Pasanno war mein Lehrer und ich vertraute ihm. Ich hatte das Gefühl, dass er mich sehr gut kannte und manchmal besser wusste, was ich brauchte, als ich selbst. Einmal half ich ihm als Novize beim Baden und er roch Zigarettengeruch aus meinem Mund. Er erwähnte das zwar, ohne Namen zu nennen, während einer Belehrung am Abend, meinte aber später zu mir, man könne nicht gleich alles auf einmal aufgeben.

Ich schätzte seine offene und direkte Art und glaube, dass er ebenfalls zur Kategorie ‚Ärger-Typ' gehörte.

Einmal kam eine Gruppe Einheimischer mit einem Bus ins Kloster und Ajahn Pasanno sagte dem Fahrer, er solle draußen parken, was er aber nicht machte, und Ajahn Pasanno wies den Fahrer scharf zurecht. Die im Bus sitzenden Thais wiederum waren darüber schweigend, aber sichtlich empört, dass ein Mönch, und noch dazu der Abt, ein derartiges Verhalten an den Tag legte. Sie gaben ihre Spende ab und fuhren gleich weiter. Sonst hatten sie immer eine Nacht im Kloster übernachtet. Ich war sehr beeindruckt von Ajahn Pasanno, dass er sich nicht verstellte und kein ‚heiliges' Getue an den Tag legte.

Einmal wollte ich für eine Regenzeit in ein Kloster gehen, das von einem japanischen Mönch sehr streng geführt wurde. Eine der Übungen war, nach dem Essen alle Roben anzuziehen, auch die Winterrobe, und damit in der Hitze bei

5 Dhamma-Vinaya: die Lehre und die Regeln

zirka fünfunddreißig Grad ein bis zwei Stunden lang zu sitzen, um Geduld, Gleichmut und Gelassenheit zu entwickeln.

Und als ich kurz vor meiner Abreise eine Zahnvereiterung bekam, meinte Ajahn Pasanno, ich solle doch einfach hierbleiben. Ich glaube, er wusste, dass ein derartiges Praxisregime für mich gerade nicht das Beste wäre, denn der Ärger kam auch so, einfach und uneingeladen zu mir.

Aber er wusste auch, dass ich Puh Jom Gom liebte, und meinte, ich könne dort wieder hin, aber solle die nächste Regenzeit, meine dritte, mal in ein anderes Kloster gehen, ein reines Thai-Kloster. Alles klar, mache ich.

Retreat in Wat Küan und Ajahn Chahs Tod

Im Winter kam dann *Ajahn Sumedho* zu Besuch. Der Amerikaner war zu dieser Zeit um die Mitte fünfzig. Er war der erste westliche Mönch unter Ajahn Chah gewesen und der erste Abt von Wat Pah Nana Chat. Später schickte Ajahn Chah ihn nach England, um dort neue Zweigklöster zu gründen.

Alle westlichen Mönche und Novizen wurden aus den thailändischen Zweigklöstern zusammengerufen und fuhren nach Wat Küan, um dort unter der Leitung von Ajahn Sumedho einen Retreat zu absolvieren.

Es fühlte sich gut an, alte Freunde zu treffen, Gambhiro war da und Sucaco aus Dänemark, Punna, der Kanadier, und all die anderen, und ich fühlte mal wieder diese geballte Kraft der Gemeinschaft. Wir trafen uns zu den Meditationen auf einer freien Fläche, umrandet von Wald, abends gab Ajahn Sumedho Vorträge. Ein Satz von ihm ist mir noch heute sehr gut in Erinnerung: „Zeit ist immer jetzt, egal wie spät es ist."

Dann ereilte uns die Nachricht von Ajahn Chahs Tod. Er hatte schon seit vielen Jahren im Koma gelegen. Während dieser Zeit war er von den Mönchen liebevoll umsorgt und gepflegt worden und wurde nur aufgrund lebenserhaltender Geräte so lange am Leben gehalten.

Böse Zungen behaupteten, dass er nur wegen der für ihn fließenden Spenden am Leben gehalten würde, was ich persönlich für totalen Blödsinn halte.

Am gleichen Tag brachen wir alle nach Wat Pah Nana Chat auf. Die Schwester des Königs war auch schon mit ihrem Gefolge eingetroffen. Es war in Thailand so üblich, dass beim Tod eines hochverehrten Lehrers jemand aus dem Königshaus die letzte Ehre erwies.

Seine sterblichen Überreste sollten erst in einem Jahr den Flammen übergeben werden.

In der Zwischenzeit wurde sein Leichnam in einem Sarg, gefüllt mit Teeblättern, gelagert, sodass der Tee dem toten Körper alle Flüssigkeiten entziehen konnte.

Während dieses Jahres würden eine Stupa gebaut und alle nötigen Vorbereitungen getroffen werden, um Zehntausende von Menschen, die anlässlich der Zeremonie zu erwarten waren, in seinem Kloster Wat Pah Pong zu beherbergen und zu verpflegen.

Im Thai-Kloster

Zu meiner dritten Regenzeit wurde ich dann in ein reines Thai-Kloster geschickt.

Nach meiner Ankunft wurde ich vom Abt, der *Ajahn Jundee* hieß, empfangen.

Er hieß mich willkommen, erklärte mir kurz die Abläufe und ließ mich zu meiner Kuti bringen.

Und so richtete ich mich für die nächsten drei Monate hier ein. Ich wollte meine Kenntnisse der Thai-Sprache vertiefen, meine Meditation unter der Anleitung von Ajahn Jundee weiterentwickeln und mich mit den Gegebenheiten in einem reinen Thai-Kloster vertraut machen.

Der Tagesrhythmus unterschied sich nicht sehr von dem in Wat Pah Nana Chat, und so konnte ich mich schnell einfinden. Einige Thai-Novizen wollten Englisch lernen, aber es gab nur einen, der tatsächlich bereits ein wenig Englisch sprach, und wir freundeten uns an.

Er hieß *Tui,* kam aus einer reichen Familie und war darauf bedacht, dass es mir gut ging. Manchmal brachte er mir eine Tasse Kakao zur Hütte und wir sprachen halb englisch, halb thailändisch miteinander, und so wurde mir die Sprache immer vertrauter.

Ajahn Jundee meinte zu mir, dass ich einfach den Rhythmus mitmachen solle, es müsse nichts Besonderes getan werden. Morgens die Morgenmeditation, dann die Sala fegen, Almosengang, dann Essen und zurück zur Kuti. Nachmittags nochmal eine Arbeitsperiode, dann ein heißes Getränk und nach der Abendmeditation würden die Regeln besprochen – und das auf Thai, wovon ich noch nicht viel verstand.

Meine Hütte lag etwas abseits auf einem kleinen Hügel, wo ich viele Momente tiefer Meditation erlebte. Selbst beim Toilettenputzen empfand ich Momente der Zeitlosigkeit, während meine Hände den Besen führten, der Atem ein- und ausströmte und ich mir darüber im Klaren war, dass es gerade nichts Wichtigeres auf dieser Welt für mich zu tun gab, als diese Toilette zu säubern. So einfach kann es sein.

Ich lernte hier das Fließen mit den Dingen, die getan werden mussten. Einfach so. Im Waschhaus half ich einen Ofen zu bauen, ich baute eine neue Treppe, die nicht mehr vom Regenwasser weggespült werden konnte, und so entfaltete sich alles in seiner ureigenen Natürlichkeit, leicht, einfach und ohne Drama.

Aus irgendwelchen Gründen mochten mich zwei der Thai-Novizen nicht und fingen an, mich zu necken. Einer von ihnen füllte meine Tasse nur noch halb voll, der andere reichte mir am Waschhaus eine Schale mit Wasser gefüllt und ließ sie, kurz bevor ich sie ergreifen konnte, einfach fallen. Beim Fegen traf mich ihr Besen schon mal gegen das Bein, und noch so einige andere kleine Schikanen ließen sich die zwei kleinen Bastarde einfallen – und das alles mit einem verschmitzten Lächeln. Auch Tui hatte irgendwelche Spannungen mit den beiden, aber welcher Art sie waren, habe ich nie herausgefunden. Ajahn Jundee entging nichts. Während einer Ansprache gegen Ende der Regenzeit lobte er mich für die Geduld und die Gelassenheit, die ich entwickelt hatte und mit der ich die Neckereien der Novizen ertrug. Ja, nach außen mag es so ausgesehen haben, aber innerlich kochte ich manchmal über.

Tui war mir ans Herz gewachsen und so lud ich ihn nach Wat Pah Nana Chat ein, auch damit er sein Englisch vertiefen konnte. Aber dazu sollte es nicht mehr kommen. Ein Jahr später hörte ich, dass er bei einem Unfall umkam, als er kopfüber in einen Brunnen fiel und sofort tot war. Das machte mich sehr traurig und erinnerte mich wieder daran, dass der Tod einen jederzeit heimsuchen kann.

Nach dem Kathina-Fest verabschiedete ich mich und bekam eine Fahrkarte nach Bangkok. Ich wollte nach Suan Mokkh, wusste aber noch nicht, wie ich da hinkommen sollte.

In Bangkok kam ich wieder in Wat Bovorn unter und ging am nächsten Tag zum Goethe-Institut. Zu meiner größten Überraschung traf ich dort Andy. Er wollte in den nächsten Tagen nach Süden und meinte, ein Abstecher nach Suan Mokkh könne nicht schaden, und besorgte mir eine Fahrkarte. Und wieder einmal fühlte ich mich in der Haltung bestätigt, nichts zu planen und den Dingen einfach ihren Lauf zu lassen und damit aufzuhören, überhaupt etwas kontrollieren zu wollen.

Besuch in Suan Mokkh

Es war halb sechs, als wir in Chaiya eintrafen. Wir nahmen ein Taxi und waren in kurzer Zeit in Suan Mokkh. Beim Betreten des Klosters wurden wir von dem mir so vertrauten Klang der Zikaden und den anderen Geräuschen des Waldes empfangen.

Als wir bei Ajahn Buddhadasas kleinem Haus ankamen, verließ er es gerade, von einem anderen Mönch begleitet. Er stützte sich auf eine moderne Gehhilfe, die am unteren Ende eine breitere Aufstützfläche hatte, und so konnte er sicherer gehen.

Ich ging auf ihn zu, verbeugte mich dreimal vor ihm, wie es sich für einen Juniormönch gehörte, stand wieder auf, nahm meine Hände in Anjali vor die Brust und sagte: „Guten Morgen, Ajahn." Ich erzählte ihm, woher ich kam und dass ich ein paar Tage bleiben wollte, und fragte ihn dann weiter auf Thailändisch, ob es ihm gesundheitlich besser gehe? Ich musste meine Frage wiederholen, bis er mein Thai verstand, dann lachte er und meinte: „*Mai die kün, mai die kün*", was so viel heißt wie: „Nein, sie wird nicht besser", und der Arzt habe ihm gesagt, er solle jeden Tag mindestens dreihundert Schritte laufen.

Er strahlte mich freundlich an, und während ich das hier schreibe, bin ich immer noch berührt von seiner Freundlichkeit und seinem Wohlwollen, die ich in meinem Leben in dieser Intensität sehr selten so gespürt hatte. Sie umhüllten mich wie eine unsichtbare Wolke, streichelten mein Herz, und eine Welle tiefer Freude und Dankbarkeit stieg in mir auf.

Da stand er vor mir, mein spiritueller Vater, ich liebte ihn, und er seinerseits liebte wahrscheinlich alle Wesen, egal wer oder was sie waren. Ich hätte ihn gerne umarmt, aber das war hier leider nicht Sitte.

Er war nun über achtzig Jahre alt und wurde es nicht müde, auf die wahre Natur der Dinge hinzuweisen. An diesem Morgen nahm er dazu seinen alten

Körper, um das Lied der Unbeständigkeit vor mir wortlos zu singen. Die Essenz dessen, was Ajahn Buddhadasa verkörperte, war nicht an diesen alternden Körper gebunden. Diese zeitlose Essenz, die mich aus freundlichen Augen anblickte und deren Aura mich umhüllte, war gänzlich frei von Alter, Krankheit und Tod.

Dann ging er seine dreihundert Schritte, begleitet von dem ihm assistierenden Mönch, und verschwand langsam zwischen den Bäumen, umhüllt von den Stimmen des Dschungels und dem Licht, das sich langsam seinen Weg durch die Baumwipfel in die Welt bahnte.

Das war das letzte Mal, dass ich ihn sehen sollte.

Andy und ich blieben eine Weile in Suan Mokkh, wechselten aber hinüber zu dem fertiggestellten neuen Meditationszentrum auf der anderen Seite der Straße, das von Santikaro geleitet wurde.

In drei Tagen würde wieder ein neuer Zehntageskurs beginnen, und Santikaro bat mich, beim Retreat mitzuhelfen und das eine oder andere Interview mit den Teilnehmern durchzuführen. Diese Einladung nahm ich gerne an.

Ajahn Ranschuan war auch zugegen, und als sie mich sah, nahm sie ihre Hände in Anjali vor die Brust und verneigte sich leicht vor mir. Es war mir unglaublich peinlich, dass sich diese weise Frau, meine Lehrerin, vor mir verneigte, und ich deutete an, dass sie das bitte sein lassen möge.

Sie lächelte mich freundlich an und meinte, das sei doch nur eine Konvention. Ja, so war es.

Frauen haben in Thailand eine untergeordnete Stellung dem Mann gegenüber. Als sie einmal von einer Frau aus dem Westen gefragt wurde, ob das denn nicht sehr diskriminierend und abwertend für sie sei, antwortete sie, dass diese Konventionen in Anbetracht der höchsten Wahrheit keine wirkliche Bedeutung hätten.

Es war interessant, auf der ‚anderen Seite' des Retreats zu sein und den Teilnehmern für etwaige Fragen zur Verfügung zu stehen. Bei einigen ihrer Fragen wurde ich daran erinnert, wie es mir damals als Meditationsanfänger ergangen war. Ich empfand eine tiefe Verbundenheit mit ihnen, aber auch eine Freude, dass ich mittlerweile Mönch war und schon so viele Schwierigkeiten durchlaufen hatte. Diejenigen Schwierigkeiten, die noch vor mir lagen, konnte ich zu diesem Zeitpunkt natürlich noch nicht kennen.

Nach einem dieser Interviews blickte ich auf die andere Seite hinüber, wo sich meine Augen mit denen von Ajahn Ranschuan trafen, die gerade ein Interview mit einem Teilnehmer beendet hatte. Sie schaute sehr tief in mich hinein, mit einer unglaublichen Gegenwärtigkeit, und ich hätte gerne gewusst, was sie da sah, traute mich aber nicht, sie zu fragen.

Der Tag des Abschieds kam, denn ich musste mich ja wieder in Wat Pah Nana Chat blicken lassen. Eine Rückfahrkarte war bald organisiert, und an einem frühen Morgen im November stand ich wieder vor dem Tor meines Heimatklosters. Andy war nach Koh Samui weitergereist, worum ich ihn nicht beneidete.

Klosteralltag

Es war alles wie gehabt. Das folgende Jahr verlief mehr oder weniger im gleichen Rhythmus wie die anderen Jahre zuvor: Meditation, anfallende Arbeiten rund um das Kloster, den Geist beobachten, die Herzenstrübungen bemerken und nicht darauf reagieren, die Nachtsitzungen und der darauffolgende Saunaabend. Während dieser Zeit kam es zu keinen welterschütternden neuen Erkenntnissen und man tat einfach das, was gerade zu tun war.

Manchmal reiften sie heran, diese Erkenntnisse. Dieses Heranreifen wird oft mit einem Samen verglichen, der passende Bedingungen benötigt, um sein volles Potenzial auszuschöpfen. Er braucht einen angemessenen Standort, Wasser, Licht und Dünger, Parasiten müssen ferngehalten und Unkraut muss entfernt werden. Irgendwann reift die Frucht heran und fällt von selbst, aber wann sie fällt, wer weiß das schon?

Die Morgenmeditation hatte wie immer um halb vier begonnen, aber es fühlte sich so an, als hätte ich schon zehn Stunden gesessen. An diesem Morgen schmerzte wirklich alles an meinem Körper. Mein Geist war total unruhig, die Gedanken und Gefühle schossen in alle Richtungen. Ich sehnte den Gong herbei, der diesem Martyrium ein Ende setzen würde.

Aber Ajahn Pasanno dachte gar nicht daran, den Gong zu läuten.

Ich blieb sitzen im Gewahrsein all dieser Unruhe und des Missbehagens und grummelte innerlich vor mich hin. Plötzlich hörte ich von irgendwoher eine Stimme, die in klarer deutscher, poetischer Sprache sagte: ‚*Trostlos sind alle Erscheinungen und nicht lustvoll – wie ein Schluck unfrischer Wahrheit.*‘

Es war die gleiche Stimme, die mich damals im Traum aufforderte, mich zu erneuern. Und dann ging der Gong.

Ich war zunächst einfach nur baff, verwundert und erstaunt, aber dann gesellte sich zu der Verwunderung eine große Freude hinzu.

Wäre ich ein Christ gewesen, hätte ich behauptet, dass Gott gerade zu mir gesprochen hatte.

Aber diese Stimme war aus meinem Innern gekommen, und deshalb ordnete ich sie anders ein. Ich war mir vielmehr sicher, dass ich gerade eine tiefe Einsicht in die erste Edle Wahrheit gehabt hatte. Diese besagt, dass das Dasein im ewigen Kreislauf der Wiederkehr leidvoll und unbefriedigend ist.

Da war eine aus der Einsicht in diese erste Edle Wahrheit herrührende tiefe Ernüchterung in mir, der durch diese gehörte Stimme Ausdruck verliehen worden war. Den ganzen Tag über war ich von einer anhaltenden Freude erfüllt.

Die vier Edlen Wahrheiten waren von Buddha entdeckt und gelehrt worden. Sie bilden die Grundlage seiner gesamten Lehre. Er sagte sogar einmal, dass er nichts anderes lehre als diese vier Edlen Wahrheiten.

Die erste Edle Wahrheit ist die Beobachtung: In diesem Leben gibt es Leiden, Unzufriedenheit und Belastungen. Die zweite besagt, dass die Ursache des Leidens das ständige Wollen und das Anhaften an vergänglichen Dingen ist. Die dritte behauptet, dass es ein Ende des Leidens gibt. Und die vierte Edle Wahrheit beschreibt einen Weg, den Edlen Achtfachen Pfad, der das Leiden beenden soll.

Ja, dieses ewige Wollen und die Tatsache, dass nichts so bleibt, wie es ist, haben wir nicht alle damit zu tun? Jeden Tag, das ganze Leben lang? Dinge kommen, verweilen und vergehen wieder. Und wenn ich dagegen angehe und es nicht akzeptieren will, wie die Gesetze des Daseins nun einmal sind, mache ich mir alles nur noch schwerer, denn das Leben nimmt keine Rücksicht auf meine Wünsche und Vorlieben.

Auch das Schönste, Beste, Wertvollste und Attraktivste wird sich verändern, wird nicht so bleiben, wie es ist, und wird mich eines Tages verlassen, und wenn ich an etwas anhafte, was sich verändert, werde ich leiden.

Um ‚Anhaftung' zu verdeutlichen, gibt es eine Analogie: Ich nehme etwas in meine Hand, halte es fest und gebe diesem Ding nicht die Erlaubnis, sich seiner naturgemäßen Entsprechung zu verändern.

War es nicht genau diese Art von Erkenntnissen gewesen, die ich auf meinen

Reisen und in Berlin gehabt hatte, welche diese Ernüchterung in mir entstehen ließen? Und ich konnte nichts dagegen tun.

Ja, es gibt viel Schönes auf dieser Welt, aber es wandelt sich. Es gibt ein thailändisches Sprichwort: *Tschorb – dä mai au.* Das heißt so viel wie: *Ich mag es – aber ich will es nicht.*

Das sollte uns Mönchen immer wieder klarmachen und in Erinnerung rufen, dass die Vergänglichkeit irgendwann mit voller Macht zuschlagen wird, besonders dann, wenn sich der Geist mal wieder in seinen Fantasien über Glanz und Glorie dieser Welt verloren hatte.

Sinnlichkeit und Seifenblase

Eines Morgens nach einer Nachtsitzung hatte ich mich gerade auf meinen Platz in der Sala gesetzt und genoss noch mit geschlossenen Augen die morgendliche Stille. Während ich in meinen müden Körper hineinspürte, hörte ich plötzlich Menschen in die Sala kommen.

Ich hielt die Augen geschlossen und nahm nur das Rascheln von Kleidung und das Trapsen nackter Füße auf dem gefliesten Boden wahr, dazwischen leises, unterdrücktes Gekicher, und dann war es wieder still. Doch meine Neugier war geweckt und so öffnete ich langsam die Augen und mein Blick fiel sofort auf die nackten Schultern und langen blonden Haare einer jungen Frau. Es war eine Gruppe Französinnen, so um die fünfundzwanzig Jahre alt, die das Kloster besuchten und vor uns Mönchen auf dem Boden der Sala saßen. Der Duft junger Weiblichkeit stieg mir auch noch in die Nase und ich schloss gleich wieder meine Augen.

Jetzt wurde es delikat, denn mein Geist lieferte mir die schönsten Bilder einer möglichen Begegnung mit den jungen Damen, wie angenehm alleine schon ihr Anblick war. Vielleicht sollte ich sie nachher ansprechen und sie durch das Kloster führen. Manche von ihnen würden mich bestimmt mit einem Lächeln beschenken. Vielleicht könnte ich ein bisschen weibliche Energie schnüffeln. Und dann wollte meine Fantasie so richtig loslegen. „Dhammavaro, Dhammavaro“, sagte ich leise selbst zu mir.

Aber es war okay, all das in meinem Geist zu beobachten, und plötzlich sammelten sich all diese Bilder, Fantasien und Vorstellungen vor meinem inneren Auge in einer Art Kugel, deren Oberfläche ganz bunt und farbenfroh eingefärbt war. Auch die weiblichen Düfte waren dort eingesammelt. Diese Kugel schwebte dann wie eine schillernde Seifenblase hin und her und hoch und runter, und plötzlich platzte sie, und es war von alledem nichts mehr übrig.

Freudig und beschwingt ging ich nach dem Essen zurück zu meiner Hütte, und dieses Sprichwort kam mir wieder in den Sinn: *Ich mag es – aber ich will es nicht.*

Ich empfand ein Gefühl von Freiheit, diese verführerischen Kräfte zwar zu spüren, aber nicht darauf reagieren zu müssen.

Aber es gab noch viele andere potenzielle Verstrickungen. Sie lauerten an jeder Ecke und konnten sich unmerklich durch rasend schnell auftauchende Gedanken und Gefühle, verbunden mit inneren geistigen Vorgängen oder auch äußeren Sinneswahrnehmungen, einfach so entfalten, und schon hing man wieder in irgendeiner Geschichte fest.

Schuld – ein Echo aus weiter Vergangenheit

Das Kloster bekam mal wieder eine Einladung, einen neuen Ort für ein weiteres potenzielles Waldkloster zu erkunden. Allerdings sollten einige von uns hierbleiben.

Es stellte sich heraus, dass von den fünf verbleibenden Mönchen und Novizen ich mit meinen drei Jahren der ‚Dienstälteste' für vier Wochen sein würde.

Während dieser Zeit konnte jeweils einer von uns für zwei Wochen auf Retreat gehen und ganz für sich bleiben.

Vimero, ein englischer Mönch, und ich waren uns schnell einig, dass ich diese Möglichkeit als Erster in Anspruch nehmen würde und er als Nächster. Ich freute mich auf diese zwei Wochen des Rückzugs. Nach einer Woche begegnete ich zufällig Vimero und erwähnte beiläufig, dass ich noch mindestens ein paar Wochen so weitermachen könnte.

Er jedoch hatte verstanden, dass ich *seine* zwei Wochen auch noch beanspruchen wollte, und es hagelte von seiner Seite Vorwürfe und Anschuldigen, dass ich ihm seine Zeit wegnehmen wollte, er beschuldigte mich der Unreife und dass ich die Position des Seniormönchs autoritär ausnutzen würde. Ich sagte ihm noch, dass ich das nicht so gemeint hatte, aber da drehte er sich schon um und weg war er.

Ich wusste nicht, wie mir geschah, stand da wie ein begossener Pudel, verstand nicht, was da eben geschehen war, und musste das alles erst mal sortieren. Es lag überhaupt nicht in meiner Absicht, ihm etwas wegnehmen zu wollen. Es handelte sich eindeutig um ein Missverständnis im klassischen Sinne.

Aber warum fühlte ich mich trotzdem schuldig? Schuldig für etwas, das ich nicht getan hatte? Ich ging zu meiner Hütte, lief auf meinem Gehpfad auf und ab und fühlte mich elendig. Ich dachte nach und überlegte hin und her und kam immer wieder zu dem gleichen Schluss: Ich habe doch nichts getan! Das ganze Grübeln half aber nichts.

Dann erinnerte ich mich an eine Übung, die Holotropes Atmen genannt wird und die mir meine Schwägerin Uschi einmal beigebracht hatte.

Unweit von meiner Hütte stand eine Liege aus Bambusholz direkt im Wald. Ich legte mich darauf, ließ das Moskitonetz herunter und begann tief und fest ein- und auszuatmen. Immer tiefer und fester atmete ich, angetrieben von dem Gefühl, für etwas beschuldigt worden zu sein, was ich nicht getan hatte.

Plötzlich sehe ich mich als eine alte, nackte Frau, die gerade auf einem Dorfplatz stirbt, und kurz darauf sehe ich mich als einen zirka dreizehnjährigen Jungen in Holland im 14. Jahrhundert und sehe viele Holzhäuser. Ich atmete immer weiter und plötzlich erkenne ich sehr deutlich, was ich angerichtet hatte.

Ich habe mit meiner Familie in einem der Holzhäuser gelebt und vergessen, eine Kerze auszublasen, was zur Folge hatte, dass das Haus und einige angrenzende Häuser abbrannten, und natürlich wurde ich deswegen beschuldigt. Ja, ich hatte vergessen, diese Kerze auszublasen, aber ich hatte nicht die Absicht gehabt, diese Häuser abzufackeln, und so traf mich auch keine moralische Schuld. Als die Bilderflut aufhörte, stoppte ich das forcierte Atmen. Ich war höchst erstaunt über das, was ich da gerade erlebt hatte, und verstand nun, warum ich mich für etwas schuldig fühlte, was ich gar nicht getan hatte.

Ich erklärte mir das Ganze so: Angenommen, ich war wirklich dieser Junge in Holland, und der Samen der Anklage von damals lag immer noch in meinem Bewusstsein; dann genügte eine ähnliche Situation, wie die Anschuldigung von Vimero, um das Trauma von damals wieder aufleben zu lassen. Ich fühlte in mich hinein und entdeckte, dass dieses Schuldgefühl wie weggeblasen war. Ich war zwar nun frei davon, wollte es aber nichtsdestotrotz mit Vimero klären.

Da kam er auch schon auf meine Hütte zu, entschuldigte sich mehrfach für sein Verhalten, meinte, dass ich ruhig noch zwei Wochen weitermachen könnte, was ich natürlich ablehnte, und so fand diese Geschichte eine wunderbare Auflösung.

Karma und Absicht

Es kommt also immer auf die Absicht an, mit der man etwas tut. Hätte ich die Kerze angelassen, *damit* die Häuser abbrennen, hätte das eine andere Qualität gehabt. Ich hätte zwar so tun können, als ob es unbeabsichtigt geschah, aber ich selbst würde immer meine wahre Absicht kennen und mich dementsprechend fühlen.

Eine Regel zum Beispiel verbot Mönchen, Tiere absichtlich zu töten, dazu gehörten natürlich auch Mücken und Ameisen.

Im Hauptkloster von Ajahn Chah, in *Wat Pah Pong*, gab es einmal im Jahr eine regelrechte Schlacht zwischen den schwarzen und den roten Ameisen. In der Regel war es so, dass sich die Kräfte ausglichen und sie sich wieder in ihre jeweiligen Hoheitsgebiete zurückzogen.

In einem Jahr allerdings gewannen die schwarzen Ameisen die Oberhand, was zur Folge hatte, dass sie sich überall im Kloster ausbreiteten. Sie waren in der Sala, in der Küche, in den Hütten und verkrochen sich in den Mönchsroben. Es machte das Leben für alle sehr schwierig.

Diese schwarzen Ameisen waren fast einen Zentimeter lang und eine andere Eigenart, die sie hatten, war, dass sie nicht flohen, wenn sich jemand näherte, sondern angriffen. Zudem war ihr Biss ungemein schmerzhaft. Ich machte das erste Mal Bekanntschaft mit ihnen, als ich durch den Wald lief und plötzlich einen heftigen Schmerz am Fuß spürte. Erst dachte ich, eine Schlange oder ein Skorpion hätte mich erwischt, aber dann sah ich, dass es diese schwarzen Ameisen waren.

Ajahn Chah bat schließlich die Feuerwehr, dieses Problem zu lösen, und das taten sie dann auch und beseitigten sie alle. Dafür wurde er von einigen sehr kritisiert und gefragt, wie das denn mit der Regel des ‚Nicht-Tötens' zu vereinbaren sei. Er meinte dazu nur, dass er die etwaigen karmischen Konsequenzen auf sich nehmen würde, und der Fall war damit für ihn erledigt. Auch hier wird deutlich, dass, karmisch betrachtet, nicht die Handlung das Entscheidende ist, sondern die davorliegende Absicht.

Es war höchst unwahrscheinlich, dass Ajahn Chah selbstsüchtige Absichten hegte oder Freude am Töten und Quälen hatte. Vielmehr wollte er das Leben aller Klosterbewohner einfach nur erträglicher gestalten. Regeln sind nur als Orientierungsmaßstab gedacht.

Sollte ein Mönch zum Beispiel einer Frau den Rat geben, abzutreiben, und sie täte es daraufhin, wäre das, streng nach den Mönchsregeln, ein Regelverstoß des Mönchs und gleichzusetzen mit ‚töten'. Aber ich erinnere mich, dass Ajahn Buddhadasa auch hier meinte, es komme immer auf die Situation an, die man erwägen müsse, und man könne nicht alles über einen Kamm scheren. Wenn Entscheidungen auf der Grundlage der Weisheit getroffen werden, könne nichts schiefgehen. Aber die musste man erst mal haben.

Klosteralltag und hungrige Geister

Irgendwann kamen dann auch wieder die anderen Mönche zurück. Die Hütten wurden neu verteilt, und ich zog in eine Hütte, die auf einem ehemaligen Leichenverbrennungsplatz stand. Hier gab es insgesamt drei Hütten, die bei den Thai-Mönchen allesamt unbeliebt waren, denn sie waren einfach zu sehr geprägt von den Geschichten über Geister und Dämonen, die sich ja vorzugsweise genau an solchen Plätzen herumtreiben sollten.

Ajahn Pasanno verkündete, dass wir für einige Wochen die Hütten verlassen, unsere Moskitonetze im Wald aufhängen und auf dem Boden schlafen sollten. Ich hatte nichts dagegen, denn mir gefiel das ursprüngliche Leben eines Waldmönches.

Die Abende verbrachte ich abwechselnd mit Geh- und Sitzmeditation und schlief nachts gerne draußen im Freien unter meinem Moskitonetz, direkt auf Mutter Erde. Es fühlte sich wärmer an als in der Hütte, und doch bedeckte ich mich mit allen meinen Roben.

Eines Nachts passierte etwas Seltsames. Im Schlaf bemerkte ich, wie sich etwas an meinem Penis zu schaffen machte, und irgendwie dachte ich, jetzt langsam in den Halbschlaf wechselnd, dass ich nur träumte und mich im Traum gerade selbst befriedigte. Ich wurde zusehends wacher, aber das ‚Gefummel' war immer noch zu spüren. Ich versuchte die Position meiner Hände zu fühlen, aber die lagen seitlich an meinem Körper. Jetzt war ich auf einen Schlag vollends wach, aber das Gefummel war immer noch spürbar, ließ dann langsam nach und verschwand schließlich.

Als ich später Ajahn Pasanno davon erzählte, meinte er: „Einem Gerücht zufolge sollen hier eine Mutter und ihre Tochter als hungrige Geister herumirren und immer mal Mönche belästigen."

Dann passierten noch weitere seltsame Dinge. Eine Nacht später wandelte ich auf meinem Gehpfad und hörte deutlich vernehmbare Schritte direkt aus dem Dickicht auf mich zukommen. Zunächst dachte ich, es sei ein Mönch, der ab und zu bei mir vorbeischaute, aber es waren weder das Licht einer Taschenlampe noch die Umrisse einer Person zu sehen. Die Schritte wurden immer lauter, bis sie dann einige Meter vor mir nach links abdrehten. Dort hatte *Pannado*, ein amerikanischer Mönch, sein Moskitonetz aufgehängt.

Am nächsten Morgen war er wie aufgelöst und erzählte, immer wenn er kurz vor dem Einschlafen war, habe ihn etwas angegriffen und ‚verhauen', das Moskitonetz habe gewackelt und er wolle da nicht mehr bleiben. Das geschah ihm, kurz nachdem ich diese Schritte vernahm.

Ich erlebte ähnliche Geschichten. Als ich einmal aus dem Schlaf aufwachte, hatte ich das Gefühl, etwas säße auf meiner Brust, und ich konnte mich nicht mehr bewegen. Es ging einfach nicht, ich war wie gelähmt. Nur meinen Kopf konnte ich noch heben und schlug damit auf den Holzboden – und der Spuk war vorbei. Man erklärte mir, dass es diese Waldgeister gebe, *Pih Bah* werden sie auf Thailändisch genannt, die ab und zu ihren Schabernack mit einem trieben.

Dann gab es noch eine Hütte, die in dem Ruf stand, die Wohnstätte eines Geistes zu sein. Eines Nachts füllte ich gerade meine Wasserflasche bei der Sala und just zu diesem Moment kam ein thailändischer Mönch schreiend aus dieser Hütte herausgerannt, auch er fühlte dort eine dunkle, unheimliche Energie.

Ich wollte es wissen und verbrachte dann selbst ein paar Nächte in dieser Hütte. Es war sehr dunkel da drin, und irgendwie fühlte es sich schon unheimlich an, was ich aber auf die zuvor gehörten Geschichten schob. Ich bildete mir ein, dass mich etwas umhüllte und schubste, und ich bekam eine Gänsehaut nach der anderen, aber ich blieb, denn der Krieger in mir wollte so schnell nicht aufgeben, und wie schon gesagt, als Weichei wollte ich mich selbst nicht sehen. Was hätte denn schon passieren können?

Und so erweiterte ich meine Erfahrungen auch auf diesem Gebiet, lernte meine Angst kennen, aber auch meinen Mut, und ich hatte unsägliches Vertrauen, dass mir nichts passieren konnte.

Ajahn Pasanno änderte den Tagesplan etwas und abends trafen wir uns dann in der Sala und rezitierten auf Pali spezielle Verse zum Schutz vor allen möglichen Gefahren. Das hatte für einige etwas sehr Beruhigendes, und ich dachte: Schaden kann's nicht.

Tue das, was zu tun ist

Aber auch die reinen Naturgewalten zeigten sich immer wieder mal. Eines Abends zogen dunkle Wolken auf, und dann fegte ein heftiger Sturm durch den Wald. Er wurde immer stärker, bis wir begriffen, dass es sich um einen tropischen Wirbelsturm handelte.

Ich hatte zu dieser Zeit die Aufgabe übernommen, mich um Ashin zu kümmern, der schon seit ein paar Tagen krank war und hohes Fieber hatte. Seine Hütte lag einige Gehminuten von der Sala entfernt, und er hatte kein Trinkwasser mehr. Als ich gerade dabei war, seine Flasche zu füllen, sah ich, wie große Äste auf die Wege fielen, ein Baum wurde unweit der Sala einfach umgefegt und es herrschte ein ohrenbetäubender Lärm. Plötzlich kam mir der Satz in den Sinn: *„Wer das Dhamma beschützt, ist vom Dhamma beschützt.“*

Ajahn Buddhadasa hatte erklärt, dass das Ausüben einer Aufgabe im gegenwärtigen Moment gleichbedeutend mit dem Ausüben des *Dhamma* sei.

Und mit einem Mal spürte ich eine sichere Entschlossenheit und lief zu Ashins Hütte. Rechts und links krachten Äste herunter, direkt vor und hinter mir auf den Weg, dann fiel ein großer Ast neben mir auf den Boden und meine Schulter wurde von einigen seiner Zweige gestreift, und doch empfand ich keinerlei Angst und war mir sicher, dass mir nichts passieren könne. Und so war es auch. Ich erreichte unbeschadet Ashins Hütte und übergab ihm die Flasche, blieb noch eine Weile bei ihm, bis der Sturm langsam schwächer wurde.

Am nächsten Morgen mussten wir erst mal aufräumen, die Wege fegen und mehrere umgefallene Bäume mit der Motorsäge kleinschneiden, was wir als willkommenes Feuerholz betrachteten.

Ajahn Chahs Feuerbestattung

Im Januar 1993 sollte Ajahn Chahs Feuerbestattung stattfinden. Es war alles vorbereitet. In Wat Pah Pong war eine riesige, begehbare Stupa gebaut worden, wo Ajahn Chahs sterbliche Überreste in einer groß angelegten Zeremonie dem Feuer übergeben werden sollten. Anschließend sollte sie dann als Grabstätte fungieren.

Schon viele Tage vorher versammelten sich immer mehr Mönche, Novizen und Laienanhänger, die aus allen Teilen des Landes angereist kamen.

Während der mehrere Tage andauernden Feierlichkeiten fuhren wir jeden Abend ins nahegelegene Wat Pah Pong, saßen um die Stupa herum, rezitierten Texte auf Pali und meditierten. Viele bekannte Mönche, darunter auch Ajahn Maha Bua, einer der bekanntesten Schüler von Ajahn Man, hielten Vorträge und Belehrungen.

Als der Tag der eigentlichen Feuerbestattung kam, waren mittlerweile mehrere tausend Mönche anwesend, tausende von Laienanhängern, die sich um das Essen für alle kümmerten, und irgendwann kam auch der König mit seiner Frau, um Ajahn Chah die letzte Ehre zu erweisen.

Sein Leichnam lag aufgebahrt in einem mit Ornamenten verzierten Sarg, der in die Stupa gebracht und auf den Scheiterhaufen gesetzt wurde, welcher in der Mitte der Stupa, direkt unterhalb eines großen Abzugskamins aufgeschichtet war.

Die Stehplätze in der Stupa waren recht begrenzt, und so war es den Mönchen seiner Tradition vorbehalten, bei der Verbrennung direkt in der Stupa anwesend zu sein. Wir rezitierten Texte, die an die vergängliche Natur allen Seins und aller Existenz erinnern sollten, und dann wurde der Scheiterhaufen in Brand gesetzt.

Während wir weiter rezitierten, schaute ich auf diesen Kamin und bemerkte, wie sich die Wachsornamente darauf langsam verzogen und schmolzen und es zu einer starken Rauchentwicklung kam. Auch hatte man ein Stromkabel mitten durch den Kamin gelegt, dessen Aufgabe es eigentlich war, einen Ventilator oben anzutreiben, damit der Rauch besser abziehen konnte, aber das Kabel war natürlich schon längst verbrannt.

Der Geruch von brennendem Wachs und der Rauch des Scheiterhaufens wurden immer stärker und für uns unerträglich, sodass wir die Stupa verlassen mussten. Sicherheitshalber wurde die Feuerwehr gerufen, die aber nur die Stelle absicherte und Wachsteile einsammelte.

Und so verbrannte Ajahn Chahs Leichnam mit kleinen Hindernissen.

Am nächsten Tag wurden die Knochenreste und die Asche eingesammelt und in einer kleinen, goldenen Stupa verwahrt. Später gab Ajahn Pasanno jedem von uns ein kleines Döschen mit etwas Asche unseres Lehrers, das ich noch heute besitze.

Der Dalai Lama

Im Februar musste ich mal wieder nach Bangkok, um in der deutschen Botschaft meinen Pass zu verlängern. Ursprünglich sollte ich den Nachtzug nach Bangkok nehmen, aber Chiang, der Fahrer des klostereigenen Wagens, der mich zum Bahnhof bringen sollte, hatte es schlicht und einfach vergessen.

So nahm ich am nächsten Morgen den Bus, zusammen mit einem italienischen Mönch aus der tibetischen Tradition, der eine Weile bei uns im Kloster lebte. Er wollte den Dalai Lama treffen, der als Friedensnobelpreisträger in der Hauptstadt verweilen würde. Als Oberhaupt der Tibeter war er im Lande nicht wirklich willkommen, denn die Chinesen hatten wieder einmal Druck auf die thailändische Regierung ausgeübt.

Ich stieg wieder in Wat Bovorn ab, man kannte mich schon und ich bekam meist ein Zimmer für ein paar Tage. Nachdem ich meine Botschaftsgeschäfte erledigt hatte, traf ich zufällig Asukho, einen weiteren deutschen Mönch, am letzten Tag meines Aufenthaltes in Bangkok, und er kam mit ins Kloster.

Als wir Wat Bovorn näher kamen, waren viele Menschen um ein bestimmtes Areal versammelt. Sie standen vor einer Tür Schlange und Asukho meinte, da gebe es gerade eine Ordination. „Nein, mein Lieber“, sagte ich, „das ist wegen des Dalai Lamas.“

Überall standen Sicherheitskräfte und Polizisten, die niemanden durchließen.

Ich arrangierte meine Robe über die linke Schulter, setzte ein ernstes Gesicht auf, ging direkt auf einen der Sicherheitsbeamten zu, die vor der Eingangstür standen, und deutete an, dass wir da reinwollten. Es gab noch nicht mal die Spur eines Zögerns seinerseits, er öffnete die Tür und wir betraten den Innenhof, in dem sich zirka zwanzig weitere Mönche aufhielten. Einen von ihnen kannte ich noch aus Suan Mokkh. Wir kamen gerade rechtzeitig, um uns in die sich langsam in Bewegung setzende Schlange einzureihen, liefen ein paar Treppen empor, eine weitere Tür öffnete sich, und wir betraten ein großes Zimmer, das mit Matten und Sitzkissen hergerichtet war.

Langsam begriff ich, dass wir uns zu einer Audienz mit dem Dalai Lama ‚eingeschmuggelt' hatten. Und da kam er auch schon aus einem Nebenzimmer, begleitet von seinem Übersetzer, und setzte sich hin.

Nachdem wir uns dreimal verbeugt hatten, wurden wir gebeten, uns vorzustellen. Als ich an der Reihe war, sagte ich, dass ich in der Ajahn-Chah-Tradition ordiniert worden war, und als ich den Namen Ajahn Buddhadasa erwähnte, meinte er erfreut: „My very best friend, very good friend."

Er erzählte uns, dass er nur ein paar Tage hier sei, um irgendeine Angelegenheit mit Burma zu regeln. Die Thai-Mönche versicherten ihm ihre Freude über sein Kommen, und dann erzählte er noch etwas, was ich nicht genau verstand. Danach verbeugten wir uns wieder, und als ich an der Reihe war, mir seinen Segen zu holen, indem er seine Hände um die meinen legte, fragte er noch, aus welchem Land ich komme und wie ich heiße. Er hatte eine sehr freundliche Ausstrahlung. Ich fühlte seine Präsenz und schätzte die direkte Art und Weise, wie er mit Menschen in Kontakt trat, und war erfreut, ihn getroffen zu haben. Für mich war er ein ganz normaler, freundlicher Mönch und ich verstehe bis heute nicht den Wirbel, der um ihn gemacht wird. Wenn er nach Deutschland kommt, füllt er ein Fußballstadion mit fünftausend Menschen, und die erhoffen sich – was? Das will ich an dieser Stelle gar nicht vertiefen. Hätte mich Chiang an jenem Abend nicht vergessen, hätte ich den Dalai Lama um einen Tag verpasst. Vielleicht war es ja für irgendetwas gut, und ein Segen kann nie schaden. Meinen Zug zurück in den Nordosten habe ich dann gerade noch erwischt.

Ajahn Buddhadasas Tod

Im Mai erreichte uns die Nachricht, dass Ajahn Buddhadasa verstorben war.

Bei der Vorbereitung einer Rede, die er zwei Tage später zu seinem siebenundachtzigsten Geburtstag halten wollte, erlitt er einen Herzschlag. Nachdem die Ärzte in Bangkok, unter Protest seiner Freunde und Mitmönche, wochenlang vergeblich versucht hatten, seine Gesundheit wiederherzustellen, stellten sie seinen Tod im Juli 1993 endgültig fest.

Kurz darauf sollte sein Leichnam in Suan Mokkh verbrannt werden.

Als die Stelle für die Feuerbestattung festgelegt worden war, fiel unweit davon ein Sandelholzbaum einfach um, einfach so. Dieses Holz wurde bei der Feuerbestattung von großen Lehrern bevorzugt benutzt. Hatten hier etwa die Devas ihre Finger im Spiel gehabt?

Natürlich wollte ich bei der Zeremonie zugegen sein, aber es fand sich auf die Schnelle keine Mitfahrgelegenheit, und so gedachte ich meines ‚spirituellen Vaters', indem ich die Nacht hindurch meditierte, mir einige Vorträge von ihm anhörte und die Zeit in Suan Mokkh und die Begegnungen mit ihm Revue passieren ließ. Eine Welle großer Dankbarkeit stieg in mir auf und ich verstand, wie viel Glück ich gehabt hatte, dass er mein erster Lehrer gewesen war, denn sein unverschnörkelter Lehrstil war nachvollziehbar, praktisch anwendbar, lebensnah und sprach mich direkt an.

Buddhadasa bedeutet so viel wie ‚Diener des Buddha', und er machte diesem Namen alle Ehre.

Buddha selbst hatte seine Befreiung im Wald gefunden. Er lebte, lehrte und starb im Wald.

Ajahn Buddhadasa saß oft in seinem ‚Wohnzimmer' mitten im Wald, in einem Kunststoffsessel, manchmal auf einer Steinbank, die, seinem hohen Alter geschuldet, mit einer weichen Unterlage ausgestattet war. Beides stand im Freien unter großen Bäumen, und wenn es regnete, wurden Tisch und Sessel unter ein Wellblechdach gestellt.

Nein, er war alles andere als weltfremd und bezog auch zu politischen Themen Position.

Er hatte viele Bücher geschrieben und war der Überzeugung, wenn das Dhamma-Prinzip umgesetzt würde, ginge es allen besser, und es würden Frieden und Gerechtigkeit auf der Welt herrschen.

Sein Buch *Dhamma-Sozialismus* geht so weit, zu behaupten, dass eine Diktatur von erwachten Menschen die beste Lösung für alle Probleme sei, zumindest für all jene, die von Menschen verursacht wurden. Denn erwachte Menschen sind nicht angetrieben von selbstbezogenen Motiven, die auf Gier, Hass oder Verblendung basieren. Weiterhin handeln sie nur, um notwendige Aufgaben zu erfüllen, hätten dabei immer das Wohl aller im Blick und richteten ihr ganzes Handeln und Streben danach aus.

Er sagte einmal: *Ruhraa na klieat,* was so viel heißt wie: Luxus ist ekelhaft.

Wenn Menschen keine spirituelle Ausrichtung hätten, würden sie ihr Glück in naheliegenden Vergnügungen über ihre Sinne, in einem ‚Mehr' an materiellen Dingen, einem ‚Mehr' an Macht suchen, und würden letztendlich nie zufrieden sein, weil sie immer erlebten, dass mittels vergänglicher Dinge keine bleibende Zufriedenheit zu finden sei, und doch wird dieses ‚Mehr' oft zur Orientierung für ihr Handeln anstelle des Gemeinwohls.

Dieses ‚Mehr' oder Luxus sei nur der Versuch, (durch eine Steigerung und Anhäufung über ein notwendiges Maß hinaus) irgendwo anzukommen, wo es aber letztendlich kein Verweilen gebe.

Als Ajahn Buddhadasa über den Sozialismus zu sprechen begann, machte er sich verdächtig, ein Kommunist zu sein; auch weil Kambodscha nicht weit entfernt war und unter dem dortigen kommunistischen System viele Verbrechen begangen wurden, war das Wort ‚Kommunist' eher eine Beleidigung und ein Schimpfwort.

Man munkelte, dass Ajahn Buddhadasa vom Geheimdienst überwacht wurde, denn sein Einfluss und Bekanntheitsgrad wuchsen über die thailändischen Grenzen weit hinaus, und man wusste nicht, was man von ihm zu halten hatte. Er hatte viele Ehrendoktortitel bekommen, das Königshaus war sein Unterstützer und eine intellektuelle Oberschicht in Bangkok verfolgte seine Lehren und Ansichten mit großem Interesse, was sicherlich auch daran lag, dass er den Buddhismus wissenschaftlich darlegte und bloßen Glauben prinzipiell ablehnte.

Wat Puh Jom Gom

Nachdem ich die vierte Vassa wieder in Wat Pah Nana Chat verbracht hatte, war es mal wieder an der Zeit, mir Gedanken darüber zu machen, welcher Ort für mich und meine Praxis geeignet sein könnte. Ich hatte eine Sehnsucht nach Stille und Einfachheit, und da gab es gerade nur einen Ort, der mich freundlich anlächelte: Wat Puh Jom Gom.

Ich war auch während der letzten Jahre einige Male dort gewesen, jeweils für ein paar Wochen oder Monate, und der Ort faszinierte mich nach wie vor.

Zu meiner Überraschung gab es gar nicht so viele Mönche, die darauf erpicht waren, dort zu leben, besonders nicht in der heißen Jahreszeit. Das kam mir sehr entgegen, denn es konnten dort ohnehin nur maximal fünf bis sechs Mönche versorgt werden.

Ja, es war ein Ort ohne große Annehmlichkeiten, und es gab meiner Ansicht nach nur zwei mögliche Haltungen, die man ihm gegenüber einnehmen konnte: Man mochte ihn oder man mochte ihn nicht. Und ich liebte ihn.

Es gab dort nur diese einfachen Hütten und jeweils eine Toilette unten bei der Sala und oben neben der Höhle.

Als ich damals Nimalo fragte, wo er denn im Dschungel auf die Toilette gegangen sei, meinte er nur: „Ich machte es wie ein Büffel." Und so machte ich es auch, und der einzige Unterschied war wohl, dass ich Toilettenpapier benutzte.

Es fanden sich immer irgendwelche Felsspalten, wo das ‚alte Essen' abgelegt werden konnte, und das meiste davon war am nächsten Tag total vertrocknet oder von kleinen Tieren geholt worden. Auch das verband mich auf seltsame Weise mit dieser Gegend, denn ‚Teile von mir' wurden hier einfach aufgesaugt oder gefressen.

Es gab keinerlei Elektrizität, also auch keine Ventilatoren, die einem bei über vierzig Grad im Schatten etwas Luft zufächelten. Abends strahlten die schwarzen Sandsteinfelsen die gespeicherte Hitze wieder ab, und der abendliche Wind fühlte sich heiß an, aber wenn man sich mit Wasser übergoss, war es ganz erträglich.

Ich fand ein paar kleine Höhlen, in die nie die Sonne schien, und so war es dort immer etwas kühler. Da gab es diese alten Bäume, und man sah ihnen an, was sie schon alles durchgemacht hatten. Ich fühlte mich mit ihnen und allen anderen Wesen hier tief verbunden, besonders wenn ich dort für längere Zeit lebte. Puh Jom Gom war eine Herausforderung, aber hier konnte man ein einfaches Leben führen, inmitten einer kargen, aber fremdartig schönen Natur.

So empfand ich es zumindest, und da wollte ich wieder hin.

Ajahn Pasanno lächelte, als ich ihm meinen Wunsch mitteilte. Er hatte es sich wohl schon gedacht. Ich stand ja auch kurz vor meiner fünften Vassa, die magische Zahl, denn nach beendeter fünfter Vassa war man ein ‚freier Mönch', war nicht mehr an einen Lehrer gebunden und konnte jederzeit auf Wanderschaft gehen.

Es war Ende Oktober 1993, und ich würde für mindestens ein Jahr dortbleiben können. Ich freute mich und packte meine Sachen zusammen. Am nächsten Tag wollten wir losfahren.

Es kamen noch ein paar andere Mönche mit, die sich den Ort anschauen wollten.

An diesem Morgen waren schon alle am Auto versammelt, nur einer fehlte noch. Es wurde immer heißer, und wir warteten und warteten, und nach über einer Stunde des Wartens kam er endlich.

„Na, auch schon da?", fragte ich ihn leicht verärgert, und da er in der Hierarchie über mir stand, fühlte er sich auf den nicht vorhandenen Schlips getreten und meinte, er habe noch etwas klären müssen, und überhaupt könne man ja mal warten.

Da wurde mir die Macht der Seniorität wieder einmal vor Augen geführt. Hätte jedoch beispielsweise ein Novize einen Seniormönch warten lassen, wäre das eine Unverschämtheit gewesen. Ich sagte in meinem Ärger noch das eine oder andere zu ihm, das er nicht mochte, und er entgegnete, dass das ein Nachspiel haben werde.

Ich wollte diese Art von Macht aufgrund von ‚ein paar Jahren länger in den Roben' einfach nicht akzeptieren und hatte schon immer meine Probleme mit Autorität gehabt, schließlich war ich ein Kind der Hippie-Bewegung, also jener Generation, die sich gegen jegliche Form von Autorität auflehnte.

Endlich fuhren wir los und je näher wir Puh Jom Gom kamen, desto mehr freute ich mich.

Da waren sie wieder, diese bizarren Steinformationen, diese spärlich bewachsene Gegend von Nordostthailand.

Als wir an der Sala ankamen, erwarteten uns schon Dörm und Kun June.

Zurzeit lebte hier nur ein Mönch, Punna. Er hatte die Hütte am ‚klitzekleinen Berg' bezogen.

Als wir dann alle den Berg hinaufstiegen, eilte ich etwas voraus, denn Punna rauchte auch mal gerne eine ‚verbotene' Zigarette. So konnte ich ihm schon mal Bescheid geben, dass wir jetzt angekommen waren. Die anderen fuhren am Abend wieder zurück.

Ein älterer malaysischer Novize namens Awang, Punna und ich blieben für die nächste Zeit hier, was mich in die Position des Seniormönchs rückte.

Aber viel gab es hier nicht zu ‚seniorisieren', denn Puh Jom Gom war für Mönche vorgesehen, die auch ohne feste Struktur und Stundenplan ihren Rhythmus finden konnten und sich in der Meditation übten.

Was die Hütten anging, hatte ich die freie Auswahl und entschied mich für jene an der Steilklippe mit diesem weiten Ausblick bis zum Horizont. Unterhalb der Klippe floss der Mekong und in der Nähe gab es eine Höhle, oder besser, einen Felsüberhang, der über eine Liege aus Bambus sowie einen davor angelegten Gehpfad verfügte. Ich fühlte mich sofort wieder zu Hause.

Morgens trafen wir uns in der Sala, machten unseren Almosengang durch das Dorf, aßen, tranken danach noch gemeinsam einen Kaffee und hatten dabei oft interessante Unterhaltungen über Meditation und verschiedene Aspekte der Lehre Buddhas. Danach gingen wir wieder unserer Wege zu den Hütten, verbrachten den Tag dort und trafen uns zum Kaffee in der großen Höhle, aber wer wollte, konnte dem nachmittäglichen Treffen auch fernbleiben. Und so fand jeder seinen eigenen Rhythmus.

Dämon

Doch dann ereigneten sich einige sehr merkwürdige Dinge.

Eines Morgens nach dem Essen hörten wir eine Ansage des Bürgermeisters über die Lautsprecheranlage des Dorfes, der jede Familie dazu aufrief, eine bestimmte Geldsumme zu spenden, um den Forderungen eines Dämons nachzukommen. Ich verstand die Mundart des Isaan nicht, und so ließ ich mir von Dörm erzählen, was passiert war.

Zwei Tage zuvor hatte sich eine Frau aus dem Dorf eine Klippe hinuntergeworfen. Doch sie überlebte, schleppte sich wieder nach oben und sprang ein zweites Mal hinunter. Sie war aber immer noch nicht tot, wurde dann von Dorfbewohnern gefunden und ins Dorf gebracht, wo sie kurz darauf verstarb.

Bald darauf nahm anscheinend ein Dämon wieder von einer Frau Besitz, sprach durch sie mit veränderter Stimme und forderte, dass ihm ein Schwein geopfert werden solle, ansonsten würden noch mindestens drei weitere Frauen über die Klippe springen. Alle Dorfbewohner waren also aufgerufen, für den Erwerb dieses Schweins Geld zu spenden.

An diesem Abend war Wan Phra und das halbe Dorf hatte sich in der Sala versammelt.

Sie hatten Angst und suchten Schutz und Segen oder was auch immer. Wir Westler glaubten natürlich nicht daran und vermuteten eher, dass der Selbstmord dieser Frau zum Anlass genommen wurde, um mal wieder ein Fest zu feiern, wie makaber sich das auch anhören mag.

Doch die Thais haben generell einen ganz anderen Umgang mit dem Tod als wir. Die Dorfbewohner meinten daher, das sei ohnehin alles karmisch bedingt, und der Dämon müsse jetzt befriedet werden.

Die Stelle, wo sie sich die Klippe hinuntergeworfen hatte, lag nur zirka zwei Kilometer Luftlinie von meiner Hütte entfernt. Ich sagte den Anwesenden zur Beruhigung, dass sie den Dämon einfach zu mir schicken sollten, und ich werde schon einen Umgang mit ihm finden. Das schien sie zu erleichtern und ich fühlte mich wie ein Held, quasi der ‚Kriegermönch' ohne Furcht und Tadel. Da hatte mein kleines Ego mal wieder etwas zu futtern bekommen.

Diese Geschichte ließ mich allerdings nicht los. Am folgenden Abend lief ich auf meinem Gehpfad auf und ab und lernte einige spezielle Pali-Formeln zum Schutz gegen böse Geister und Ähnliches auswendig, die wir immer bei Hausbesuchen oder sonstigen Zeremonien rezitierten.

Obwohl an diesem Abend kein Lüftchen wehte, fingen plötzlich die Kerzen an zu flackern, und es fühlte sich an, als wäre eine dunkle, bedrohliche Energie im Anmarsch.

Hatten die Dorfbewohner den Dämon tatsächlich zu mir geschickt? Bildete ich mir das alles nur ein? Und dann kam die Angst und ich bekam überall Gänsehaut und merkte, wie mein Körper langsam erstarrte. Was sollte ich tun, wohin sollte ich mich retten? Da war weit und breit niemand, der mir hätte beistehen können – ich war ganz alleine auf mich gestellt.

Was könnte der Dämon mit mir machen? Mir kamen all die Geschichten in den Sinn, die ich irgendwann gehört oder gelesen hatte, und ich sah mich schon von ihm erfasst, durch die Luft gewirbelt und an einem Felsen zerschellen. Oder ich stellte mir vor, wie er mir den Kopf abschlug und die Därme herausriss.

Aber nach einer Weile atmete ich tief durch und erinnerte mich endlich daran, dass ich als Mönch beschützt war, dass wahrscheinlich Devas hier waren und über mich wachten, und hey, eigentlich glaubte ich ja nicht an so was.

Dann nahm ich mein Textbuch und rezitierte laut verschiedene Schutzformeln – immer wieder und immer lauter – und nach einer Weile ging die Gänsehaut zurück und ich fühlte mich augenblicklich wieder ‚sicher und unangreifbar'.

Wieder Herr meiner Sinne, fragte ich mich: Was war das denn jetzt bloß gewesen? Und irgendwann schlief ich dann ein.

Punna erheiterte meine Geschichte, als ich ihm am nächsten Morgen davon erzählte. Aber Awang, der malaysische Novize, war fest davon überzeugt, dass meine Erlebnisse den Tatsachen entsprachen.

Die Dorfbewohner sammelten schließlich den notwendigen Betrag ein, opferten dem Dämon ein Schwein und der Spuk war vorbei, so erzählte Dörm später.

Ajahn Sangwaan

Von meiner Hütte an der Steilklippe gab es einen steilen Weg hinunter zum Mekong, wo sich das kleine Dorf *Kanta Quiaan* befand. Die Menschen dort lebten vom Reisanbau, besaßen ein paar Wasserbüffel und Kühe, fischten und pflanzten Baumwolle, Gemüse, Obst und Tabak am Ufer des Mekongs an.

Es gab dort sogar ein kleines Kloster, dessen Abt Ajahn Sangwaan hieß. Er war der dienstälteste Mönch in der ganzen Gegend und wurde stets zu den verschiedenen Zeremonien, wie Bestattungen, Haussegnungen, Geburten und Todesfällen und sonstigen Festen, eingeladen. Eigentlich lebte er alleine dort, aber es waren oft ein paar Novizen bei ihm, die traditionsgemäß für einige Monate ordiniert worden waren. Manchmal traf ich ihn auf dem Hochplateau, wo er verschiedene Kräuter und Pflanzen mit den Novizen sammelte.

Er stand in dem Ruf, ein Schlangenflüsterer zu sein.

Eine Bänderkrait verirrte sich einmal in sein Kloster und wollte auch nicht mehr weichen. Nach ihren nächtlichen Streifzügen kam sie morgens immer wieder zurück. Ajahn Sangwaan nahm diese hochgiftige Schlange einfach in die Hand und legte sie an einer bestimmten Stelle in der Sala ab.

Er hatte den Dorfbewohnern verboten, Schlangen zu töten; sie sollten sie vielmehr ins Kloster bringen, wo er sie später durch eine Art Falltür, die unter seinem Sitz angebracht war, wieder in die Freiheit entließ.

Manche schrieben ihm alle möglichen übernatürlichen Kräfte zu, wie beispielsweise die Fähigkeit, Gedanken zu lesen, an mehreren Orten gleichzeitig zu erscheinen oder auch in die Zukunft blicken zu können. Er hatte eine Sammlung kleiner ‚Schätze' in seinem Kloster: zum Beispiel in Flüssigkeit gelegten Phosphor. Er war immer höchst erstaunt, dass der Phosphor brannte, wenn er ihn aus der Flüssigkeit herausholte. Dann hatte er magnetische Eisenspäne. Füllte man einen Teller damit, formierten sich diese Späne nach einiger Zeit zu einem gleichmäßigen Wall am äußersten Tellerrand. Auch darüber war er hocherstaunt. Dass das alles physikalisch erklärbar war, erzählte ich ihm nicht, denn er liebte dieses Unerklärliche und Magische.

Manchmal war auch ich zu diesen Haussegnungen eingeladen und lernte dort Ajahn Sangwaan nach und nach kennen. Etwaige Geldspenden reichte ich gleich an ihn weiter, denn ich selbst durfte ja kein Geld annehmen und war bestens versorgt, aber er konnte es für sein Kloster gut gebrauchen.

Retreat

Es war für einen von uns Mönchen möglich, sich für zwei Wochen ganz zurückzuziehen, und er würde in dem Dörfchen am Mekong auf Almosenrunde gehen. So konnte er die ganze Zeit alleine sein, sich intensiv der Meditationspraxis widmen und musste mit niemandem reden.

Kemo und ich hatten das schon früher abwechselnd praktiziert, und ich informierte Punna und Awang, dass ich gerne von dieser Möglichkeit Gebrauch machen möchte und auf ‚verschärften' Retreat gehen wolle.

Kun June schenkte mir noch ein kleines Glas Honig, „für alle Fälle", meinte sie, packte mir noch etwas Kaffee und Tee ein und ich verschwand für zwei Wochen von der Bildfläche.

Ich freute mich sehr auf diese zwei Wochen und begann, weitere Ausflüge zu machen, und erkundete so die Gegend immer mehr.

Morgens ging ich den steilen Weg nach Kanta Quiaan hinunter, zog am Dorfrand meine Robe an und lief schweigend mit meiner Almosenschale durch das Dorf. Irgendwo lief immer ein Radio mit lauter Musik, unter einigen Häusern brannten schon kleine Feuer, worauf Reis gekocht wurde. Manche putzten sich die Zähne im Hocken vor ihrem Haus, andere schleppten Wasser oder machten sich bereit, mit dem Boot zum Fischen auf den Mekong zu fahren.

Diese Menschen teilten, was sie hatten, und viel hatten sie nicht. Ich war völlig abhängig von dem, was mir an Essbarem gegeben wurde, und so war ich dankbar für alles, was ich bekam.

Klebrigen Reis gab es immer, mehr als ich essen konnte, worüber sich die Eich- und Erdhörnchen freuten, denen ich die Reste hinlegte. Oft gab es dazu getrockneten Fisch, ein oder zwei Eier, einige Bananen, manchmal Fleisch und Gemüse und sehr oft gab es diese Currypaste. Und wenn Käfersaison war, teilten die Dörfler auch diese ‚Leckereien' mit mir, sie schmeckten nach Walnuss.

Eines Morgens regnete es in Strömen und Blitze krachten auf den nassen Sandstein. Aber wenn ich etwas essen wollte, musste ich ins Dorf. Zum Glück hatte ich meinen Schirm dabei, und so war ich nur halb durchnässt, als ich durch das Dorf lief. An diesem Morgen kamen nicht viele Dörfler aus ihren Behausungen, um mir Essen zu geben. Ich bekam nur ein Ei, zwei Bananen, aber genug klebrigen Reis – das müsste reichen. Auch an den folgenden Tagen regnete es, als es Zeit war, auf Almosenrunde zu gehen.

Aufgrund des spärlichen Mahls an diesen Tagen hatte ich abends Hunger und legte deshalb an den folgenden Tagen etwas Reis beiseite, kochte ihn am frühen Abend in Wasser auf und filterte die festen Bestandteile heraus, sodass ich das Reiswasser trinken konnte, denn das fiel nicht unter den Begriff ‚feste Nahrung', die wir nach Mittag nicht mehr zu uns nehmen durften. Nachmittags rettete mich der Honig von Kun June über den Hunger hinweg.

Eines Tages, als ich gerade etwas Honig zu mir nahm, kam eine Biene in meine Hütte geflogen. Ich freute mich über diesen Besuch und legte ihr einen Tropfen Honig auf einen Stein. Von nun an hatte ich jeden Tag um die gleiche Zeit Besuch von dieser Biene, sie bekam ihren Tropfen Honig und flog dann wieder ihres Weges. Einige Tage später brachte sie eine Freundin mit, und auch ihr legte ich einen Tropfen hin. Das war irgendwie berührend und manchmal ertappte ich mich dabei, wie ich schon auf sie wartete und sie wie zwei gute Freundinnen betrachtete. Die beiden kamen von nun an jeden Tag um die gleiche Zeit.

Ajahn Sangwaan hatte wohl mitbekommen, dass ich gerade wenig zu essen bekam, und lud mich nach dem Almosengang in sein Kloster ein. Zwei Tage lang konnte ich mich wieder so richtig satt essen, wollte dann aber wieder nur von dem leben, was mir auf der Almosenrunde gegeben wurde. Einige Tage später regnete es nicht mehr und die Dorfbewohner kamen wieder regelmäßiger, um etwas in meine Schale zu legen.

Ich war angekommen in Puh Jom Gom, und es fühlte sich ganz normal an, hier zu sein. Ich erfreute mich auch weiterhin an der Natur, aber ich idealisierte sie nicht mehr. Die Bäume, die Felsen, die vielen bunten Blumen, die Schlangen und Vögel, all das war ganz normal und einfach nur so, wie es war – natürlich. Ich erlebte eine stetige Zunahme meiner Konzentration und konnte stundenlang dem Treiben der Ameisen und Termiten zuschauen.

Wasser fließt immer zum tiefsten Punkt

Meine Beobachtungen der Natur um mich herum förderten Einsichten und Erkenntnisse zutage, die sich auch auf geistige Vorgänge anwenden ließen.

Während der Regenzeit floss hier ständig irgendwo Wasser in Form kleiner Rinnsale oder größerer Bäche, die ständig anschwollen und zu kleinen und großen Wasserfällen wurden.

Überall dort, wo das Wasser sich gewohnheitsmäßig seinen Weg gebahnt hatte, bildeten sich Rinnen und Vertiefungen und ich verstand, wie sich Gewohnheiten bilden.

Je öfter wir eine bestimmte Verhaltensweise wiederholen, desto tiefer prägt sie sich in unsere Psyche ein. Durch erneutes Wiederholen verfestigen sich die gewohnheitsmäßigen Spuren, werden bekannter, vertrauter und es wird so immer schwieriger, die eingefahrenen Wege zu verlassen.

Einmal sah ich, wie ein Frosch in einer Rinne saß und gegen das ihm entgegenströmende Wasser ankämpfte und nicht vorwärtskam. Hey, dachte ich, er braucht doch nur ein paar Zentimeter zur Seite zu springen und kann dann problemlos seinen Weg gehen.

Aber tun wir Menschen oft nicht genau das Gleiche, wenn wir an alten Problemen, Konflikten, Denkmustern und Gewohnheiten hängenbleiben, obwohl es manchmal nur einen Schritt zur Seite bräuchte, um wieder frei und unbeschwert gehen zu können?

Dann machte ich noch eine besondere Beobachtung: Blätter fallen wie Schnee, wenn der Wind weht, doch sie schmelzen nicht dahin, wenn es warm ist.

„Werde wie Wasser“, sagte einmal ein Zen-Meister, und ja, Wasser fließt immer zum tiefsten Punkt hin, an Hindernissen vorbei oder darüber hinweg. Es passt sich jeder Form an, kann nicht verletzt werden, wenn man Steine hineinwirft, und wenn es erhitzt wird, verdunstet es einfach, um andernorts wieder aufzutauchen. Wenn es sich aber verdichtet, kann es so mächtig werden, dass es alles in seinem Weg Stehende hinwegfegt.

Es gab da diesen alten Baum, der unter einem Felsvorsprung wuchs, und irgendwann stieß er dagegen, bahnte sich seinen Weg um den Felsen herum, indem er sich krümmte und einfach weiterwuchs. Es gab Zeiten, da flogen große, grüne Käfer herum, später lagen sie dann tot auf den Felsen – ihre Hülle und ihre Flügel wurden von den Frauen des Dorfes als Schmuck verwendet.

An den Bäumen hingen immer frisch gesprossene Blätter, aber auch welche, die schon vertrocknet waren. Wenn sie dann vom Baum fielen und auf Felsen aufschlugen, krachte es laut. Vielleicht wollten sie nochmal mit einem Paukenschlag auf ihre wahre, unbeständige Natur aufmerksam machen.

Abends schrieb ich dann Folgendes auf:

Da, ein trockenes Blatt fällt vom Baum. Und dort, ein Stück Stein löst sich vom Felsen.

Dann kracht ein dürrer Ast unter meinem Fuß. Und während ich dies so betrachte, fällt mir ein Stück Zahn auf die Zunge. So, so, ich gehöre also auch dazu!

Ja, ich gehöre auch dazu und du, liebe(r) LeserIn, übrigens auch!

Besuch von Ajahn Pasanno

„Und ach, die Strenge anderen gegenüber muss ich nun an mir selbst erfahren."

Die Sonne war an diesem Morgen über Laos noch nicht aufgegangen, aber sie schickte schon ihre hellen Vorboten in Form oranger und gelber Wolken am Himmel voraus, ein farbenprächtiges Schauspiel.

Ich löschte das Feuer, auf dem ich mir gerade heißes Wasser für meinen Morgenkaffee gekocht hatte, nahm meine Roben und die Almosenschale und begab mich auf den vierzigminütigen Weg zur Sala.

Eine ganze Weile lief ich über das Hochplateau, dann einige Felsen hinunter, um Felsen herum, an Wasserlöchern vorbei, sprang über kleine und große Rinnsale, lief durch den kleinen Wald, der mich immer wieder verzauberte, und kurz darauf stand Ajahn Pasanno plötzlich vor mir.

„Ich wollte mal nach dem Rechten schauen", meinte er lächelnd.

Er war in Begleitung von zwei Seniormönchen, *Ajahn Anando* und *Ajahn Santa*, die eine Woche hierbleiben wollten, sowie einigen Thais, darunter *Poh Pohn,* ein langjähriger Unterstützer des Klosters. Wir sollten nicht mit dem Essen auf sie warten, das würden sie in der großen Höhle zu sich nehmen, aber er wolle uns alle später unten treffen.

Wir waren mit dem Essen schon fertig, tranken noch einen Kaffee, als Ajahn Pasanno samt Begleitung von seinem Rundgang zurückkehrte.

Es war kurz vor dem sogenannten Regenzeit-Retreat, der in vier Wochen beginnen würde. Ajahn Pasanno teilte uns mit, dass dann noch fünf weitere Mönche kommen würden. Ich könne hierbleiben, aber Punna und Awang sollten in ein anderes Kloster gehen.

Mike, das heißt, *Gambhiro,* sei in einem Thai-Kloster und *Ashin* in Kanchanaburi. Weitere Neuigkeiten gab es nicht.

Der kleine Fluss, der unweit der Sala vorbeifloss, brachte uns immer frisches Wasser, und dort badeten wir auch meistens. Am Nachmittag half ich Ajahn Pasanno beim Baden und ich wollte die Gelegenheit nutzen, um mit ihm einige Meditationserlebnisse abzuklären.

Er riet mir zu einer guten Balance zwischen Konzentration und Kontemplation. Ja, es sei sehr gut, dass der Geist in diese Ruhe und diesen Frieden finde, aber dann müsse das ‚Werkzeug' auch benutzt werden. Konzentration wird als Analogie mit dem Schärfen eines Messers verglichen und Kontemplation mit dem Schneiden. Denn was nütze das schärfste Messer, wenn es nicht benutzt werde?

Es gehe ja letztendlich darum, die Herzenstrübungen zu entlarven, und das sei nur möglich, wenn man sie erlebe und dabei nicht darauf reagiere.

Mönche, die über eine starke Konzentrationsfähigkeit verfügen, könnten es sich in diesem überaus angenehmen Geisteszustand bequem machen und darüber vergessen, dass sie überhaupt noch Herzenstrübungen hätten.

Dann erzählte er mir die Geschichte eines Mönchs, der über eine solch große Konzentrationsfähigkeit verfügte: Er lebte in einer Höhle, hatte keinen direkten Kontakt mehr zu Menschen, und folglich hatten die Herzenstrübungen keine Gelegenheit, sich zu zeigen.

Weil das so war, glaubte er, erleuchtet zu sein. Eines Tages lief er ins Dorf und ein Bauer rempelte ihn aus Versehen an. Der Mönch wurde darüber so erbost, dass er einen Stein nahm und den Bauern damit erschlug. (Aber ich glaube, dass diese Geschichte nur eine Analogie war.)

Aber in guter, alter Ajahn-Chah-Manier lobte er mich dafür, dass ich mich mit den Herzenstrübungen auseinandersetzte, nachdem ich ihm erzählt hatte, dass mein Ärger immer wieder hochkam und all die kleinen Anverwandten des Ärgers auch ihr Spiel mit mir trieben.

Vielschichtige Absichten

Dann kamen wir irgendwie auf Absichten zu sprechen und wie vielschichtig sie waren. Wir sprachen über Anamodasi, den israelischen Mönch, der stets von Zweifeln geplagt war, ob er nicht doch gegen eine Regel verstoßen hatte, die den ‚absichtlichen und vorsätzlich' herbeigeführten Samenerguss untersagte, oder, um es klar zu sagen, ob er nicht onaniert hatte.

Und während wir darüber sprachen, wurden meine Gedanken urplötzlich in die Vergangenheit katapultiert.

Als ich anlässlich des Todes meines Vaters meine Mutter in Deutschland besuchte, bekamen wir Besuch von Asukhas Eltern und dessen Schwester.

Es gibt da eine Regel, die es untersagt, Frauen mit sexueller Absicht zu berühren, und schon das leiseste Gefühl von sexueller Annehmlichkeit bei der Berührung einer Frau ist ein Regelverstoß in der gleichen Kategorie wie das Onanieren.

Aber als ich in Deutschland war, gab ich manchen Frauen die Hand, um nicht völlig exotisch und weltfremd zu wirken. So auch der Schwester von Asukha, der ich mehrmals die Hand schüttelte.

Als ich ihr dann beim Abschied erneut die Hand gab, hatte ich in der Zwischenzeit genügend Zeit gehabt, mich der einen oder anderen Fantasie hinzugeben, die sie betraf. Und ja, es war angenehm, sie zu berühren. Hatte ich dabei etwa sexuelle Absichten gehabt? Nein, hatte ich nicht! Oder vielleicht doch? Ein bisschen nur, eigentlich nicht der Rede wert, nur ganz, ganz wenig?! Aber auch das Wenige wäre schon zu viel gewesen – und jetzt hatte ich die Bescherung!

Selbsterfahrung und Absichtsergründung

Nun hatte ich wirklich etwas zu kontemplieren und musste herausfinden, welche Absichten ich bei diesem verdammten Händeschütteln hatte.

Gab es nicht dringendere Probleme auf der Welt, als sich mit solch antiquierten Regeln herumschlagen zu müssen? Innerlich hielt ich Monologe, die auf die Regeln schimpften, die mein Händeschütteln herunterspielten, das in Anbetracht der Pornoindustrie oder des Sextourismus nicht einmal erwähnenswert gewesen wäre. Meine Freunde in Berlin hätten mich ausgelacht, jeder westlich geprägte Mensch hätte mich ausgelacht, daraus ein Problem zu machen.

Aber es half alles nichts, und die Reise in die Tiefe meiner nebulösen Absichten begann.

Ich kehrte in Gedanken immer wieder zu der besagten Begebenheit zurück, versuchte sie mir bildlich vorzustellen, versuchte herauszufinden, was ich da fühlte, kam aber nach allen Erwägungen zu keinem eindeutigen Resultat. Vielmehr machte sich zusehends eine zerstörerische Kraft in mir breit: Zweifel! Ich erwog hin und her, hatte keine ruhige Minute, keine gesammelte Meditation mehr und versuchte verzweifelt, Klarheit zu bekommen.

Falls ich wirklich zu dem Schluss kommen sollte, gegen diese Regel verstoßen zu haben, stellte ich mir schon die Schande vor, im Hauptkloster als Letzter in der Reihe sitzen zu müssen, alle Dorfbewohner wüssten Bescheid, jeden ankommenden Mönch hätte ich darüber informieren müssen, vor Sonnenaufgang dürfte ich mich nicht mit anderen Mönchen unter einem Dach aufhalten, vor dem Essen müsste ich sieben Tage lang dieses ‚Vergehen' vor versammelter Mönchsgemeinschaft bekennen, andere Mönche würden nur das Nötigste mit mir sprechen und beim Zusammenlegen meiner Roben dürfte mir auch keiner helfen. Die anderen würden auf mich herunterschauen, und ich fühlte schon jetzt die Scham und Schande, denen ich ausgesetzt sein würde.

Das wollte ich auf jeden Fall vermeiden, also widmete ich mich vollends der Erforschung des Zweifels selbst, und sehr schnell wurde ich mit meinem eigenen Bewertungssystem konfrontiert.

Was dachte *ich* eigentlich über einen Mönch, der diese Regel gebrochen hatte. War da nicht im Hinterkopf diese Verachtung, auch wenn sie vielleicht nur sehr minimal ausgeprägt war?

Aber Ajahn Buddhadasa brachte es mal wieder genau auf den Punkt, denn er hatte einmal gesagt: „Egal, wie groß ein Scheißhaufen ist, stinken tut er allemal."

Dann erinnerte ich mich an einen Mönch, der im Zug nach Malaysia einer Frau die Hand schüttelte – der war bei mir sofort unten durch. Sieh an, sieh an, sieh an!

Ich wurde plötzlich mit meiner eigenen Unbarmherzigkeit konfrontiert, die mit dem knallharten Kritiker in mir einherging. Ja, und genau diese Unbarmherzigkeit kehrte sich nun gegen mich selbst.

Und das Fazit meiner Erkenntnisse an diesem Tag formulierte ich wie folgt:

„Ach, die Strenge anderen gegenüber muss ich nun an mir selbst erfahren.

Der Tadel ist am Ausgangspunkt angekommen – eine perfekte Kreisbewegung. So ist doch alles, was man jetzt erlebt, von einem selbst gesät – und Wahrheit lässt sich halt mit keiner Münze kaufen."

Und hat das nicht ein weiser Mann schon vor über zweitausend Jahren exakt auf den Punkt gebracht, indem er sagte: „Richtet nicht, damit ihr nicht gerichtet werdet!"

Nächster Morgen

Ajahn Pasanno war am gleichen Abend wieder abgereist, Ajahn Santa und Anando blieben. Nach dem Essen am nächsten Morgen besprach ich mein Problem mit Ajahn Santa, der mich einfach nur darauf hinwies, sich der Absicht sicher zu sein und diese zu ergründen. Das bestätigte mich zwar in meiner Annahme, half mir aber keinen Deut weiter, und mir wurde klar: Hier bin ich auf mich allein gestellt!

Dann bemerkte ich, dass ich schon wieder versuchte, von einer Autoritätsperson eine Bestätigung, Lossagung oder Absolution zu bekommen, Selbstverantwortung abzugeben, um schließlich das anzunehmen, was mir gesagt wurde, um mich wieder gut zu fühlen.

Nein, diesen Kreislauf wollte ich ein für alle Mal beenden. Ich bedankte mich für seine Ratschläge und machte mich wieder zurück auf meinen Berg.

Auf dem Weg dorthin flüsterte mir eine innere Stimme zu: „Lass die Verstrickungen deines Geistes nicht zur Krankheit deines Herzens werden." Das rettete mich davor, in diesem Zweifel unterzugehen, und verschaffte mir etwas Raum.

„So, mein Lieber", sagte ich zu mir selbst, als ich endlich wieder bei meiner Hütte war, „jetzt gehen wir die Sache mal etwas emotionsloser an", und ein innerer Dialog entfaltete sich:

Also, was ist eigentlich das Schlimmste daran? Na ja, dass sie es alle wissen, und meine Lehrer, allen voran Ajahn Pasanno, würden mich dafür kritisieren und die anderen Mönche auch. Weiter! Mein Selbstbild kommt ins Wanken und meine Arroganz auch, denn ich fühlte mich immer besser als die, die so etwas machten. Weiter! Jetzt kommt dieses Schuldgefühl hoch. Was ist das denn?

Nun erkannte ich, dass ich mich Autoritäten gegenüber immer irgendwie schuldig fühlte. Ich fühlte mich schuldig für meine ‚bösen' Gedanken, für meine Unvollkommenheit, für mein potenzielles Fehlverhalten, und ich fühlte mich seltsamerweise auch dafür schuldig, wenn ich mich groß und in meiner Kraft fühlte.

In meinen Beziehungen zu Autoritätspersonen hatte ich mich immer klein gefühlt. Das war eine eingefahrene Verhaltensweise von mir, die ich meiner katholischen Erziehung in die Schuhe schob und auch meinen damaligen Lehrern. Hatten sie nicht immer etwas an einem zu bemängeln gehabt? War man denn meistens nicht gut genug? Wurde man nicht immer von ihnen in irgendeiner Weise korrigiert und gemaßregelt, kritisiert und zurechtgewiesen oder bewertet?

Dann bemerkte ich, dass ich gerne von bestimmten Autoritäten gelobt werden wollte, aber dieses Lob bekam ich nur, wenn ich das tat, was sie vermeintlich von mir erwarteten.

Das bescherte mir zwar ein gewisses Gefühl der Sicherheit, wurde aber teuer erkauft, weil ich mich in Gegenwart von Autoritätspersonen auch immer klein und unbedeutend machte und, was noch schlimmer war, manchmal meine Überzeugungen hintenanstellte.

Auf diese Weise veräußerte ich meine eigene Kraft und Stärke, projizierte meine eigenen kritischen Bewertungsmaßstäbe auf sie und sah mich dann durch deren Augen bewertet – und so verurteilte ich mich eigentlich selbst!

Diese Verhaltensweisen, in ferner Vergangenheit gelernt und anerzogen und mein ganzes Leben lang geübt, verstand ich nun viel besser.

Ich fühlte mich Autoritätspersonen gegenüber sicher, solange ich das tat, was sie vermeintlich von mir erwarteten. Doch sobald ich irgendwelche Verhaltensweisen ihrerseits registrierte, die ich als Nichtbeachtung oder schlimmstenfalls als Verachtung meiner Person interpretierte, war es vorbei mit dem Gefühl der Sicherheit und ich fühlte mich schuldig dafür, scheinbar irgendetwas unterlassen zu haben.

Plötzlich erinnerte ich mich an eine Situation mit Ajahn Po. Als ich einmal meinen Geldgürtel bei ihm abholte und er ihn mir überreichte, ohne mich dabei anzuschauen, fühlte ich mich sofort schuldig, irgendetwas unterlassen oder sogar falsch gemacht zu haben. Damals dachte ich, er wolle mit der Art, wie er ihn mir überreichte, andeuten, dass ich mich während der Arbeitsperioden nicht genug eingebracht hatte, und er bestrafe mich jetzt mit Verachtung.

Ja, scharf war ich nicht darauf gewesen, dort zu arbeiten, und manchmal hätte ich mich auch gerne davor gedrückt – und jetzt fühlte ich mich erwischt und angeklagt. Interessant!

Da war aber noch mehr, zum Beispiel die Angst, kritisiert zu werden. Wenn man kritisiert wird, heißt das doch, dass man in den Augen anderer etwas falsch oder nicht gut genug gemacht hatte.

Natürlich gibt es auch konstruktive Kritik, die hat aber eine andere energetische Ladung, findet auf Augenhöhe statt und man fühlt sich dadurch bereichert und unterstützt.

Ich sah in Autoritätspersonen vor allem die Macht, die sie über mich zu haben schienen, und war aus Angst vor negativen Konsequenzen bestrebt, mich stets richtig zu verhalten.

Als Reaktion auf Kritik und Maßregelung gab es mehrere Möglichkeiten: Ich fühlte mich schuldig mit einhergehender Reue und Unterwerfung, was mich hoffen ließ, alles würde wieder gut und ich rehabilitiert werden.

Hier entdeckte ich auch einen Rechtfertigungskomplex, der dann anspringt, um gleich im Vorfeld über jeden Verdacht erhaben zu sein.

Aber wenn es mir egal war, was sie von mir dachten, oder ich respektierte sie nicht mehr, war ich auch bereit, zu kämpfen und zurückzuschlagen. Wut, Ärger und offene Aggression waren dann die Mittel der Wahl, um mich zu schützen und um mich nicht klein fühlen zu müssen.

Dann entdeckte ich, dass gewisse Schuldgefühle eine Art Selbstbestrafung waren für all die kleinen, über längere Zeit angehäuften ‚Vergehen'. Manchmal waren es nur ‚böse' Gedanken über etwas oder jemanden, also Dinge, für die ich noch nicht ‚bestraft' worden war und derentwegen ich mich deshalb ganz unbewusst schuldig fühlte. Manchmal waren es vielleicht kleine Fehlverhalten, die niemand bemerkte außer mir selbst und mit denen ich noch grade so davongekommen war.

Mannomann – da öffneten sich ja interessante Räume, und das alles nur, weil ich einer Frau die Hand geschüttelt hatte und noch nicht mal sicher war, ob ich dabei sexuelle Absichten hatte.

„Erinnern Sie sich daran, dass Sie nichts hinter sich lassen können, was Sie nicht durchschaut haben", sagte Nisargadatta, und ich musste ihm beipflichten.

Nun, das war schon allerhand, was (s)ich da zutage förderte, und eine gewisse Ruhe stellte sich wieder in mir ein.

Was wäre denn wirklich das Schlimmste, wenn ich zu dem Schluss kommen sollte, dass ich sexuelle Absichten bei diesem verdammten Händeschütteln gehabt hätte?

Letztendlich müsste ich doch einfach nur durch diesen Prozess der Wiedereingliederung gehen. Hey – was soll's denn!?

Ich fühlte wieder langsam meine Kraft und Stärke zurückkommen, die mit der zurückgeholten Selbstverantwortung einhergingen. Ja, Selbstverantwortung, das war es und ich verstand, warum Buddha immer wieder darauf hinwies, sich selbst eine Insel und ein Licht zu sein.

An diesem Abend hatte ich wieder eine friedliche Meditation und gönnte mir eine Zigarette, die mir Dörm ein paar Tage zuvor zugesteckt hatte.

Diese Erkenntnisprozesse dauerten mehrere Wochen, und als ich das alles so weit verstanden hatte, verarbeitete ich das Erlebte nochmal poetisch:

ZEN – und andere süße Sachen

Nur ein Gedanke, einer,
der ein Konstrukt erbauen kann,
ein Gedankenkonstrukt.

Im unschätzbaren Moment, ja,
JETZT ist alles gut – jetzt gerade!
Oder wo ist die Bedrohung?
Muss etwas gelöst werden?
Jetzt?

Es sind nur Gedanken.
Inhalte aus vergangenen Tagen,
gebündelt, schnell und am Erschaffen.

Westliches Koan für Einsteiger:
‚Wenn ein Gebäude einstürzt,
wer wollte es halten,
ohne Staub anzulegen,
und ohne zerquetschen Leibes?'

Nein, du wendest dich einfach ab und gehst – ja.
Nein, es ist kein Verdrängen,
denn schau, hier ist Selbsterforschung:
Was ist es? Zweifel.
Was liegt darunter? Angst.
Angst wovor? Beherrscht zu werden.
Was ist dann? ... klein, ausgeliefert, schutzlos, machtlos ...

Was ist dann? Kampf ums Überleben,
manchmal Rückzug, manchmal Angriff,
und immer Traurigkeit, aber das Schwert beharrlich in der Hand.

Wann geschah das?
Früher – oft und oft und oft ...
Was hast du gelernt?
Selbstverantwortung!
Gut!

Wie geht's weiter?
Ein tiefer Atemzug (ohne Zigarette),
eine Bewegung des Fußes, das reicht!
Und jetzt?
Stille!

Die fünfte Regenzeit

„Die Sonne geht unter, der Wind weht durch die Bäume
und die Luft schmeckt nach Ewigkeit."

Punna und Awang würden in ein paar Tagen abreisen und fünf weitere Mönche und Novizen anreisen, um hier den kommenden Regen-Retreat zu verbringen.

Eines Morgens bekam ich heftige Kopfschmerzen, von einer Minute auf die andere. Mein Körper fühlte sich schwach und schmerzhaft an, und die Kopfschmerzen steigerten sich zu einem fast unerträglichen Maß. Ich hatte keinen Appetit mehr, auch die wohlwollende Geste von Kun June, mich mit Orangensaft zu versorgen, musste ich ablehnen, denn nur der Gedanke daran erzeugte in meinem Magen einen heftigen Brechreiz.

Ich blieb in einer Hütte nahe der Sala, trank nur Wasser, verwendete das Wort *Buddho* als Mantra bei jeder Ein- und Ausatmung und beobachtete den Schmerz. Der Verdacht auf Malaria wurde durch einen Test nicht bestätigt, und nach zirka fünf Tagen ließ der Schmerz wieder nach, aber Appetit hatte ich immer noch nicht. Jemand meinte, dass ich Denguefieber habe, aber auch das konnte niemand bestätigen. Ich hatte abgenommen und wog nur noch zirka vierundsechzig Kilo.

Zu allem Überfluss bekam ich auch noch starke Zahnschmerzen, und meine linke Wange schwoll an. Es half alles nichts, ich musste zum Zahnarzt.

So fuhr ich mit dem Bus zurück nach Wat Pah Nana Chat und ging ins Krankenhaus. Dort lag *Ajahn Schan*, einer der Seniormönche von Ajahn Chah. Er war Anfang siebzig, bekannt für seinen strengen Führungsstil als Abt in seinem Kloster. Ihm war eine Leberzirrhose diagnostiziert worden. Er aß gerne eine bestimmte Fischart, die in den Reisfeldern lebte, und Thais gingen mit Herbiziden nicht gerade sorgsam um. Diese Giftstoffe sammelten sich in den Fischen und man vermutete, dass das der Grund für die Zirrhose war, und er wusste, dass er bald sterben würde. Ich besuchte ihn in dieser Zeit einige Male, massierte ihm die Beine und freute mich, einem sterbenden Seniormönch diesen letzten Dienst erweisen zu können.

Er war sehr freundlich und geduldig, empfing weiterhin Menschen, die ihm ihre Fragen und Probleme vortrugen. Ich schenkte ihm mein wollenes Querhemd, das mir meine Mutter gestrickt hatte. Er meinte, ich solle doch später zurück nach Deutschland gehen, um das *Dhamma* zu lehren. Wenn überhaupt, lag das noch in weiter Ferne.

Mein vereiterter Zahn wurde gezogen, und ich verabschiedete mich von Ajahn Schan in dem Wissen, dass ich ihn das letzte Mal lebend gesehen hatte.

Am nächsten Nachmittag fuhr ich mit den anderen Mönchen zurück nach Puh Jom Gom. Der Seniormönch war *Ajahn Sango* aus Österreich, *Ajahn Visoti* kam aus England, dann kam ich, nach Seniorität aufgelistet, dann der Kanadier *Kanto,* der Australier *Sujat* und ein Novize aus El Salvador namens *Nilano.* Ich kannte sie alle schon und freute mich darauf, mit diesen Freunden die nächsten drei Monate zu verbringen – mein fünftes Mönchsjahr.

Beim Nachmittagstee besprachen wir alles Nötige. Nachdem wir das geregelt hatten, bezog ich eine Hütte in der Nähe des kleinen Waldes, von wo ich nur zirka dreißig Minuten zur Sala brauchte, richtete mich ein und freute mich auf die kommenden drei Monate.

Nicht weit von meiner Hütte war mein Badeplatz. Er bestand aus drei in Felsen liegenden Becken. Das eine war zirka zwei Meter tief und lag im Schatten, deshalb war das Wasser darin immer kühl. Von dort aus floss das Wasser in ein weiteres Becken, das nur halb so tief war und im Halbschatten lag, sodass das Wasser dort immer warm war, und zu guter Letzt floss es weiter in eine Vertiefung, die tatsächlich wie eine Badewanne aussah und sich in der prallen Sonne befand, sodass das Wasser darin fast immer heiß war. Wow, dachte ich, und das mitten in der weiten Wildnis. Aber wo sonst hätte die Natur so etwas hervorbringen können?

Obwohl wir sechs aus verschiedenen Ländern stammten, hatten wir kaum Konflikte miteinander. Die Hierarchie war geregelt, die *Vinaya,* die Regeln für Mönche und Novizen, waren dargelegt und so gestalteten sich die Tage in der mir bekannten Art und Weise.

Die Regenzeit war nun in vollem Gange und mindestens einmal am Tag prasselte ein heftiger Platzregen nieder. Manchmal musste ich die Grasbedeckung meiner Hütte etwas ausrichten, aber ansonsten hielt sie dicht. Das Regenwasser brachte die Dämme zum Überlaufen und wenn nach einem Regenschauer die Sonne wieder durch das Blätterwerk strahlte, schien es so, als ob die vielen Wassertropfen alles wie durch ein Vergrößerungsglas verstärkten.

Achtsamkeit und Konzentration verfeinerten sich, zum einen durch die formale Meditation und zum anderen durch das bloße Hiersein.

Immer mal wieder kamen zahlreiche Gedanken hoch, die sowohl in die Vergangenheit als auch in die Zukunft zielten, inklusive der damit verbundenen Geschichten. Vieles wurde wieder deutlich in Erinnerung gerufen, aber besonders die Dinge, die konfliktreich waren.

Warum war das eigentlich so? Vielleicht deshalb, weil wir Menschen ein großes Bedürfnis nach Sicherheit und Harmonie haben, und ungelöste Themen bieten alles andere als Harmonie, und somit drängten sie sich immer wieder ins Bewusstsein, um vielleicht gelöst zu werden. Oft wird der Geist von diesen Themen besucht, wenn wir ‚anhalten', das heißt, keinem zielgerichteten Tun nachgehen.

Auch in der Meditation kamen oft Erinnerungen aus der Vergangenheit hoch, oder verschiedene Vorstellungen gingen in die Zukunft, und damit musste ich einen Umgang finden, um nicht daran hängenzubleiben. Ich sagte ihnen: *Jetzt nicht!* Und diese beiden ‚Zauberworte' halfen ungemein.

Oft lief ich durch die Gegend, einfach so, ohne Ziel, und alles, was ich anschaute, empfand ich als vollkommen. Ja, das war es, vollkommen. Jede Rille auf einem Stein, jede Vertiefung in den Felsen, jeder krumme Baum und der Lauf des Wassers waren aus Ursachen und Wirkungsprinzipien entstanden, und ich erkannte, dass die Dinge alle miteinander verbunden und nicht voneinander getrennt waren.

Manchmal stellten sich Bezüge zu mir und meinem Leben her, nicht dass ich absichtlich darüber nachdachte, sondern es geschah einfach so.

Es gab da diese drei kleinen, aber alten Bäume, die in einer Felsspalte eng zusammenstanden. Ihre Wurzeln waren ineinander verflochten, und so konnten sie dem Wind und Wasser besser standhalten. Immer wenn ich sie sah, beschlich mich eine leise Traurigkeit, bis mir eines Tages klar wurde, dass ich sie mit zwei alten Freunden in Verbindung brachte.

Wir drei waren uns damals auch gegenseitig eine gute Stütze und dem ‚Wind und Wasser des Lebens' ausgesetzt. Wir waren dabei, unseren Platz in der Welt zu finden, uns zu orientieren, zum Mann zu werden, und teilten unsere tiefsten Herzensangelegenheiten miteinander – und manchmal sogar die Mädels.

Aber Thomas wurde heroinabhängig; man fand ihn zwei Tage vor Weihnachten tot in seinem Fiat 500 in einer Seitenstraße des Ku'damms in Berlin. Er starb dort alleine in einer kalten Nacht an einer Überdosis Heroin.

Als ich damals in der WG lebte, wollten wir ihn retten, und er sollte bei uns wohnen, bis der Entzug vorüber war. Als wir in seinem Auto in das kleine Dorf fahren wollten, wo ich in der WG lebte, meinte er an einer Ampel, ich solle rechts abbiegen. Das war die Richtung, wo man sich Heroin beschaffen konnte. Als ich aber weiterfahren wollte, zog er einfach den Schlüssel aus dem Schloss. Holly haben wir ihn genannt, und ich habe ihn geliebt. Die Beerdigung war furchtbar – so viele junge Menschen, die um ihn weinten, er war gerade einmal einundzwanzig Jahre alt geworden.

Und dann war da noch Rainer. Wir wohnten zusammen in der WG, auch ihn liebte ich. Wir liefen oft durch die Wälder, spielten Gitarre, rauchten Joints und teilten unsere tiefsten Gedanken miteinander. Doch eines Tages kam auch er und meinte zu mir: „Gestern haben wir gegiggelt", was bedeutete, dass er sich seine erste Heroinspritze in den Arm gejagt hatte.

Als ich nach Berlin ging, verloren wir uns aus den Augen, und auch er starb Jahre später an einer Überdosis. Ich war der Baum, der noch übrig war.

Eines Tages bekam ich Post und fand in dem Briefumschlag das Sterbebild meiner Cousine Sylvia. Das beiliegende Schreiben meiner Mutter erklärte, dass sie sich in ihrem Haus erhängt hatte. Sie hatte Multiple Sklerose im fortgeschrittenen Stadium gehabt.

Sie wurde gerade einmal sechsunddreißig Jahre alt. Ihr Vater hatte sie gefunden und vom Strick abgeschnitten.

Was manche Menschen erleben mussten, dachte ich, und eine tiefe Traurigkeit stieg in mir auf. In diesem Leben war alles möglich, es war schon so viel geschehen, und alles war in der Erinnerung abgespeichert.

Buddha hatte die *Betrachtung über den Tod* als sehr bedeutend hervorgehoben.

Man solle sich mindestens dreimal am Tage daran erinnern, dass er auch zu einem selbst kommen wird. Zwar wisse man nicht, wann, wo und wie – aber kommen werde er ganz bestimmt.

„Pflücke nicht die bunten Beeren am Wegesrand. Noch bevor du es bemerkst, fällt die Nacht über dich herein", war Ajahn Chahs Rat.

Dieser Hinweis wurde öfter zitiert, um uns an diese Tatsache des Lebens zu erinnern und darauf zu achten, sich nicht den oft sinnentleerten Vergnügungen dieser Welt hinzugeben, sondern sich um das Wesentliche zu kümmern, bevor man sterben wird.

Da war ich wieder bei der kontemplativen ‚Arbeit' eines Mönchs angelangt.

Hier in der Natur sah man jeden Tag etwas Lebendes oder Totes oder Sterbendes. Leben und Tod lagen immer dicht beisammen. Einmal wollte ich einer sterbenden Schlange helfen, an der Ameisen schon überall nagten, aber da gab es nichts mehr zu tun.

Buddha empfahl angesichts unvermeidlicher Ereignisse eine gleichmütige Haltung einzunehmen, indem man deren wahre Natur untersucht und sie im Licht der drei Daseinsmerkmale von Unbeständigkeit, Leidhaftigkeit und Unpersönlichkeit betrachtet.

Der Gleichmut wurde neben der Achtsamkeit mit dem zweiten Flügel eines Vogels verglichen, der beide zum Fliegen braucht.

Vergänglich sind alle Erscheinungen

Der Regenzeit-Retreat war schon über die Hälfte ins Land gezogen, als ich wieder die Möglichkeit erhielt, mich für zwei Wochen ganz zurückzuziehen.

Ich zog mich also in meine Hütte zurück, samt einer Ration Kaffee und Tabak, die mir Dörm zugesteckt hatte. Ich freute mich auf diese Zeit – mal wieder ganz alleine zu sein, und wer wusste schon, was passieren würde?

Am ersten Tag nach meiner Almosenrunde entlang des Mekongs machte ich Ajahn Sangwaan meine Aufwartung. Ich freute mich, ihn wiederzusehen, wir tauschten ein paar Freundlichkeiten aus, und dann meinte er, ob ich nicht Zeit hätte für eine kurze Bestattungszeremonie, denn am Ufer des Mekong sei eine Leiche angespült worden und sollte verbrannt werden. Es wurde vermutet, dass sie von weit her den Fluss heraufgetrieben war.

Diese Einladung konnte ich nicht ausschlagen, und so bahnte sich der Tod schon wieder seinen Weg in meine Betrachtung. Zum Glück hatte ich schon Monate vorher die Pali-Texte für solche Zeremonien gelernt.

Nach dem Essen in Ajahn Sangwaans Kloster gingen wir und noch zwei Novizen zum Ufer des Mekong. Einige Dorfbewohner hatten schon Holz aufgeschichtet, Kerzen und Räucherstäbchen besorgt und das, was von einem Menschen noch übrig war, auf den Holzhaufen gelegt. Der Kopf fehlte komplett, schwer erkennbar waren noch Stücke vom Oberschenkel, keine Beine, keine Füße, auch die Unterarme fehlten. Am Rumpf hingen noch ein paar Stofffetzen. Fische und anderes Getier hatten sich schon ihren Teil geholt, und als der Scheiterhaufen in Brand gesetzt wurde, stimmten Ajahn Sangwaan und ich, Kerzen und Räucherstäbchen in der Hand, unisono zum Gesang an: *Anicca vata sankhara… „Vergänglich sind alle Erscheinungen. Sie entstehen und vergehen wieder. Nachdem sie entstanden sind, kommen sie zu einem Ende. Wenn sie Frieden gefunden haben, ist das ein großer Segen.“*

Wir gingen zurück in sein Kloster und ich erklärte, dass ich die nächsten Tage auf Retreat gehen und schweigen würde. „Wenn du etwas brauchst, Dhammavaro, dann bist du hier jederzeit herzlich willkommen“, sagte er zu mir, als ich mich zum Abschied vor ihm verbeugte.

Nachdem ich den steilen Weg über Felsen hinter mir gelassen hatte, stand ich wieder auf dem Hochplateau und atmete tief durch, betrachtete das 360-Grad-Panorama und freute mich, am Leben zu sein.

An meiner Hütte angekommen, rauchte ich erst mal eine Zigarette und gönnte mir eine Tasse Kaffee. Immer noch beeindruckt von dem gerade Erlebten, musste ich erst mal das Folgende aufschreiben:

Die Schergen des Todes …

… Alter und Krankheit rollen über grüne Wiesen.
Die Elemente trennen sich unberührt von der Ewigkeit.
Die Sonne scheint matt durch dunkle Wolken, dahinter blauer Himmel.
Bunte Blumen legen ihre Blätter brav zur Erde nieder.
Bienen und Schmetterlinge bleiben geduldig zu Hause.
Ameisen beißen sich an Wurzeln fest.
Das laute Lachen glatzköpfiger Mönche,
die dicken Bäuche schwangerer Frauen,
der Schrei eines Kindes,
zerfetzte Eingeweide als Hauptspeise für die Geier.
Wasser fällt aus Wolken und als Nebel steigt es von heißen Sandsteinfelsen.
Aber was soll's?! Alles geschieht – einfach so.

Was hält das Leben zusammen?
Die Erde bleibt ungerührt, aber nicht unberührt.
In welche Richtung wird man sich bewegen?
Am Horizont sammeln sich dichte Winde
und der Himmel scheint so fern, und doch ist immer alles da.
Entfernung reduziert sich auf einen Geistmoment
und gewirkte Taten fragen nach einer Antwort.

Oben und unten ist nur eine Frage des Standorts,
dazwischen ständige Bewegung.
Kreisläufe verschieben ihre Laufbahnen –
endlose Ketten von ursächlichen Verstrickungen.
Der alte Baum lacht.
Ein Tiger liegt hungrig in seiner Höhle.
Seifenblasen bleiben ungepflückt – obwohl alle danach greifen.
Ein Stein bricht vom Felsen und doch gehört auch er weiterhin dazu.
Scheinbar gibt es kein Entrinnen.

Der Tod lacht sie alle aus – und manche lachen über ihn, und zwar laut!
Das ewige Hier und Jetzt ist die Zuflucht des Einsiedlers,

und die kleine gelbe Blume am Wegesrand streichelt zärtlich seine Füße.
Wir sind doch alle Freunde!

Was haben die Blätter mit den Wurzeln zu tun,
meine Nieren mit dem Blutkreislauf und mein Atem mit dem großen Wind?
Wenn ich mich jetzt hinsetze,
steht da nicht irgendwo auf dieser Welt jemand auf?
Und wenn ich sterbe – ob da wohl grade jemand geboren wird?

Die Lotusblüte erhebt sich aus dem Schmutz und Morast der Unterwelten
und durchstrahlt mit ihrer Reinheit das ganze Universum.
Eine Frage bleibt: Warum das alles?
Und das Lächeln des Buddhas gibt darauf die Antwort!

Das Mysterium entfaltet sich

Ich wollte mich in diesen zwei Wochen treiben lassen, keinen festen Meditationsplan einhalten – einfach so dahinfließen. Ich hatte mir nur drei Termine gesetzt: morgens auf Almosengang zu gehen, mir nachmittags ein heißes Getränk zuzubereiten und anschließend mein Bad zu nehmen.

Das Mysterium hatte meine Einladung, sich mir zu offenbaren, und ich hoffte, auch die seine zu haben.

Am nächsten Morgen erwachte ich nach kurzem Schlaf, die Stimmen des Dschungels waren noch nicht in vollem Aufruhr, als ich direkt neben meinem Moskitonetz ein Strahlen spürte und mir einbildete, es sogar sehen zu können. Es war kein diffuses Strahlen, sondern kam von einer ganz bestimmten Stelle.

Eine unglaubliche Weichheit und Sanftheit strahlte in meine Richtung und strömte auf meinen Körper, tanzte leise um mich herum, umspülte mich mit freundlichem Wohlwollen, drang schließlich durch jede Pore ein, füllte mich ganz aus, und Tränen liefen aus meinen Augen. Wieder einmal fühlte ich nur Weichheit, Sanftheit, ja, das Wort Liebe kam mir in den Sinn, aber kein Wort hätte es je beschreiben können. Ich fühlte mich absolut und bedingungslos angenommen, so wie ich war.

Nach einer Weile verschwand es wieder, und ich machte mich erfüllt auf nach

Kanta Qiuan. Ich musste mich zurückhalten, die auf meinem Weg liegende Schlange nicht zu streicheln – aber ich werde nie herausfinden, ob sie mir nicht ihren Kopf zärtlich an meine Wangen gelegt hätte.

Als ich zurückkam, war ich immer noch beseelt von diesem Erlebnis. Mein Geist wurde immer ruhiger und ruhiger und stundenlang konnte ich in der Meditation verweilen.

Um die Nachmittagsmeditation nicht durch Wasserkochen unterbrechen zu müssen, hatte ich am nächsten Tag den Impuls, mir mein heißes Wasser gleich morgens zu kochen und es in eine Thermoskanne zu füllen.

Als ich am Nachmittag in Meditation saß, genau zu dem Zeitpunkt, an dem ich normalerweise mein Kaffeewasser kochte, hörte ich draußen plötzlich ein lautes Krachen und Brechen und den Aufschlag von etwas Schwerem. Ich ging vor meine Hütte und sah einen riesigen Ast auf meiner Feuerstelle liegen, genau da, wo ich jetzt eigentlich gesessen hätte, wäre ich nicht dem morgendlichen Impuls gefolgt. Der Ast hätte mich vielleicht nicht erschlagen, aber doch schwer verletzt. Puh Jom Gom hatte es in sich und ich fühlte mich so sicher und beschützt und verbunden wie nie zuvor. Ich dankte allen Wesen, die hier auf mich aufpassten, und rezitierte als Dank auf Pali die *Mettasutra,* ein Text über die liebende Güte.

Ich fühlte mich mit den Bäumen, den Felsen, den Schlangen, den Mücken verbunden – *alles* gehörte dazu – ich auch, und laut sagte ich vor mich hin: „Ich würde gerne mal ein paar Fotos machen!“ Naja, ich weiß, man kann nichts festhalten, aber egal, das wollte ich halt.

Am letzten Tag meines Retreats ging ich ein letztes Mal zu meinen Pools und hörte plötzlich ein seltsames quakend-bellendes Geräusch. Ich folgte ihm und stand dann einige Meter hinter einem Felsen. Als ich unwillkürlich auf den Boden schaute, lag da eine gelbe Schachtel, worauf stand: Kodak Gold 2000. In der Schachtel befand sich eine schwarze Dose und darin war ein Film.

Am nächsten Tag ging ich wieder zur Sala, es war Wan Phra.

Kun June meinte auf meine Frage hin, dass, soweit sie wisse, niemand einen Film verloren habe. Aber in ein paar Tagen komme eine Freundin von ihr und diese könne eine Kamera mitbringen. Sie bot mir auch an, für die Abzüge zu bezahlen. Die Bilder gelangen und ich habe sie heute noch. Was soll man noch dazu sagen?!

Am Nachmittag trafen wir uns alle zur Teatime. Nein, es gab keine besonderen Geschehnisse, nichts musste getan werden außer dem, was getan werden musste, und das beschränkte sich auf das Notwendigste. Und schon bald waren die drei Monate vorbei.

Es war der letzte Tag des Regen-Retreats, und ich hatte nun meine fünfte Vassa absolviert und konnte gehen, wohin ich wollte. Aber ich wollte noch hierbleiben.

Als wir an diesem Morgen mit dem Essen fertig waren, kam *Nilano,* der Novize, zu mir und nahm meine Schale, um sie zu waschen. Das war der Service, der einem Fünf-Vassa-Mönch zuteil wurde. Urplötzlich überkam mich ein seltsames Gefühl der Einsamkeit und mir wurde bewusst, wie viel Zeit verstrichen war. Es fühlte sich nach Abschied an, auch wenn es letztendlich kein wirklicher Abschied war.

Zum Kathina-Fest kamen wieder viele Besucher. Ich freute mich, Ajahn Pasanno wiederzusehen. Ich erzählte ihm von meinem ‚Kampf' mit den Herzenstrübungen, und er meinte nur: „Well done."

Als das Fest vorbei war, blieben Punna, mein kanadischer Freund, und ich alleine in Puh Jom Gom zurück. Er zog wieder in die Hütte am kleinen Berg und ich unter einen Felsüberhang in der Nähe der großen Höhle. Es war nun Ende Oktober und wir schrieben das Jahr 1994.

Mike, der ja *Gambhiro* hieß, ging auf Wanderschaft, reiste nach Indien und lebte eine Weile in einem Zweigkloster in Neuseeland, reiste zurück nach Asien und entrobte schließlich in einem Kloster in Malaysia, und ich sollte erst viele, viele Jahre später wieder von ihm hören.

Ashin ging in das strenge Kloster seines japanischen Landsmannes.

Chandho ging auch auf Wanderschaft und besuchte einige bekannte Meditationsmeister.

Einer dieser Meditationsmeister hieß *Ajahn Kaib.* Er war bekannt für seine tiefen Meditationen und seine Weisheit, und Chandho lud mich einmal ein, ihn zu besuchen.

Dort hatte ich einen Traum: Kaib ist Laie, verheiratet und hat zwei Söhne. Der eine Sohn ist siebzehn und sieht aus wie sieben, der andere Sohn ist sieben und sieht aus wie siebzehn.

Für seine Frau hatte er einen Liebhaber besorgt, damit sie auch ohne ihn den Freuden der Sinnlichkeit nicht entsagen musste. Ich stehe in seiner Küche und er kommt herein, lächelt, witzelt, und plötzlich schaut er mich sehr ernst an und sagt: „Dhammavaro, wenn dich der Ärger überrollt, solltest du mehr

Samatha[6]-Meditation üben." Dann sehe ich, wie Chandho und Kaib in einen Pickup einsteigen, auf der Ladefläche steht ein leerer Stuhl. Und als das Auto abfährt, verstehe ich, dass der Stuhl für mich gedacht war.

Der Weg in die Freiheit

So, da saß ich nun als frisch gebackener Fünf-Vassa-Mönch und überlegte mir, wohin mich dieser Übungsweg bislang gebracht hatte. Also erleuchtet war ich noch nicht, das war klar, und niemand hatte behauptet, dass es leicht wäre. Ich hatte ein fundiertes Wissen über die Lehre Buddhas und die Meditation erlangt. Ich hatte einige Erlebnisse gehabt und Erkenntnisse offenbarten sich mir, von denen ich nicht dachte, dass es sie überhaupt gab.

Ich hatte in der Rückschau eine weltliche Karriere an den Nagel gehängt, was ich nie bereut habe, denn zum Glück hatte ich schon früh in Berlin diese Ernüchterung und die Einsicht in die Unbeständigkeit gehabt.

Es hatte sich mir eine neue Welt offenbart, in der ich gerne lebte, und die Mönchsrobe fühlte sich so vertraut an, zuweilen wie eine zweite Haut. Warum war das eigentlich so? Einige Mönche fühlten sich darin noch nach Jahren unsicher und fremd.

Da erinnerte ich mich an eine Begegnung mit einem älteren Thai-Mönch, der zu mir sagte: „Dhammavaro, wir haben schon in früheren Leben zusammen als Mönche praktiziert." Und das sagte er sehr ernsthaft zu mir, und wenn er es nicht wirklich ‚gesehen' hätte, hätte er es nicht sagen dürfen, denn dann hätte er gegen die Regel verstoßen, keine übermenschlichen Kräfte proklamieren zu dürfen, wenn er sie nicht tatsächlich besaß.

Aber an dieses frühere Leben hatte ich keine Erinnerung mehr.

Also, wo war ich angekommen, was hatte ich erreicht? Und dann erkundete ich, was Buddha dazu sagte: Buddha lehrte einen Weg in die Freiheit, und der könne stufenweise erfolgen.

Er betonte immer wieder, dass es in keiner Form der Existenz ein sicheres Verweilen gibt, auch nicht im Bereich der Götter. Denn alles, was aufgrund von Bedingungen entstanden sei, müsse auch wieder aufgrund von Bedingungen

---

6 Samatha: die Beruhigung des Geistes mit einem Meditationsobjekt

vergehen. Buddha entdeckte einen ‚Bereich', den er *Nirwana* nannte. Er wird auch das Todlose genannt, wo es weder Geburt noch Tod gebe, keine Bedingungen vorherrschten und ewiger Friede sei. Um dahin zu gelangen, müssten allerdings die ‚Dinge' ablegt werden, die uns an die verschiedenen Existenzbereiche fesseln.

Insgesamt erkannte Buddha zehn Fesseln, die uns an Existenzen binden:

Da gab es zum einen den *Persönlichkeitsglauben* und die damit einhergehende Identifikation mit allem, was zu dieser Person gehöre, wie der Körper, Gedanken, Gefühle, Wahrnehmungen und Bewusstsein.

Buddha hatte angeraten, die Tatsache der Vergänglichkeit oft zu kontemplieren, damit man erkennt, dass man letztlich keine Kontrolle über diese Dinge hat, die man für sein Selbst hält, und nicht das sein kann, was sich ständig verändert.

Die zweite Fessel ist das *Hängen an Riten und Ritualen* in dem Glauben, dass das Ausüben derselben uns irgendwie weiterhelfen oder uns ‚retten' könnte.

Die dritte Fessel ist *der Zweifel* an dem Übungsweg und das ständige Zaudern und Hadern damit, und der Übende habe somit noch keine Gewissheit, ob das wirklich ein ‚Weg' für ihn sei.

Es gab noch sieben weitere Fesseln, die einen an die Existenz binden würden, aber Buddha garantierte, dass einem, wenn man diese ersten drei Fesseln durchschaut und abgelegt habe, eine Wiedergeburt in den unteren Bereichen, wie dem der Tiere, der hungrigen Geister, der zornigen Götter oder der Höllenbereiche, für immer erspart bleiben würde.

(Aber das bezog sich auch auf dieses Leben: Es gebe auch keine ‚psychologische Wiedergeburt' mehr in diese Bereiche. Wenn wir zum Beispiel Qualitäten wie Angst, Gier und triebgesteuertem Verhalten folgen, würden wir gefühlt im Bereich der Tiere ‚wiedergeboren', wenn Geiz, Missgunst und maßlose Habgier vorherrschen, im Bereich der hungrigen Geister, wenn Hass und kämpferische Wut unser Denken und Handeln bestimmen, im Bereich der zornigen Götter, und wenn unerträgliches Leiden vorherrscht, in den verschiedenen Höllenbereichen.)

Hat man diese ersten drei Fesseln abgelegt, wird diese Erkenntnisstufe als *Sotapanna* oder *Stromeintritt* bezeichnet, und ein sogenannter ‚Stromeingetretener' habe noch maximal sieben weitere Leben in den oberen Bereichen und werde dann schließlich *Nirwana* realisieren.

Wenn man neben diesen drei Fesseln noch die nächsten zwei, nämlich Habgier und Ärger, zur Hälfte reduziert habe, werde das *Sakitagami* genannt, und wenn man die ersten fünf Fesseln komplett hinter sich gelassen habe, war das die Erkenntnisstufe eines *Anagami,* dessen einzige Anhaftung noch in meditativen Erlebnissen der Feinstofflichkeit verschiedenster Art bestehe. Ein Erwachter oder Erleuchteter wurde *Arahant* genannt. Er war frei von allen zehn Fesseln und haftete an nichts mehr an. Er war frei.

Nun fragten sich einige von uns, auf welcher Erkenntnisstufe wir denn angelangt seien, wenn überhaupt auf einer, und ich fragte mich das natürlich auch.

Der sogenannte *Stromeintritt* war das große Ziel, und so überprüfte ich meine Erlebnisse, Meditationen und Erkenntnisse daraufhin. Ja, ich hatte oft erlebt, dass sich meine Gedanken und Gefühle änderten, und auch das Unpersönliche daran hatte ich erkannt. Auch den Körper hatte ich zu einem gewissen Maße durchschaut und gesehen, dass er ein Teil der Natur war und ich da gar keine Kontrolle über ihn hatte und ich nicht der Körper sein konnte.

An Riten und Rituale habe ich noch nie geglaubt. Klar steckte ich ab und zu Räucherstäbchen an, verneigte mich traditionsgemäß vor Buddha-Figuren, aber glaubte nie, dass das alles eine besondere Kraft habe und mich irgendwohin bringen würde.

Ich weiß nicht, warum ich diese Sicherheit fühlte, aber ich konnte keine Zweifel in mir entdecken über das, was der Buddha lehrte. Es war einleuchtend, stand zur Untersuchung und Überprüfung frei, es gab nichts zu glauben, und ich hatte mit dem Übungsweg bislang gute Erfahrungen gemacht.

Weiterhin würde ein Stromeingetretener ein tadelloses moralisches Verhalten an den Tag legen und könnte nicht absichtlich töten, lügen oder stehlen. Allerdings wären das Wollen und der Ärger, gemäß seiner Charakterstruktur, noch vorhanden, was mich etwas beruhigte.

In welchem Maß mussten diese Erkenntnisse vertieft sein und wie sollte sich das anfühlen?

Und war das Maß, das ich in mir fühlte, ausreichend, um mich in Sicherheit zu fühlen, und mit der Erkenntnisstufe des Stromeintritts übereinstimmend? Das konnte mir natürlich niemand sagen!

Ich glaube, es war Ajahn Sumedho, der einmal sagte: „Ein ‚Stromeingetretener' ist nicht etwas, das man ‚werden' kann, sondern etwas, worüber man reflektieren soll."

Nun, ob ich wollte oder nicht, ich musste diese Fragen ruhen lassen, hatte sie aber im Blick, auch das, was Ajahn Sumedho dazu sagte, und ich lebte einfach mein Leben als Mönch weiter und war noch zufrieden damit.

Leben, einfach und leicht

Punna und ich verstanden uns sehr gut, und es war angenehm, mit ihm hier zu sein. Er war sehr ‚laid back', wie die Kanadier sagen, hatte seinen eigenen, trockenen Humor, redete nicht viel und wenn, dann hatte es Hand und Fuß.

Er hatte ein Jahr nach mir ordiniert und wollte vielleicht irgendwann nach Kanada zurückgehen, um in einer Einsiedelei zu leben, die ein Laienlehrer dort vor vielen Jahren gegründet hatte. Wir verlebten ruhige Monate in Puh Jom Gom, einfach und leicht.

Als ich eines Tages nach dem Nachmittagsdrink zu meiner Höhle ging, unter deren Felsüberhang ich die Tage verbrachte und auch manche Nächte, sah ich von Weitem einen Ast auf dem Weg liegen. Aber weit und breit war kein Baum, von dem er hätte gefallen sein können. Als ich dann so auf drei Meter herangekommen war, erkannte ich, dass dieser ‚Ast' eine Kobra war.

Sie hatte mich schon lange gehört und blieb einfach liegen, kam mit dem Kopf ein bisschen hoch und war in keiner Weise alarmiert, ich auch nicht.

Da gab es einen Text auf Pali, den ich anstimmte, mit dem ungefähren Inhalt: ‚Meine Freundlichkeit richtet sich auf alle Wesen, auf die mit vier, auf die mit zwei und auf die ohne Beine, meine Freundlichkeit strahlt in alle Richtungen aus …'

Plötzlich zuckte es nur und sie verschwand in Richtung meiner Höhle. Natürlich hatte sie mich erkannt, wusste, wie ich roch, kannte meine Bewegungen, und vor allem wusste sie, dass ich keine Gefahr für sie war. Ich mochte diese kleinen Begegnungen.

Aber es gab auch Begegnungen, die ich nicht so mochte. Eines Nachts erwachte ich erschrocken, weil ich an meinen Füßen etwas Krabbelndes und Beißendes wahrnahm. Meine Taschenlampe hatte ich immer griffbereit neben mir liegen, und als ich den Strahl des Lichts auf meine Füße richtete, sah ich ein Gewimmel von diesen kleinen Ameisen. Ein Bambusast hatte die ölbeschmierten Tücher überbrückt und so fanden sie ihren Weg in meine Hütte. Sie kamen zu Abertausenden und es gab da nur eins zu tun – abhauen. So nahm ich meine

Roben, meine Schale, eine Decke und fand einen Schlafplatz auf meinem Gehpfad. Diese Ameisen räumten so richtig auf, jeder tote Käfer und anderes Getier, was da irgendwo in einer Ritze meiner Hütte lag, wurde von ihnen geholt, und als ich am nächsten Tag nach der Mahlzeit wieder zurückkam, waren die Ameisen verschwunden und die Hütte gesäubert.

In letzter Zeit wurden hier Bäume in Brand gesteckt. Einmal musste ich einige Feuer mit einem Besen ausschlagen, weil sie sich sonst ausgebreitet hätten.

Dann kam mir die Idee, große Bäume zu ‚ordinieren', um sie so zu schützen.

Nach dem Essen waren wieder einmal viele Kinder im Kloster, und ich fragte, ob sie Lust hätten, mir dabei zu helfen. Und ob sie Lust hatten! Wir nahmen Kerzen, Räucherstäbchen und ein paar alte Roben und legten sie um die Bäume, ich sang etwas auf Pali, ein Räucherstäbchen wurde dem Baum in die Rinde gesteckt und so ordinierten wir einige. Niemand würde sich jetzt noch trauen, diese Bäume zu fällen oder irgendwie anzustecken.

Zurück im Kloster erzählte ich den Kids, dass es im deutschen Winter sehr viel Schnee gebe, denn hier war auch gerade Winter, allerdings bei einer Tagestemperatur von fünfundzwanzig bis achtundzwanzig Grad. Aus irgendeinem Grund fingen alle Kids plötzlich an zu kichern und drehten sich leicht verlegen und verschämt zur Seite. Zum Glück war Dörm dabei und ich lernte etwas über die Tücken der thailändischen Sprache kennen. Das Wort für Schnee ist Hima – kurzes a. Ich sagte aber Himaaa – langes a, was dem Wort die Bedeutung von ‚Geschlechtsteil eines weiblichen Hundes' gab. Na toll, und davon gab es im winterlichen Deutschland viele, so meine Worte.

Ich machte an einigen Tagen etwas weitere Ausflüge in der ganzen Gegend. Die Luft war klar, überall blühte es, und ein tiefes Wohlsein legte sich um mich herum.

Und so verlebten Punna und ich viele Monate in harmonischem Einklang.

Dann entdeckte ich diese Würgefallen unter einem Stein versteckt. Eine in hohlen Bambus gelegte Schlinge mit einem Köder versehen lockte die Eich- und Erdhörnchen an, die dann darin, sobald sich die Schlinge um ihren Hals gezogen hatte, erbärmlich erstickten. Ich war mir nicht sicher, was zu tun sei. Lebten die Fallensteller wirklich davon? Oder legten die Kuhjungen, die hier ab und zu durchzogen, sie einfach nur aus, weil sie sonst nichts Besseres zu tun hatten? Ich entschied mich für die Erdhörnchen und zertrat alle Fallen.

Plötzlich, wie aus heiterem Himmel, holte mich mal wieder die Vergangenheit ein. Während einer Meditation züngelte vor meinem inneren Auge ein Feuer empor. Darinnen sah ich die schmerzverzerrten Augen und Münder von zwei Kakerlaken und wurde an eine Untat erinnert, die ich wirklich begangen hatte.

Als ich damals als Tourist auf Koh Samui war, erschlug ich, angetrunken wie ich war, mit meinem Messer zwei Kakerlaken und warf sie noch halb lebend in ein Feuer. Jetzt sah ich das nochmal sehr deutlich, war peinlich berührt, entschuldigte mich bei ihnen und dem restlichen Universum mit dem Versprechen, so was nie wieder zu tun.

Die folgenden Wochen rettete ich jeden Käfer, der im Wasser nicht mehr weiterkam. Ich fand einen zappelnden Fisch auf dem Weg liegend, ein Angler hatte ihn wohl verloren, und ich brachte ihn zum Fluss und rettete noch so manch anderes Tier. Das war für mich ein Ausgleich für diese Missetat vor über acht Jahren und ich fühlte mich gut damit. Wieder einmal begriff ich, dass alles, was man absichtsvoll tat, im großem Bewusstseinsraum abgespeichert und nicht vergessen war.

Eines Tages ‚sah' ich in Meditation, vor meinem inneren Auge, zwei mir gut bekannte Mönche das Hochplateau heraufkommen. Ich dachte, es seien einfach nur Bilder, die manchmal durch den Geist ziehen, bis die beiden plötzlich vor meiner Hütte standen.

Ich war sehr überrascht über dieses ‚Sehen' und eine der Fragen, die oft mantragleich gestellt wurde, war: „Ist der Körper im Bewusstsein oder ist Bewusstsein im Körper?"

Ich hatte schon viel davon gehört, dass Mönche ‚sahen', was irgendwo geschehen würde. Ein Thai-Mönch sagte mal zu mir: „Wenn du in das Kloster von Ajahn Alieno kommst, weiß er sofort, was du in deinen Taschen hast, egal, wo er gerade im Kloster ist."

Ich erklärte es mir so: Wenn sich Bewusstsein ausweiten würde, könnte man eben mit dem inneren Auge Dinge wahrnehmen, egal, wie weit sie weg waren.

Manche Mönche sollen es darin zur wahren Meisterschaft gebracht haben. Andere geistige Kräfte, wie Gedankenlesen, hatte ich bei einem Meditationsmeister selbst erlebt. Als ich mal ein Interview mit ihm über meine Meditation hatte, gab er mir Antworten, ohne dass ich die Fragen aussprechen musste. Jemand erzählte mir, dass er das schon als Laie konnte, und es war für ihn anfangs so, als ob er in einen Raum kam, wo gerade zehn Radios zur gleichen

Zeit liefen, aber später lernte er, das alles zu sortieren. Als er mal bei Ajahn Buddhadasa gewesen war, wollte er bewusst die Gedanken der Anwesenden ‚lesen', konnte es dort aber nicht. Es wurde vermutet, dass Ajahn Buddhadasa es nicht zuließ.

Buddha selbst hatte diese Kräfte zwar anerkannt, einfach weil es sie gab, aber sie als das ‚Abfallprodukt' der Meditation und nicht als das Ziel betrachtet, denn das bestehe ja darin, sich von Leiden und Anhaftungen zu befreien. Verglichen wurden diese geistigen Kräfte mit den Spänen, die beim Hobeln von Holz entstehen. Das Ziel ist es, das Holz glatt zu bekommen, aber die Späne sind die Abfälle. Buddha hatte Mönche dafür kritisiert, wenn sie diese Kräfte zur Schau stellten oder sie als Ziel der Meditation ansahen. Bei mir stellte sich so etwas eher selten ein und ich gab der Sache auch keine weitere Bedeutung mehr.

Viele Jahre später wurde mir eine weitere Erklärung dafür über den Umweg der Nahtoderfahrungen nachgeliefert. Die Tatsache, dass manche klinisch Tote Dinge ‚sahen' und ‚hörten', obwohl das Gehirn in dieser Zeitspanne keine Sinneswahrnehmungen empfing, legt die Vermutung nahe, dass Bewusstsein nicht im Gehirn erzeugt wird, sondern dass das Gehirn wie eine Antenne für Bewusstsein fungiert. Eine weitere Konsequenz dieser Tatsache wäre, dass beim Tod nur der Körper stirbt, Bewusstsein aber nicht.

Abschied von Puh Jom Gom

Ich besuchte immer mal für kurze Zeit andere Klöster, hielt mich auch einige Monate in Wat Pah Nana Chat auf, aber Puh Jom Gom blieb mein Basislager. Hier fühlte ich mich zu Hause und deshalb verlebte ich die letzten Jahre die meiste Zeit hier.

Mittlerweile war ich schon sieben Jahre in den Roben und folgender Gedanke kam an einem Morgen im Frühjahr. Ich wollte nun doch auf Wanderschaft gehen. Das Wort dafür in der Palisprache ist *Tudong.*

Am Abend vor meiner endgültigen Abreise lief ich zur Steilklippe, schaute ein letztes Mal über diese unendliche Weite, betrachtete die Wälder von Laos und Thailand, schaute auf den mir so vertraut gewordenen Mekong, der in aller Ruhe und Gemächlichkeit dahinfloss, und in meiner Hütte floss dann Folgendes aufs Papier:

Hommage an Puh Jom Gom

Die Felsenwelt am kleinen Berg

Wo sich kleine braune Echsen
spielend durch die Blätter jagen.
Wo Bäume fast nur krumm und schief
und manche sogar grade wachsen.
Wo Sonnenlicht das Grün durchflutet
und Blätterwerk zum Schatten wird.
Wo große schwarze Sandsteinfelsen
verlässlich ruhig im Winde stehen.
Wo sich der Rauch des Räucherwerks
vom Winde spielend tragen lässt.
Wo winzig kleine, bunte Blumen
dicht gedrängt im Grase stehen.
Wo dicke Käfer leise brummen,
und Schlangen ihrer Wege ziehen.

Und wenn die Sonne untergeht,
sich manche Mücke durstig reckt.
Und wenn ich so die Vögel sehe,
auch gerne mal ein Vogel wär'.
Wo alles in dem Einen ist
und das Eine in dem Allen.

Wo ich vor Freude gerne weine
und Tränen sich mit Regen einen.
Und wo ich dankbar meine Hände
freudvoll vor mein Herz erhebe...

Ja, ich war sehr dankbar für diese Zeit hier.

Es war ein kurzer, aber herzlicher Abschied von Punna, der auch immer wieder hierher zurückkam, von Kun June, die diesen Ort genauso liebte wie ich, von Dörm, der mir all die Jahre ein umsichtiger Gefährte gewesen war.

Ich machte ein letztes Mal Ajahn Sangwaan meine Aufwartung und bedankte mich für seine freundliche Unterstützung. Nicht zuletzt bedankte ich mich bei den Dorfbewohnern, die mich die ganze Zeit hier großzügig ernährt und unterstützt hatten.

Es war alles gesagt und vieles erlebt worden und das Auto wartete schon, um mich nach Wat Pah Nana Chat zu bringen.

Auf Wanderschaft

Als ich in Wat Pah Nana Chat ankam, war es schon später Nachmittag.

Die Mönchsgemeinschaft war gerade in Ajahn Pasannos Hütte versammelt und ich kam gerade rechtzeitig zum Nachmittagstee. Als ich den Raum betrat, verneigte ich mich erstmal traditionsgemäß dreimal vor dem Buddha und dreimal vor Ajahn Pasanno.

„Na, Dhammavaro, wie geht's dir?", wollte er wissen. Noch bevor ich antworten konnte, deutete er mir an, mich der Gemeinschaft zuzuwenden. Alle, die weniger als sieben Jahre dabei waren, verneigten sich vor mir und ich empfing ihre Verneigung mit zusammengefalteten Händen. Es fühlte sich alles sehr familiär an und einige Mönche waren zu guten Freunden geworden. Danach ließ ich mir eine Hütte geben und bat Ajahn Pasanno um ein Gespräch am nächsten Tag nach der Mahlzeit.

Als am nächsten Morgen die Meditation beendet war, machten wir uns fertig, um auf Almosenrunde zu gehen. Es waren einige neue Novizen anwesend, die mir nun dabei halfen, die Roben anzuziehen, und einer nahm meine Almosenschale, um sie bis zum Dorfeingang zu tragen. Jetzt bekam ich den Service angeboten, den ich all die Jahre selbst anderen Seniormönchen angedeihen ließ. Als wir zurückkamen, warteten schon zwei Novizen an der Sala neben den Fußbädern kniend, wuschen mir die Füße und trockneten sie ab, das war die Tradition.

Nach der Mahlzeit ging ich zu Ajahn Pasanno, verbeugte mich wie üblich dreimal vor ihm, und er wollte wissen, wie es in Puh Jom Gom aussehe, wie es mir gehe und was ich für Pläne habe. „Ajahn, ich würde gerne auf Tudong gehen.

Ich habe mir gedacht, dass ich mit dem Bus einfach irgendwohin fahre, dort aussteige und dann loslaufe."

Ajahn Pasanno lächelte: „Ja, genauso ging es mir damals auch", schien er sich zu erinnern. „Weißt du denn schon, wohin du willst?", fragte er weiter. „Nein, Ajahn, nicht genau ..."

„Okay, Dhammavaro, ich lasse dir eine Fahrkarte besorgen. Sag mir Bescheid, wann du los willst." „Danke, Ajahn", antwortete ich ihm.

Am nächsten Morgen vollzog ich ein weiteres Ritual, das man beim Abschied von einem Lehrer traditionsgemäß veranstaltet.

Ich arrangierte ein kleines Tablett, legte ein paar Räucherstäbchen, selbst gemachte Zahnhölzer und eine Blume drauf, zog meine Roben an und hängte den *Sanghati*, die zweite Robe, über die linke Schulter. So gekleidet begab man sich immer zu ‚offiziellen' Anlässen.

Dann ging ich zu Ajahn Pasanno, auch er hatte alle seine Roben an. Ich verbeugte mich dreimal, nahm das Tablett in die Hand und sprach auf Pali folgende Formel, die auf Deutsch ungefähr so heißt: „Sehr geehrter Lehrer, ich nehme nun Abschied und bitte um Vergebung für alles, was ich durch Worte, Handlung oder Gedanken getan habe, was dich, mein Lehrer, irritiert haben könnte." Dann überreichte ich ihm das Tablett und er sagte auf Pali: „Ich vergebe dir."

Auch er sprach diese Formel auf Pali, bat um Vergebung für gleiches ‚Vergehen' und ich vergab ihm. Dann sprach er seinen Segen, den ich mit zusammengelegten Händen empfing.

Ich spürte plötzlich meine Liebe zu ihm. Er hatte mir in schweren Zeiten beigestanden, hatte mir meinen Zweifel genommen, als ich nicht wusste, ob ich Mönch werden sollte, und sagte, ich solle meinem Herzen folgen. Er zeigte Verständnis, wenn ich ab und zu eine Zigarette rauchte. Er zeigte Anteilnahme, als ich den Konflikt mit Anna hatte. Als mein Vater starb, spürte ich sein tief empfundenes Mitgefühl. Er gab mir die Möglichkeit, eine lange Zeit in Puh Jom Gom zu leben, und bewahrte mich einmal vor dem strengen Praxisregime des japanischen Abtes. Ich konnte ihn jederzeit über die Meditation befragen und er half mir, Zweifel bezüglich verschiedener Regeln zu klären. Er erzählte mir manchmal sehr offenherzig, was in ihm vor sich ging. Ich schätzte seinen Humor, seine Authentizität, seine Offenheit und nicht zuletzt seine Weisheit.

Ich spürte plötzlich eine Welle tiefer Dankbarkeit in mir aufsteigen und ich bemerkte, wie ein paar Tränen meine Wangen herunterliefen.

„Vielen Dank für alles, Ajahn!“ Ich verbeugte mich wieder dreimal vor ihm und ging zurück in meine Hütte und packte meine Sachen.

Es war schon dunkel, als Chiam mich am frühen Abend im Kloster abholte und zum Busbahnhof fuhr. Ich freute mich auf die Zeit, die vor mir lag. Ich fühlte mich ungebunden und frei wie ein Vogel und ich freute mich darauf, neue Erfahrungen zu machen.

In den folgenden zwei Jahren wanderte ich kreuz und quer durch Thailand, besuchte verschiedene Klöster, lebte im Dschungel und in Höhlen, besuchte bekannte Lehrer, blieb an manchen Orten auch mal ein paar Monate und wanderte dann weiter.

Eine Erkenntnis, die mir auf meiner Wanderschaft geschenkt wurde, ist mit folgendem Satz beschrieben: *Das Ziel jeder Handlung erfüllt sich immer in dem Moment, wenn ich sie tue.* Es galt also, die Achtsamkeit immer in diesem Moment zu halten. Der Fuß geht hoch und setzt wieder auf. In dem Moment des Tuns erfüllt sich diese Handlung gerade selbst.

Das, was ich gerade tue, ist das Ziel an sich. Ich atme ein und stelle fest, diese Einatmung erfüllt sich jetzt gerade selbst, den Rest machen die Lungen. Ich beiße in einen Apfel und stelle fest, dieser Biss erfüllt sich gerade selbst, den Rest macht der Magen. Kleine, momentane Bewegungen wie das Heben der Hand, die Bewegungen der Finger, in jedem Moment erfüllt sich dieses ‚Tun‘ gerade selbst, einfach so. Die Funktion jeder Handlung reiht sich harmonisch in den Fluss des Lebens ein und dort übernehmen andere Kräfte.

Gemäß der berühmten Aussage aus dem ZEN, *der Weg ist das Ziel,* war ich nun knapp zwei Jahre unterwegs.

Es war eine wichtige Erfahrung, mich der Unsicherheit des Lebens auszusetzen, nicht zu wissen, ob ich etwas in meine Schale gelegt bekomme, nicht zu wissen, wo ich die nächste Nacht schlafen, welche Menschen mir begegnen und wo ich als Nächstes ankommen würde.

Eines Tages traf ich Suri, einen Inder, der in Sri Lanka als Novize ordiniert hatte und auch schon einige Monate in Thailand unterwegs war.

„Warst du schon mal in Sri Lanka, Dhammavaro?“, fragte er mich eines Tages.

Nein, war ich noch nicht und nach einiger Überlegung beschloss ich, meine Wanderschaft in Sri Lanka fortzusetzen, und das Ticket dafür besorgte mir mein Bruder Michael.

Ajahn Buddhadasa, Wat Suan Mokkh, Südthailand

Ajahn Chah, Wat Nong Pah Pong

Ajahn Pasanno

Uppasika Ajahn Ranschuan, Thailand

Buddhistischer Mönch trifft christliche Nonne, Sri Lanka

Bhante Pemasiri, Sri Lanka

Puh Jom Gom, die Felsenwelt am kleinen Berg

Mönchshütte im Wald

Hütte im Dschungel

Teatime in der Höhle, Puh Jom Gom, Thailand

In Indien, Sarnath

Auf Almosenrunde

Versammlung der Mönchsgemeinschaft, Wat Pah Nana Chat, Nordostthailand

Sri Lanka

Als das Flugzeug in Colombo landete, war es sieben Uhr Ortszeit. Suri und ich waren noch nicht sonderlich müde, sondern eher gespannt, was uns wohl hier erwarten würde.

Ich hatte schon vor längerer Zeit Adressen von Klöstern bekommen und unser erstes Ziel war das Vipassana-Meditationscenter in Colombo.

Da wir kein Geld für Taxi oder Bus hatten, überlegten wir, wie wir am besten in die City kommen könnten, und da blieb uns eigentlich nur übrig, zu Fuß zu gehen.

Als wir vor dem Flughafengebäude nach der Richtung fragten und unseren Zettel mit der Adresse zeigten, sprachen die angesprochenen Singhalesen kurz miteinander, machten Handzeichen in eine Richtung, wo ein Kleinbus stand, und eine etwas ältere Dame meinte in gutem Englisch zu uns: „Es wäre uns eine Ehre, euch dort hinzubringen."

Sehr gerne nahmen wir diese Einladung an und erreichten eine Stunde später das Botschaftsviertel Colombos, in dessen Bezirk auch das Lanka-Vipassana-Meditationscenter lag.

Wir bedankten uns und liefen durch ein Tor, wo wir sogleich von einem Mönch angesprochen wurden, der uns in ein zweistöckiges Gebäude führte und dem Abt, *Lokuhamdru Pemasiri*, vorstellte. Wie üblich, verbeugten wir uns dreimal vor ihm. Da er Englisch nur sehr rudimentär beherrschte, half eine Übersetzerin, uns vorzustellen und unser Anliegen, eine Weile hierbleiben zu dürfen, vorzutragen.

Er wollte nur wissen, woher wir kamen, und ließ uns dann etwas zu essen bringen.

Nachdem wir unseren Teller Reis und Gemüse aufgegessen hatten, zeigte er uns ein Zimmer und meinte, wir sollten uns erstmal ausruhen. Leicht, einfach, unkompliziert, ja herzlich fühlte es sich an: Willkommen in Sri Lanka.

Nach ein paar Stunden Schlaf wurden wir von einem anderen Mönch durch das Gebäude geführt, der uns Küche, Waschraum und Speisesaal zeigte und jedem von uns ein eigenes Zimmer mit Bett, Tisch und Stuhl zuwies. So viel Luxus war ich gar nicht mehr gewohnt und ich freute mich einfach nur.

Bei der abendlichen Meditation lernten wir die anderen Mönche und Novizen kennen, es waren zirka fünfzehn an der Zahl. Sie lächelten uns an, was mir ein Gefühl echten Willkommenseins gab.

An diesem Abend schlief ich tief und fest bis zum nächsten Morgen.

Um zirka fünf Uhr klopfte es an meiner Tür. Ein in Weiß gekleideter Mann mit einem großen Kessel Tee in der Hand stand davor. Ich holte meine Blechtasse und er füllte sie randvoll mit heißem, süßem Milchtee, und dazu reichte er mir noch ein Stück Palmzucker. Wow, dachte ich, nicht nur willkommen in Sri Lanka, nein, willkommen im Paradies!

Nachdem ich eine Weile in der Meditation gesessen hatte, läutete ein lauter Gong zum Essen.

Okay, dachte ich, die einzige Mahlzeit des Tages schon um acht Uhr? Nein, es handelte sich nur um das Frühstück, denn die Hauptmahlzeit gab's um elf.

Nach dem Essen folgte ein längeres Gespräch mit dem Abt, der Genaueres über uns in Erfahrung bringen wollte.

Seine erste Frage lautete: „Welche drei Dinge begleiten uns das ganze Leben lang?“ Ich musste nicht lange überlegen und meinte schließlich: „Die Atmung, der Alterungsprozess und …“ Der dritte Punkt wollte mir nicht gleich einfallen, daher ergänzte er: „… die Gedanken.“ Das war mir auch kurz in den Sinn gekommen, ich hatte es aber nicht gesagt, weil es ja auch Zustände gibt, wo die Gedanken schweigen.

Was unsere Pläne betraf, so wollte Suri einfach nur eine Weile hierbleiben und sich dann ein Kloster suchen, um als Mönch ordiniert zu werden, und ich wollte mich ein paar Monate lang in der Meditation üben.

Zu der Zeit wusste ich noch nicht, dass Pemasiri bei einigen in dem Ruf stand, einer der letzten ‚Dinosaurier‘ der Meditationsmeister in Sri Lanka zu sein. Ich erzählte ihm, woher ich kam und was ich so erlebt hatte, welche Meditationen ich praktizierte und welche Einsichten ich hatte.

Wie ich schon erwähnte, war sein Englisch nicht besonders gut und so waren wir immer auf einen der beiden im Center ansässigen Übersetzer angewiesen.

Anil, ein Mann um die vierzig, kam aus gutem Hause, genau wie Delukschi, eine Frau ebenfalls mittleren Alters. Da Pemasiri schon seit vielen Jahren ihr Meditationslehrer war, kannten sie seinen Lehrstil und die von ihm unterrichtete Meditationsmethode und waren somit befähigt, uns seine Instruktionen präzise zu übersetzen.

Ich fragte Pemasiri schließlich, ob ich eine Weile hierbleiben könne und ob er mich unterrichten würde. Er bejahte mein Anliegen, was allerdings an einige Auflagen geknüpft war. „Wenn wir in den Meditationsprozess einsteigen, musst du meine Anweisungen genau befolgen", sagte er sehr ernst.

Dazu gehörte, dass ich täglich ein bis zwei Interviews mit ihm haben würde, dass ich seine Meditationsanleitungen stets beachten müsse, dass gewisse Meditationszeiten eingehalten werden müssten und dass ich ihm meine Erlebnisse mitteilen sollte, auch wenn es um schwierige Emotionen oder Einsichten ginge. Aber klar, schließlich war ich ja genau deswegen hergekommen.

Er hatte die besten Absichten und wollte von mir weder Bezahlung noch sonst etwas. Es lag ihm am Herzen, das an andere weiterzugeben, was er für wertvoll erachtete.

Am nächsten Morgen kam Suri zu mir und meinte: „Dhammavaro, es war schön, dich kennengelernt zu haben. Ich fahre heute Abend nach Mitiri Galle. Ich werde dort eine Weile bleiben und vielleicht zum Mönch ordinieren. Ich wünsche dir alles Gute." Wir verabschiedeten uns wie zwei gute alte Freunde und unsere Wege trennten sich.

Vipassana

Nach und nach gewöhnte ich mich an den neuen Tagesrhythmus. Ich wachte meist morgens um vier Uhr auf und setzte mich zur Morgenmeditation hin, bis der Mann mit dem Tee kam. Danach ging ich in die Sala, wo auch die anderen Mönche meditierten, und übte mich weiter in der Sitzmeditation. Gegen sieben Uhr hatte ich ein Treffen mit Pemasiri, der mir meine Meditationsanweisungen für den Tag gab.

Das meiste war mir natürlich schon bekannt, aber er meinte, ich solle mich besonders auf das Heben und Senken der Bauchdecke konzentrieren, Körperempfindungen fühlen und Geräusche um mich herum einfach nur registrieren, ohne darauf zu reagieren oder sie zu bewerten. Auf diese Weise übte ich mich die erste Woche.

Den morgendlichen Anweisungen meines Lehrers folgten Erläuterungen der Lehrreden Buddhas.

Eines Tages, als ich gerade im reichhaltig begrünten Außenbereich des Zentrums umherging, in dessen Mitte ein riesiger Bodhibaum stand, traf ich auf ein mir bekanntes Gesicht aus Thailand, den Kanadier David.

Wir waren einander das erste Mal in Thailand begegnet, als ich noch Novize und er auf dem Weg nach Schweden war, um zu heiraten. Er war von nun an bei der morgendlichen Erläuterung der Lehrreden Buddhas mit dabei. Er hatte nicht vor, Mönch zu werden, und wie Pemasiri versicherte, sei das auch nicht nötig, denn Erkenntnisprozesse seien an keine äußere Form gebunden.

Pemasiri ließ mich viele Stunden in der Sitzmeditation verbringen und untersagte mir, mich dabei auf die punktförmige Konzentration einzulassen, welche den Geist zur Ruhe kommen lässt.

Stattdessen musste ich meine Aufmerksamkeit ständig auf Empfindungen des Körpers und des Atems lenken, insbesondere auf die unangenehmen, um so irgendwann zu Gleichmut gegenüber jeglichen Empfindungen zu gelangen.

Darüber hinaus fragte er zweimal am Tag nach meinen Meditationserlebnissen, und ich war mir manchmal nicht sicher, was ich ihm berichten sollte, denn manche Erlebnisse waren meines Erachtens einfach nicht erwähnenswert. Aber er bestand darauf.

Während einer Meditation fühlte sich der Körper so an, als sei er hundert Tonnen schwer. Manchmal kribbelte es überall, so als liefen Tausende von Ameisen über mich. Zuweilen spürte ich eine starke Hitze aufsteigen, so als brenne ein loderndes Feuer in mir. Dann wiederum gab es Momente, in denen es so schien, als würde ich schweben und mein Körper sich in den unendlichen Raum ausweiten. Das rief in mir die Angst hervor, ich könne mich auflösen, die Kontrolle verlieren oder aufhören zu existieren.

Wie instruiert, betrachtete ich all diese aufkommenden Gefühle, Emotionen und Gedanken, Freude, Angst, Gleichmut, Ruhelosigkeit, Ärger, Zweifel und vieles mehr, was der Geist so produzierte, und hielt mich an Pemasiris Anweisungen: all das bloß wahrzunehmen, ohne darauf zu reagieren, alles in seinem ihm eigenen, natürlichen Rhythmus kommen und gehen zu lassen.

In den Interviews fragte er nach meinem Wohlbefinden, interessierte sich dafür, was ich sah, und betonte nochmal, dass selbst die kleinsten geistigen Bewegungen wahrgenommen werden sollten, weil alle weiteren Anleitungen darauf aufbauten.

Als ich ihm einmal berichtete, ich hätte während der Meditation sehr deutlich eine Sonne gesehen, fragte er nach, ob es eine aufgehende oder untergehende Sonne gewesen sei.

Jede meiner meditativen Wahrnehmungen, seien es Bilder von Sümpfen, abgestorbenen Bäumen, Lichtpunkten oder vergangenen Geschichten, war ihm wichtig und er wollte jedes kleinste Detail von mir hören.

David hingegen hatte von Pemasiri ein anderes Meditationsthema erhalten: die Kontemplation des Körpers und des Todes. Zudem war er angehalten, sich verschiedene Körperteile vor seinem geistigen Auge vorzustellen, bis sich ein Teil ganz besonders deutlich sehen lässt.

Dieses hervorstechende Körperteil würde dann zu seinem primären Objekt der Konzentration. In seinem Fall waren es Schädel und Knochen.

Während unseres Trainings war es uns untersagt, uns mit anderen über die eigenen meditativen Erfahrungen auszutauschen. Wir sollten generell so wenig wie möglich miteinander reden.

Autopsie und Körpermeditation

Das war wahrscheinlich auch der Grund, warum mir David nicht erzählte, dass er mindestens zweimal die Woche ein Krankenhaus in Colombo aufsuchte, um sich Autopsien anzuschauen.

Natürlich konnte nicht jeder einfach so ins Krankenhaus hineinspazieren und sich eine Autopsie anschauen. Pemasiri hatte das für ihn organisiert, denn die Leichenbetrachtung ist traditionell ein fester Bestandteil der Palette buddhistischer Kontemplationsübungen.

Da es bei der Einsichtsmeditation, die ich im Moment jeden Tag praktizierte, immer auch um die Unbeständigkeit geht und tote Körper der unwiederbringliche und eindrucksvollste Ausdruck davon sind, bat ich Pemasiri um Erlaubnis, David auf einem seiner Krankenhausbesuche begleiten zu dürfen.

Er war einverstanden und schon am nächsten Tag war es dann so weit.

Vor dem Frühstück bemerkte David beiläufig, dass ich mich mit dem Essen vielleicht besser zurückhalten sollte, da einem der Anblick von Leichen schon mal auf den Magen schlagen könnte.

Als wir uns dem Haupteingang des Krankenhauses näherten, winkte ihm ein Krankenpfleger zu und meinte: „Hallo David, heute haben wir drei neue Leichen."

Er war dort anscheinend allseits bekannt, denn er wurde auch von anderen begrüßt.

Ich stellte mich beim leitenden Arzt vor, der uns aufforderte, ihm zu folgen. Als wir uns der Pathologie näherten, schoss mir der Geruch von Formaldehyd, gemischt mit leichtem Verwesungsgestank, in die Nase.

Schließlich kamen wir vor einer verschlossenen Tür an, wo drei mit weißen Tüchern bedeckte Leichenbahren standen. Eine nach der anderen wurde jetzt in den Sezierraum geschoben, in den wir nun eintreten durften.

Der leitende Pathologe entschuldigte sich für den starken Geruch mit der Bemerkung, die Klimaanlage sei heute ausgefallen. Überall lagen tote Fliegen, es war schwül und es stank.

Als Erstes wurde die Schädeldecke eines älteren Mannes aufgesägt, und als sie abgehoben wurde, machte es plopp, ähnlich wie beim Öffnen einer Sektflasche, und schon konnte man das Gehirn sehen. Das wurde herausgenommen und in feine Scheiben geschnitten, bis plötzlich ein dicker Blutkloß herausfloss. Der Pathologe meinte, dass er sich das schon gedacht habe: „Tod durch Schlaganfall wegen Blutgerinnsel im Gehirn." Die Bahre wurde hinausgeschoben und die nächste hereingeholt.

Darauf lag eine junge Frau, die sich aus Liebeskummer mit einem Unkrautvernichtungsmittel das Leben genommen hatte. Obwohl sie eines solch schmerzhaften Todes gestorben war, sah ihr Gesicht sehr friedlich aus. Vielleicht war das Leid, dem sie zu entkommen versuchte, stärker als die durch das Gift verursachten Schmerzen.

Der Pathologe setzte ein Skalpell unterhalb des Kehlkopfes an und machte einen durchgängigen Schnitt, in fast gerader Linie, bis kurz oberhalb des Schambeins.

Entlang der Schnittstelle trat auf ganzer Länge Blut hervor. Anschließend wurde mithilfe einer Säge das Brustbein zersägt und die Körperhälften wurden seitlich aufgeklappt.

Ihre kleinen Brüste hingen rechts und links an diesem Hautlappen und ich habe das erste Mal gesehen, wie unglaublich gelb Fett ist.

In diesem Moment schlug mir ein derartiger Gestank entgegen, wie ich ihn noch nie zuvor erlebt hatte. Davids Rat folgend hatte ich tatsächlich am Morgen kaum etwas gegessen, denn mir wurde so übel, dass ich tief einatmen musste – erbrechen musste ich mich zum Glück nicht.

David hingegen schaute sich die entstellten Körper in aller Seelenruhe wie ein professioneller Pathologe an und schien gänzlich unbeeindruckt zu sein.

Was sollte ich nochmal kontemplieren? Das, was da liegt, ist ein toter Körper, ohne Bewusstsein, der aus den vier Hauptelementen Erde, Wasser, Feuer und Luft besteht.

So, wie dieser Körper beschaffen ist, so ist auch mein Körper beschaffen – Alter, Krankheit und Tod werden ihn heimsuchen. Gut, dass mein Magen leer war.

Diese junge Frau war nur einundzwanzig Jahre alt geworden und von sehr dünner Gestalt.

Dann wurden die Organe einzeln herausgenommen und gewogen. Jetzt konnte man das ganze Blut sehen, das sich im Körper abgesetzt hatte – es war von erstaunlich tiefem Rot.

Dann wurden die Organe wieder in den Körper gelegt und die Bahre hinausgefahren.

Mir reichte es für heute und David hatte auch nichts dagegen, auf die dritte Leiche zu verzichten.

Zu kontemplieren hatte ich genug.

Auf dem Nachhauseweg liefen wir beide schweigend nebeneinander her. Plötzlich meinte David: „Hey, Dhammavaro, ich muss dich mal was fragen, ist das okay für dich?“ „Na klar, David“, erwiderte ich und schaute ihn interessiert an, „schieß los!“

„Also, die ganze Sache mit der Vergänglichkeit ... Wir werden immer wieder darauf hingewiesen, alles ins Licht der Vergänglichkeit zu stellen. Aber eigentlich vergeht überhaupt nichts. Wenn sich eine Wolke ausregnet, dann gibt es zwar keine Wolke mehr, aber immer noch das Wasser, was jetzt als Regen herunterfällt. Und wenn die Blätter von den Bäumen fallen, dann werden sie doch wieder zu Erde und Nährstoffen. Und auch die toten Körper bestehen aus all den Elementen, die letztendlich nicht vergehen, sondern sich nur wandeln. Oder habe ich da was übersehen?“ „Nein, mein Lieber, hast du nicht. Die Wissenschaft bestätigt das doch auch. Unser Universum ist ein *perpetuum mobile,* ein sich selbst erhaltendes System, wo nichts verloren geht. Energie wandelt sich ständig um, aber verloren gehen kann sie nicht und alles ist miteinander verbunden." „Genau, also wo ist das Problem? Die Formen wandeln sich, okay, das ist deutlich, sie verändern sich, aber es vergeht nicht wirklich etwas."

„Nein, nicht wirklich. Aber das Problem ist doch, dass wir genau an den Formen hängenbleiben und die Verwandlung nicht wollen, weil wir mit den Formen immer zusammenbleiben wollen, es sei denn, sie gefallen uns nicht", ergänzte ich. „Ja, das meine ich. Also, wie der Buddhismus sagt, entsteht Leiden nur, wenn wir an etwas festhalten oder hängenbleiben." „Ja, so verstehe ich es auch", antwortete ich.

„Und dann meinte Pemasiri neulich", sprach David weiter, „alles so sein zu lassen, wie es ist, und nichts in Besitz zu nehmen. Zum Beispiel beanspruchen wir ja immer irgendwas und hängen dieses Wort ‚mein' davor: meine Frau, mein Haus, mein Körper – mein, mein, mein." „Ja, das machen wir doch ständig", warf ich ein, „aber was ich interessant und sehr befreiend finde, ist, dass ich dieses ‚mein' auch *nicht* für meine Gefühle, Gedanken oder die Herzenstrübungen verwenden muss, so nach dem Motto: Ich habe sie, aber ich bin sie nicht."

„Ja", meinte David, „das hört sich echt gut an. Auch wenn ich manchmal ein Arschloch bin, dann habe ich es nur und bin es nicht." „Naja, das ist doch offensichtlich, dass du ohne ein Arschloch gar nicht überleben könntest." Wir mussten beide lachen.

David entwickelte seine Gedanken weiter und sagte: „Aber dann sagt der Buddha ja auch, dass es letztendlich kein ‚Ich' gibt. Und das, was wir für unsere Person halten, auch nur eine Zusammensetzung aus Körper, Wahrnehmungen, Gefühlen, Emotionen und geistigen Zuständen ist, die wir für unser ‚Ich' halten. Und weil diese Person Vorlieben für gewisse Formen entwickelt hat, will sie sie festhalten. Hier entstehen doch das eigentliche Leiden und all der Schmerz: wenn sich etwas wandelt und verändert und wir wollen es gerne behalten."

„So wird gesagt, mein Lieber. Ajahn Buddhadasa hat das übrigens auf eine ganz einfache Formel gebracht, er meinte mal, dass es der Kern der ganzen Lehre sei, an nichts festzuhalten, und dass es ausreichen würde, nur das zu praktizieren."

„Mannomann, ja, das hört sich so leicht an, aber da hängt ja echt eine Menge dran", meinte David.

„Ja, deine ganze Person hängt da dran. Alles, was du glaubst, was du bist, hängt da dran. Jeder Gedanke, jedes Gefühl, alle Meinungen und Vorstellungen, die du über irgendetwas hast, und vor allem, die du über dich selbst hast. Einfach alles. In Thailand fragte mich mal ein älterer Mönch, ich solle ihm sagen, was ich genau für mein ‚Selbst' halte. Und wenn ich etwas finde, müsste es die Bedingung erfüllen, dass es sich nie verändern darf."

„Das hat etwas Beängstigendes, gar nichts mehr zu sein", warf David ein.

„Für wen?", fragte ich weiter. „Na, für den, der etwas sein will." „Und wer ist das, der etwas sein will?" „Na, ich natürlich, ja, ja, ich weiß, jetzt kommt die Frage, wer ist dieses Ich?" „Genau", antwortete ich ihm. „Weißt du, David, darum geht's doch bei all den Meditationen und der Kontemplation, dahin zu kommen, nichts mehr als sein ‚Ich' zu betrachten. Das ist die große Freiheit. Und ehrlich gesagt, deshalb bin ich noch Mönch, weil ich genau da hinwill, in diese Freiheit." „Mir geht's genauso, Dhammavaro." Wir lächelten uns an.

Als wir wieder im Kloster ankamen, wurde mir wieder bewusst, wie sehr meine Roben nach Formaldehyd stanken. Ich musste mich erstmal duschen und alles waschen.

Das Ende von ‚Etwas'

Es gibt, ihr Mönche, einen Bereich, wo weder Festes noch Flüssiges ist,
weder Hitze noch Bewegung, weder diese Welt noch jene Welt,
weder Sonne noch Mond.
Das, ihr Mönche, nenne ich weder ein Kommen noch ein Gehen,
noch ein Stillestehen,
weder ein Geborenwerden noch ein Sterben.
Es ist ohne jede Grundlage, ohne Entwicklung, ohne Stützpunkt:
das eben ist das Ende des Leidens.

(Udana VIII,3)

Ich hatte von Pemasiri eine neue Meditationsanleitung bekommen: Egal, was ich tat, ich sollte mal besonders auf das Ende von ‚Etwas' achten. Das Ende der Ein- und der Ausatmung, das Ende einer Mahlzeit, das Ende des Weges, auf dem ich bei der Gehmeditation lief, das Ende eines Gedankens, das Ende einer Emotion, das Ende einer Unterhaltung und so weiter.

Als ich das zirka drei Tage intensiv geübt hatte, stellte sich in mir eine gewisse Unruhe und Frustration ein. Immer wenn etwas begann, wie das Essen, wurde mir deutlich, dass es ja bald vorbei sein würde, ja eigentlich so gut wie vorbei war. Wenn ich mich morgens aufs Frühstück freute, war es mit der Freude schnell vorbei, sobald ich mir dessen Ende in Erinnerung rief. Egal, was es war, ich hatte das Ende davon immer vor Augen.

Ich erinnerte mich an das Gespräch mit David und es drängte sich mir die Frage auf: Wer ist denn das, der das erlebt? Na, *ich* erlebe das alles. Aber wer ist denn eigentlich dieses ‚Ich'? Dann versuchte ich herauszufinden, wer ich war, und ging die verschiedenen Eigenschaften durch, die ich für mein ‚Ich' hielt.

Naja, da sind dieser Körper und die Gedanken und Gefühle, aber die vergingen ja auch ständig, und was mit meinem Körper irgendwann geschehen wird, das hatte ich ja bei den Autopsien deutlich gesehen. Und doch verblieb immer jemand oder etwas, der das alles wahrnahm, das alles erlebte. Dieser Geist oder das Bewusstsein oder wie auch immer man das nannte, diese Wachheit in mir.

Schlussendlich konnte ich keine Qualität finden, auf die ich meinen Finger hätte legen und sagen können: *Das* bin ich!

Beim abendlichen Interview schien Pemasiri sichtlich zufrieden mit meiner Reflexion über dieses Thema. Und ja – ich hatte das doch alles schon abertausendmal gehört: Alles, was entsteht, muss auch vergehen.

Aber jetzt fühlte ich es auf eine ganz besondere Weise. Da gab es nichts, wo man sich hätte ausruhen können, vielleicht nur ganz kurz, aber nicht für die Ewigkeit. Und dann kam mir der Satz von Ajahn Buddhadasa wieder in den Sinn: Es gibt nichts, was es wert wäre, zu sein, zu haben, zu werden oder festzuhalten.

Als ich mich an diesem Abend schlafen legte, fühlte ich eine weite Leere in mir, und ich war mir nicht sicher, ob sich das gut oder schlecht anfühlte.

Eine spirituelle Depression

„Trostlos sind alle Erscheinungen – und nicht lustvoll"

Am nächsten Morgen erwachte ich aus einem tiefen, traumlosen Schlaf und diese ‚weite Leere' schien sich gehalten zu haben.

Ich setzte mich zur Morgenmeditation hin, und als ich aus dem Fenster meines Zimmers schaute, bewunderte ich ganz gewohnheitsmäßig diesen großen, schönen Bodhibaum und die bunten Blumen darunter.

Plötzlich bemerkte ich, dass ich die Schönheit nicht mehr in mir fühlen konnte. Begriffe wie „schön“, „wunderbar“ und „toll“ fühlte ich nicht mehr, und sie waren total sinnentleert.

Nach der Morgenmeditation rief uns die Glocke zum Essen.

Es war Sonntag, und da gab es immer etwas Besonderes zu essen, sogar Vanilleeis zum Nachtisch. Ich legte die Speisen in meine Schale und begann zu essen. Der erste Löffel, den ich in meinen Mund schob, war von einem inneren Erschrecken begleitet. Das Essen schmeckte nicht mehr gut und angenehm, sondern es fühlte sich wie eine Masse klebriger Pappe an, die ich jetzt im Mund zerkauen und runterschlucken musste. Ich schmeckte nur süß, sauer, salzig, scharf, saftig. Gefühle wie „gut“, „angenehm“, „schmackhaft“, „lecker“, die mich sonst begleiteten, wollten sich einfach nicht einstellen.

Ich bemerkte aber das Feste, das weniger Feste, das Flüssige und Luftige an der Nahrung, und es wurde deutlich, warum ich essen musste. Ich erkannte die Elemente der Nahrung in aller Nüchternheit und aß genau so viel, bis ich das Sättigungsgefühl erreicht hatte. Auch das Vanilleeis war nur eine klebrige, süße Masse, wovon ich nur einen Löffel nahm.

Als ich nach dem Essen meine Schale reinigte, sah mich Pemasiri und ließ mich zu sich rufen. Er wollte wissen, was passiert war, und nachdem ich es ihm mitgeteilt und er mir noch einige prüfende Fragen gestellt hatte, war er irgendwie zufrieden mit meinem Bericht und sagte nur: *Nibbidanana*, der Zustand der Ernüchterung.

Dieser Zustand hielt vier oder fünf lange Tage an. Ich hatte viel darüber gelesen, aber wie das mit ‚Kochbüchern‘ so ist: Es schmeckt immer anders, als es beschrieben wird. Wenn ich das einem westlichen Psychiater berichtet hätte, hätte er mir wegen dieser Symptome eine klassische Depression diagnostiziert.

Zum Glück konnte ich mich auf eine kontemplative Tradition stützen, und Pemasiri half mir, das Erlebte zu verstehen, einzuordnen und anzuerkennen.

Später konnte ich mich sogar voller Dankbarkeit über diesen Zustand der Ernüchterung freuen, weil sich dadurch der Raum der Weisheit öffnete. So fühlte es sich auf jeden Fall an, denn Weisheit heißt ja, die Dinge zu sehen, wie sie sind.

Dann kam mir der Gedanke, ob manche Formen der Depression nicht tatsächlich ein Schlüssel zur Weisheit sind. Scheinbar haben manche depressive Menschen eine tiefe Einsicht in die unbeständige Natur der Dinge und können sie nur nicht einordnen. Sie fühlen sich krank und unwert, weil sie glauben, mit ihnen stimme etwas nicht. Aber vielleicht öffnet sich da ein noch unbekannter Raum der Weisheit in ihnen, der Unterstützung braucht, um sich weiter öffnen zu können?!

Wenn man nämlich mit einem analytischen, kühlen und emotionslosen Blick auf die Welt schaut, muss folgende Betrachtung dabei herauskommen: Freude und Glück sind gebunden an Ereignisse, die von Natur aus Unbeständigkeit sind. Geht das Schöne und Angenehme, gehen auch die Freude und das Glück. Wir können nichts in unserem Leben stabil und sicher machen. Irgendwann kommen Krankheit, Tod und Verlust, und es gibt kein Wesen, das davon verschont bleibt. Alle Attribute wie ‚schön', ‚hässlich', ‚gut' und ‚schlecht' sind unsere Interpretationen und Bewertungen, die wir diesen Dingen andichten. Oder warum sind wir nicht alle gleicher Meinung und gleichen Geschmacks über irgendetwas?

Wenn wir also auf die Dinge dieser Welt schauen, dann sind sie einfach nur *so, wie sie sind.*

Vipassana und die Erkenntnisstufen

Die ‚Welt' ist das ‚Ding', das ständig auseinanderbricht

Pemasiri hatte David und mir schon vor einiger Zeit die Erkenntnisprozesse erläutert, die bei der Vipassana-Meditation geschehen könnten.

Der Praktizierende durchläuft verschiedene Stufen der Erkenntnis, die auf den ersten Blick nichts mit Freude, Glück und Wohlgefühl zu tun haben, denn Vipassana heißt „Klares Sehen".

Kurz gesagt geht es darum, die Erscheinungen dieser Welt wirklich zu durchschauen.

Es gilt zu erkennen, dass es einen Unterschied zwischen Geist und Materie gibt.

In der bedingten Welt kann nichts aus sich selbst heraus oder alleine existieren, sondern ist bedingt durch viele andere Faktoren.

Alles ist in ständigem Wandel begriffen, und daraus folgt, dass mir jederzeit alles genommen werden kann. Dieser Umstand kann Angst und Bestürzung hervorrufen, aber auch ein Verständnis dafür, dass ein Anhaften an weltlichen Dingen immer auch zu Leid führen muss.

Wenn die oben genannten Erkenntnisse auf tiefster Ebene verinnerlicht werden, ist der Verstand nicht länger in der Lage, sich die Dinge schönzureden, da er weder Halt noch Sicherheit in einer sich ständig verändernden Welt zu finden vermag.

Dann reift der Wunsch nach Befreiung vom ewigen Kreislauf des Werdens heran, die Sehnsucht nach unserem wirklichen Zuhause erwacht.

Irgendwann tritt die Ernüchterung wieder in den Hintergrund und wir sind wieder in der Lage, uns an einer schönen Blume oder einem Sonnenuntergang zu erfreuen.

Und doch hat diese wiedergewonnene Freude an den schönen Dingen des Lebens einen anderen Geschmack: Sie ist befreit vom Gieren nach lustvollen Erlebnissen und angereichert mit der Fähigkeit, die Dinge sein zu lassen, wie sie sind, und loszulassen, wenn sie sich wieder von uns verabschieden.

Die Erkenntnisstufe des Gleichmuts

Aus buddhistischer Sicht ist der nüchterne Blick auf die Welt ein Akt der Weisheit.

Manche Formen der Depression zeigen sich besonders im Herbst und Winter. Wird uns hier nicht deutlich gezeigt, dass all die Blätter und Blumen ohne Bestand sind und sterben müssen? Führt uns hier die Natur nicht deutlich vor Augen, dass sich das auch auf uns Menschen bezieht?

Ist es demnach nicht durchaus nachvollziehbar, wenn uns das melancholisch, ja depressiv werden lässt und ein leiser Zweifel am Sinn des Lebens in uns zu nagen beginnt?

Ein Zweifeln darüber, wozu es gut sein soll, hart zu arbeiten, nur um Dinge anzuhäufen, die schnell ihren falschen Glanz verlieren? Ein Zweifeln darüber, ob sich der anstrengende Selbstoptimierungswahn wirklich lohnt – und all die anderen Bemühungen, die wir auf uns nehmen, um etwas zu sein, zu haben oder zu werden?

Ein Mensch, der mit Weisheit auf die Ereignisse des Lebens schaut, erfüllt auch weiterhin seine Aufgaben. Er isst und kleidet sich und kümmert sich um andere. Er geht zum Arzt, wenn er krank ist, und macht Frühstück für seine Kinder. Er erfreut sich an den schönen Blumen im Garten und an dem Sonnenuntergang. Aber er leidet nicht, wenn die Blumen verblühen und die Sonne schon lange untergegangen ist.

Wenn der Geist im Jetzt angekommen ist, sieht er vielleicht zum ersten Mal die wirkliche Schönheit und das Wunder dieses Lebens. Mit Weisheit ausgestattet, kann er alles seiner eigenen Natürlichkeit überlassen, auch dann, wenn uns ‚etwas' verlässt.

Take it easy

Na, wenn das nicht eine tiefe Erkenntnis war!?

Aber Erkenntnisse kommen und gehen, und wenn die alten Gewohnheiten und Sichtweisen wieder zurückkommen, hinterlassen Erkenntnisse und Einsichten zumindest ein Aroma, einen Geschmack, auf den man sich zuweilen beziehen kann.

Hier muss man achtgeben, dass diese Erkenntnisse nicht mit der endgültigen Freiheit oder der sogenannten „Erleuchtung" verwechselt werden, und ich musste unwillkürlich an mein erstes „Erleuchtungserlebnis" in Suan Mokkh denken.

Einmal erzählte mir Pemasiri, dass er als junger Mönch zwei Jahre lang der Überzeugung war, er sei erleuchtet. Er hatte sehr tiefe Meditationen, war ruhig und gelassen und er konnte keinerlei Herzenstrübungen mehr in seinem Geist entdecken.

Eines Tages ging er in die Küche, bückte sich und ein Kochtopf fiel ihm auf den Kopf. In dem Moment fühlte er einen starken Ärger in sich aufsteigen, was ihn davon überzeugte, doch nicht erleuchtet zu sein.

Pemasiri war mit meinen Erkenntnissen zufrieden und die neue Meditationsanleitung hieß: *Take it easy.* Er meinte, ich solle morgens ruhig ausschlafen, vielleicht ein paar Spaziergänge machen und einige Lehrreden lesen.

In dieser Zeit lud mich David öfters ein, ihn in die Stadt zu begleiten. Dann gingen wir Kaffee trinken, streiften manchmal über den städtischen Friedhof, betrachteten die Grabsteine und rechneten anhand der Geburts- und Todesdaten das Lebensalter der Verstorbenen aus.

Wir verglichen es mit dem unseren und riefen uns in Erinnerung, dass auch wir eines Tages unter der Erde liegen werden, was immer das auch ist, das stirbt.

Eines Morgens bemerkte ich, dass Pemasiri sich immer mal an den rechten Arm fasste, und auf meine Nachfrage hin meinte er, dass er ihn ohne Schmerzen nicht mehr hochheben könne. Ich bot ihm einige Massagen sowie Qigong-Übungen an, die mir meine Schwägerin Uschi beigebracht hatte, und er nahm mein Angebot gerne an.

Wir hatten uns geeinigt, dass die Behandlung am besten morgens stattfinden sollte. Ich begab mich also am folgenden Morgen vor dem Frühstück in den zweiten Stock, wo sein Zimmer lag. Er saß gerade auf der erhöhten Plattform, wo wir morgens die Lehrreden besprachen und er Besucher empfing, und trank seinen Tee.

Für die Übungen gingen wir in sein Zimmer, weil es sich in den Augen der Singhalesen wohl für einen Mönch nicht schickte, in der Öffentlichkeit solche Übungen zu machen.

Ich war beeindruckt, wie einfach sein Zimmer eingerichtet war. Eine Matratze auf dem Boden, ein Tisch in der Ecke mit Büchern und Papieren drauf, ein Holzstuhl davor, seine Roben hingen über einem zweiten Stuhl – mehr nicht. Es beeindruckte mich, dass er nicht nur Wasser predigte, sondern es auch trank.

Und hier möchte ich nochmals anmerken, dass er in Sri Lanka recht bekannt war und öfters Besuch von der Ministerpräsidentin und anderen singhalesischen Honoratioren bekam, die Rat und spirituelle Unterweisungen suchten. Eines Tages zum Beispiel ging ich gerade einen Gang entlang, als plötzlich überall die Lichter angingen und an jeder Ecke Bodyguards auftauchten. Wie sich herausstellte, war die Ministerpräsidentin im Haus!

Drei Wochen gab ich ihm fast täglich Kopf- und Schultermassagen und im Anschluss machten wir einige Qigong-Übungen.

Eines Morgens meinte er in seinem gebrochenen Englisch zu mir: „Dhammavaro, look, before so“, und er hob seinen Arm halb hoch. Dann meinte er: „Now so“, und hob ihn ganz hoch. Was für eine Freude, das zu sehen, und wir lachten beide herzhaft.

Dann holte er eine Robe aus sehr feiner indischer Baumwolle hervor und wollte sie mir schenken. Zunächst lehnte ich sie ab, da ich keine Belohnung für meine Dienste erwartete, aber er meinte, er wollte sie mir sowieso anbieten. Ich nahm sie dann gerne an und nutzte sie als eine zweite Robe zum Wechseln.

Kasina-Meditation

Drei Monate waren jetzt vergangen und ich hatte mich in Sri Lanka gut eingelebt. Ich mochte die Menschen und das Land. Die meisten hier sprachen gut Englisch und waren sehr freundlich.

Ich bat Pemasiri um ein Gespräch und wollte wissen, was es mit der Kasina-Meditation auf sich habe. In Thailand hatte ich immer nur davon gehört oder in den Schriften darüber gelesen, aber niemanden getroffen, der sie mir beibringen konnte.

Kasinas sind farbige, runde Scheiben, auf die man schaut, um seine Konzentration zu schulen. Diese Scheiben haben einen Durchmesser von zirka zwanzig bis fünfundzwanzig Zentimetern und sind entweder in einer der drei Grundfarben oder in Weiß gefärbt.

Pemasiri machte keinen Hehl daraus, dass er zuweilen dafür geeignete Mönche in dieser speziellen Form der Meditation unterrichtete. Ob ich es mal ausprobieren wolle? Er könne mir ein blaues Kasina anbieten, meinte er.

Aber zuvor müsse er mich auf Verschiedenes hinweisen. Ich solle die Scheibe nur bei Tageslicht anschauen. Und zwar immer abwechselnd für eine Weile auf die Scheibe schauen und dann die Augen schließen.

Nach einigen Tagen des Übens solle ich zu ihm kommen und ihm über meine Erfahrungen berichten. Auf alle Fälle solle ich niemandem etwas davon sagen, auch den anderen Mönchen nicht, er habe dafür seine Gründe. Natürlich war ich einverstanden.

Er ging in sein Zimmer und kam mit einem Brett zurück, das in ein Tuch gehüllt war, und wies mich an, es sofort in meine Unterkunft zu bringen.

Dort stellte ich die auf weißem Hintergrund befestigte blaue Scheibe an die Wand.

Jetzt hatte ich endlich das begehrte Kasina, um dessen Wirkung sich so allerlei fantastische Geschichten rankten.

Nun denn, am nächsten Morgen nach dem Frühstück legte ich los. Ich setzte mich zirka zwei Meter vor die Scheibe und befolgte die mir gegebenen Anweisungen. Ich schaute abwechselnd auf die Scheibe und schloss dann die Augen, immer wieder, bis ich schließlich mit geschlossenen Augen einen orangefarbenen Kreis wahrnahm. Wenn dieses Bild verblasste, öffnete ich wieder die Augen und blickte erneut auf die blaue Scheibe.

Zuweilen weitete sich das Orange, welches die Komplementärfarbe von Blau ist, ganz weit aus und wurde wieder zur Scheibe. Es machte mir richtig Spaß.

Nachdem Pemasiri mir weitere Anweisungen gegeben hatte, sah ich plötzlich bei geschlossenen Augen ein unglaublich brillantes Blau, fast schon leuchtend, aber je gieriger ich danach wurde, desto mehr verblasste es wieder. Manchmal fehlte eine Ecke der Scheibe, die ich durch Willensanstrengung zu ergänzen versuchte.

Aufgrund meines Eifers und Interesses an dieser Übung hatten Gedanken kaum eine Chance, mich abzulenken, und so entwickelte sich stetig meine Konzentration.

Nach zehn Tagen dieser Praxis, als ich gerade den Garten auf dem Weg zur Meditationshalle durchquerte, bemerkte ich plötzlich, dass alles, was eine blaue Färbung hatte, sofort in meiner Wahrnehmung registriert wurde. Selbst der kleinste blaue Schnipsel Papier sprang mich optisch sofort an, nichts, was blau war, entging mir.

Mittlerweile war ich in der Lage, selbst mit geschlossenen Augen einen blauen Kreis wahrzunehmen. Somit betrat meine Kasina-Meditation eine neue Phase. Das äußere Meditationsobjekt hatte sich in ein stabiles inneres Objekt verwandelt.

Ich erlebte diese Praxis als eine freudvolle Abwechslung, beschloss dann aber, sie erst einmal nicht weiter zu verfolgen, denn sie brauchte Zeit und man sollte sich dazu an *einem* Ort aufhalten.

Aber ich wollte ja bald in den Süden des Landes aufbrechen.

Eine Geschichte über die wunderlichen Effekte der Kasina-Meditation betraf eine Schülerin Pemasiris. Diese hatte die Fähigkeit entwickelt, ihr inneres geistiges Kasina durch den Raum zu schicken, und war in der Lage zu sehen, was an einem anderen Ort geschah. Diese Geschichte erinnerte mich an die magischen Kristallkugeln der Zauberinnen aus Erzählungen und Märchen.

Ich hatte noch einige Wochen in Sri Lanka und wollte die berühmte Island Hermitage besuchen.

Eine Woche später packte ich meine Sachen, verabschiedete mich von meinen Mitmönchen und bedankte mich bei Pemasiri für seine herzliche Gastfreundschaft und besonders für seine Unterweisungen, seine Geduld, und überhaupt war ich dankbar, als Fremder in diesem Land so herzlich aufgenommen worden zu sein. Pemasiri lächelte mich freundlich an, wünschte mir alles Gute und meinte, ich könne jederzeit wiederkommen.

Ich hatte eine Fahrkarte bekommen, die mich in den Süden nach Galle bringen würde. Von dort sollte es ein Postboot geben, das mich zur Island Hermitage bringen würde, denn sie befand sich auf einer kleinen Insel in einem Binnensee.

Polgasduwa, Island Hermitage

Es war eine lange Zugfahrt in den Süden des Landes. Der Zug fuhr die meiste Zeit an der Küste entlang und ich genoss den Blick auf das weite Meer.

Als ich am frühen Abend in Galle ankam, sprach mich ein Mann an, und er vermutete schon, dass ich auf die Klosterinsel wollte. Nein, das Postboot fährt nur vormittags, aber er könne mir eine Bootsfahrt organisieren. Ich erklärte ihm, dass ich kein Geld besäße, und er meinte: „No problem." Er deutete an, dass ich hier warten sollte, und ging in Richtung eines kleinen Hauses. Zehn Minuten später kam er zurück und stellte mir seinen Bruder vor, der mich mit einem kleinen Ruderboot auf die Insel fuhr.

Wir legten an, ich bedankte mich bei ihm für seine großzügige Hilfe und lief einen kleinen Weg entlang, gesäumt von großen Bäumen, bis ich schließlich vor einem roten Gebäude stand. Zwei Singhalesen arbeiteten an irgendetwas, sahen mich und deuteten mir an zu warten.

Zehn Minuten später kam ein westlicher Mönch und begrüßte mich auf Englisch. Es stellte sich sehr schnell heraus, dass wir beide Deutsch sprachen und er aus Österreich kam. Sein Name war Nyanasanta. Ich stellte mich ihm vor, und er war über meinen Besuch etwas überrascht, weil sich Besucher normalerweise anmelden würden. Da ich es mir bei meinem Lebensstil leisten konnte, keine längerfristigen Pläne machen zu müssen, habe ich an ‚Anmelden' gar nicht gedacht.

Nun denn, ich könne aber erstmal in eine Hütte ziehen, und er lief in eine bestimmte Richtung und ich folgte ihm. Die Hütte war eher ein Haus aus Stein, mit einem Raum, der zirka fünfzehn Quadratmeter groß war, mit Bett, Stuhl und Tisch. Für einen Waldmönch mal wieder ein echter Luxus. Eine Toilette war in einem extra Raum. Seitlich neben dem Haus war ein Gehpfad angelegt und an dessen Ende war ein aus Stein gemauerter Brunnen. Darüber hing eine Vorrichtung, mit der man Wasser in einem Eimer nach oben ziehen konnte.

Wieder einmal war alles perfekt. Hier wollte ich eine Weile bleiben, meditieren, das Erlebte der letzten Monate reflektieren und mal sehen, wie es hier sein würde.

Nyanasanta gab mir einen schnellen Überblick über den klösterlichen Ablauf: „Also, wir haben hier keine Gruppenmeditationen. Ich hoffe, du kommst damit klar? Morgen lernst du die vier anderen Mönche kennen. Du kannst dir gerne selbst Tee in der Küche kochen. Das Frühstück ist morgens um acht. Sag mir einfach Bescheid, wenn du was brauchst. Also bis dann, ich muss jetzt noch was machen", und weg war er.

Und so richtete ich mich in der Hütte ein, hängte meine Roben auf eine Leine, legte meine Sachen auf den Tisch und ruhte mich ein wenig aus. Als ich mich in dem Raum so umschaute, zählte ich zirka achtzehn Spinnen, die sich hier schon lange vor mir eingerichtet hatten. Ich mochte diese kleinen flinken Baumeister und Jagdkünstler, denn sie garantierten ein mehr oder weniger moskitofreies Zimmer.

Am nächsten Morgen ertönte um sieben Uhr eine Glocke, die das Frühstück ankündigte.

Im Speisezimmer waren bereits vier andere Mönche um den Esstisch versammelt. Ich stellte mich ihnen vor und erlebte erneut eine Atmosphäre des Willkommenseins.

Nach dem Essen erfuhr ich mehr über den Tagesablauf und den Ort hier.

Gegründet wurde die Island Hermitage von dem ersten deutschen buddhistischen Mönch, Nyanatiloka, im Jahre 1911. Seit dieser Zeit war dieses Kloster die Anlaufstelle für viele westliche Mönche gewesen, und einige von ihnen waren sogar hier bestattet worden. Es gab nur zirka sechs Mönchsunterkünfte, zwei größere Häuser, die für Besucher gedacht waren, eine Küche mit Speisezimmer und eine Bibliothek mit einem kleinen Büro.

Als ich zu meiner Hütte zurückging, fühlte ich wieder diese Freude in mir, begleitet von dem Gedanken: Was für ein Luxus, dieses Leben leben zu können. Für das Essen war gesorgt, es wurde von mir lediglich erwartet, dass ich kleinere Aufgaben wie das Fegen der Wege und des Speisezimmers übernehmen sollte, und ansonsten war ich frei, mir meine Zeit nach Belieben einzuteilen.

Es war mal wieder alles perfekt. Aber wie das in unserem menschlichen Bereich so ist, nein, es ist nie alles perfekt und wenn doch, dann nur für kurze Dauer.

Auf meinem Weg zu meiner Behausung hörte ich schon von Weitem seltsame, laute Geräusche. Wie sich herausstellte, war die Quelle der fiependen, krächzenden Laute eine Ansammlung hunderter Flughunde, die einen Baum direkt neben meiner Hütte als ihren Aufenthaltsort auserkoren hatten. Naja, irgendwann ziehen sie sicherlich weiter, dachte ich. Aber nein, zwei Tage später waren sie immer noch da, und dieses Gefiepe und Gekrächze begann jeden Morgen, sobald es hell wurde.

Es dauerte den ganzen Tag lang an, mal mehr, mal weniger laut, bis zur Dämmerung.

Ich versuchte mich in Gelassenheit zu üben. Wie gelernt, nahm ich das Gehörte als bloßes Hören wahr, ohne jegliche Wertung, doch das funktionierte nicht wirklich und der Ärger über diese vermeintliche Störung behielt die Oberhand, so dass an einen geordneten Meditationsablauf nicht zu denken war.

Eine Woche hatte ich ihnen gegeben, um weiterzuziehen, aber sie dachten gar nicht daran.

Nyanasanta meinte, dass die immer mal wieder hier auftauchten, aber wie lange sie bleiben würden, das konnte er auch nicht sagen. Ich klopfte mit einem Stock gegen den Baumstamm, um sie zu verscheuchen, doch wie zur Strafe für dieses frevelhafte Verhalten trafen mich einige Fäkalien, die sie wahrscheinlich vor lauter Schreck fallen ließen, direkt auf meinen Kopf.

Ganz zufällig hatte ich in der Bibliothek einige Silvesterkracher entdeckt, einen dicken Gummi holte ich aus der Küche und einen gegabelten Ast fand ich im Wald. So hatte ich schnell eine Zwille gebaut, und am nächsten Morgen sollte die ‚operative Umsiedlung' beginnen.

Nyanasanta kam wie verabredet vor dem Frühstück zu meiner Hütte. Ich spannte einen der Kracher in die Zwille, dann steckte er die Zündschnur an und ich entließ den Kracher Richtung Baumkrone. Als er erfolgreich oben explodiert war, gab es ein ohrenbetäubendes Gekreische.

Einige der Flughunde hoben erschreckt in die Lüfte ab, kehrten aber alsbald wieder in die Baumkrone zurück. Das wiederholte ich mindestens dreimal, und als ich den letzten Kracher abgeschossen hatte, flog der gesamte Schwarm unter laut protestierendem Gekreische auf Nimmerwiedersehen auf und davon.

Jetzt hatte ich also endlich meine ersehnte Ruhe und konnte mich wieder der Meditation zuwenden. Obgleich ich zugeben muss, dass es mir ein schlechtes Gewissen verursachte, hunderte von Flughunden vertrieben zu haben, nur um meiner persönlichen Ruhe willen.

Was mich aber etwas beruhigte, war die Tatsache, dass sich hier jede Menge anderer Bäume befanden, auf denen sie sich niederlassen konnten.

Inselleben

Was wollte ich eigentlich genau hier? War es die Neugierde, die mich hierhergebracht hatte? Oder war das die falsche Frage, auf die es bekanntlich keine richtige Antwort gab? Irgendwo auf dieser Welt musste man sich ja schließlich aufhalten, und ich war auf meiner Lebensreise genau hier gelandet. Seit über neun Jahren war ich nun buddhistischer Mönch. Diese Lebensform sagte mir auch weiterhin zu.

Hin und wieder erreichten mich Neuigkeiten, dass der eine oder andere mir nahestehende Ordensbruder seine Roben abgelegt hatte und ins weltliche Leben zurückkehrt war.

Das warf immer mal wieder die Frage auf, wie es denn mit meinen eigenen Ambitionen aussah, ob ich vielleicht auch irgendwann einmal das Mönchsleben hinter mir lassen würde.

Meine Motivation für dieses entbehrungsreiche Leben war ja das hohe Ziel der Erleuchtung und die damit verbundene Freiheit.

Die weitgehende Abgeschiedenheit von zwischenmenschlichen Kontakten bereitete mir keine Probleme. Ich kam sehr gut mit mir selbst klar, konnte mich aber auch ohne Weiteres in klösterliche Gemeinschaften einfügen. Auch der Verzicht auf Sex, Drugs und Rock 'n' Roll, im weitesten Sinne, bereitete mir keine allzu großen Schwierigkeiten.

Ich nahm meine Meditationspraxis wieder intensiver auf und hatte sehr beglückende Momente, Zeiten, in denen mein Geist nur im Jetzt verweilte, Grübeleien und andere Herzenstrübungen nur wie ein entferntes Echo erschienen. Einsichten und Erkenntnisse überkamen mich wie aus dem Nichts, aber diese Zustände kamen und gingen wieder.

Um meine Meditationspraxis noch etwas zu intensivieren, beschloss ich, für eine Weile zu fasten.

Als Nyanasanta davon hörte, schien er nicht gerade begeistert zu sein. Wir einigten uns schließlich darauf, dass ich mich für sieben Tage zurückziehen könne. Das war ein guter Kompromiss.

Ich kochte mir jeden Morgen eine Kanne Tee und verbrachte die Tage mit

Sitz- und Gehmeditation, ruhte am Nachmittag etwas aus und ließ den Abend mit einer längeren Sitzmeditation ausklingen.

Mein Geist wurde sehr ruhig und es fiel mir auf, dass es unmöglich ist, irgendwo für längere Zeit zu verweilen. Auch der angenehmste Zustand kann nicht lange ausgehalten werden. Jede Körperhaltung, die wir einnehmen, muss nach einer Weile gewechselt, selbst die bequemste Sitz- oder Liegeposition muss verändert werden, weil selbst der angenehmste Zustand irgendwann unerträglich wird.

Auch das ist ein Aspekt von *Dukkha*, dem Zustand der ewigen Unbefriedigtheit.

Nach satt kommt hungrig, nach hungrig satt. Auf Ruhe folgt Bewegung, auf Bewegung folgt Ruhe. Das Leben selbst lässt einen nie in Ruhe. Immerzu verlangt der Körper nach etwas: entweder nach Essen oder nach Trinken, dann muss er auf die Toilette gebracht werden, um dort seine Geschäfte zu erledigen. Und wie lange kann man wohl selbst den intensivsten Orgasmus aushalten?

Buddha verglich dieses Getriebensein mit einem räudigen Hund. Kaum hat er sich irgendwo hingelegt, muss er sich schon wieder kratzen, dann rennt er los und fühlt dadurch eine gewisse Erleichterung. Dann legt er sich wieder irgendwo hin, muss sich wieder kratzen und rennt wieder los. Immerzu eine Erleichterung suchend durch Aktivität oder Ausruhen versucht er diesem Jucken zu entkommen.

Aber rennen wir Menschen nicht oft genauso durch die Welt und versuchen ständig angenehme Erlebnisse zu haben, die aber nie von Dauer sind? Oft geben wir dann den Lebensumständen oder Personen die Schuld für unsere nachlassende Zufriedenheit und wechseln die Objekte unserer Begierde. Wir suchen uns einen neuen Partner, kaufen uns ein neues Auto oder streben nach immer mehr materiellem Besitz, nach Macht oder Ruhm.

Auch wenn wir auf der materiellen Ebene alles haben, ist es oft doch nie genug. In Momenten der Klarsicht mag uns dämmern, dass auf diese äußeren Dinge kein Verlass ist, denn sie verändern sich ständig. Mit diesen Betrachtungen verließ ich meinen Gehpfad und legte mich an diesem Abend früh schlafen.

Traum

In dieser Nacht hatte ich einen intensiven Traum.

Ich liege auf einem Bett, als plötzlich ein wunderschönes weibliches Lichtwesen auf mich zukommt, mit sehr langen blonden Haaren, von schlanker Statur.

Ein wenig erinnert sie mich an Claudia Schiffer. Und doch ist sie viel feiner als ein menschliches Wesen. Ich erhebe mich aus dem Bett, fühle eine sehr starke Anziehung von ihr ausgehen, und plötzlich stehe ich vor ihr. Eine unglaublich intensive sexuelle Erregung steigt in mir auf. Als sie mich berührt und ihren Körper sanft an mich drückt, ist diese Erregung fast nicht mehr auszuhalten. Als ich versuche, ganz gewohnheitsmäßig, etwas mit meinem Penis anzustellen, fällt diese Energie augenblicklich wieder in sich zusammen, und ich merke, dass mein Geschlechtsorgan hier überhaupt keine Rolle spielt.

Unmittelbar nach dieser Einsicht umarmen wir einander innig, unsere Körper verschmelzen miteinander, so dass ich nicht länger unterscheiden kann, wo mein Körper und ihr Körper beginnen oder enden; denn wir sind zu einer Einheit verschmolzen.

Die sexuelle Erregung steigert sich plötzlich wieder, aber diesmal ist sie nicht nur körperlicher Art, sondern findet auf einer sehr feinen energetischen Ebene statt, die mein gesamtes Wesen mit einer unbeschreiblichen, himmlisch anmutenden Glückseligkeit erfüllt.

Und dann spüre ich, wie mein Orgasmus in einem unbeschreiblichen Ausmaß herausbricht und scheinbar nie enden will. Langsam fühle ich aber, dass auch diese Intensität wieder sanft abklingt und wie eine auslaufende Welle, ruhig und stetig, in einen unglaublich entspannten, sich federleicht anfühlenden Zustand absoluter Wunschlosigkeit mündet.

Ich weiß nicht mehr, wer ich bin, wo ich bin, sondern bin nur noch erfüllt von einem tiefgreifenden, allumfassenden Frieden.

Während ich langsam erwachte, fühlte ich weiterhin diesen tiefen, erfüllten Frieden in mir.

War es ein Traum? War es kein Traum? Es fühlte sich so real an, dass ich mir bis heute nicht sicher bin, ob ich es nur geträumt habe oder ob ich tatsächlich von einem Lichtwesen im Schlaf ‚verführt' worden bin.

Später las ich in einer buddhistischen Schrift, dass es tatsächlich Bereiche feinstofflicher Wesen geben soll, die ihre Sexualität durch intensive Umarmung und Verschmelzung ausleben.

Da dieses Ereignis im Traumzustand stattgefunden hatte, musste ich mir keine Sorgen machen, eventuell eine der Ordensregeln gebrochen zu haben.

Als ich mich bei Tagesanbruch zum Speiseraum begab, denn meine sieben Fastentage waren beendet, war ich weiterhin erfüllt vom Zauber der vergangenen Nacht, der sich nur ganz allmählich verflüchtigte.

Ich muss zugeben, dass sich in mir plötzlich Gedanken regten, mit diesem Lichtwesen in Kontakt zu bleiben, ja vielleicht eine Beziehung zu ihm aufzubauen. Ich malte mir so manchen Besuch von ihr sehr bildhaft aus.

Dann kam mir die mythologische Gestalt Maras in den Sinn, die Gottheit der Verführung, deren Nahrung aus dem Leid und Schmerz der Menschen besteht. Und vielleicht war es ja Mara, der mir dieses Lichtwesen sandte? Wurde nicht Buddha selbst von ihm in Form der schönsten Frauen besucht, als er die Sinnlichkeit als das sah, was sie ist: ein flüchtiges Erleben, mit dem Potenzial, danach süchtig zu werden? Als Buddha alle diese Angebote abgelehnt hatte, bemerkte Mara, dass er jetzt keine Kontrolle mehr über Buddha hatte und sich nicht mehr von seinem Schmerz ernähren konnte, der dann entstand, wenn das Schöne ihn wieder verließ.

Und während ich so auf dem Weg entlanglief, kam mal wieder eine Stimme aus dem ‚Nichts' zu mir, die meinte: *Keine sinnliche Erfahrung befriedigt unsere Sehnsucht nach dem wirklichen Zuhause.* Aber schön war es trotzdem!

Nyanavimala

In Sri Lanka gibt es schon seit dem späten 19. Jahrhundert deutsche Mönche. Manche blieben ein ganzes Leben lang und sind hier beigesetzt. Auch jetzt gab es noch einige, die bereits sehr alt waren.

Von einem dieser legendären Mönche hatte ich schon in Thailand gehört. Er hieß Nyanavimala und die Geschichten, die über ihn erzählt wurden, berichteten von seinem besonders asketischen Lebensstil und seiner außergewöhnlich intensiven Praxis.

Im Laufe seiner Wanderschaft sollte er die Insel schon mehrfach umrundet haben. Er lief immer barfuß, blieb an keinem Ort länger als drei Tage, um zu vermeiden, dass sich die Einheimischen an ihn gewöhnten und ihm besondere Nahrung darboten. Auf diese Weise übte er das Nicht-Anhaften.

Er hatte in seinen frühen Jahren *Pali*, die Lehrsprache des Buddha, gelernt und sich intensiv dem Studium der ursprünglichen Schriften gewidmet.

Er lebte wie die umherziehenden Waldmönche in der Frühzeit des Buddhismus in Indien. Seine Wanderschaft führte ihn in die entlegensten Teile der Insel und nicht immer hatte er genug zu essen. Eines Tages kam er in ein sehr entlegenes Dorf, wo am Dorfeingang bereits eine Frau mit Essen auf ihn wartete. Als er sie fragte, wie sie denn wissen könne, dass heute ein Mönch vorbeikäme, antwortete sie: „Letzte Nacht im Traum erschien mir ein Lichtwesen, eine Deva, und sagte, dass heute ein Mönch kommen würde, der Hunger hat, und dass sie ihm Essen darbieten möchte." Derartige Geschichten hörte man öfter, sie sind nicht zu erklären. Es gibt so viele unerklärliche Phänomene zwischen Himmel und Erde, die der menschliche Verstand nicht fassen kann.

Als ich eines Morgens zur Sala kam, informierte mich Nyanasanta leicht aufgeregt darüber, dass wir für einige Tage Besuch von einem deutschen Mönch haben würden, und es war genau dieser Mönch.

Als ich die Sala betrat, sah ich ihn bereits auf seinem Platz sitzen. Wie es sich für einen Juniormönch geziemte, kniete ich mich vor ihm nieder, verbeugte mich dreimal, was er mit einem freundlichen Blick empfing. Derart ermutigt, fragte ich ihn, ob ich ihn vielleicht um eine Unterredung bitten könnte, woraufhin er mit einer tiefen, ruhigen Stimme erwiderte: „Nach der Essenspende können wir sprechen."

Ich war ziemlich aufgeregt, diese lebende Legende in Person zu treffen, mittlerweile weit über achtzig Jahre alt, und noch dazu in meiner Muttersprache mit ihm reden zu können.

Nach dem Essen setzte er sich auf einen Stuhl und ich mich auf den Boden vor ihn hin und erzählte ihm, dass ich in Thailand in der Ajahn-Chah-Tradition ordiniert war, die ihm bekannt zu sein schien. Er wollte wissen, was mich bewog, diesen Weg zu gehen, und mir fiel nur eine Antwort ein: „Ich suche die Wahrheit."

Er betonte, wie wichtig es sei, die ursprünglichen Schriften Buddhas zu studieren, die Meditationspraxis in den Vordergrund aller Übungen zu stellen, die Mönchsregeln aufs Sorgfältigste zu befolgen und die drei Daseinsmerkmale der Existenz, die Unbeständigkeit, die innewohnende Leidhaftigkeit und das Nicht-Ich, immer wieder zu kontemplieren, bis man von der inneren Weisheit vollständig durchdrungen ist und die Anhaftungen an diese Welt verblassen. Das sei der Weg in die Freiheit.

In der Folge befragte ich ihn noch über verschiedene Aspekte der Lehre, die mich besonders interessierten. Als unser Gespräch beendet war, nahm ich meine Pflichten als Juniormönch gegenüber ranghöheren Ordensmitgliedern wahr und erbot mich, ihm seine Tasche zu seiner Unterkunft zu tragen.

Unterwegs drehte er sich unvermittelt zu mir herum, schaute mich ernst und durchdringend an und meinte zu mir: „Junger Mann, während ich vor Ihnen herlaufe, betrachten Sie diesen alten Körper mit Achtsamkeit und Wissensklarheit. So wie dieser Körper alt geworden ist, so wird auch Ihr Körper alt werden. So wie dieser Körper gebeugt geht, wird auch Ihr Körper seine Kraft verlieren." Dann drehte er sich wieder um und lief langsam gebeugt vor mir her, während ich seinem Rat folgend versuchte, mir vorzustellen, wie es sich anfühlt, einen alten Körper zu haben.

Bei seiner Hütte angekommen, überreichte ich ihm seine Tasche und verabschiedete mich mit einer Verbeugung.

Er blieb nur ein paar Tage und nahm alsbald wieder seine Wanderschaft auf.

Viele Jahre später starb er im Alter von 94 Jahren und wurde auf der Island Hermitage beigesetzt.

Die Nachbarinsel der Island Hermitage wurde einst Ayya Khema, einer deutschen Nonne, angeboten, aber die Nonnengemeinschaft war schon lange nicht mehr da.

Eines Tages erschien ein australischer Mönch, den ich schon in Colombo getroffen hatte. Ihm war angeboten worden, das dortige leerstehende Kloster zu übernehmen und eine Sangha zu gründen. Sein Name war *Nyanacitto*, und wie es sich herausstellte, war er davon überzeugt, auf der Erleuchtungsleiter bereits ein gutes Stück emporgeklettert zu sein, sogar bis in die luftigen Höhen eines *Anagami*, der die tiefsitzenden und schwer auszumerzenden Wurzeln der Gier und des Hasses ein für alle Mal beseitigt hatte.

Allerdings hatte ich ihn in den Wochen zuvor im Kloster von Pemasiri als einen Menschen kennengelernt, der recht oft zu verärgerten Ausbrüchen neigte. Als ich ihn damals fragte, worüber er sich denn ärgere, meinte er: „Ich ärgere mich nicht, ich bin nur irritiert."

Er lud mich ein, ihn auf dieser besagten Insel zu besuchen, und ich wollte mir die Gegebenheiten vor Ort einmal anschauen.

Eines Nachmittags ruderte ich also rüber, denn neugierig auf dieses ehemalige Kloster von Ayya Khema war ich dann schon. Er führte mich über die kleine Insel, zeigte mir die Gebäude und Hütten und meinte, als wir bei der Bibliothek ankamen, dass er alle Bücher, die nicht den Theravada-Buddhismus zum Thema hätten, verbrennen wolle.

Da musste ich erstmal schlucken. Ich weiß gar nicht, ob er wusste, dass ich Deutscher war und dass Bücherverbrennungen in meinem Lande an eine unrühmliche Zeit erinnerten.

Dann zeigte er mir das kleine Haus, in dem Ayya Khema gelebt hatte. Mich beeindruckte, wie geschickt die Behausung mit dem dort stehenden Felsen zu einer Einheit integriert worden war. Als wir unseren Rundgang fortsetzten, erzählte er mir von seinen Plänen, sich hier niederzulassen, streng nach den Regeln zu leben und eine Gemeinschaft zu gründen, bis mir endlich dämmerte, dass er mich für sein Projekt gewinnen wollte.

Er bot mir an, die Kuti von Ayya Khema zu beziehen, und zudem bot er mir den Posten des Vize-Abts an und überhaupt, das wäre doch eine tolle Sache.

Das hatte mir gerade noch gefehlt. Ich dankte ihm für sein freundliches Angebot und machte ihm deutlich, dass ich im Moment recht zufrieden mit meinem Lebensstil war und keinerlei Ambitionen hegte, ein Kloster mit aufzubauen.

Er war von meiner Antwort auf sein doch recht großzügiges Angebot ganz offensichtlich enttäuscht, doch ich erklärte ihm kurz, dass ich bald zurück nach Europa gehen wolle, ging zu meinem Boot und ruderte zurück zur Island Hermitage.

Auch auf meiner Wanderschaft durch Thailand kam es immer mal wieder vor, dass mir ein leerstehendes Kloster angeboten wurde, doch ich hatte derlei Angebote immer abgelehnt, dazu liebte ich meine Freiheit und Ungebundenheit einfach zu sehr.

Ich wollte lieber in der Lage sein, meine Zelte oder besser gesagt mein Moskitonetz jederzeit abzubrechen und weiterzuziehen, so wie es sich für einen echten Waldmönch gehörte.

Jetzt war es wieder an der Zeit, aufzubrechen. Mein Aufenthalt auf der Insel neigte sich seinem Ende entgegen und ich war dankbar für die Möglichkeit, dass ich hier einige fruchtbare Monate verbringen durfte.

„Sei der Raum, in dem die Welt tanzt!"

Während meiner letzten Gehmeditation an diesem Abend kontemplierte ich wieder einmal Aussagen meines Lehrers Ajahn Buddhadasa.

Es gibt Sätze, die man ständig hört, besonders wenn man sich in sogenannten spirituellen Kreisen bewegt. Ein großes Wort, das viele schon gehört haben, heißt „loslassen", und niemand weiß so genau, wie das geht. Andere Sätze lauten: „Verweile im Jetzt." „Ruhe in der Leerheit." „Beobachte deinen Geist und reagiere nicht auf die Inhalte." „Mache das Beste aus jedem Moment und werde dein bester Freund." „Habe Mitgefühl mit allen Wesen." „Liebe deinen Nächsten wie dich selbst." Und es gibt noch zahllose Aussagen, die man hier anreihen könnte.

Für mich war zu dieser Zeit der wichtigste Satz der von Ajahn Buddhadasa: *„Es gibt nichts, das es wert wäre, zu sein, zu haben, zu werden oder festzuhalten."*

Wie oft hatte ich diesen Satz schon gehört und selbst zitiert. Übrigens gibt es in der Bibel, im Buch der Prediger, ein Äquivalent zu dieser Aussage von Ajahn Buddhadasa: *„Ich besah mir alle Werke, die unter der Sonne geschehen, und siehe da, alles ist Wahn und ein Jagen nach Wind."*

Als mir eines Tages die Tiefe und Wahrheit dieses Satzes in einem zeitlosen Moment stiller Erkenntnis zuteilwurden, war ich zunächst erschrocken. Aber jetzt bemerkte ich immer mehr, wie sich eine gewisse Leichtigkeit und Freude einstellten, wenn ich diese Aussage kontemplierte.

Denn ich erkannte, dass ich mich nicht bemühen musste, irgendwo anzukommen; denn ich bin ja immer hier, war immer hier und werde nie irgendwo anders sein als genau hier.

Natürlich hat jedes ‚Hier' seine Geschichten und Erlebnisse, aber wenn man das ‚Hier' mit einem Raum vergleicht, kommen und gehen die verschiedenen Dinge und ziehen durch den Raum – aber der Raum bleibt, und – *ich bin* dieser Raum!

„Sei der Raum, in dem die Welt tanzt!", hatte ich mal irgendwo gelesen und ja, wäre das nicht die Haltung des echten Nicht-Anhaftens? Raum zu sein für alles, was geschieht, an nichts hängenzubleiben und alles in seinem Rhythmus kommen und gehen zu lassen?

Und dann kam mir wieder die Aussage von Ajahn Man in den Sinn, der sagte, dass wir letztendlich Freude und Glück *sind*, dass sie der Ausdruck und das Merkmal unseres geistigen Raums *sind*. So wie ‚nass' das Kennzeichen von Wasser ist, ist ‚Freude' das Kennzeichen des Geistes.

Und warum fühlen wir dann diese Freude nicht ständig, wenn sie doch das Wesen unseres Geistes ist?

Der Grund dafür mag in dem Umstand liegen, dass wir uns meistens mit den Herzenstrübungen identifizieren und glauben, wir sind sie. Dabei übersehen wir den Raum, in dem sich das alles abspielt. Wie können Dinge, die kommen und gehen, einen endgültigen Wert haben? Raum kommt und geht nie!

Ich packte am darauffolgenden Tag meine Siebensachen, rollte mein Moskitonetz ein und verstaute meine Roben und Tücher in meiner Tasche und Almosenschale.

Im Speiseraum verabschiedete ich mich von Nyanasanta und den anderen Mönchen und nahm das Postboot aufs Festland. Dort stieg ich in einen Bus und nach einer fünfstündigen Fahrt erreichte ich wieder Colombo.

Abschied von Sri Lanka

Ich blieb noch eine Woche bei Pemasiri und dann kam der Tag der Abreise. Es fiel mir nicht leicht, diese Insel zu verlassen.

An diesem Morgen ging ich zu Pemasiri, verbeugte mich dreimal vor ihm und hätte ihn gerne umarmt, aber das war hier leider nicht Sitte. Dann sprach ich auf Pali ein in der Theravada-Tradition übliches Ritual, was auf Deutsch ungefähr so heißt: „Sehr geehrter Herr, ich nehme nun Abschied und bitte um Vergebung für all das, was ich durch Worte, Taten oder Gedanken getan habe, was dich, mein Lehrer, in irgendeiner Weise gestört haben könnte.“ Er antwortete auf Pali: „Ich vergebe dir.“ Und auch er bat um Vergebung, und ich vergab ihm.

Ich war irgendwie sehr gerührt und traurig zu gehen und auf der anderen Seite freute ich mich auf Deutschland.

David stand unten an der Ausgangstür. „Hey, Dhammavaro“, sagte er lächelnd, „es war schön, mit dir hier gewesen zu sein. Hab einen guten Rückflug. Wir werden uns bestimmt mal wiedersehen.“ „Ja, David, vielen Dank für alles. Pass gut auf dich auf. Bis ein nächstes Mal, irgendwo, irgendwann.“

Wir waren in dieser Zeit gute Freunde geworden. Die Gespräche, die wir führten, hatten meist einen sehr existenziellen und persönlichen Inhalt, und wenn man sich in dieser Weise austauscht, entsteht über das wachsende Vertrauen zu einem anderen Menschen eine tiefe Verbindung.

Dann überreichte er mir ein Geschenk, in weißes Tuch gewickelt. Als ich es aufmachte, lag darin ein Totenschädel. Nein, er war keine Attrappe oder irgendwie aus Plastik gefertigt. Dieser Schädel war echt und wurde ihm im Krankenhaus bei einem seiner Besuche von einem Krankenpfleger geschenkt. Es war mir nicht ganz wohl bei dem Gedanken, mit einem Leichenteil durch die halbe Welt zu reisen. Ich überlegte zwar kurz, ob in meinen Taschen nicht doch noch ein Platz dafür frei wäre, musste allerdings feststellen, dass sie vollends bepackt waren und nichts mehr hineinpasste. So hatte ich einen guten Grund, dieses Geschenk abzulehnen. Wir umarmten uns kurz und ein Taxi fuhr mich zum Flughafen von Colombo.

Dort angekommen, ging ich zum Check-in für den Flug nach Frankfurt.

Der Flieger brachte mich zuerst nach Bahrain. In der dortigen Ankunftshalle sollte mich jemand zu einem Hotel bringen, bevor ich am Abend weiter nach Frankfurt fliegen würde. Aber zuvor musste ich ganz offiziell einreisen und stand in einer Warteschlange beim Zoll an.

Ein muslimischer Officer musterte mich von oben bis unten und meinte dann sehr knapp und bestimmt zu mir: „Come!", was so viel hieß, ich solle ihm folgen.

Mein Reisegepäck bestand aus einer größeren Tasche und meiner Almosenschale, die mir auch als Reisetasche diente. Die sollte ich nun nach seiner Anweisung auf einen Tisch stellen, und er befahl: „Auspacken!"

Das hatte mir grade noch gefehlt, denn ich hatte alles sehr ordentlich und genau gepackt und einige Geschenke, darunter waren eine weiße Buddha-Figur und eine kleine hölzerne Stupa, die viel Platz einnahmen. Dann durchwühlte er meine Sachen und deutete auf ein kleines Metalldöschen und fragte: „What is that?"

Ich öffnete es, und wir beide schauten auf drei bis vier kleine, zirka zwei Zentimeter lange Gummiröhrchen, die ich mir manchmal in ein Nasenloch schieben musste, um besonders bei der Meditation besser Luft zu bekommen.

„What is that?", fragte er noch überraschter und noch strenger. Ich nahm eins heraus, schob es in ein Nasenloch und erklärte ihm sehr genau, welche Funktion es für mich hatte.

Ungläubig schaute er mich an, aber er hielt mich wahrscheinlich sowieso für einen Ungläubigen. Dann entdeckte er ein Fläschchen mit weißem Pulver. „What is that?", fragte er, jetzt schon anklagend und mit einer sicheren Überzeugung, mich schon halb überführt zu haben. Jetzt wusste ich, was er dachte, wofür die Gummiröhrchen seien.

„Vitamin C", antwortete ich ihm, auch kurz und knapp. Er schaute mich noch ungläubiger an und meinte: „I have to check, you wait." Sein Ton war jetzt noch strenger geworden und er holte einen anderen Officer, der mich nicht aus den Augen lassen sollte.

Und dann rasten die Gedanken durch meinen Kopf und ich hoffte, dass er Buddhisten wohlgesonnen war und das Vitamin C nicht gegen Heroin oder eine andere, verbotene Substanz austauschen würde. Und ich hoffte, dass sich jetzt nicht ein altes, unheilsames Karma erfüllen würde.

In diesem Moment war ich heilfroh, dass ich Davids Geschenk nicht angenommen hatte. Zum Glück passte es nicht mehr in mein Gepäck. Es wäre gar nicht auszumalen gewesen, wenn er jetzt diesen Totenschädel entdeckt hätte. Und was hätte ich auf die Frage: „What is that?" antworten sollen? „Ach, das ist nur ein Totenschädel?!" Er hätte bestimmt auch wissen wollen, wo der Rest der Leiche verblieben sei.

Dann sah ich ihn schon von Weitem zurückkommen, mein Atem ging schneller, aber ich war bereit, mich in mein Schicksal zu ergeben. Er reichte mir schließlich das Fläschchen und meinte: „Ok, wrap it up." Alles zusammenpacken, uff. Das gute, gute Karma oder was auch immer.

Er hätte wenigstens noch sagen können: „Welcome in Bahrain." Aber er hatte es eilig, irgendwo hinzugehen, und ich sah noch, wie er und einige andere ihre Gebetsteppiche in einem Nebenraum ausrollten und kniend darauf Platz nahmen. Wie es schien, war es für sie an der Zeit, sich gen Mekka zu verbeugen.

Ein Taxi, das schon vom Reisebüro gebucht worden war, brachte mich zum vorgesehenen Hotel, wo ich mich erstmal ausschlief.

Am späten Abend holte es mich wieder ab und mein Flieger hob in Richtung Deutschland ab.

Deutschland

Es war Anfang Juni, und ich habe ja schon erwähnt, dass ich einer Einladung in ein buddhistisches Kloster in Langenselbold folgte, um dort den kommenden Regen-Retreat zu verbringen.

Als ich in der Ankunftshalle des Flughafens stand, erkannte Klaus mich sofort an der braunen Robe. Er war ein deutscher Mann, Ende dreißig und mit einer Thailänderin verheiratet. Er war recht wohlhabend und stellte seinen großen Garten und eine umgebaute Lagerhalle der thailändischen buddhistischen Gemeinde als Kloster zur Verfügung. Wir wechselten ein paar freundliche Worte und fuhren dann nach Langenselbold. Dort wurde ich von seiner Frau und einigen anderen Thailänderinnen empfangen. Sie wollten wissen, wie ich heiße, wo ich ordiniert worden war, ob ich diesen oder jenen Lehrer kennen würde, und hießen mich willkommen, und die Anrede, an die ich mich nun gewöhnen musste, war „Lung Pieh", was so viel wie „ehrenwerter Bruder" heißt.

Dann nahm Klaus meine beiden Taschen und brachte mich zu meiner Unterkunft. Es war ein zirka acht Meter langer Wohnwagen, der mit einem separaten Schlafzimmer, Dusche und Toilette und einem größeren Raum ausgestattet war. Hinter dem Wohnwagen war sogar ein Gehpfad angelegt.

Klaus meinte, dass immer mehr Deutsche hierherkommen würden und dass die zwei Thai-Mönche, die schon vor zwei Wochen angekommen waren, nicht gut genug Englisch und schon gar kein Deutsch sprechen würden. Mir komme also die Aufgabe zu, die Lehre Buddhas und die Meditation zu vermitteln.

Jetzt war es also so weit, in die Rolle eines Lehrers zu schlüpfen, um das weiterzugeben, was ich in all den Jahren über Meditation und die Lehre Buddhas für mich herausgefunden hatte.

Am Abend traf ich die anderen Mönche, mit denen ich hier die nächsten drei Monate verbringen würde. Der eine Mönch war um die fünfzig Jahre alt und hieß Lung Dadu, und der andere war Mitte dreißig und hieß Somschai. Beide waren schon einige Jahre länger Mönch als ich, und so saß ich am Ende der Reihe. Wir unterhielten uns in angenehmer Leichtigkeit, sprachen über bekannte Lehrer und verschiedene Klöster in Thailand und besprachen den Ablauf der kommenden Monate.

Es gab eigentlich nicht viel zu tun. Der Tag würde mit dem Essen um zehn Uhr beginnen. Danach würden wir Besucher empfangen, und wenn sie gegangen waren, könne jeder das machen, was er wolle. Am Nachmittag würden wir uns zum Teetrinken treffen und am Abend, um neunzehn Uhr, wieder im Meditationsraum zur Abendmeditation.

Das war ein sehr überschaubarer Ablauf und ich stellte mich langsam darauf ein.

Der große Besuchertag war Sonntag. An diesem Tag kamen sehr viele Thais aus den umliegenden Orten und besonders aus dem Rhein-Main-Gebiet. Es waren hauptsächlich Frauen, die irgendwann einmal einen deutschen Mann geheiratet hatten. Sehr auffällig war, dass die meisten Männer viel älter waren als ihre Frauen.

Die ehemalige Lagerhalle, unser Meditations- und Versammlungsraum, diente auch für diese Treffen. Die Innausstattung ähnelte sehr der Sala in thailändischen Klöstern, mit einem großen Buddha an der Kopfseite, einem erhobenen Podest, wo wir Mönche saßen, Bastmatten auf dem Boden und an den Wänden hingen die Portraits bekannter buddhistischer Mönche.

Die Thais brachten Essenspenden mit, die sie auf einen langen Tisch stellten. Die deutschen Männer hielten sich eher im Hintergrund, wurden aber von ihren Frauen angewiesen, sich erstmal vor dem Buddha zu verbeugen und dann vor uns. Das war in Thailand halt so Sitte.

Die Frauen setzten sich zu kleinen Grüppchen zusammen und schnatterten drauflos, während wir einfach nur auf dem Podest saßen und ich diesem Treiben zusah.

Es war ein guter Platz, da oben zu sitzen. Ich konnte alles beobachten und war doch nicht involviert. Einige Thai-Frauen sprachen mit den Thai-Mönchen, und ein paar Deutsche, die scheinbar aus Interesse am Buddhismus hier waren, kamen nun auch in die Sala.

Klaus nahm ein Mikrofon in die Hand und begrüßte die Gemeinde auf Deutsch, und seine Frau Mähm übersetzte es ins Thai. Dann wurde uns das

Essen gereicht, was hauptsächlich aus der thailändischen Küche kam, und zwar in allen Variationen. Wir sprachen traditionsgemäß unseren Segen und dann bedienten sich auch die Besucher an dem Buffet.

Nach dem Essen traf ich mehrere Deutsche, die Interesse hatten, meditieren zu lernen. Natürlich waren sie neugierig, wer ich war und warum ich Mönch geworden war. Manche hofften, jemanden gefunden zu haben, um mit ihm auch sehr persönliche Dinge besprechen zu können. Andere sahen in mir den Inbegriff des Aussteigers. Manche unterstellten mir einen gewissen Erleuchtungsgrad, der nach zehn Jahren des Mönchseins sicherlich schon eingetreten war. Andere wiederum waren erstmal vorsichtig und zeigten große Zurückhaltung im Kontakt zu mir. Manche kamen eher kumpelhaft auf mich zu. Andere wollten die Meditation erlernen und waren an der Lehre Buddhas interessiert.

Es wurde mir schnell klar, dass ich hier ein anderes Mönchsleben als in Asien führen würde, und ich war bereit, diese neue Erfahrung zu machen. Ich besprach mit Klaus einen Termin für einen Meditationskurs und wir einigten uns darauf, erstmal eine regelmäßige Meditationsgruppe ins Leben zu rufen.

Jeden Freitagabend kam nun eine kleine Gruppe Deutscher ins Kloster. Nachdem die Abendveranstaltung mit den Thais beendet war, gingen wir in einen kleineren Raum nebenan, wo ich verschiedene Meditationen und kleinere Vorträge anbot. Von Woche zu Woche stieg die Zahl der Interessierten, so dass es irgendwann zirka zwanzig an der Zahl waren.

Alex war einer von ihnen. Er war Anfang zwanzig und hatte auf einem psychedelischen Pilztrip kurzzeitig die Orientierung verloren, sich dann die großen Fragen des Lebens gestellt, was ihn schließlich hierherbrachte. Helga war eine Frau Ende vierzig. Als sie mich das erste Mal sah, so erzählte sie später, hatte sie das Gefühl, mich schon ewig zu kennen. Carla war grade in einer Lebenskrise und auf dem Weg, ihre Ehe zu beenden. Maria wollte einfach nur meditieren lernen. Tom wollte sich eigentlich schon vor zwei Jahren umbringen, hatte dann ein Buch über Buddhismus in die Hände bekommen und wollte der Sache, und sich natürlich auch, eine neue Chance geben.

Aber letztlich wollten sie alle ihr ‚Wohlsein' mehren und ihr ‚Unwohlsein' mindern, kam es mir in den Sinn, wogegen ja auch nichts einzuwenden ist, und es entstand die sogenannte Freitagsgruppe.

Klaus war sehr engagiert, dieses Kloster zu organisieren, war an Meditation interessiert und worauf es ihm am meisten ankam, war: ‚Gutes tun.'

Es gab sogar einen thailändischen Abt, der zweimal im Jahr aus Thailand angereist kam, um hier die thailändische Gemeinde zu besuchen.

Manchmal wurden wir zu Thailändern nach Hause eingeladen, wir bekamen Essen, das Kloster eine Spende und dann fuhren wir wieder zurück.

Lung Dadu überraschte mich mit seiner für Thais unüblichen Direktheit bei einem dieser Hausbesuche. Während er und Somschai nach dem Essen mit den Thais plauderten, fragte er mich plötzlich auf Thai: „Stimmt's, Dhammavaro?"

Ich hatte die Unterhaltung nicht ganz verfolgt, aber er wollte von mir bestätigt haben, dass die deutschen Männer nicht nur eine Frau geheiratet hätten, sondern gleich deren ganze Familie.

Er hatte über Wochen beobachtet, wie manche Frauen mit ihren Männern umsprangen und welche Ansprüche manche hatten. Der Bruder einer Thailänderin wollte gerne ein Motorrad, die Schwester einen neuen Kühlschrank und die Eltern eine neue Wohnzimmereinrichtung.

Bei vielen Beziehungen war sehr deutlich, dass die Thai-Frauen wesentlich jünger waren als ihre deutschen Männer. Es schien eine Art unausgesprochener Deal zu ein. Es wurde die Jugendlichkeit gegen materielle Sicherheit eingetauscht, und die Ehe garantierte den Frauen das Aufenthaltsrecht in Deutschland, während die Männer eine junge Frau hatten und irgendwie versorgt waren. Dass bei einigen solcher Beziehungen auf dieser Grundlage am Ende nur Verlierer dastanden, war absehbar. Andere schienen aber recht zufrieden miteinander zu sein, hatten gemeinsame Kinder und schienen sich gut zu verstehen.

Ich drückte mich um eine direkte Antwort und sagte zu Lung Dadu nur, dass ich noch niemals verheiratet war.

Ich fand in dem Kloster meinen Rhythmus, hielt meine Meditationszeiten ein, lief gerne auf meinem Gehpfad, ging dazu über, buddhistische Texte ins Deutsche zu übersetzen, traf gelegentlich Besucher und leitete die Freitagsgruppe.

Drei Monate waren eine überschaubare Zeit und mir wurde bald klar, dass ich auf Dauer nicht hierbleiben würde. Zuweilen fühlte ich mich zu einem Zeremonienmeister degradiert, besonders dann, wenn mal wieder jemand sein neues Auto gesegnet oder die Wohnung von bösen Geistern gereinigt haben wollte oder andere Dinge, mit denen ich in Asien nichts zu tun hatte. Aber auch diese Dinge wurden von einem buddhistischen Mönch erwartet.

Weiße Magie

Eines Abends gegen 23.00 Uhr, ich wollte mich grade zum Schlafen hinlegen, hörte ich ein lautes Klopfen an meiner Wohnwagentür. Somschai stand davor, rief meinen Namen laut und meinte, es gebe einen Notfall und ich solle gleich in die Sala kommen.

Als ich den Raum betrat, sah ich einen deutschen Mann mit seiner Thai-Frau, die käsebleich im Gesicht, am ganzen Körper zitternd auf dem Boden saß und weinte.

Lung Dadu schaute mich irgendwie feierlich an und meinte zu mir: „Dhammavaro, hast du schon mal weiße Magie praktiziert?" Und ohne eine Antwort abzuwarten, ergänzte er: „Heute wirst du sie kennenlernen."

Das hörte sich interessant an und ich war schon ganz gespannt, was jetzt kommen würde.

Aber zuallererst ließen wir uns erzählen, was eigentlich passiert war.

Diese Frau war schon eine Weile mit ihrem deutschen Mann verheiratet. Ihre Schwester lebte in Südthailand und hatte die irrige Meinung, dass alle in Deutschland Lebenden nach einer Weile wohl reich sein müssten, und verlangte von ihr ein neues Auto. Auf die ablehnende Antwort reagierte sie mit der Androhung, auf ihre Schwester einen Magier der schwarzen Künste anzusetzen, wenn ihr dieser Wunsch nicht bald erfüllt werden würde. Dazu gab sie ihr einen Monat Zeit.

Als das Geld für das Auto nach Ablauf des Ultimatums immer noch nicht bei ihr angekommen war, sagte ihre Schwester nur: „Der Schwarzmagier wird jetzt auf dich angesetzt, dich quälen und dein Leben zerstören." Sofort wurde die in Deutschland lebende Schwester von heftiger Angst und Sorgen überwältigt. Dazu kamen nach einer Weile körperliche Schmerzen, Schlafstörungen und sie glaubte wirklich, jetzt den Fängen der schwarzen Magie hilflos ausgeliefert zu sein.

Für Lung Dadu war klar, was zu tun ist. Nachdem wir drei Mönche uns vor den großen Buddha gesetzt hatten, reichte Lung Dadu einen weißen Faden erst zu Somschai und der reichte ihn mir. Den Faden würden wir während der Rezitation verschiedener Schutzgesänge in unseren Händen halten. Das andere Ende des Fadens legte Lung Dadu in eine Wasserschüssel, legte noch drei brennende Kerzen oben drauf, so dass das Wachs in das Wasser tropfte, entzündete drei

Räucherstäbchen und erhob seine Stimme, den Faden in beiden Händen vor der Brust haltend, zu einem lauten *Namo Tassa* ... an. Wir taten es ihm gleich und stimmten in den Gesang ein.

Kurz vorher hatte er der Frau noch erklärt, was wir jetzt tun würden: „Weiße Magie ist stärker als die schwarze Magie und diese hat keine Chance, gegen sie zu bestehen. Die geballte Kraft des Buddhas, seine Reinheit, sein Mitgefühl, seine Weisheit und die rezitierten Texte werden den Restnebel der schwarzen Magie vertreiben. Mache dir keine Sorgen mehr, denn jetzt übernehmen wir deinen Schutz." Und während wir die verschiedenen Texte rezitierten, nahm ich wahr, wie das Zittern der Frau langsam aufhörte, wie sie plötzlich sehr grade saß und die Tränen nicht mehr über ihr Gesicht liefen.

Als wir mit der Zeremonie fertig waren, füllte Lung Dadu das Wasser der Schüssel in eine Flasche und sagte ihr, sie solle jeden Tag etwas davon auf ihren Kopf träufeln und einige Tropfen trinken. So sei sie dauerhaft geschützt. Sehr dankbar nahm sie die Flasche an, sie lächelte sogar und der Spuk war vorbei.

Dass Lung Dadu hier nur einen psychologischen Trick angewandt hatte, war mir klar und ihm natürlich auch, aber trotzdem war ich sehr beeindruckt und dachte mir: Wer heilt, hat Recht!

Freitagsgruppe

Die Freitagsgruppe machte mir viel Freude. Für mich stellte es sich als echte Herausforderung dar, die verschiedenen buddhistischen Konzepte wie die vier edlen Wahrheiten, den achtfachen Pfad und das Gesetz des Karmas verständlich zu erläutern. Ich kam auf den Geschmack und war voller Enthusiasmus bei der Sache.

Zu der Freitagsgruppe kamen zirka fünfzehn bis zwanzig Leute und ich begann, das Gelernte an sie weiterzugeben. Es war schön zu sehen, dass sich bei manchen nach einiger Zeit wirklich etwas veränderte, wie sie mir später berichteten.

Alex war voller Begeisterung dabei. Statt freitagabends in Discos oder Kneipen abzuhängen, kam er ins Kloster und die Meditation schien Früchte zu tragen. Er berichtete von seinem ruhigen Geist, konnte mit einer beendeten Beziehung in Frieden sein, begann seine Wohnung auszumisten und trennte sich von allem, was ihm nutzlos erschien.

Brigitte hatte schon nach sechs Wochen Meditation ihre bereits zwei Jahre lang anhaltenden Schlafstörungen verloren.

Maria berichtete nach einer Weile, dass sie nicht mehr unter ihrer Zwangsstörung leide. Zwangsstörung? „Ja", meinte sie, „wenn ich morgens zur Arbeit fuhr, kam mir auf der Autobahn öfter der Gedanke, dass ich den Gasherd in der Küche noch anhaben könnte. Dann war ich mir sicher, dass er noch an war, und ich musste umkehren, um nachzuschauen. Er war nicht an. Ein anderes Mal musste ich umkehren, weil ich dachte, die Kerzen brennen noch oder der Wasserhahn sei noch aufgedreht. Aber da ich ja jetzt ständig die Achtsamkeit übe, weiß ich, dass alles ausgestellt ist."

Rainer berichtete, dass er sich nicht mehr so sehr um die Zukunft sorge und den Anflug solcher Gedanken sofort erkenne und sie nicht mehr weiterdenken müsse.

Carla war durch die Meditation zu der Klarheit gelangt, sich nun endgültig aus ihrer Ehe zu verabschieden, und das alles mit einem guten, sicheren Gefühl.

Helga mochte einfach nur die Stille, die sie während der Meditation erlebte.

Das freute mich sehr zu hören und ich betonte immer wieder, dass ich damit nichts zu tun hätte, sondern nur der Anleiter sei und es ihre eigene Fähigkeit sei, die Anleitungen umzusetzen.

Das hielt einige jedoch nicht davon ab, mich ständig zu loben und mich immer mehr zu idealisieren. Manche von ihnen traten sehr schüchtern, fast schon unterwürfig an mich heran, sagten zu allem ja, was ich erzählte, hatten nie Einwände und übernahmen alles Gesagte absolut ‚gehorsam'. Manche sahen in mir den Inbegriff höchster Tugend, rein, makellos und fast schon heilig.

Immer wenn ich diese idealisierende Energie wahrnahm und mein geschmeicheltes Ego sich nicht in den Vordergrund schob, gingen bei mir alle roten Lichter an und standen auf Alarm: Achtung, aufpassen!

Dann erinnerte ich mich an ein Zitat: „Der größte Feind, den du irgendwann einmal haben wirst, ist der, der sich dir gegenüber unterwürfig zeigt. Dann wird er dich die ganze Zeit beobachten und überprüfen, ob du seiner Unterwürfigkeit noch würdig bist. Machst du in seinen Augen den geringsten Fehler, fällst du in die Tiefen seiner Verachtung …"

Und so kam es dann eines Tages auch.

Harald war mit einer Thailänderin verheiratet und hatte Interesse an Meditation und der Lehre Buddhas. Er kam nicht nur zur Freitagsgruppe, sondern auch sonntags mit seiner Frau ins Kloster und ab und zu besuchte er uns auch vormittags. Wir hatten viele Gespräche über verschiedene Themen und es schien, dass er mich langsam zu einem Ideal der buddhistischen Lebensführung emporstilisierte. Er verneigte sich vor mir, wie er es in Thailand gelernt hatte, und bot mir an, meine neuen Übersetzungen zum Thema ‚Tod und Vergänglichkeit aus buddhistischer Sicht' als Lektor gegenzulesen.

Einmal aber erwischte er mich, wie ich in heiterer Stimmung mit anderen scherzte und lachte, er hörte auch, wie ich ab und zu einen Witz erzählte. Irgendwann nahm ich diesen leicht kritischen Ausdruck in seinem Gesicht wahr, besonders dann, wenn ich mal etwas schneller lief, als es für einen ‚in ständiger Meditation Verweilenden' seiner Meinung nach angemessen war.

Ich bildete mir ein, dass er mich auch sonntags beim Essen beobachtete und seine kritischen Gedanken dazu hatte. Wenn ich gewisse buddhistische Konzepte erläuterte, kamen von ihm immer wieder überzogene, kritische Anmerkungen und öfters zweifelte er meine Darlegungen an, was ich allerdings als Herausforderung erachtete.

Aber was seiner sich langsam steigernden Ablehnung dann die Krone aufsetzte und ihn in seiner Wahrnehmung, ich sei doch nur ein ganz ‚normaler Weltling in Roben', bestätigte, war der Moment, als Alex mir eine Zigarette anbot und ich sie auch noch annahm und rauchte. Das passte so gar nicht in seine Vorstellung, wie ein Mönch sich zu verhalten habe.

In dem Moment fiel meine ‚Heiligkeit' bei ihm vollends in den tiefsten Keller der Verachtung und er sprach mich nicht mehr an.

Irgendwie fühlte ich mich schlecht bei dem Gedanken, dass er jetzt eine solche Wahrnehmung von mir hatte. Dieses Gefühl war interessant zu beobachten und ich musste einen Umgang damit finden.

Gab es hier etwas zu lösen? Vielleicht ein klärendes Gespräch? Aber was hätte ich mit ihm klären sollen? Seine Strenge, seine Erwartungen und sein Bewertungssystem? Dann erinnerte ich mich, dass ich mich oft schlecht fühlte, wenn andere mich nicht mochten oder irgendwelche Urteile über mich fällten. Da war wieder dieses alte Muster, gemocht zu werden und dafür vielleicht Dinge zu tun und zu sagen, um anderen zu gefallen.

„Tue nie irgendetwas für andere", sagte mal ein Mönch zu mir, „es sei denn, du willst es oder eine Aufgabe erfordert es." Und dann erinnerte er mich an die „acht weltlichen Gifte", von denen Buddha oft warnend gesprochen hatte: Lob und Tadel, Ehre und Verachtung, Glück und Unglück, Gewinn und Verlust.

„Wenn du zum Beispiel Lob anstrebst, hast du den Tadel immer im Schlepptau. Und deshalb achte darauf, warum du etwas sagst oder tust, denn nur die Klarheit deiner Absichten gibt dir Sicherheit!“, meinte er.

Und ich erinnerte mich an eine andere Unterhaltung, wo die Frage aufgeworfen wurde, warum ein Erleuchteter überhaupt noch etwas machen würde. Die Antwort darauf war: „Aufgrund der Erfüllung einer notwendigen Aufgabe im gegenwärtigen Moment.“

Natürlich könnte auf sein Tun eine der oben angeführten Qualitäten wie „Lob“ und „Ehre“, aber auch „Tadel“ und „Verachtung“ folgen, aber was hatte er damit zu tun? Er blieb davon gänzlich unberührt, weil er sich selbst über die Klarheit seiner Absichten bewusst war.

Dann erinnerte ich mich an eine Geschichte aus dem *Dhammapada:* Zur Zeit Buddhas besuchte ein Mann namens *Atula* drei verschiedene Mönche, um Fragen beantwortet zu bekommen. Der eine Mönch saß in tiefer Meditation und sagte nichts. Der andere gab ihm kurze Antworten. Der dritte Mönch erklärte ihm alles sehr ausführlich. Unzufrieden mit allen dreien begab sich der Mann zum Buddha und beschwerte sich. Buddha antwortete: „Schon alt ist dieses, Atula, und nicht bloß heute ist es so: Man tadelt den, der schweigsam sitzt, man tadelt den Gesprächigen, ja selbst den, der angemessen spricht. Ohne Tadel ist man nirgendwo.“ Dieses Zitat beruhigte mich ungemein.

Mit Alex entwickelte sich langsam eine Freundschaft. Er kam nicht nur zur Freitagsgruppe, sondern auch öfters abends zur Meditation.

Er war erstaunt darüber, wie ruhig sein Geist wurde und dass die vielen Wünsche, die er immer hatte, langsam verblassten. Er bemerkte, dass echtes Glücklichsein nichts mit äußeren Dingen zu tun hatte, und wollte die Meditation und die Lehre Buddhas besser kennenlernen.

Er erkundigte sich nach dem Kloster in Thailand, wo ich ordiniert hatte, und es war für ihn schon fast beschlossene Sache, im kommenden Winter zwei Monate dort zu verbringen.

Ich war erfreut, das zu hören, und gab ihm alle nötigen Informationen.

Als die drei Monate hier zu Ende waren, hatten wir mit der Freitagsgruppe noch einen schönen letzten Abend. Sie waren mir ans Herz gewachsen und ich liebte es, das zu teilen, was ich für mich als wertvoll herausgefunden hatte, und freute mich darüber, dass einige davon einen Nutzen hatten.

Die Thai-Mönche flogen zurück nach Thailand und auch ich musste mir überlegen, was ich als Nächstes machen wollte. Klaus meinte, ich könne so lange bleiben, wie ich wolle, und im Winter in die Wohnung eines Hauses auf seinem Grundstück ziehen, weil es im Wohnwagen dann viel zu kalt sein würde.

Ich bedankte mich bei ihm und seiner Frau für die Einladung und die Gastfreundschaft. Ich erklärte ihnen, dass ich noch jemanden besuchen wolle und noch nicht wisse, wo ich den Winter verbringen werde, aber gerne auf ihr Angebot zurückkommen würde.

Weiter geht's

Schon seit einigen Monaten reifte in mir ein Gedanke heran und ließ mich nicht mehr los.

Jetzt hatte ich mich so viel mit Sterben und Tod beschäftigt und ich wollte Menschen kennenlernen, die davon betroffen waren. Natürlich sind wir alle davon betroffen, aber nicht so direkt wie die, die wissen, dass sie nur noch eine Zeitspanne zwischen drei Wochen und drei Monaten zu leben haben.

Ich hörte von einem Hospiz in Wiesbaden, wo regelmäßig Praktikanten gesucht wurden.

Ich vereinbarte telefonisch einen Termin und Alex fuhr mich dort hin.

Die Leiterin meinte, dass ich für sechs Wochen ein Praktikum machen könne, und fuhr fort: „Leider können wir Ihnen keine Bezahlung anbieten, aber Sie können gerne bei uns kostenfrei essen. Eine Unterkunft haben Sie schon?“, fragte sie weiter. Als ich verneinte, meinte sie: „Die letzten drei Wochen Ihrer Zeit können wir Ihnen ein Zimmer im Haus anbieten, vorher geht es leider nicht.“ Ich nahm das Angebot gerne an, musste allerdings die ersten drei Wochen irgendwo unterkommen.

Dann fragte sie mich: „Könnten Sie sich vorstellen, andere Kleidung als Ihre Kutte zu tragen? Ich glaube, ein im Rock herumlaufender Mann kann für einige hier sehr irritierend sein.“

Mit dem möglichen Kompromiss, statt des Wickelrocks eine braune Hose und statt des Querhemds eine braune Jacke zu tragen, wie sie auch die Mönche in England trugen, konnte ich leben. So war ich immer noch als eine Art ‚Robenträger‘ zu erkennen und doch etwas angepasst. Also stimmte ich zu.

Blieb nur noch die Sache mit der Wohnung zu klären, denn Geld benutzte ich derzeit immer noch nicht.

Ich hatte schon vor langer Zeit die Theorie entwickelt, dass das Leben einen unterstützt und einem genau das gibt, was man braucht, wenn man zur richtigen Zeit am richtigen Ort ist. Was die richtige Zeit und wo der richtige Ort waren, konnte ich auch nicht genau sagen. Aber irgendwie hatte es etwas damit zu tun, das zu machen, was gerade ansteht, und die Motivation dafür dürfte nicht den Herzenstrübungen entspringen. Und wenn das, was man tat, auch noch anderen diente, könnte eigentlich gar nichts schiefgehen und das Leben würde einem das geben, was man braucht.

Als ich für ein paar Tage meine Mutter und Reinhold in Fulda besuchte, traf ich mich mit Bettina, meiner früheren Freundin aus Berlin, und ihrem damaligen Freund Sven.

Im Verlaufe des Gesprächs stellte sich heraus, dass er eine Wohnung nur fünf Minuten zu Fuß von dem Hospiz in Wiesbaden entfernt angemietet hatte, denn er arbeitete in der Nähe.

Dann meinte er: „Naja, ich fahre im November vier Wochen in Urlaub. Du kannst die Wohnung gerne für diese Zeit haben." Das mit der Wohnung hatte sich hiermit geklärt.

Alex hatte sich nun auch entschieden, für zwei Monate nach Thailand zu fliegen, und er wollte mindestens sechs Wochen ins Kloster gehen.

„Hey, Dhammavaro", meinte er, „hast du eigentlich den Führerschein?" „Na klar habe ich den, aber ich bin schon seit zehn Jahren kein Auto mehr gefahren." „Aber fahren kannst du doch noch, oder?" „Keine Ahnung", erwiderte ich, „aber ich denke schon." „Darfst du denn als Mönch Auto fahren?", fragte er weiter. „Naja, soviel ich weiß, hat Buddha es nicht verboten oder es in irgendeiner Regel erwähnt." Wir mussten beide lachen. „Wenn du willst, kannst du für die Zeit, wenn ich in Thailand bin, mein Auto haben." Und es stellte sich heraus, dass er im November schon abreisen wollte.

Meine Theorie schien sich schon wieder zu bestätigen und so hatte ich in kürzester Zeit eine Wohnung, ein Auto und obendrein bot mir Alex noch sein Handy für die Dauer seiner Reise an.

Für meine jetzige Lebenssituation erachtete ich Auto, Wohnung und Handy als die erweiterten Lebensnotwendigkeiten und nach reiflicher Überlegung, ob ich denn wirklich sein Auto nehmen solle, stimmte ich zu.

Auch musste ich mich jetzt mit der Möglichkeit anfreunden, nach zehn Jahren das erste Mal Geld zu benutzen, und beschloss, es nur für Benzin auszugeben.

Ich blieb noch bis Ende Oktober im Kloster in Langenselbold, fuhr dann mit Alex' Auto nach Wiesbaden und richtete mich in der Wohnung von Sven ein. Ja, ich konnte noch Auto fahren und es machte sogar richtig Spaß.

Hospiz in Wiesbaden

Am nächsten Tag stellte ich mich morgens um neun Uhr im Hospiz Advena vor. Die Leiterin begrüßte mich und machte mich mit dem Pflegeteam und den Krankenschwestern bekannt.

„Das Hospiz verfügt über sechzehn Einzelzimmer mit Dusche und WC. Im Moment sind dreizehn Zimmer belegt. Schwester Maria wird Ihnen alles Weitere erklären und Ihnen Ihre Aufgaben zuteilen."

Schwester Maria war eine Frau um die dreißig. Sie hatte eine freundliche und klare Ausstrahlung und war, wie sich später herausstellen sollte, dem tibetischen Buddhismus zugetan.

Meine erste Aufgabe bestand darin, dreizehn Tabletts, Bestecke und Geschirr für das Mittagessen vorzubereiten. Zur Mittagszeit wurde das Essen in die verschiedenen Zimmer gebracht und ich wurde den Bewohnern nach und nach vorgestellt.

Frau *Wehner*, eine Frau Anfang siebzig, war an einem Gehirntumor erkrankt und lag schon seit drei Wochen hier. Sie hatte ein nett eingerichtetes Zimmer im Untergeschoss mit Blick auf eine Wiese und freie Sicht auf den Himmel.

Der Gehirntumor war schon in fortgeschrittenem Stadium und der Krebs schon in andere Bereiche ihres Körpers gestreut. Das hatte zur Folge, dass sie nur wenig reden konnte und beim Essen Hilfe brauchte. Ich wurde ihr als „Herr Jordan" vorgestellt und heute damit betraut, ihr das Essen anzureichen.

Ihr intensiver, fast durchdringender Blick fiel mir sofort auf. Ich spürte eine Gegenwärtigkeit in diesem Augenblick, die die Zeit stillstehen ließ. Nichts zählte gerade mehr, als einfach nur hier zu sein und das zu tun, was zu tun war.

Ich reichte ihr vorsichtig einen Löffel der Suppe, wartete, bis sie sie geschluckt hatte, und reichte ihr den nächsten Löffel. Es dauert zirka zwanzig Minuten, bis der Teller leer war. Ich saß auf dem Stuhl, sie lag im Bett und nichts als Stille um uns herum. Dann sagte sie mit etwas Anstrengung und einem leichten Lächeln: „Danke." „Sehr gerne", gab ich ihr zurück und trug das Tablett in die Küche.

Dort war ein geschäftiges Treiben im Gange. Es wurden Essen herumgetragen, Tabletts auf ihren Platz gelegt, die Spülmaschine gefüllt, Geschirr und Bestecke geordnet und der Boden gefegt. Ich folgte den Anweisungen und half hier und da, und als alles erledigt war, war es wieder still. Und jetzt?

Schwester Maria war schon zur Stelle und wollte mich einigen Bewohnern vorstellen.

Herr *Schäfer* hatte sein Zimmer im ersten Stock. Er war von schlanker Statur und ungefähr Anfang fünfzig. Bei ihm wurde Leberkrebs festgestellt. Schwester Maria meinte, dass er keine Angehörigen habe, sehr zurückgezogen sei und eigentlich mit niemandem sprechen wolle. „Das ist Herr Jordan", stellte mich Schwester Maria vor, „er hilft für ein paar Wochen aus, und wenn Sie mal mit jemandem reden möchten, können Sie sich gerne an ihn wenden." Herr Schäfer musterte mich kurz und wollte dann wieder alleine sein. Meine ‚seltsame' Kleidung war ihm nicht entgangen, und als er später erfuhr, dass ich eigentlich ein buddhistischer Mönch bin, wollte er doch mit mir sprechen.

Ich klopfte vorsichtig an seine Tür und ein grummeliges „Herein" ließ mich die Tür öffnen.

„Sie sind Buddhist?", fragte er, und ich erwiderte: „Ja." „Was machen Sie hier?", wollte er wissen, „sind Sie hier, um zu missionieren? Von der Sorte waren schon einige da, und ich kann sie nicht mehr sehen." „Nein!", gab ich ihm entschieden zurück, „Buddhisten missionieren nicht, sondern sagen nur jemandem etwas, wenn dieser fragt und etwas darüber wissen will."

Das schien ihn zu beruhigen. „Okay", meinte er, „ich will nicht lange drum herumreden. Die Ärzte meinen, dass ich noch höchstens vier bis sechs Wochen zu leben habe. Ihr Buddhisten meditiert doch, oder?" „Ja, das ist eine Sache, die wir machen." „Meinen Sie, dass es mir helfen kann?"

Wie es sich herausstellte, erhoffte er sich Heilung vom Krebs durch Meditation. Ich erklärte kurz, dass man durch Meditation ruhiger werden und dass es auch helfen könne, gut im Leben klarzukommen.

„Leben? Was meinen Sie mit Leben? Ich habe noch sechs Wochen, wenn's hoch kommt", sagte er ärgerlich zu mir. Darauf antwortete ich: „Ich kann Ihnen nicht versprechen, dass Meditation den Krebs vertreibt, aber vielleicht macht es Sie etwas ruhiger und gelassener." Ich fühlte mich hilflos und wusste nicht wirklich, was ich ihm sagen sollte. Auf mein Angebot, fünfzehn Minuten gemeinsam zu meditieren, wollte er nicht eingehen und bat mich, das Zimmer zu verlassen. Er war verständlicherweise sehr verbittert und es ist kaum nachvollziehbar, wie man sich fühlen muss, wenn man weiß, dass in sechs Wochen die Lebensuhr ablaufen wird.

Den ersten Tag hatte ich nun fast absolviert und einen kleinen Überblick über meine Aufgaben der kommenden sechs Wochen erhalten. Um achtzehn Uhr ging ich zurück in die Wohnung.

Diese besondere Situation, jeden Tag mit Sterbenden zu verbringen, wollte ich nutzen, um mich dem Thema Tod und Vergänglichkeit intensiver zu widmen.

Eine von Buddha empfohlene Kontemplation ist in fünf Betrachtungen zusammengefasst. Ich schrieb sie auf ein Blatt Papier und hängte es an die Wand über meinem Bett: 1. Dem *Altern* bin ich unterworfen, kann dem Altern nicht entgehen. 2. Der *Krankheit* bin ich unterworfen, kann der Krankheit nicht entgehen. 3. Dem *Sterben* bin ich unterworfen, kann dem Sterben nicht entgehen. 4. Von *allem Lieben* und Angenehmen muss ich scheiden und mich trennen. 5. *Eigner und Erbe* meiner Taten bin ich, meinen Taten entsprossen, bin mit ihnen verknüpft und habe sie zur Zuflucht. Die heilsamen und unheilsamen Taten, die ich tue, werde ich zum Erbe haben.

Dann hatte ich mir verschiedene Bücher über das Thema Tod besorgt und widmete mich abends dieser Lektüre und meditierte vor dem Schlafengehen regelmäßig.

Die folgenden zwei Wochen verliefen in ähnlichem Rhythmus und ich lernte die Bewohner nach und nach kennen.

Eine andere ältere Dame war *Frau Hauser.* Sie war Mitte siebzig und hatte auch eine Krebserkrankung, schien aber ihren Frieden mit der Tatsache ihres baldigen Todes gefunden zu haben. An einem Nachmittag besuchte ich sie und sie meinte: „Wissen Sie, Herr Jordan, ich habe mein Leben gelebt, und es war ein gutes Leben. Ich habe zwei tolle Mädchen auf die Welt gebracht und mit meinem Mann eine harmonische Beziehung gelebt. Ja, natürlich hatten wir auch die eine oder andere Krise, aber da sind wir gut durchgekommen." „Das ist wirklich schön zu hören", gab ich zur Antwort und ließ sie weitererzählen. „Nein, ich habe keine Angst vor dem Tod, ich hoffe nur, dass ich keine Schmerzen haben werde." Auf ihrem Nachttisch lag ein Buch von Steven Levine, einem bekannten amerikanischen Sterbebegleiter und auf meine Nachfrage hin erzählte sie mir, dass eine ihrer Töchter es ihr gegeben hatte. „Da stehen ja die unfassbarsten Erlebnisse drin", meinte sie, „wie unterschiedlich die Menschen sterben. Die meisten haben Angst vor dem Tod. Aber da wird ein Mann beschrieben, der, je näher er auf den Tod zuging, eine immer klarer werdende Ausstrahlung bekam. Er jammerte nicht und war unglaublich gefasst. Seine Besucher erlebten einen tiefen Frieden in seiner Gegenwart, so als stünde die Zeit still." Sie nahm einen Schluck aus ihrer Teetasse und fuhr begeistert fort: „Dieser Mann sprach von der offenen Weite, als die er sich fühle, verbunden mit allem und eins mit Gott. Er erkannte, dass er nicht der Körper war und sein Geist nicht sterben würde. Mit seinem Leben war er in Frieden, und er sprach darüber, sich selbst und anderen zu vergeben und dass es nur um die Liebe gehe …"

Plötzlich stockte sie, nahm einen Schluck Tee und hatte einen traurigen Gesichtsausdruck.

„Was ist los, Frau Hauser? Sie sehen plötzlich so traurig aus", sagte ich, ohne nachzudenken. „Ja, das bin ich auch gerade", und sie fing an zu weinen.

Als Mönch keine Frauen anfassen zu dürfen, war gerade nicht angesagt, und so legte ich meinen Arm um ihre Schultern und sie weinte dann richtig los. Einige Minuten später beruhigte sie sich wieder und sie erzählte mir den Grund für ihre Trauer. „Eine meiner Töchter ist mit einem Mann verheiratet, den ich nie ausstehen konnte. Sein ganzes Aussehen war mir zuwider. Wie er sprach, was er sagte, wie er lief, einfach alles an ihm mochte ich nicht. Natürlich habe ich ihn das spüren lassen. Auf Familienfesten habe ich ihn oft kritisiert oder irgendwie bloßgestellt, und wenn er was sagte, war ich meistens dagegen. Ich habe ihn meine Verachtung bei jeder Gelegenheit spüren lassen. Ich konnte damals einfach nicht anders. Viel später musste ich mir dann eingestehen, dass ich nur eifersüchtig war, weil er mir meine jüngste und liebste Tochter einfach ‚weggenommen' hatte. Und irgendwie dachte ich, sie hätte was Besseres verdient. Das war hart, mir das alles einzugestehen." „Das glaube ich, Frau Hauser. Aber lieber zu spät als überhaupt nicht, oder?" „Ja, kann sein, aber ich fühle mich jetzt so schuldig dafür. Das ist alles nicht mehr gutzumachen. Natürlich habe ich genau das Gegenteil bewirkt und auch meine Tochter hat sich immer mehr von mir distanziert. Wir haben nie offen darüber gesprochen."

Wir blieben beide eine Weile still.

Dann begann ich vorsichtig zu fragen: „Frau Hauser, wann haben Sie Ihre Tochter und deren Mann das letzte Mal gesehen?" „Vor vier Wochen, kurz nachdem ich hier eingezogen bin. Es war schön, sie zu sehen, aber es fühlte sich distanziert an", erwiderte sie und tupfte sich jetzt mit einem Taschentuch die Tränen aus dem Gesicht. „Haben Sie sich schon mal vorgestellt, mit ihnen darüber zu sprechen?" „Ja, ganz oft, aber das ist doch alles schon so lange her. Fast fünfundzwanzig Jahre."

„Na und? Wie Sie gerade selbst merken, heilt die Zeit keine Wunden und es ist nie zu spät, etwas zu besprechen, schon gar nicht, wenn es um die Klärung einer alten Sache geht. Und Schuld ist auch so eine Sache, die sollte man nie lange mit sich herumtragen. Sie könnten auch ganz anders darauf schauen. Es ist schon ganz schön mutig von Ihnen, sich diese Eifersucht einzugestehen und mir davon zu erzählen, oder?" „Meinen Sie?", fragte sie erstaunt. „Ja, das meine ich genau so, wie ich's sage", fuhr ich bestimmt fort, „und es ist eigentlich sehr ungerecht und unbarmherzig sich selbst gegenüber, sich schuldig zu fühlen. Sie schauen jetzt, wo Sie etwas besser wissen, auf eine Zeit, wo Sie es einfach nicht besser wussten, und verurteilen sich dann mit dem heutigen Wissen, was Sie damals einfach noch nicht hatten."

Sie hatte genau verstanden, was ich meinte, und schaute mich etwas ungläubig an. „Wie würden Sie denn reagieren", fragte ich weiter, „wenn sich jemand bei Ihnen für eine Sache entschuldigen und Ihnen sehr ehrlich die Gründe für sein Fehlverhalten erklären würde?"

Sie dachte nach und da es ja eine fast rhetorische Frage war, wartete ich ihre Antwort nicht ab und sagte: „Sehen Sie, und genauso geht es den meisten Menschen."

Es klopfte an der Tür und Schwester Maria brachte Frau Hauser irgendwelche Medikamente.

Ich hatte die Zeit vergessen, denn ich wurde in der Küche gebraucht, um beim Austeilen des Abendessens zu helfen. „Ich komme gerne wieder, Frau Hauser, wenn das für Sie okay ist." „Danke, Herr Jordan, ja, das wäre schön", sagte sie und ich machte mich auf den Weg zur Küche.

Ich durfte wieder Frau Wehner das Essen reichen und freute mich darauf.

Als ich ihr Zimmer betrat, schaute sie mich wieder mit dieser unglaublichen Gegenwärtigkeit an, kein Lächeln, keine andere Geste auf ihrem Gesicht, einfach nur schauen, sonst nichts.

Ich ließ sie von dem Brot abbeißen und das Kauen bereitete ihr sichtliches Unbehagen. Es dauerte wieder zwanzig Minuten, bis sie das Brot gegessen und den Tee getrunken hatte. Ich setzte mich auf einen Stuhl neben sie und hielt ihre Hand, was ihr nicht unangenehm war. Ich bildete mir ein, sogar ein leichtes Drücken ihrer Hand zu spüren.

Wir schauten beide durch das große Fenster auf den fast blauen Himmel, ein paar Wolken zogen vorbei. Die Sonne strahlte aber noch ihr herbstliches Licht auf die Welt und der Wind wehte die letzten Blätter von den fast kahlen Bäumen.

Plötzlich kamen mir Zeilen in den Sinn, die ich nach einem Waldspaziergang einmal niedergeschrieben hatte:

Ich, das Blatt am Baum, ein letztes Mal in luftiger Höhe tanzen,
umspült vom Wind – von manchem Sonnenstrahl geküsst.
Noch gibt es leichten Halt an diesem Ast.
Das enge Band, das einst gelegt, wird langsam dünn und trocken,
bis das Grüne ganz verbleicht – was wollt' mich jetzt noch halten?
Ein letzter Lufthauch, wie ein Flügelschlag – zerreißt das Band,
schon schwebe ich, vertrauensvoll gehalten – durch Raum und ohne Zeit …

Frau Wehner wollte etwas sagen, was ihr aber sichtlich schwerfiel. Ich schaute sie einfach nur an, sagte auch nichts und so blieben wir schweigend beisammen und schauten aus dem Fenster.

Dass wir schon neunzig Minuten so gesessen hatten, bemerkte ich erst, als ich auf die Uhr schaute und es draußen langsam dunkel wurde. Ich drückte nochmal ihre Hand und verabschiedete mich mit einem Lächeln von ihr. Sie versuchte auch zu lächeln.

Dieses Wochenende hatte ich mich bei Michael und Uschi angemeldet. Am Samstagmorgen machte ich mich mit dem Auto auf den Weg nach Bubach im Hunsrück. Mit meinem Neffen ging ich im Wald spazieren, mit Uschi und Michael verbrachte ich eine leichte Zeit und wir redeten über alles Mögliche.

Da ich am Montag wieder meinen Dienst im Hospiz antreten musste, machte ich mich am frühen Sonntagabend wieder auf den Weg nach Wiesbaden.

Es war an diesem Abend ein ungemütliches Wetter. Dunkle Wolken hatten sich aufgebaut und ein heftiger Sturm zog herauf. Unweit hörte ich ein lautes Donnern und sah helle Blitze am langsam dunkel werdenden Himmel aufzucken. Als ich mich gerade verabschiedete, fing es auch schon aus allen Wolken an zu gießen. Ich setzte mich schnell in den Wagen und fuhr los.

Kurz bevor die Straße durch einen Wald führte, kam eine Stimme zu mir und meinte: „Die Kühlerhaube ist noch offen!“ Wie bitte? Aber ja, könnte sein, denn ich hatte zuvor nach dem Ölstand geschaut. Ich wusste eigentlich, dass ich sie zugemacht hatte, aber sicher ist sicher.

Kurz bevor ich durch den Wald fuhr, hielt ich schnell auf einem Parkplatz an, sprang aus dem Auto in den strömenden Regen, sah, dass die Kühlerhaube doch zu war, und fuhr weiter.

Ich hatte noch nicht die volle Fahrt aufgenommen, als sich vor mir ein dunkler Schatten von rechts nach links bewegte. Ich drosselte die Geschwindigkeit und sah, dass gerade ein Baum auf die Straße fiel, und ich kam zwei Meter vor ihm zum Stehen. Im Kegel des Scheinwerferlichts konnte ich nun erkennen, dass hinter dem Baum noch zirka zwanzig weitere Bäume auf der Straße lagen. Die entgegenkommenden Autos kamen auch nicht mehr weiter, und ich sah in weiterer Entfernung deren Scheinwerfer.

Da es kein Weiterkommen gab, beschloss ich, zurück zu Michael und Uschi zu fahren. Kaum hatte ich den Rückwärtsgang eingelegt, vernahm ich an der Heckklappe ein scheuerndes Geräusch. Ich stieg kurz aus und sah einen umgefallenen Baum, dessen Zweige gerade dieses Geräusch verursacht hatten. Der Baum selbst lag nur drei Meter hinter dem Auto. Ich war quasi zwischen den Bäumen eingekeilt und konnte nicht mehr weiterfahren. Zum Glück hatte ich Alex‘ Handy dabei und ich rief Michael an. Nachdem ich ihm das erzählt hatte, meldete er es der Feuerwehr.

Zwanzig Minuten später sah ich im Rückspiegel schon das Blaulicht anrücken.

Ein Feuerwehrmann kam zur Fahrertür und meinte ungläubig: „Wie haben Sie denn das gemacht?“ „Keine Ahnung, ich habe gar nichts gemacht“, erwiderte ich etwas überrascht. Er erkundigte sich nach meinem Wohlergehen, schaute sich das Auto an und konnte kopfschüttelnd dessen Unversehrtheit nicht begreifen. Da stand ich nun, eingekeilt zwischen den Bäumen, einer lag zwei Meter vor mir, der andere drei Meter hinter mir und kein Kratzer am Auto, wie sich später herausstellte.

Dann hörte ich auch schon die Motorsäge, die mir den Weg freimachte, so dass ich erstmal zu Michael und Uschi zurückfahren konnte.

Es dauerte, bis die ganze Straße wieder freigeräumt war, und zwei Stunden später hatte sich der Sturm gelegt und ich freie Fahrt bis nach Wiesbaden.

Auf der Fahrt dachte ich über diese ganze Begebenheit nochmal nach. Diese Stimme, die da zu mir kam, war mir bekannt, und das hatte ich in Thailand schon erlebt. Damals in Puh Jom Gom rettete sie mich auch vor einem herunterfallenden Ast.

Mir wurde langsam klar, in welcher Gefahr ich geschwebt hatte. Hätte mir diese Stimme nicht den Hinweis mit der Kühlerhaube gegeben und ich diese wenigen Minuten der Zeitverzögerung gehabt, wäre ich genau da gewesen, wo die Bäume gerade umgefallen waren. Das Auto wäre bestimmt Schrott gewesen und ich vielleicht tot oder zumindest schwer verletzt. Was mir dann noch bewusst wurde, war, dass ich, während ich da eingekeilt stand, in keinem Augenblick Angst hatte, ein Baum könne auf das Auto fallen, ich hatte an diese Möglichkeit noch nicht einmal gedacht. Unglaublich mal wieder.

Dann erinnerte ich mich an Ajahn Man, dem ja die Lichtwesen versichert hatten, seine Mönche unter ihren besonderen Schutz zu stellen. Weiterhin las ich mal in einer buddhistischen Schrift, dass Devas sich daran erfreuten, wenn Menschen anderen halfen oder für sie da waren. Und war es nicht genau das, was ich gerade im Hospiz machte?

Wie schön, dass es auch in Deutschland Lichtwesen gab, dachte ich. Aber in unseren Breitengraden glauben wir ja eher an Schutzengel, und wenn es sie wirklich gibt, so hatte ich ganz sicher mindestens einen an meiner Seite.

Am Montagmorgen meldete ich mich wieder im Hospiz. Als ich den Gang entlanglief, sah ich vor Frau Wehners Tür eine rote Rose liegen. Sie war in der letzten Nacht verstorben, alleine in ihrem Zimmer. Sie hat es geschafft, war mein erster Gedanke.

Auch wenn ich den Tod nicht als das Ende eines Wesens betrachtete, sondern gemäß der buddhistischen Lehre an Wiedergeburt glaube, spürte ich eine Welle der Traurigkeit in mir aufsteigen. Zwei Wochen lang hatte ich sie jeden Tag gefüttert, bei ihr gesessen und eine Art der Verbundenheit gefühlt, wie ich es selten mit Menschen erlebt hatte, und das alles ohne viel Gerede. Ich saß Hände haltend stundenlang an ihrem Bett, wir teilten die Stille und irgendwie auch das Menschsein und ich erinnerte mich daran, wie die Meditationsmeister in Nordostthailand ihre Vorträge begannen: „Liebe Brüder und Schwestern in Geburt, Alter, Krankheit und Tod.“ Sind das nicht die Stationen, die wir alle durchlaufen werden, und haben sie nicht etwas Verbindendes?

Die Tochter von Frau Wehner kam mit ihrem Mann, um das Zimmer zu räumen. Ich stellte mich ihnen vor und bekundete mein Beileid. „Ach, Sie sind der Herr Jordan“, sagte die Tochter gefasst, „vielen Dank, dass Sie sich um meine Mutter gekümmert haben. Sie hat mir von Ihnen erzählt. Naja, viel reden konnte sie ja nicht mehr, aber als ich sie vor drei Tagen das letzte Mal sah, hob sie ihren Finger und meinte nur, der Herr Jordan, der Herr Jordan. Ich glaube, sie hat Sie gemocht." „Ja", antwortete ich berührt, „ich habe sie auch sehr gemocht und hoffe, dass sie jetzt an einem freudvollen Ort ist." Etwas Besseres fiel mir gerade nicht ein und wir verabschiedeten uns mit einer herzlichen Umarmung und ich musste meine Tränen wegdrücken.

Schwester Maria kam hinzu, sie hatte mich schon gesucht und bat mich, in der Küche auszuhelfen. Ich verabschiedete mich von Frau Wehners Tochter und ihrem Mann und folgte Schwester Maria.

„Wir bekommen heute eine neue Bewohnerin, auch eine Krebspatientin. Sie ist noch ganz klar und braucht jemanden zum Reden. Könntest du sie betreuen?" „Das mache ich gerne", sagte ich und ging erstmal in die Küche, um Geschirr auf die Tabletts zu stellen.

Ich hatte noch eine Stunde Zeit, bis mir Schwester Maria die neue Bewohnerin vorstellen würde, und besuchte Frau Hauser. „Hallo Herr Jordan, schön, dass Sie kommen", begrüßte sie mich, „ich habe alles erledigt." Und auf meine Nachfrage, was sie damit meine, erzählte sie mir freudig, dass sie mit ihrer Tochter und ihrem Schwiegersohn ein versöhnliches Gespräch hatte, die alte Geschichte nochmal mit ihnen besprochen und sich für ihr damaliges Verhalten entschuldigt habe. „Ich kann die Liebe wieder spüren", sagte sie, „und das hört sich jetzt komisch an", ergänzte sie, „aber jetzt kann ich in Frieden sterben." Sie erzählte mir noch einige Details der Begegnung und ich machte mich dann auf den Weg, um die neue Bewohnerin kennen zu lernen.

Frau *Kästner* kam nur mit einem Koffer angereist und wurde auf ihr Zimmer gebracht. Eine Stunde später betraten Schwester Maria und ich ihr Zimmer. Ihr Mann war gerade wieder nach Hause gefahren und Schwester Maria stellte mich ihr vor: „Das ist Herr Jordan, Frau Kästner. Wenn Sie außer Medikamenten oder ärztlicher Betreuung etwas brauchen, können Sie sich gerne an ihn wenden." Sie nickte kurz und Schwester Maria war schon wieder auf dem Weg zu einer anderen Patientin.

Frau Kästner war eine Frau Ende vierzig, hatte kurze schwarze Haare, ihr Gesicht war sehr blass und ihr Körper sehr schmal.

„Na, Herr Jordan, was haben Sie denn für interessante Sachen an? Ist das eine Art Uniform?", wollte sie wissen. Ich war über den gar nicht krank klingenden Ton in ihrer Stimme überrascht und ich erzählte ihr, dass ich buddhistischer Mönch bin und hier ein Praktikum absolviere. Ich erzählte ihr kurz, wo ich in

Thailand gelebt habe, was ich vorher in Berlin machte, und so erzählten wir uns eine halbe Stunde gegenseitig kurze Episoden unseres Lebens.

„Ich muss sterben, Herr Jordan", sagte sie plötzlich wie aus heiterem Himmel, „ich habe Darmkrebs und die Ärzte meinen, dass ich noch vier bis sechs Wochen zu leben habe." „Das tut mir sehr leid, Frau Kästner", sagte ich so teilnahmsvoll wie möglich, und mir wurde klar, dass ein Mensch, der nicht davon betroffen war, so wie ich in diesem Moment, auch mit noch so viel Mitgefühl diese Situation nie nachempfinden kann.

Alles, was ich ihr jetzt geben konnte, war meine Präsenz, mein Zuhören und mein Dasein, so gut es halt gehen würde. Sie machte einen sehr klaren Eindruck und schien sich ihrem Schicksal ergeben zu haben.

Das ermutigte mich irgendwie, sehr direkt zu sein, und ich fragte sie: „Haben Sie Angst vor dem Tod, Frau Kästner?" Ich war über diese Frage von mir selbst erschrocken, aber da antwortete sie schon: „Ja, das habe ich. Aber vielleicht ist Angst nicht ganz der richtige Ausdruck. Ich kann es einfach nicht begreifen, dass ich bald nicht mehr bin, wissen Sie?"

Nein, ich wusste es nicht, aber um die Unterhaltung aufrechtzuerhalten, fuhr ich fort: „Ja, es ist sehr schwer, sich das vorzustellen, obwohl wir ja alle davon betroffen sind, eines Tages."

„Wissen Sie, Herr Jordan, ich habe mich schon mein ganzes Leben mit dem Thema Tod mal mehr, mal weniger beschäftigen müssen, einfach weil ich oft mit Toten und Sterbenden zu tun hatte."

Es stellte sich heraus, dass sie Psychologin war und nach dem Krieg in Jugoslawien mit traumatisierten Kindern gearbeitet hatte. Auch dort war sie mit dem Tod oft konfrontiert worden. „Aber dass man eines Tages selbst davon betroffen sein wird, ist eben schwer nachzuvollziehen." Ich nickte schweigend, während ich sie anschaute. Weiterhin ermutigt durch ihre Offenheit, sagte ich: „Darf ich Sie etwas fragen?" Sie nickte wortlos und ich legte los: „Was beschäftigt Sie im Moment am meisten, Frau Kästner? Ich möchte Ihnen auch nicht zu nahe treten, wir kennen uns grade mal eine knappe Stunde oder so, und das ist eine sehr intime Frage, und Sie müssen ja auch nicht antworten." Sie spürte meine Unsicherheit, schaute kurz aus dem Fenster und meinte dann: „Schon gut, Herr Jordan. Vielleicht ist das ja das Problem, dass Menschen sich im Leben leider viel zu selten zu nahe treten."

Und sie erzählte von ihrer Arbeit, von den Kindern im Kosovo, sprach kurz über ihre kinderlose Ehe und meinte plötzlich: „Vielleicht hätte ich nicht so viel arbeiten sollen. Mein Mann arbeitet auch viel und irgendwie habe ich das Gefühl, dass wir uns nicht wirklich kennengelernt haben in all den Jahren. Jetzt, mit meiner Krankheit, spüre ich zu ihm eine Nähe, die ich gerne öfter gefühlt hätte. Wissen Sie, keine Zukunft mehr zu haben, bringt mich wirklich hier in diesen Moment. Und jetzt sehe ich so viel, auch das, was nicht stattgefunden hat." Ich nickte und gab ihr somit ein Zeichen, dass ich ihr weiterhin aufmerksam zuhörte. „Dieses ganze Gerenne und Gemache", sagte sie leicht kopfschüttelnd, und es schien, als ob sie mit ihren Gedanken gar nicht mehr hier war. Sie schloss ihre Augen, was ich als ihren Wunsch interpretierte, alleine sein zu wollen.

„Frau Kästner, vielleicht wollen Sie sich etwas ausruhen. Dann gehe ich mal, ist das okay für Sie?" „Ja, ich bin sehr müde."

Wir verabredeten uns für den nächsten Nachmittag.

Frau Kästner lag in ihrem Bett und eine Infusion gegen die Schmerzen wurde ihr gelegt, als ich ihr Zimmer am nächsten Nachmittag betrat. Sie schien etwas abwesend zu sein, was ich dem Morphium zuschrieb, aber sie begrüßte mich doch mit einem leichten Lächeln und sagte dann: „Ich bin froh, dass ich hier bin, es ist gut, keine Schmerzen zu haben."

Und so als ob keine Zeit seit unserer letzten Begegnung verstrichen wäre, nahm sie den Faden wieder auf. „Wissen Sie, Herr Jordan, Sie haben mich gefragt, was für Gedanken ich habe. Nun, genau genommen kommt die große Frage nach dem Sinn dieses Lebens. Führt es irgendwo hin? Um was geht es hier eigentlich wirklich? Ehrlich gesagt, ich weiß es nicht." Plötzlich sprach sie über Vergänglichkeit und Unbeständigkeit und dass es doch letztendlich nichts auf dieser Welt zu holen gebe. Es schien mir so, als ob ich einer buddhistischen Lehrrede zuhörte, und ich konnte die ganze Zeit nur zustimmend nicken.

„Wenn ich etwas wirklich bereue", begann sie den nächsten Satz sehr nachdenklich und bedächtig, „dann hätte ich nicht so oft auf die Meinung und die Erwartungen anderer hören sollen. Ich hätte einigen meiner Freunde öfters sagen sollen, wie wertvoll sie mir sind und, ja, dass ich sie liebe. Auf alle Fälle würde ich nicht mehr so viel arbeiten und mir viel mehr Freude und glückliche Momente gönnen, hätte ich noch ein paar Jahre zu leben."

Dann erzählte sie mir einige Episoden ihres Lebens und reflektierte darüber, wie sie es am liebsten anders gemacht hätte. Abschließend meinte sie dann: „Was sich aber gut anfühlt, Herr Jordan, ich habe niemandem geschadet und versucht, ein gutes Leben zu leben."

Sie schien mit dieser abschließenden Betrachtung in Frieden zu sein. „Vielen

Dank, Frau Kästner, dass Sie mir das alles so offen mitteilen. Das hört sich gut an, was Sie mir da erzählt haben."

„Und jetzt bin ich mal gespannt, was kommen wird, wenn überhaupt etwas kommt", fuhr sie fort, „in diesem Leben geht es, glaube ich, nur um eine Sache, und das ist mir leider erst seit meiner Krankheit bewusst geworden. Es geht immer nur um Liebe und Verbundenheit. Alles andere ist zweitrangig, glauben Sie mir, Herr Jordan." Ich glaubte ihr!

Hatte mir Frau Hauser nicht in anderen Worten das Gleiche gesagt? War das das Resümee eines gelebten Lebens? Es geht immer nur um die Liebe ...?!

Sie erzählte weiter, dass sie sich schon länger mit Spiritualität beschäftige, auch mit Buddhismus, aber sehr beeindruckt von einem Buch von Robert Adams war. „Robert Adams?", fragte ich erstaunt, „von dem habe ich noch nie gehört."

Sie bat mich, die obere Schublade ihres Nachttisches zu öffnen und das Buch von ihm herauszuholen. ‚Stille des Herzens' lautete der Titel und sie bat mich, ihr daraus vorzulesen.

„Da gibt es eine Stelle, die mich ganz besonders anspricht, Herr Jordan. Das ist gleich am Anfang. ‚Bekenntnis' heißt die Überschrift."

Nach etwas Blättern fand ich die Stelle im Buch und las vor:

„Für den Jnani, der sein inneres Wesen als identisch mit dem endlosen Brahman erkannt hat, gibt es keine Wiedergeburt, keine Seelenwanderung und keine Befreiung. Er ist jenseits von all dem. Er lebt beständig in seiner eigenen absolut wahren Natur.

Der Fortbestand seines Körpers und der Welt erscheint dem Jnani als Illusion, die er nicht verhindern, die ihn aber nicht länger täuschen kann. Nach dem Tod seines Körpers wie auch im Leben bleibt er, wo und was er in alle Ewigkeit ist, das erste Prinzip aller Wesen und aller Dinge: formlos, namenlos, unbefleckt, zeitlos, dimensionslos und absolut frei.

Der Tod kann ihn nicht berühren, Verlangen kann ihn nicht quälen, Sünden können ihn nicht beflecken; er ist frei von allem Wünschen und Leiden. Er sieht das Unendliche Selbst in allem, und alles im Unendlichen Selbst, welches sein Wesen ist.

Der Jnani bekennt seine Erfahrung so: Ich bin unendlich, unvergänglich, selbstleuchtend, selbstexistierend. Ich bin ohne Anfang und Ende.

Ich bin nicht geboren, sterbe nicht, bin ohne Veränderung oder Verfall. Ich durchdringe und durchschaue alle Dinge. In den unzähligen Universen von Gedanken und Schöpfungen BIN NUR ICH ALLEIN."

Ich war sprachlos. Wieso hatte ich noch nie etwas von Robert Adams gehört?

Frau Kästner hielt ihre Augen geschlossen und ich meinte, auf ihrem Gesicht ein leichtes Lächeln zu sehen.

Schwester Maria klopfte an, trat ein und wollte Frau Kästner ihre Medizin geben. „Frau Kästner, das war schön, was ich da vorgelesen habe. Ich gehe jetzt mal“, sagte ich leise zu ihr.

Sie nickte mir zu und wir verabredeten uns für den nächsten Nachmittag.

Zwischenzeitlich war ich wieder dazu eingeteilt worden, verschiedenen Bewohnern das Essen zu reichen, in der Küche zu helfen, aufzuräumen, die Geschirrspülmaschine zu füllen und zu leeren und Tabletts auf ihren Platz zu stellen.

Es fühlte sich gut an, hier zu sein. Egal was ich machte, alles fühlte sich sinnvoll an und erfüllte einen Zweck. Hier gab es nichts Überflüssiges oder Luxuriöses und ich erinnerte mich mal wieder an Ajahn Buddhadasas Worte: *Wenn du das Dhamma praktizieren willst, dann tue einfach nur das, was getan werden muss, und zwar genau da, wo du gerade bist.*

Es hatte etwas Erfüllendes, hier zu sein, nützlich zu sein, und sich im Bereich der Sterbenden aufzuhalten, erinnerte mich immer wieder an die einzige Tatsache meines eigenen Lebens, die in der Zukunft stattfinden wird: der Tod meines Körpers.

Ich bemerkte auch, dass der Gedanke an meinen Tod immer weniger Beunruhigendes in mir hervorrief, sondern von einer Intensität des Seins begleitet war, die scheinbar Wichtiges von Unwichtigem trennte.

Die ‚kleinen‘ Probleme, die manche hatten: Was ziehe ich heute an? Gefalle ich anderen so? Soll ich einen anderen Job machen? Wie soll die nächste Wohnungseinrichtung aussehen?, schienen im Angesicht des sicheren Todes eher unbedeutend, nebensächlich und unwichtig zu werden.

Wichtig waren meines Erachtens Fragen wie: Folge ich meiner inneren Stimme? Mache ich wirklich das, was ich mag? Bin ich mit meinen Mitmenschen in Liebe verbunden? Bin ich mit mir selbst in Liebe verbunden? Gibt es etwas, was ich bereue? Würde ich mein Leben nochmal genauso leben, wie ich es bislang gelebt habe? Was würde ich anders machen, wenn ich noch einen Monat zu leben hätte?

Und alles andere, worüber ich keine Kontrolle habe, muss ich sowieso an das Leben abgeben, an die große Kraft, die manche Gott nennen, andere den großen Geist, universelles Bewusstsein oder wie auch immer die Bezeichnung sein mag – das Abgeben bleibt.

„Ohne Hingabe tut das Leben weh“, sagte mir einmal eine Bewohnerin, und ich verstand immer mehr, was sie damit meinte.

Jemand anderes äußerte: „Du erlebst immer nur das, was du dir selbst erschaffen hast.“

Das erinnerte mich an das Gesetz vom Karma, was besagt, dass die Qualitäten unserer absichtsvollen Handlungen in gleicher Qualität auf uns zurückkommen.

Und was fühlt sich eigentlich besser an? Wenn man in Freundlichkeit und Liebe verbunden oder in Streit, Wut und Ärger voneinander getrennt ist? Fühlt es sich tatsächlich gut an, wenn man jemand anderen betrügt oder übervorteilt oder seinen Rachegelüsten folgt?

Die Einzigen, denen es gut damit geht, sind die Herzenstrübungen selbst, die Gier oder der Ärger, die dann nicht mehr so stark brennen, weil ich ihren Forderungen nachgekommen bin, und die mich deshalb für eine Weile in Ruhe lassen. Aber was ich auf Grund von deren Befehlen angestellt habe, kann einen langen Nachklang haben.

Wenn ich also einfach nur ein heilsames Leben führe, fühlt es sich schon im jeweiligen Moment gut an, in dem ich die Dinge tue, die ich gerade tue. Und falls alles, was ich tue, später wirklich seine Resultate abwirft, gibt es nichts zu befürchten. Dann geht es mir jetzt gut, dann geht es mir später gut – dann ist alles gut, erstmal. Das wären Rahmenbedingungen, die mir ein angenehmes Leben bescheren würden, und in diesem Rahmen könnte sich alles Weitere entwickeln.

Allerdings ist damit das Problem des Menschseins noch nicht gelöst, nämlich das fundamentale Gefühl, sich als vereinzeltes Individuum zu sehen und den Schmerz des Getrenntseins ständig fühlen zu müssen. Diesen Schmerz des Getrenntseins wollen wir nicht fühlen und so übertünchen wir ihn mit allerlei Aktivitäten. Ajahn Buddhadasa sagte mal: „Das weltliche Glück hält dich in der Dummheit, und der Schmerz zeigt dir den Weg in die Freiheit.“

Schwester Maria informierte mich in der Küche darüber, dass es Frau Kästner nicht gutgehe. „Kannst du mal zu ihr gehen und nach ihr schauen?“, bat sie mich.

Als ich auf mein Klopfen an ihrer Tür keine Antwort bekam, öffnete ich sie vorsichtig und trat leise ein. Frau Kästner lag unruhig in ihrem Bett und bewegte den Kopf hin und her. „Hallo, Frau Kästner, ich bin's, Herr Jordan." „Das schaffen wir nie", sagte sie leicht verwirrt, „wir müssen die Briefe alle noch schreiben. Und dann müssen wir den Transport für die Lebensmittel vorbereiten ..."

Sie schien gerade in irgendeiner Geschichte gefangen zu sein und machte sich scheinbar Sorgen, dass etwas nicht klappen könnte. Im Laufe unserer Gespräche hatte sie ein paar Namen genannt, an die ich mich erinnerte. „Frau Kästner", versuchte ich mein Glück, „der Helmut hat die Briefe schon geschrieben. Und die Transporte hat er auch schon organisiert. Sie müssen da gar nichts mehr machen." „Ahh, das ist gut", antwortete sie sichtlich beruhigt, „das ist gut."

Ich war so froh, ihr diesen Kummer nehmen zu können, und sie lag nur noch friedlich in ihrem Bett. Ich setzte mich auf einen Stuhl neben sie und nahm ihre Hand. Es gab nichts zu tun. Hier sein, da sein, präsent sein, das reichte gerade. Auch hier spürte ich wieder diesen Frieden, diese Stille und einen zeitlosen Moment des Seins. Einfach und leicht.

Nach über einer Stunde musste ich wieder in der Küche antreten und ordnete das Geschirr auf den Tabletts. Schwester Maria meinte, ich solle heute Herrn *Winter* das Essen anreichen, denn Frau Kästner könne heute nichts mehr essen.

Herr Winter war schon über neunzig Jahre alt, hatte keine Angehörigen und die Ärzte meinten, er habe noch vier Wochen zu leben. Trotz seines Zustandes machte er immer irgendwelche Witze, wenn jemand in sein Zimmer kam, und schien sich über jeden Besuch zu freuen. „Immer her mit den Schnittchen", begrüßte er mich und ich reichte ihm ein Schnittchen nach dem anderen. „Ja, mir geht's doch gut", sagte er, „wer wird schon so alt wie ich. Und hier bin ich doch gut versorgt." Ja, das war er wirklich, wie alle anderen in diesem Hospiz auch. Und da es nicht so schien, als ob er sich unterhalten wollte, verabschiedete ich mich nach beendetem Mahl von ihm und trug das Tablett wieder in die Küche.

Die Leiterin sprach mich an diesem Abend an und meinte: „Schön, dass Sie hier sind, Herr Jordan, wie geht es Ihnen denn mit der Arbeit hier?" „Ich bin sehr gerne hier ...", antwortete ich, aber da wurde sie auch schon zu einer Patientin gerufen und meinte im Weggehen: „Sie können morgen hier das Zimmer beziehen. Schwester Maria weiß Bescheid und wird Ihnen alles zeigen."

Im zweiten Stock der Pflegeeinrichtung bezog ich mein Zimmer und hatte dort eine weite Aussicht über den Stadtteil Erbenheim.

Die nächsten Tage verliefen alle im gleichen Rhythmus. Als ich eines Morgens in die Küche kam, erzählte mir Schwester Maria, dass Herr Winter in der letzten Nacht gestorben sei.

„Sowas habe ich noch nie erlebt", fing sie an zu erzählen.

Sie war gerade in seinem Zimmer, um ihm ein Schmerzmittel zu geben. Herrn Winter fiel es schwer, zu atmen, und er begann nach Luft zu schnappen. Plötzlich öffnete er weit seine Augen und begann entsetzlich zu schreien. Er versuchte mit den Händen etwas abzuwehren und schrie und schrie und schrie. Schwester Maria versuchte ihn zu beruhigen, aber sie konnte ihn nicht erreichen. In seiner Fantasie sprach er scheinbar mit irgendjemandem, aber sie konnte nur ein Wort deutlich verstehen, was er ständig schrie: „NEIN."

Dieser Todeskampf dauerte ungefähr eine halbe Stunde. Plötzlich bäumte sich sein Körper nochmal auf und er schaute sie mit einem Schmerz und angstverzerrten Gesicht und weit aufgerissenen Augen an, sackte in sich zusammen und starb.

Schwester Maria war noch sichtlich betroffen über Herrn Winters Tod, und das Schlimmste für sie waren die Ohnmacht und ihre Hilflosigkeit, nichts tun zu können.

Als man seine wenigen Habseligkeiten zusammengesucht hatte, fand man eine kleine Kiste mit Fotos, auf denen Soldaten aus dem Zweiten Weltkrieg abgebildet waren. Auf drei Bildern stand ein junger Soldat neben Adolf Hitler, auf seiner Mütze der Totenkopf der Waffen-SS. Mit etwas Fantasie erkannte man den jungen Herrn Winter darauf. Auf der Rückseite stand in verblasster Schrift: SS-Leibstandarte Adolf Hitler, 1942.

Dass der freundliche Herr Winter ein SS-Mann gewesen war, wer hätte das gedacht! War er an den Schandtaten, dem Morden und den Gräueln beteiligt, die die SS begangen hatte? Und was sah und erlebte er im Moment seines Todes?

Menschen, die Nahtoderfahrungen machten, berichteten, dass sich innerhalb weniger Sekunden ihr ganzes Leben nochmal vor ihrem inneren Auge abspulte und eine Art Resümee gezogen wurde. Aber wer kann schon sagen, wie es wirklich sein wird und was Herr Winter gesehen hatte?!

Die letzte Woche im Hospiz war angebrochen und ich musste mir überlegen, wohin die Reise als Nächstes gehen würde. Es standen verschiedene Optionen zur Auswahl. Zuerst würde ich meine Mutter in Fulda besuchen und eine Weile dortbleiben. Im Winter könnte ich wieder nach Asien fliegen oder auch im Kloster in Langenselbold bleiben.

Aber dann bekam ich Post aus Kanada. Mein alter Freund Punna war tatsächlich wieder in die Einsiedelei zurückgekehrt. Sein damaliger Laienlehrer war mittlerweile verstorben und hatte ihn zuvor gebeten, sie weiterzuführen. Punna meinte, dass ich ihn doch mal besuchen könnte.

Als ich so den Gang im Hospiz entlanglief und mir darüber Gedanken machte, sah ich, dass vor Frau Kästners Tür eine rote Rose lag. Sie war in der letzten Nacht verstorben. Schwester Maria meinte, ich könne ruhig in ihr Zimmer gehen.

Ich öffnete leise die Tür und sah Frau Kästners Körper im Bett liegen. Auf ihrem Nachttisch brannten ein paar Kerzen und zwischen die Finger ihrer zusammengefalteten Hände war eine weitere rote Rose gelegt worden. Mit einer Mullbinde hatte man den Unterkiefer und den Kopf umwickelt, damit die Leichenstarre den Mund nicht weit offenstehen lassen würde.

Sie hatte einen friedlichen Gesichtsausdruck. Ich setzte mich auf den Stuhl neben sie und schaute sie einfach nur an. Es ist einfach nicht zu begreifen, dass jemand nicht mehr ist. Ich ließ einige Gespräche Revue passieren und wünschte ihr alles Gute auf ihrer Reise.

Ich spürte diesmal keine Trauer in mir. Es schien in Ordnung zu sein, dass sie verstorben war. Sie hatte ein erfülltes Leben gelebt und, wie sie mir erzählte, wohl auch Frieden mit all den kleinen Ungereimtheiten geschlossen, die sie in einem anderen Gespräch erwähnt hatte.

Wie also geht die Reise weiter?

In der buddhistischen Schrift, die ich damals in Langenselbold übersetzt hatte, wird die Frage gestellt: Wann fängt Sterben eigentlich an, das dann schließlich im Tod mündet?

Nach buddhistischer Sichtweise ist der Tod nicht das absolute Ende eines Wesens, sondern es verbleibt eine geistige Qualität, eine Kraft oder Energie, wie auch immer wir das bezeichnen wollen.

Und aus einem Kommentar zu den Lehrreden habe ich Folgendes entnommen:

„Alle Wesen sind die Eigner ihrer Handlungen.
Ihre Taten sind die Geburtsstätte, aus der sie entspringen.
Mit ihren Taten sind sie verbunden.
Ihre Taten sind ihre Zuflucht.
Was immer sie tun,
ob Heilsames oder Unheilsames,
dessen Erbe werden sie sein."
(Buddha)

Buddha sagte also, dass das Leben ein Strom von absichtsvoll gewirkten Handlungen ist.

Manchmal wird unser Handeln von den sogenannten Herzenstrübungen wie Gier, Hass und Verblendung angetrieben und ein anderes Mal von Großzügigkeit, Mitgefühl oder Freundlichkeit.

Das bedeutet, dass die Qualität unseres Lebens von der Qualität unserer absichtsvoll ausgeführten Handlungen abhängt. Wenn wir akzeptieren, dass der Tod kein isoliertes Ereignis ist, sondern genauso zum Leben gehört wie die Geburt, könnten wir dann nicht auch sagen, dass die Qualität unseres Todes von der Qualität unseres Lebens abhängt?

Was passiert im Moment des Sterbens?

In dem Buch „Buddhistische Betrachtungen über den Tod" von V. F. Gunaratna wird gesagt, dass der körperliche und geistige Zustand eines Menschen im Moment des Sterbens so schwach ist, dass die Kraft zur bewussten Kontrolle der eigenen Gedanken fehlt, was uns ja schon im Leben, wenn wir noch gesund sind, sehr schwerfällt.

Wir werden im Prozess des Sterbens unseren Erinnerungen ausgeliefert sein.

Allerdings wird sich im letzten Moment des Lebens ein besonderer, letzter Gedanke an die Schwelle des Bewusstseins drängen.

Erstens: Es kann der Gedanke an eine stark beeindruckende Handlung sein, etwas, was wir nur einmal gemacht haben. Vielleicht haben wir das Leben eines Menschen gerettet und erinnern uns daran. Aber vielleicht haben wir auch jemandem das Leben genommen, und auch daran erinnern wir uns dann.

Zweitens: Der letzte Gedanke kann auch in Form eines Symbols im Geist entstehen.

Dieses Symbol ist vielleicht die helfende Hand, mit der wir jemanden unterstützt haben, und wir verstehen in diesem Moment die Bedeutung.

Drittens: Oder aber es zeigt sich als letzter Gedanke ein Bild von dem „Ort" unseres kommenden Existenzbereiches.

In den meisten Fällen werden *die* Handlungen zu den letzten aktiven Gedanken, die wir in unserem Leben gewohnheitsmäßig ausgeführt, mit denen wir uns am meisten identifiziert haben.

Nun, das war die Theorie, und wenn man selbst noch nicht die Erfahrung dazu gemacht hat – und wer hat das schon –, kann man es glauben oder auch nicht.

Aber was spricht eigentlich dagegen, ein heilsames Leben zu führen? Es fühlt sich gut und verbindend an in diesem Leben, und wenn das alles so stimmt, wie oben beschrieben wurde, dann „ernte" ich die Resultate und habe eine dementsprechende Wiedergeburt.

Allerdings sei hier nochmal in Erinnerung gerufen, dass Buddha *jede Geburt* – egal in welchem Existenzbereich – als *nicht* anstrebenswert erachtet hat, weil man nie irgendwo bleiben kann und immer wieder dem Schmerz der Geburt, des Lebens und des Todes ausgeliefert sei. Nirwana ist das buddhistische Ziel …

An diesem letzten Tag im Hospiz hatte ich ein abschließendes Gespräch mit der Leiterin. Sie bedankte sich für meine Arbeit hier und ich bedankte mich dafür, dass ich hier sein durfte.

Das Hospiz habe ich als einen Ort kennengelernt, wo es keine Zukunft mehr gibt, wo keine Pläne geschmiedet werden, wo das Morgen ungewiss ist. Ein Ort, wo man anhalten muss und die persönlichen Geschichten nur noch Erinnerungen sind.

Aber geht es uns, die noch einige Jahre Leben vor sich haben, denn nicht genauso? Jetzt in diesem Moment? Wir haben doch auch nur Erinnerungen an das, was war. Wir haben vielleicht die Möglichkeit, etwas zu korrigieren. Wir können reagieren auf Fragen wie: Würde ich mein Leben nochmal genauso leben, wie ich es bisher gelebt habe? Was ist wirklich wichtig und lebenswert in diesem Leben? Um was geht es hier eigentlich?

Nein, es ist nicht schlimm, wenn ein Teller zerbricht, der Job gekündigt wird, das Auto kaputt geht oder jemand eine schlechte Meinung von einem hat. Viele Sorgen und Ängste, die sich auf das Morgen beziehen, werden in Anbetracht unseres sicheren Todes sehr klein und unbedeutend. Natürlich kümmert man sich weiterhin um seine Belange, aber das geht auch, ohne sich zu sorgen.

In Indien lebte einst ein König, der immer darum bemüht war, dass sein Land und dessen Bewohner in Sicherheit und Wohlergehen lebten. Ging es dem Land gut und alle hatten, was sie brauchten, sorgte er sich, dass andere es ihnen neideten und sie vielleicht überfallen werden könnten. Wenn es dem Land nicht so gut ging, war er darum bemüht, die fehlenden Güter zu besorgen. Seine Sorgen und Ängste schwollen zu einem unerträglichen Ausmaß an. Deshalb versammelte er alle weisen Menschen um sich, um von ihnen Rat zu bekommen. Alle Ratschläge jedoch halfen ihm nicht. Eines Tages kam ein weiser Mann zu ihm und gab ihm einen Ring, auf dem eine Gravur zu lesen war: *Auch DIES wird vorübergehen!*

Dem König wurde plötzlich klar, dass er letztendlich nichts sicher und stabil halten konnte und er mit den Veränderungen des Lebens leben musste. Er machte weiterhin, was zu machen war, aber sorgte sich nicht mehr.

Auch ich ließ mich wieder vom Leben mitnehmen und beschloss, meinen alten Freund Punna in Kanada zu besuchen. Allerdings stand der Winter vor der Tür und ich wollte Kanada erst im Frühling besuchen. Um diese Zeit zu überbrücken, fragte ich im Kloster Langenselbold nach, ob ich diese Zeit bis April dort verbringen könne.

Klaus und Mähm waren damit einverstanden und freuten sich, dass ein Mönch in dieser Zeit im Kloster wohnen würde. Also fuhr ich mit dem Auto zu Alex nach Langenselbold, denn er war gerade wieder aus Thailand zurückgekommen. Er hatte eine gute Zeit in Wat Pah Nana Chat erlebt, konnte seine Meditation vertiefen und hatte einen Einblick in das klösterliche Leben bekommen. Auch in Puh Jom Gom hatte er ein paar Tage verbracht und war alles in allem begeistert.

Im Kloster zog ich in das Haus, hatte eine richtige Wohnung für diese Zeit zur Verfügung und beschloss, mich den Lehrreden Buddhas intensiver zu widmen und mir einige Übersetzungen vorzunehmen. Wenn Besucher sonntags kamen, begrüßte ich sie in der Sala und veranstaltete das übliche Programm.

Da das Kloster einiges an Spenden bekommen hatte, bot mir Klaus an, das Ticket für den Flug nach Kanada aus der Spendenkasse zu bezahlen, was ich natürlich sehr gerne annahm.

Kanada

Mitte April war es dann so weit. Ich packte meine Siebensachen und Klaus fuhr mich zum Flughafen nach Frankfurt. Er lud mich ein, wieder den nächsten Regen-Retreat im Kloster Langenselbold zu verbringen. Da ich keine anderen Pläne hatte, stimmte ich zu, denn ich wollte ungefähr vier Monate in Kanada bleiben.

Mit einem Zwischenstopp in Toronto erreichte ich Thunder Bay am frühen Abend um siebzehn Uhr.

Punna hatte zwei junge Männer geschickt, um mich dort abzuholen. Sie erkannten mich sofort an meiner Robe und so fuhren wir zirka achtzig Kilometer zur Arrow-River-Einsiedelei. Als wir aus Thunder Bay rausfuhren, sah ich die weiten schneebedeckten Felder und Wiesen, von denen die Stadt umsäumt war, und dann fuhren wir viele Kilometer durch dichten Wald mit großen Bäumen. Der Winter hatte sich hier noch nicht verabschiedet und das Thermometer zeigte zirka minus vier Grad.

Es war schon dunkel, als wir von der Hauptstraße abbogen und dann vor einer Blockhütte standen. Punna hatte das Auto gehört und stand vor der Tür. Wir begrüßten uns mit einer herzlichen Umarmung und eine Kanne Tee stand auch schon bereit.

„Ja, jetzt bin ich doch hier gelandet“, meinte Punna mit einem Lächeln. Sein Lehrer von damals hatte ihn darum gebeten, diese Einsiedelei weiterzuführen, als er erfuhr, dass er an seinem Krebs sterben würde.

Die Blockhütte war ein großer Raum, ungefähr fünfzehn Quadratmeter groß. Ein Bett, ein Stuhl, ein Sessel, ein Tisch waren die Einrichtung und in einer Ecke hatte Punna einen kleinen Buddha stehen.

Sehr auffällig war der riesige Ofen aus Gusseisen, der eine angenehme Wärme abstrahlte.

„Sieht ja fast aus wie in Puh Jom Gom“, sagte ich lachend und Punna meinte: „Ja, stimmt, nur etwas anders.“

Wir tranken gemeinsam die Kanne Tee und erzählten einige Geschichten der letzten Jahre. Es war schon spät und die beiden jungen Männer fuhren mich zu meiner Unterkunft.

„Du kannst im Ridgehaus wohnen", meinte Punna, „das ist die Blockhütte für besondere Gäste." „Na, hey, nichts anderes habe ich erwartet", scherzte ich zurück. Punna wollte mich dort am nächsten Morgen um neun Uhr abholen und mir den Weg zur Sala zeigen.

Das Ridgehaus war eine große Blockhütte und der Ofen war noch warm, als ich den Raum betrat. Auf dem Boden lag eine Matratze und einige Decken fand ich im Schrank, und so machte ich es mir gemütlich und hatte alles in allem ein richtig gutes Gefühl, hier zu sein, und freute mich auf die kommenden Monate.

Am nächsten Morgen klopfte es an meiner Tür und ich bat Punna herein. Ich hatte wunderbar geschlafen und er zeigte mir erstmal, wie man den Ofen bedienen musste. „Das ist das wichtigste Stück in dieser Hütte", meinte er, „und draußen ist ein Unterstand, wo noch eine Menge Holz gestapelt ist, das müsste für die nächste Zeit reichen."

Punna lebte in der Regel als einziger Mönch hier, aber zurzeit waren noch drei Laien da, die die Meditation übten, bei anstehenden Arbeiten aushalfen und sich um das Essen kümmerten. Als Mönche waren wir abhängig davon, dass uns jemand die Mahlzeiten besorgt und zubereitet. Das Geld dafür kam von verschiedenen Spendern.

Es war Zeit, zur Sala zu gehen, die hier als Pavillon bezeichnet wurde. Ich hängte mir meine Roben um, und wir liefen dann zirka zehn Minuten zum Pavillon. Der Weg führte einen Hang hinunter, gesäumt von großen Bäumen und Büschen. Schon von Weitem hörte ich das Rauschen des Arrow River, an dessen Ufer ein Trampelpfad entlangführte, bis wir schließlich beim Pavillon ankamen.

Punna stellte mich Liz und Paul vor. Sie waren beide Amerikaner und wollten einige Wochen hierbleiben. Joan war Kanadierin und kam aus Thunder Bay.

Sie hatten schon ein reichhaltiges Frühstück vorbereitet. Aber zuvor rezitierten wir die üblichen Pali-Texte und meditierten gemeinsam eine Stunde. Dann bedienten wir uns am Buffet und ich legte mir etwas Müsli, ein paar Früchte und ein belegtes Brot in meine Schale. Nach dem Essen besprach Punna ein paar organisatorische Dinge mit ihnen und dann liefen wir nur ein paar Minuten zu seiner Hütte, wo er mich zu einem Kaffee einlud.

Vor seiner Tür wartete ein großer Kater. „Das ist Tobi", stellte er mir seinen langjährigen Gefährten vor. Tobi beschnupperte mich und sein steil aufgestellter Schwanz signalisierte mir, dass auch er mich willkommen hieß.

„Wie ist es dir ergangen in den letzten Jahren?“, wollte Punna wissen. Ich erzählte ihm von Sri Lanka, den kleinen Ereignissen am Rand, teilte mit ihm einige Einsichten über das Leben, erzählte von der Ernüchterung und meiner Theorie, dass die klassische Depression etwas mit der buddhistischen Ernüchterung zu tun habe. Ich erzählte ihm von meinen Erfahrungen im Hospiz und dem Kloster in Deutschland.

Wie schnell die letzten Jahre meines Lebens erzählt waren, dachte ich so bei mir. Ich war in meinem elften Mönchsjahr angelangt und ein hausloser Wanderer. In dieser gesamten Zeit hatte ich immer einen Platz zum Schlafen gehabt, dann wechselten die Orte und die Hütten auch, manchmal blieb ich länger, manchmal nur für eine Nacht, und es hatte etwas von Freiheit. Punna hingegen hatte scheinbar seinen Platz gefunden. Er war nun schon einige Jahre hier in der Einsiedelei als Abt. Ab und zu besuchten ihn verschiedene Mönche, aber sie blieben meist nur drei bis vier Monate hier.

Er erzählte weiter, dass Ajahn Pasanno in Kalifornien ein neues Zweigkloster eröffnet habe und er in gutem Kontakt mit ihm stehe. Einmal im Jahr sei er zum dortigen Kathina-Fest eingeladen.

Er schien bestens versorgt zu sein und einige Male im Jahr biete er hier in Arrow River Retreats an, die gut angenommen würden. Ab und zu wurde er zu Vorträgen nach Thunder Bay und nach Minnesota eingeladen, wo sich mittlerweile buddhistische Gruppen gebildet hätten. Er schien alles in allem recht zufrieden mit seinem Mönchsleben zu sein.

Ich wollte vier Monate bleiben, was Punna gefiel, und er meinte beiläufig: „Vielleicht kommst du ja auf den Geschmack und bleibst länger hier.“

„Eigentlich gibt es nicht viel zu tun“, sprach er weiter. „Wir müssen in den nächsten Monaten die Holzunterstände wieder füllen, und im Juni haben sich zehn Leute für einen Retreat angemeldet, aber ansonsten keine großen Pläne. Ach doch, eins noch. Wir sind zu einem Indianerfest eingeladen.“

Indianerfest? Das hörte sich gut an und es wurde mir plötzlich klar, dass ich ja im Indianerland war. Hier in der Gegend gab es einige Reservate und noch vor hundertfünfzig Jahren lebten hier die Ojibwe-Indianer ein freies Leben.

Punna erzählte von Lori, die eine indianische Mutter und einen weißen Vater hatte und zu den Unterstützern seiner Einsiedelei gehörte. Ich würde sie bald kennenlernen, meinte er.

Einmal im Jahr veranstalte sie eine Zusammenkunft, wo sie die traditionelle indianische Kultur lebten, die dauere ungefähr drei bis vier Tage.

Irgendetwas in mir fühlte sich gleich angesprochen, zumal ich ja ein großer Indianerfan war und in meiner Jugend alle Karl-May-Bücher gelesen und viele Filme über sie gesehen hatte. Als Vierzehnjähriger war ich von der Wildnis Kanadas fasziniert, las alles darüber, was ich in die Finger kriegen konnte, und mochte Wölfe und Adler sehr, das waren die klassischen Krafttiere der Indianer.

Es waren schon ein paar Stunden vergangen und von der Küche, die ein Teil des Pavillons war, hörten wir die einladende Glocke zum Mittagessen, was auch hier die letzte Mahlzeit des Tages war.

Nach dem Essen begleitete mich Punna noch ein Stück des Weges und ich ging dann den Trampelpfad zurück zu meinem Blockhaus.

„Hey, Dhammavaro, warte mal einen Moment, fast hätte ich's vergessen", rief mir Punna hinterher. „Hier laufen immer mal ein paar schwarze Bären rum. Du musst einiges beachten. Du darfst ihnen nie etwas zum Fressen hinlegen, denn sonst kommen sie wieder. Letztes Jahr musste ich einen erschießen lassen. Er drang mit roher Gewalt in die Küche ein und hat fast eine Frau hier angegriffen. Wenn du einem begegnest, bleibe ganz ruhig und drehe ihm nie den Rücken zu und renne bloß nicht weg. Sie sind eigentlich ungefährlich, aber wenn sie Junge haben, musst du einen weiten Bogen um sie machen."

„Und Wölfe?", wollte ich gespannt wissen. „Die kommen nicht hierher. Manchmal hört man sie in weiter Ferne heulen. Obwohl, vor ein paar Jahren hatten wir total viel Schnee und es war eiskalt, ich war mit den Schneeschuhen unterwegs, da habe ich in einiger Entfernung ein Rudel gesehen, das war dann schon etwas gruselig."

Angekommen in der Wildnis, dachte ich so bei mir, und ich fühlte eine leichte Erregung in mir aufsteigen.

Ich wollte an diesem Nachmittag meine Sachen in der Blockhütte ordnen, etwas die Gegend erkunden und am frühen Abend mit Punna und den drei Klostergästen im Pavillon Kaffee trinken.

Bei Tageslicht sah das Ridgehaus richtig groß aus. Auf der einen Seite des Daches waren einige Solarpanels angebracht und der Strom versorgte einige Lampen und für einen Tauchsieder reichte es auch. Die Toilette befand sich draußen. Auch bei minus zwanzig Grad musste man die Außentoilette benutzen.

Zum Glück war die Sitzfläche mit Styropor ausgelegt, so dass es doch etwas warm war, wenn man sich dort draufsetzte.

Das Blockhaus stand auf einer großen Wiese, und dann sah man nur noch Wald mit großen Bäumen und dichtem Gestrüpp. Unweit der Hütte gab es einen kleinen See und es war das erste Mal, dass ich Biber in freier Wildbahn sah.

Punna meinte später mal: „Wenn du hier losläufst", und er zeigte mit seiner Hand nach Norden, „wirst du in tausend Kilometern an die Hudson Bay kommen, ohne eine Stadt oder ein Dorf zu sehen."

Liz, Paul, Joan und Tobi

Am frühen Nachmittag ging ich zum Pavillon und wir saßen zu fünft zusammen und tranken Kaffee und Tee.

Liz war Anfang vierzig, beschäftigte sich schon lange mit den Lehrreden Buddhas und wollte hier die Meditation erlernen. Paul war ein schweigsamer junger Mann, Mitte dreißig und auf der Suche nach der Wahrheit, wie er nebenbei anmerkte. Joan kam aus Thunder Bay, war immer mal für ein paar Wochen hier und hatte ihren Hund, einen Dalmatiner, dabei.

Das waren die Menschen, mit denen ich die nächsten Monate hier verbringen würde, und es fühlte sich alles recht gut an.

Als ich am frühen Abend zu meiner Hütte zurückging, stellte ich erstaunt fest, dass Tobi, der Kater, mich bis dorthin begleitet hatte. Er schien sich auszukennen, denn kaum hatte ich die Tür geöffnet, rannte er hinein und machte es sich auf einem Regal gemütlich.

Am nächsten Morgen kam Lori, die Indianerin, zu Besuch. Sie brachte etwas zu essen vorbei und danach machten wir uns bekannt. Sie war eine kräftige Frau Anfang vierzig, hatte lange schwarze Haare, trug ein weites buntes Kleid und man sah ihr an, dass ihre Mutter Indianerin war. Sie lebte mit ihrem Mann und zwei Töchtern in einem kleinen Ort, Nolalu, der aus zirka dreihundert Häusern bestand.

Sie war eine Art Medizinfrau und von einem Medizinmann zur „Pfeifenträgerin" ernannt worden. Das autorisierte sie, bestimmte indianische Rituale abzuhalten, Schwitzhütten anzuleiten und mit den Ahnen in Kontakt zu treten. Ich hatte sofort einen guten Draht zu ihr und sie lud uns nochmal offiziell zu der Zusammenkunft ein, die aber erst Mitte Juni stattfinden sollte. Lori kam öfters vorbei und wir freundeten uns langsam an.

Es war Anfang Mai, als ich gerade meinen Morgenkaffee trank und beiläufig aus dem Fenster schaute. Ich traute meinen Augen nicht, als ich einen großen schwarzen Bären, oder besser eine Bärin, dort sitzen sah. Ihr Rücken war mir zugewandt, und in einiger Entfernung standen drei Jungbären vor ihr. Der erste rannte auf sie zu, und als er bei ihr ankam, schubste sie ihn mit einer Pranke zur Seite, so dass er ein paar Meter über die Wiese rollte. Die anderen zwei Jungbären taten es ihm gleich, und das Spiel begann von vorne.

Ich musste laut lachen, bis mir plötzlich klar wurde, ich bin hier nicht im Zoo, und eine Mauer ist auch nicht zwischen ihnen und mir. In zehn Minuten musste ich loslaufen, damit ich rechtzeitig zum Essen in den Pavillon kam. Was war zu tun?

Ich nahm meine Roben und öffnete leise die Tür, ging hinaus ins Freie und schon drehte sich die Bärin zu mir herum und machte erschrocken ein paar lange Sätze Richtung Wald. Dabei gab sie ein Geräusch von sich, das sich wie ein abgehacktes Bellen anhörte. Ihre Jungen taten es ihr gleich. Am Waldrand blieben sie stehen und drehten sich zu mir um.

Meine Knie waren etwas weich geworden, aber ich blieb auch stehen und sagte mit langsamer, ruhiger Stimme: „Guten Morgen, liebe Bären. Ich wohne jetzt auch hier.“ Sie lauschten aufmerksam. „Also, ich bin keine Bedrohung für euch. Ich tue euch nichts und es wäre schön, wenn ihr mir auch nichts tut.“ Und obwohl ich noch etwas sagen wollte, liefen sie eilig durch die Büsche in den Wald und ich machte mich auf den Weg zum Pavillon. Uff, das war nochmal gut gegangen.

Ich erzählte Punna von meiner Begegnung und er meinte nur: „Solange du Abstand hältst und sie sich nicht angegriffen fühlen, bist du auf der sicheren Seite.“ Alles klar, jetzt musste ich nur noch herausfinden, was der richtige Abstand war.

Wie sich im weiteren Verlauf meines Aufenthaltes hier herausstellen sollte, warteten noch einige Herausforderungen auf mich, die ich noch nicht überschauen konnte, die Bären waren eine davon.

Nach und nach machte mich Punna mit den verschiedenen Aufgaben vertraut, und das beschränkte sich auf das, was getan werden musste. Wir spalteten Holz, fegten die Wege, bauten eine kleine Holzbrücke über einen Bach, aßen, tranken, gingen auf Toilette, besprachen immer mal wieder verschiedene Lehrreden, trafen uns mit den drei Besuchern, um Meditationsanleitungen zu geben und deren Erfahrungen zu besprechen, und die Tage flogen nur so dahin.

Abends übte ich weiterhin die Gehmeditation auf der Wiese neben meiner Hütte und vor dem Schlafengehen saß ich noch eine Stunde in Meditation. Tobi, der Kater, war mal wieder Gast an diesem Abend und ich erklärte ihm, dass er die Wahl habe, entweder hierzubleiben oder jetzt rauszugehen. Und als ob er mich verstanden hätte, lief er zum Ausgang, schaute mich an, legte eine Pfote an die Tür, und als ich sie öffnete, rannte er raus und weg war er.

Irgendwann um vier Uhr morgens wurde ich von einem klopfenden Kratzen am Fenster geweckt. Tobi saß auf der Fensterbank. Ich stand auf, und als ich die Tür auf der anderen Seite öffnete, stand er schon davor, sprang in mein Bett und wir schliefen bis zum frühen Morgen.

Am nächsten Morgen begleitete er mich durch den Wald zum Pavillon und der Vormittag gestaltete sich in der üblichen Weise.

Am Nachmittag ging ich wieder zum Pavillon, denn wir hatten mit Liz, Paul und Joan ein Treffen verabredet, um über Meditation zu sprechen und deren Fragen zu beantworten.

Es war uns schon vor einigen Tagen aufgefallen, dass Liz irgendwie schlecht gelaunt war.

Sie gab nur noch kurze Antworten, hatte ständig irgendwelche kritischen Anmerkungen abzugeben und beklagte, dass wir uns nicht oft genug zur Gruppenmeditation trafen, was hier allerdings nicht vorgesehen war.

Auch wenn wir Lehrreden besprachen, hatte sie nach unserer Sicht einen fast schon aggressiven Ton in ihrer Stimme, bestand ständig auf ihrer Meinung, was ja okay ist, aber diese mitschwingende Aggressivität kam wohl noch woanders her.

Wir fragten in die Runde, wie es denn so gehe und ob es etwas gebe, was angesprochen werden müsste. Außer den üblichen organisatorischen Dingen schien es nichts zu geben, was konfliktträchtig zu sein schien, und so beließen wir es dabei.

An diesem Nachmittag hatte ich mein Thai-Querhemd an, das die rechte Schulter unbedeckt ließ. Als ich an Liz vorbeilief, starrte sie auf meine nackte Schulter, und ich glaubte, von ihrer Seite eine gewisse sexuelle Energie zu spüren. Ich gab der Sache aber keine weitere Bedeutung.

Wir hatten in der Einsiedelei auch eine kleine Sauna, die Platz für zwei bis drei Leute bot.

An diesem Tag hatte Punna dazu eingeladen und sie schon angefeuert. Natürlich würden wir Mönche nicht mit Frauen in der Sauna sitzen und wir verabredeten, den Damen den Vortritt zu lassen.

Als Zeichen dafür, dass niemand mehr in der Sauna war, sollten zwei gefüllte Wassereimer vor der Tür stehen. Als ich annahm, dass die Damen fertig sein müssten, ging ich zur Sauna, sah die gefüllten Wassereimer davorstehen, öffnete die Tür und bemerkte, dass Liz noch im Saunabereich saß. „Sorry", rief ich kurz und schloss schnell wieder die Tür von außen. Um die Wartezeit zu nutzen, ging ich zum Pavillon und hackte Holz, bis ich nach zirka einer halben Stunde sah, wie Liz die Sauna verließ.

Drei Tage später lief ich nachmittags gerade in Gehmeditation um meine Hütte, als Punna plötzlich vom Arrow River den Weg heraufkam. Er hatte ein Gesicht aufgesetzt, das ich noch nie bei ihm gesehen hatte. Einer Intuition folgend sagte ich zu ihm: „Es könnte zwei Gründe geben, warum du kommst. Entweder du willst einen Kaffee mit mir trinken oder Liz ist abgereist." „Sie ist abgereist und Paul auch", meinte er kurz. „Was ist passiert?", fragte ich fassungslos. „Das wollte ich dich auch grade fragen", meinte Punna etwas unsicher.

Dann erzählte er mir, dass sie sich von mir sexuell belästigt fühlte. Sie hatte sich in die Wahrnehmung hineingesteigert, ich würde sie sexuell anmachen, deshalb hätte ich auch damals mein Querhemd angehabt und ihr meine nackte Schulter gezeigt. Weiterhin war sie davon überzeugt, dass ich eigentlich vorhatte, zu ihr in die Sauna zu kommen, es mir aber im letzten Augenblick doch noch anders überlegt hätte. Und es war klar für sie, dass ich dann Holz hacken musste, um meine sexuelle Energie abzureagieren. Sie erzählte noch andere Ereignisse, an die ich mich nicht erinnern konnte. Aber wahrscheinlich konnte ich mich deswegen nicht daran erinnern, weil sie sich nur in ihrer Fantasie abgespielt hatten.

Ich stand nur mit offenem Munde da und hörte mir alles ungläubig an. Ich erklärte Punna, dass nichts davon stimme, und natürlich glaubte er mir.

Ich erinnerte mich an die Vipassana-Romanze in Suan Mokkh, wo ich selbst in die Fallstricke meiner Wahrnehmung geraten und von der Richtigkeit meiner Eindrücke damals überzeugt war.

Aber Liz hatte auch Punna aufs Heftigste kritisiert: wie schlampig er seine Roben trage, dass sie Tabakrauch an ihm gerochen habe, er die Lehrreden falsch darlege, und die Liste wollte nicht enden.

Wir waren beide irgendwie schockiert. Ich fühlte eine beklemmende Hilflosigkeit, fühlte mich beschuldigt für etwas, was ich nicht getan hatte. Ich konnte es noch nicht mal in einem Gespräch mit ihr klären oder wenigstens darüber sprechen. Das Gefühl, für etwas beschuldigt zu werden, was ich gar nicht getan hatte, hatte ich das letzte Mal in Thailand erlebt, als mir Vimero vorwarf, ihm seine Retreatzeit wegnehmen zu wollen, und ich diese unglaubliche Erkenntnis durch das holotrope Atmen gewonnen hatte. Daran erinnerte ich mich sofort und konnte es dabei belassen, ohne mich weiterhin schlecht zu fühlen, denn ich war mir zu hundert Prozent sicher, dass ich keine Ambitionen hatte, Liz in irgendeiner Form näher zu kommen.

Als Mönche hatten wir eine Regel zu befolgen, die uns nicht erlaubte, uns mit einer Frau alleine in einem Raum aufzuhalten. Ich fand diese Regel immer sehr unzeitgemäß, aber jetzt hatte ich einen neuen Blick darauf gewonnen. Es wäre gar nicht auszudenken gewesen, welche Geschichten sich Liz vielleicht ausgesponnen hätte, hätte ich diese Regel nicht beachtet.

Auch Joan musste am nächsten Tag wegen dringender terminlicher Verpflichtungen wieder nach Thunder Bay abreisen, was sie unendlich bedauerte.

Punna und ich waren am übernächsten Tag allein in der Einsiedelei. Da es uns die Regel untersagte, uns selbst Essen zu nehmen oder es zuzubereiten, konnten wir uns nicht einmal an der gut gefüllten Vorratskammer bedienen.

Daher beschlossen wir, es darauf ankommen zu lassen, und Punna meinte scherzhaft: „Na, mal sehen, Dhammavaro, wer von uns länger fasten kann", und ich erwiderte scherzhaft zurück: „Mal sehen, lieber Punna, wer von uns beiden als Erster umfällt."

Die ersten zwei Tage ernährten wir uns von Wasser, Kaffee und Tee. Honig und Zucker durften wir auch benutzen und so gab uns das etwas Energie.

Am dritten Tag hörten wir morgens ein Auto vorfahren und Loris Mann kam an diesem Morgen und brachte uns ein paar große Burger.

„Wofür gibt es ein Telefon?", lächelte mich Punna schelmisch an. Da wir als Mönche nicht direkt nach Essen fragen durften, beschrieb Punna Lori am Telefon, wie sich hier die Situation entwickelt hatte. Alles Weitere lag dann in der Entscheidung der betreffenden Person, und freundlicherweise hatte sie uns ihren Mann geschickt. Ich habe noch nie so gute Burger gegessen.

Am nächsten Tag kam Lori selbst und kochte uns eine Mahlzeit.

Dann fasteten wir noch zwei Tage und Punna gestand, dass er seine Schwester in Toronto angerufen hatte, die sich bereit erklärte, für einige Wochen hierher zu kommen, um uns zu unterstützen und sich selbst eine Auszeit zu nehmen.

Als Mary hier ankam, wurden wir wieder bestens versorgt, auch Joan kam nach zwei Wochen wieder aus Thunder Bay mit ihrem Dalmatiner, um noch einen Monat zu bleiben.

Wolf und Adler

Es war der 12. Mai 2000, mein vierundvierzigster Geburtstag. Punna gratulierte mir an diesem Morgen und machte in guter buddhistischer Manier ein paar Bemerkungen darüber, dass doch nur der Körper altern würde, dass Geburt und Tod die Pole zwischen dem Leben seien und wir als Mönche doch einen guten Weg eingeschlagen hätten, der in der großen Freiheit münden würde. „Sadhu, Sadhu", sagte ich etwas spaßhaft, was so viel heißt wie: „Gut gesprochen."

Was ich an Punna so liebte, war seine einfache, direkte und unverschnörkelte Art. Darüber hinaus war er sehr intelligent und konnte verschiedene Aspekte der Lehre Buddhas mit guten Beispielen belegen. Er hatte keine Abt-Allüren, dafür aber einen trockenen Humor und darüber hinaus das Lachen nicht verlernt. In der ganzen Zeit, die ich hier war, hatten wir nicht ein Missverständnis, geschweige denn einen Streit, und lebten in einer freundschaftlichen Selbstverständlichkeit miteinander. Wenn es etwas zu besprechen gab, kamen wir immer sehr schnell zu einer Übereinstimmung.

Ich hatte es mir die vergangenen Jahre zur Gewohnheit gemacht, meinen Geburtstag mit mir alleine zu verbringen. Nach dem Essen nahm ich mein Moskitonetz und ging in den Wald, wo ich schon vor einer Weile einen alten, immergrünen Baumbestand entdeckt hatte. Hier gab es auch tagsüber unglaublich viele Moskitos. Sie waren größer als die in Thailand, dafür übertrugen sie aber keine Malaria.

Ich verbrachte den Tag unter meinem Netz und genoss diese Atmosphäre des Waldes, den Wind in den Bäumen, den einzigartigen Geruch von feuchtem Laub, das Klopfen der Spechte, die Schreie der Adler und nicht zuletzt die Stille, die sich mit so manchen undefinierbaren Geräuschen füllte und wieder leerte.

Als ich so in der Meditation saß, sah ich plötzlich vor meinem inneren Auge einen großen, weißen Wolf auf mich zukommen. Er verneigte sich vor mir und bot mir an, meine Tasche zu tragen, und auch seinen Schutz wolle er mir anbieten. Es fühlte sich so an, als ob ich einem alten Freund wiederbegegnet war, und ich nahm das Angebot wortlos an.

Indianer gehen oft in die Wildnis, um ihrem Krafttier zu begegnen. Ich hatte schon mal die Begegnung mit einem Wolf bei einer schamanischen Reise gehabt. Als die Anleiterin meinte, ich solle auf seine Botschaft hören, sagte er zu mir: „Du kannst Vertrauen haben."

Es machte mir große Freude, mich von diesen archetypischen Kräften mitnehmen zu lassen.

Am späten Nachmittag war es Zeit, mich wieder auf den Weg zu meiner Hütte zu begeben.

In der Nähe des Bibersees setzte ich mich nochmal gegen den Stamm einer Kiefer und hatte plötzlich den Impuls, einfach loszulaufen. Es ging kreuz und quer durch die Büsche, einen kleinen Trampelpfad entlang, an großen Bäumen vorbei, dann lief ich über einen kleinen Bach und plötzlich lag ein riesiger, toter Vogel direkt vor meinen Füßen. Die Bären hatten scheinbar schon an ihm geknabbert und die Eingeweide gefressen, aber die großen Federn waren noch weitgehend unbeschädigt und ich dachte, dass es vielleicht ein Geier sei.

Ich überlegte nicht lange und nahm den Vogel mit zu meiner Hütte. Nach genauerer Inspektion war mir klar, dass ich gerade einen Weißkopfseeadler gefunden hatte, denn die weißen Schwanzfedern und der weiß gefiederte Kopf waren ein klares Zeichen dafür.

Punna bestätigte mir das und ich betrachtete diesen Fund als mein Geburtstagsgeschenk. Das war das zweite Krafttier, das heute an meinem Geburtstag zu mir gekommen war.

Wolf und Adler, es hätte nicht klassischer sein können.

Als Lori davon erfuhr, war sie mehr als aus dem Häuschen und meinte: „Der ganze Kontinent begrüßt dich. Ich habe gesehen, dass du in einem früheren Leben ein großer Medizinmann warst und die Praxis eines *Heyokas* geübt hast", sagte sie enthusiastisch.

Sie erklärte mir, dass ein Heyoka ein Mensch ist, der alles andersherum macht. Wenn er kommt, sagt er: „Auf Wiedersehen", wenn er geht, „Guten Tag", und wenn er sagt: „Ich hasse dich", meint er: „Ich liebe dich."

Später las ich irgendwo, dass Heyokas oder *Contraries* Personen waren, die sich einem außergewöhnlichen Lebensstil widmeten, bei dem sie das Gegenteil von dem ausführten, was andere gewöhnlich taten. Sie machten manche Dinge später, was andere zuerst machten, zum Beispiel heiraten, Kinder kriegen oder in den Beruf gehen.

Nun, wie dem auch sei. Ich hatte keine Erinnerung an ein früheres Indianerleben, aber die Vorstellung, ein Medizinmann gewesen zu sein, gefiel mir irgendwie.

Das Indianerfest

Zum nächsten Wochenende hatte uns Lori zu dem angekündigten Fest eingeladen.

Sie kam in die Einsiedelei, und nach dem Essen fuhren Punna und ich mit ihr nach Nolalu, wo sie mit ihrem Mann ein Holzhaus mit einer großen, weitläufigen Wiese drum herum bewohnte. Nach zirka vierzig Minuten Fahrt sahen wir schon von Weitem ein großes Tipi und mehrere Zelte auf dem Areal stehen.

Punna und ich waren als Ehrengäste eingeladen und ein paar junge Männer boten uns an, beim Aufbau unserer Moskitonetze zu helfen, die wir am Waldrand zwischen die Bäume hängten.

In der Mitte der Wiese brannte ein großes Feuer und zirka acht Meter entfernt davon brannten noch vier kleinere Feuer, eins in jeder Himmelsrichtung. Unter den ungefähr dreißig Teilnehmern waren nicht nur indianisch aussehende Leute versammelt, sondern auch weiße Mütter mit kleinen Kindern, Jugendliche mit ihren Freunden, ein ganz alter Mann mit grauen langen Haaren, jedes Alter war vertreten.

Lori begrüßte uns alle mit einer kurzen, feierlichen Ansprache und meinte, dass es bei dem *Gathering* darum gehe, uns als Brüder und Schwestern zu verbinden, die Ahnen zu ehren und Frieden und Freude in die Welt zu strahlen. Weiterhin gebe es Rituale zur Heilung und zur Reinigung und sie wünschte uns allen eine fruchtvolle Zeit.

Im Bauch der Großen Mutter

Das erste Ritual, was heute Abend anstand, war eine traditionelle Schwitzhütte.

Dazu wurde ein ovales Holzgestell aufgebaut und mit Decken abgedeckt. Der Eingang war eine kleine Öffnung, die mit einer weiteren Decke zugehängt werden konnte. Einige Meter vom Eingang entfernt brannte schon ein Feuer, in dem runde Steine erhitzt wurden, einige von ihnen glühten schon.

Lori erklärte uns kurz den Ablauf und die Bedeutung der Schwitzhütte. Die Steine stehen symbolisch für die Großväter, die uns die Wärme in der Hütte spenden würden. Die Schwitzhütte selbst war das Sinnbild für die Große Mutter Erde, aus der wir alle entsprungen waren. Sie gibt uns Heilung, Einsicht, Heimat und Schutz. In die Schwitzhütte könne man mit einem Wunsch gehen oder etwas für andere erbitten, sich bei jemandem bedanken oder auch bei jemandem entschuldigen. Auf alle Fälle sollte man für Einsicht, Weisheit und Erkenntnisse offen sein. Wir würden zirka zwei Stunden in der Schwitzhütte verbringen.

Also, Sauna kannte ich ja noch aus Thailand, aber da blieb ich nie länger als zehn bis zwanzig Minuten drinnen, das hier war etwas anderes als Sauna.

Punna und ich wickelten uns die Badetücher um die Hüften und dann krochen wir, einer nach dem anderen, hinein, bis zirka zehn bis zwölf Leute den Raum füllten und dicht zusammen im Kreis saßen.

Lori setzte sich an den Eingang und begrüßte uns mit einem indianischen Gesang und dazu schlug sie auf einer kleinen Trommel einen rhythmischen Takt.

Genau in der Mitte war ein Loch ausgehoben, in das jemand mit einer Schaufel einen glühenden Stein nach dem anderen hineinlegte. Dann wurde der Eingang geschlossen und Lori schüttete eine Schüssel Wasser auf die Steine, das sofort verdampfte, und es wurde augenblicklich sehr heiß.

„Das ist der Atem der Großväter, der uns alle einhüllt und auf unserer Haut wieder zu Wasser wird“, hatte sie uns vorher noch erklärt.

Uff, ich wurde mir langsam unsicher, ob ich das zwei Stunden durchhalten würde, denn man sollte so lange drinnen bleiben, bis das Ritual beendet war.

Lori trommelte weiter in diesem ruhigen Takt und die nächste Ladung Wasser verdunstete auf den Steinen. Dann bat sie um Heilung für die Kranken, dankte den Ahnen für deren Schutz. Sie forderte uns auf, in den Singsang einzustimmen. Es war ein monotoner Gesang, dessen Bedeutung mit Heilung und Dankbarkeit zu tun hatte.

Die nächste Schüssel folgte, noch mehr Dampf, noch mehr Hitze, noch mehr Feuchtigkeit auf der Haut, wobei ich nicht mehr unterscheiden konnte, ob es Schweiß oder Dampf war, der an mir herunterfloss. Das Atmen fiel zusehends schwerer und es war Zeit, etwas Luft hereinzulassen. Lori hatte es im Blick und hob die Decke am Eingang an.

Uff, ein kühler Luftzug strömte herein, heißer Dampf strömte ins Freie, und sie schloss den Eingang wieder. Alles war wieder dunkel, nur die glühenden Steine strahlten ihre Hitze ab und in deren Schein sah ich auch einige der anderen.

Ich fühlte plötzlich eine enge Verbundenheit mit allen hier drinnen. Schwitzende Körper, alle umhüllt von der Großen Mutter, vom Atem der Großväter erhitzt und genässt.

Wir Menschen sind doch alle Brüder und Schwestern in Geburt, Alter und Tod, kam es mir plötzlich wieder in den Sinn. Suchen wir nicht alle das Gleiche auf verschiedenen Wegen? Suchen wir nicht alle Liebe und Verbundenheit, Glück und Freude? Leiden wir nicht alle unter den Herzenstrübungen und darunter, dass wirklich nichts, aber auch gar nichts von Dauer ist?

Mir kamen plötzlich buddhistische Prinzipien in den Sinn, besonders das Daseinsgesetz der Unbeständigkeit. Wie im Zeitraffer sah ich plötzlich Blumen erblühen und verwelken, Kinder heranwachsen und als Greise sterben. Ich sah, wie die Erde von grünen und bunten Pflanzen überwachsen war und im nächsten Augenblick zu einem Meer aus Schutt und Asche wurde.

Dann sah ich einen großen Feuerball, der alles um sich herum verglühte und zu Dampf werden ließ.

Lori öffnete den Eingang und frische Luft strömte herein. Ich holte tief Luft und mir wurde deutlich, was ich da gerade ‚gesehen' hatte.

Dann hörte der Gesang auf und das Trommeln auch. Ich wurde mir des Atems bewusst, hörte die anderen atmen, von der Feuerstelle kam ein leicht vibrierendes Zischen. Eine Frau begann plötzlich zu weinen, andere stöhnten leise vor sich hin. Mannomann, war das heiß hier drinnen. Dann wieder Stille, nur der Atem von uns allen war zu hören.

Lori stimmte einen neuen Gesang an und forderte uns auf, zu entspannen, die Erde zu fühlen, die Hitze des Feuers zu spüren, das Wasser auf der Haut wahrzunehmen und den Atem in seinem Rhythmus kommen und gehen zu lassen.

Es fühlte sich an, als ob ich mit der Erde verschmelzen würde, als ob ich mit den anderen verschmelzen würde, keine Unterschiede waren mehr spürbar, nur Einheit und Verbundenheit und keine Gedanken, die mich in die Zeit mitnahmen.

Es war unglaublich, aber die zwei Stunden waren wie im Flug vergangen und jetzt krochen wir, einer nach dem anderen, wieder aus dem Bauch der Großen Mutter heraus. Ich fühlte mich unglaublich erschöpft, müde, aber total entspannt. Punna ging es ähnlich.

Eine kalte Dusche wäre jetzt super gewesen, aber Lori meinte noch zuvor, dass der Schweiß die Tränen der Großen Mutter symbolisieren würde und er einfach am Körper trocknen solle.

Traditionsgemäß gab es nach der Schwitzhütte ein großes Gelage und das Büfett bestand aus verschiedenen Sorten Fleisch, Salaten, zahlreichen Beilagen, Broten, Gemüse und vielem mehr. Es war allerdings schon früher Abend und unsere Regeln einhaltend, begnügten Punna und ich uns mit Säften und Wasser, und am großen Feuer rauchte ich mal wieder eine Zigarette, denn Tabak wird bei den Indianern als Medizin betrachtet.

Lori hatte uns ein paar Decken ins Moskitonetz gelegt und so schlief ich bald ein und hatte einen tiefen, traumlosen Schlaf.

Als ich am nächsten Morgen erwachte, fühlte ich mich wie erschlagen und doch spürte ich ein entspanntes Erfülltsein. Einige Leute liefen schon herum und waren mit irgendwas beschäftigt. Das große Feuer hatte noch Glut und ein älterer, indianisch aussehender Mann legte in alle Feuerstellen große Holzscheite, so dass diese Feuer bald wieder richtig zu lodern begannen.

Da wir ja nur bis mittags essen durften, organisierte Lori unsere Mahlzeit, die aus den Resten des abendlichen Gelages bestand, und es war noch reichlich übrig.

Danach wurde ich eingeladen, einen kleinen Vortrag zu halten. Ungefähr zwanzig Leute saßen auf Matten und Decken auf dem Boden.

Ich bedankte mich erstmal für die Einladung und sprach dann über die vier Lebensnotwendigkeiten, die dazu dienten, Körper und Geist zu erhalten. Ich lobte das einfache Leben und wies darauf hin, dass ein Zuviel von allem einen letztendlich auch nicht glücklich mache und es darauf ankomme, sich die Frage zu stellen: Was ist wirklich wichtig in diesem Leben, um was geht es eigentlich? Und noch beeindruckt von dem Erlebnis in der Schwitzhütte, begann ich schließlich über Verbundenheit und Liebe zu sprechen und dass wir doch alle Brüder und Schwestern seien.

Alles, was ich sagte, fühlte ich aus meinem Inneren herausfließen, und als ich fertig war, bedankte ich mich nochmal für die Einladung und wünschte uns allen eine freudvolle Zeit.

Es fühlte sich richtig gut an, etwas zurückgeben zu können – auch wenn es nur diese kurzen Reflexionen waren.

Die nächsten zwei Tage verbrachten wir am großen Feuer, machten Spaziergänge durch den Wald, hörten uns Geschichten und Erlebnisse verschiedener Menschen an und abends versammelten wir uns alle im großen Tipi. Lori stimmte verschiedene traditionelle Gesänge an, in die wir einstimmen konnten. Viele hatten kleine Trommeln dabei und so gab ich mich dieser Tradition hin und fühlte mich eingebunden in diese Gemeinschaft.

Am letzten Tag der Zusammenkunft war wieder eine Schwitzhütte vorgesehen und ich war mir nicht sicher, ob ich das nochmal durchstehen würde. Ich spürte immer noch eine leichte, aber nicht unangenehme Erschöpfung und beschloss schließlich doch, dabei zu sein nach dem Motto: Wenn schon, denn schon!

Als wir wieder im Kreis um das Feuerloch saßen, wurden wieder glühende Steine hineingelegt, der Eingang geschlossen. Lori stimmte wieder ihren Gesang an, begleitet vom rhythmischen Schlagen der Trommel, und als die erste Wasserschüssel über die Steine gegossen wurde, fühlte es sich noch heißer an als beim ersten Mal.

Nachdem ungefähr eine Stunde vergangen war, begann sich mein Geist nur noch auf den Atem zu konzentrieren und ich fühlte mich von einer warmen, dunklen Wolke umhüllt, deren Ausmaße nicht auszumachen waren.

Plötzlich fiel ich in mich selbst hinein und wusste, mir kann nichts passieren. Es gab nur noch mich und ich fühlte, dass ich alles bin und alles in mir enthalten war. Ein allumfassendes Einheitsgefühl ließ mich wieder Verbundenheit mit allen spüren. Ich bemerkte, dass mein kleines Ichlein aus dem Weg gehen musste, um in dieses Erleben zu kommen.

Ich meinte, die ganze Existenz in ihrer Totalität zu sein, und nahm die ewigen Bewegungen darinnen wahr: wie Einzelteile als Formen miteinander tanzten, Verbindungen eingingen, sich wieder lösten, um neue Verbindungen einzugehen. Es gab keinen Stillstand, kein Verweilen, kein Ankommen, sondern nur ständige Bewegung. Alles war fließende Energie. Die Einheit demonstrierte ihre Vielfalt.

Plötzlich sah ich Eisbrocken in Feuerglut schwimmen. Sie schienen ein Sinnbild für die verfestigte Energie zu sein, die wir ‚Person' nennen, die sich durch die Bewusstheit über sich selbst erhält – und die gewohnte Gestalt nicht aufgeben will oder kann.

Die Illusion eines Ichs erhält sich über die Dinge, die wir diesem ‚Ich' zuschreiben, und daran halten wir fest *(wie der Körper, Gedanken, Gefühle, Meinungen und Identitäten).*

„Sei niemand", hörte ich plötzlich eine auffordernde Stimme von irgendwoher.

In diesem Moment starb ich, und es fühlte sich wundervoll an. Es gab nichts zu halten, es gab nichts zu sein. Dann sehe ich meinen Körper tot auf einem großen Floß liegen, das auf einem unendlich weiten Ozean dahintreibt. An meinem Floß sind noch fünf kleine Flöße befestigt und darauf erkenne ich die Symbole der fünf großen Weltreligionen.

Das Sterben war leicht, denn irgendetwas in mir hatte die sichere Gewissheit, dass nichts wirklich stirbt oder vergeht, sondern nur einem Prozess der Verwandlung und Umwandlung unterworfen ist.

Und dann entstand in mir der Wunsch, nichts mehr zu sein – nur noch frei, frei, frei!

Auf einmal sehe ich das Gesicht von Ajahn Buddhadasa und er sagt sehr eindringlich: „Es gibt nichts, das es wert wäre, zu sein, zu haben, zu werden oder festzuhalten."

War diese letztendliche Freiheit nicht der Zustand, wo keine Bedingungen mehr die Macht hatten, einen in irgendeine Form des Daseins zu verstricken? Die buddhistische Bezeichnung dafür ist Nirwana. Plötzlich sehe ich, wie das Floß in einem Flammenmeer aufgeht und alles darin verbrennt.

Prompt in diesem Augenblick verstummte Loris Gesang und sie öffnete den Eingang, um frische Luft hereinzulassen.

Ich fühlte wieder meinen Körper, meinen Atem und war mir wieder bewusst, wo ich war, und dann kamen folgende Worte in meinen Geist: „Wenn an nichts festgehalten wird, kommen und gehen die Dinge in ihrem natürlichen Rhythmus. Wenn alle Feuer verloschen, alle Winde verweht, alle Lüste gelebt, jeder Klang verklungen, keine Geschichten mehr entstehen, Herzenstrübungen keine Macht mehr haben, kein Ich, kein Mein und auch keine anderen, dann gibt es keine Trennung mehr. Keine Fragen, keine Antworten.

Was bleibt? Nur noch Stille und grenzenloses Sein, ohne etwas oder jemand zu sein.

Wohin geht die Flamme, nachdem sie erloschen ist?“

Die Schwitzhütten hatten es in sich und ich war erstaunt darüber, welche Visionen und Bilder sich in dieser kurzen Zeit in mir abspulten.

Am letzten Tag des *Gatherings* kamen wir nochmal alle im Tipi zusammen, sangen traditionelle indianische Lieder, begleitet vom rhythmischen Schlagen der Trommeln. Lori bedankte sich bei den Ahnen für deren Begleitung und deren Schutz, für Heilung und Einsichten und wünschte uns allen eine sichere Heimreise.

Am frühen Abend fuhr sie uns wieder zurück zur Einsiedelei.

Besuch

Am nächsten Morgen meinte Punna zu mir: „Rate mal, wer uns in einer Woche besuchen kommt?“ Ich hatte wirklich keine Ahnung, und bevor ich anfing zu raten, meinte Punna: „David. Du hast ihn doch in Sri Lanka getroffen.“ Das war wirklich eine große Überraschung und ich freute mich darauf, meinen alten Weggefährten wiederzusehen.

Eines Morgens stand er plötzlich im Pavillon. Er war zirka 1200 Kilometer von Ottawa mit dem Auto gekommen und wollte eine Weile hierbleiben. Wir mussten erstmal laut lachen aus reiner Freude darüber, uns wiederzusehen.

David war einige Wochen nach meiner Abreise aus Sri Lanka wieder nach Kanada zurückgekehrt und hatte einen Job als Busfahrer angenommen. Nebenbei pflegte er noch seinen alten Vater und schien mit allem recht zufrieden zu sein.

„Gut, dass ich dein Geschenk damals nicht angenommen habe“, sagte ich zu ihm und erzählte die Geschichte, die sich in Bahrain zugetragen hatte, und er musste erstmal schlucken.

Einige Tage später lud mich David zu einer kleinen Tour nach Thunder Bay ein. Er wollte für die Einsiedelei ein paar Besorgungen machen.

Wir fuhren eine endlos scheinende Straße entlang, rechts und links standen große Bäume, darunter dichtes Unterholz. Dann kamen wir an einer Stelle vorbei, wo ein Großteil des Waldes abgeholzt und dort eine riesige Lücke entstanden war. Große Lkws fuhren Baumstämme ab. Es hatte etwas Unheimliches, das zu sehen.

Bevor wir in die Stadt fuhren, kamen wir zu einem Abzweig, der zu einer hügeligen Gegend führte, und in der Ferne sahen wir einen fast quadratischen Berg stehen. Auf einem Holzschild stand in verwaschener Schrift: Mount McKay.

Dieser Berg lag im Gebiet der Ojibwe-Indianer und oben sollte es eine Gedenkstätte geben.

David meinte: „Das soll ein heiliger Berg der Indianer sein, wollen wir mal hinfahren?" „Na, warum nicht, wenn das erlaubt ist", antwortete ich ihm und so fuhren wir weiter, bis wir auf eine unbefestigte Straße kamen, die langsam, aber stetig bergauf in die Hügel führte. Auch hier große Bäume und wildes Unterholz. Die Straße wurde zunehmend schmaler und steiler, bis wir endlich auf einem Hochplateau ankamen.

Ein anderes Auto stand auch schon hier oben. In dem Pickup saßen drei Personen und die vierte war gerade dabei, einzusteigen. Als wir ausstiegen, schaute der Mann in unsere Richtung, murmelte etwas in das Auto und die anderen drei stiegen auch aus.

Es handelte sich um drei indianisch aussehende Leute um die dreißig, eine davon war eine Frau mit langen schwarzen Haaren und kräftiger Statur. Die vierte Person war eine blonde, weiße Frau.

David meinte plötzlich nur: „Oje, vielleicht sollten wir lieber abhauen."

Aber dazu war es schon zu spät, denn irgendwie hätte es tatsächlich wie Abhauen ausgesehen und bekanntlich löst der Fluchtinstinkt des Opfers den Jagdinstinkt des Jägers aus, aber ich fühlte mich nicht als Opfer.

Ihr Wagen stand direkt an der Stelle, wo man eine weite Aussicht hatte, und wir liefen langsam in diese Richtung. Dann meinte der indianisch aussehende Mann: „Who the fuck are you?" („Wer zum Teufel seid ihr?")

Da ich glaubte, er spiele auf meine Roben an, sagte ich: „Ich bin ein buddhistischer Mönch, und das ist mein Freund David." Aus dem Hintergrund meinte die indianisch aussehende Frau: „Und ich bin FBI." Da mir dieses Kürzel nur für die amerikanische Staatspolizei bekannt war, fragte ich tatsächlich nach, ob sie von der Polizei sei. Und sie sagte dann in lautem Ton: „Fucking Big Indian." Langsam merkten wir, dass sie allesamt total betrunken waren.

Dann benutzte ich Worte, die man zu einem Indianer nie sagen sollte, wie ich später von David aufgeklärt wurde: „Und ihr seid Red Indians (rote Indianer)?“, fragte ich interessiert.

Denn so waren sie mir bekannt von all den Filmen, die ich bislang gesehen hatte. Und ich ergänzte: „Ich bin aus Deutschland und es ist das zweite Mal in meinem Leben, dass ich echte ‚Red Indians‘ treffe.“ Am Rande nahm ich wahr, wie David der Atem stockte und ihm fast das Herz in die Hose rutschte.

Da standen sie, meine Helden aus der Kindheit, zwar total betrunken, leicht aggressiv und etwas heruntergekommen, aber es waren waschechte Indianer.

Ich wusste nicht, warum ich plötzlich so berührt war, und dieses Gefühl ließ keinen Raum für Angst, die ich vielleicht gehabt hätte, wenn ich mich auf Davids vorbehaltliche Energie eingeschwungen hätte. Und ich war selbst darüber verwundert, dass ich irgendetwas Feierliches in meiner Stimme hatte.

Das war den vieren scheinbar nicht entgangen, denn die anfangs aggressive Stimmung veränderte sich irgendwie und sie fragten weiter, was wir hier auf *ihrem* heiligen Berg wollten?

„Wir kommen von einer Einsiedelei außerhalb Thunder Bays und sind einfach die Straße hier langgefahren“, sagte nun David zu ihnen. Auf alle Fälle schienen sie zu verstehen, dass wir keine Gefahr für sie waren, und vielleicht verstanden sie auch, dass ich als Deutscher bestimmte Begriffe nicht kennen konnte, wie zum Beispiel „First Nations“, was die eigentliche Bezeichnung für sie ist, statt „Red Indians“.

Sie musterten uns aber immer noch etwas misstrauisch und ich sah in der Heckscheibe ihres Autos ein Gewehr befestigt, und die beiden Männer hatten Messer an ihren Gürteln hängen.

Einem Impuls folgend ging ich auf sie zu und reichte ihnen die Hand, einem nach dem anderen, und fühlte plötzlich von deren Seite etwas Freundliches.

Dann meinte der andere Mann zu mir: „Wir sind die First Nations, der Berg hier ist ein heiliger Berg für uns.“ Ich schaute ihn an und hörte zu. Er ging zur Steilklippe und machte mit dem Arm eine ausschweifende, fast theatralische Handbewegung und legte plötzlich seinen Arm um mich und meinte: „Das ist alles unser Land.“

Ich war wirklich zutiefst berührt, einfach so, und nickte zustimmend. Und sie erzählten, dass sie unten in einem Reservat lebten, arbeitslos seien und der weiße Mann ihnen alles genommen habe. Ja, es hörte sich sehr klischeehaft an, und doch stimmte es, was sie da sagten.

Dann wollten sie wissen, wieso ich diese Robe anhatte, und ich erzählte kurz, dass ich buddhistischer Mönch bin und lange in Thailand im Dschungel gelebt habe. Das schien sie zu beeindrucken, und ehrlich gesagt war das auch etwas meine Absicht gewesen.

Als mir der andere die Flasche Whisky reichte, wusste ich, dass das Eis gebrochen war, aber ich lehnte dankend ab, was für sie zum Glück keine Beleidigung war, und ich erklärte, dass ich eine Regel einhalten musste, die das Trinken von Alkohol verbot. David nahm einen schnellen kleinen Schluck aus der Flasche und reichte sie weiter.

Die blonde Frau lachte und wollte wissen, was ich für einen komischen Mantel trage, und ich zeigte ihr, wie man ihn wickeln musste, damit er hält. Die Unterhaltung wurde immer leichter und selbstverständlicher. Dann meinte der eine Mann, dass er Gedichte schreibe und eins sogar schon in der Zeitung abgedruckt war. David war interessiert, es zu hören, und der Mann trug uns eins vor. Auch das hatte irgendwie etwas Feierliches und David meinte echt beeindruckt zu ihm: „Das hört sich wirklich gut an. Danke."

Dann bot uns der andere Mann Zigaretten an, und ich nahm eine mit der Bemerkung: „Tabak nehme ich gerne an, danke."

Es fühlte sich wie das Rauchen einer Friedenspfeife an, als wir da gemeinsam qualmend im Kreis standen.

„Wir müssen jetzt los", meinte der eine plötzlich. Wir verabschiedeten uns mit Handschlag und die blonde Frau winkte uns aus dem abfahrenden Auto zu.

David schaute mich erleichtert an und meinte: „Weißt du eigentlich, wie knapp das gerade war? Wenn du nicht die Roben angehabt hättest, wäre es, glaube ich, anders ausgegangen. Manche von ihnen haben einen unglaublichen Hass auf die Weißen, und das ist ja auch irgendwie verständlich." Ich glaube, ich wusste, was er meinte.

Wir fuhren langsam den Berg hinunter, und bevor wir zurück zur Einsiedelei wollten, tranken wir in Thunder Bay noch einen Kaffee, und David machte seine Besorgungen.

Der mit dem Bären tanzt

Es war schon später Nachmittag, als wir wieder in der Einsiedelei ankamen. Ich ging in meine Hütte und verbrachte dort den Rest des Tages. Plötzlich hörte ich draußen ein schabendes Geräusch. Aus meinem Fenster schauend, erblickte ich das schwarze Fell eines Jungbären, der gerade um die Ecke meiner Hütte schlich. Seine Mutter und die anderen beiden konnten demnach nicht weit sein. Ich öffnete vorsichtig die Tür und sah sie bei meinem Holzschuppen herumschnuppern. Die Bärin stand auf ihren Hinterbeinen und kratzte mit den Vorderläufen an einem Baum. Herrgott, war die groß. Sie hatte mich natürlich schon längst entdeckt, aber sie machten keine Anstalten, sich woandershin zu bewegen.

Es waren ungefähr zwanzig Meter zwischen uns, aber ich hatte ja auch noch den Schutz meiner Hütte. Bady, mein alter Freund aus Berlin, hatte mir einen Einweg-Fotoapparat mitgegeben, den ich nun holte, um die Bären zu fotografieren. Ganz leise und vorsichtig ging ich wieder vor die Tür, setzte mich auf die erste Holzstufe und peilte die Bärin mit dem Sucher der Kamera an und drückte ab. Dummerweise hatte ich vergessen, den automatischen Blitz der Kamera auszustellen, und als es klick machte und der Blitz ausgelöst wurde, sprang die Bärin erschrocken und alarmiert zwei große Sätze auf mich zu und blieb dann, nur noch zehn Meter oder so, vor mir stehen.

Ich glaube, ich war noch nie so schnell von der sitzenden in die stehende Position gewechselt. Mein Herz raste, und ehe ich mich versah, war ich auch schon wieder in meiner Hütte. Auf der Stirn stand mir der Angstschweiß und meine Knie zitterten. Das war knapp, aber was noch schlimmer war, war der Gedanke, dass sie mich jetzt als Feind betrachten würden, obwohl ich ihnen ja versprochen hatte, dass ich ihnen nichts tun würde. Das hatte ich ja auch nicht vorgehabt, und ich konnte es ihnen nicht einmal erklären. Nun denn.

Einige Tage später hatte ich die nächste Begegnung mit ihnen. Ich lief gerade vom Pavillon kommend den schmalen Weg am Arrow River entlang zu meiner Hütte. Mittlerweile hatte ich es mir angewöhnt, einen dickeren Holzstock mit mir zu führen. Ich benutzte ihn als Wanderstab und er vermittelte mir auch etwas Sicherheit, falls ich wirklich einmal von einem Bären angegriffen werden würde.

Ich hatte nur noch fünfzig Meter zu meiner Hütte, als ich das Gekläffe von Joans Dalmatiner hörte und fast gleichzeitig dieses ruckartige ‚Bellen', das ich bei der ersten Begegnung mit der Bärin schon mal hörte – und dieses Geräusch wurde immer lauter und kam direkt auf mich zu. Der Wald war viel zu dicht, als dass ich etwas sehen konnte. Dann hörte ich Äste krachen und die Bärin brach aus dem Wald heraus und stand zirka zehn bis fünfzehn Meter vor mir. Der Dalmatiner war nicht mehr zu hören, auch von den kleinen Bären war weit und breit nichts zu sehen oder zu hören.

Ich erinnerte mich an Punnas Rat, bloß nicht wegzurennen. Also blieb ich stehen und so standen wir uns direkt gegenüber. Sie wusste auch nicht so recht, was sie machen sollte, und brüllte plötzlich in meine Richtung und machte Anstalten, auf mich zuzukommen. Ich hielt meinen Stab hoch und brüllte zurück. Das schien sie zu verunsichern, denn sie blieb stehen. Das machte mir wiederum Mut und ich brüllte weiter. Ich brüllte immer lauter und ausgedehnter für mindestens eine Minute oder so. Plötzlich verschwand sie langsam im Wald und ich setzte meinen Weg fort, bis ich auf einmal hörte, wie sie fast parallel zu mir in die gleiche Richtung lief. Mein Stab gab mir eine gewisse Sicherheit, und als ich dann den Hügel zu meiner Hütte hochlief, hörte ich nichts mehr und war froh, dass es so glimpflich ausgegangen war. Uff.

Um Mitternacht ging ich nochmal vor die Tür, um mir den klaren Sternenhimmel anzuschauen, und plötzlich stand Tobi vor mir. Er hatte auf seinem nächtlichen Streifzug ein kleines Kaninchen erbeutet, das er stolz vor meine Füße legte.

Ich nahm ihn auf meinen Arm und war irgendwie froh, dass er bei mir war. Kurz bevor ich in meine Hütte ging, hörte ich das erste Mal in weiter Ferne Wölfe heulen.

Am nächsten Morgen bemerkte ich, mit welcher Inbrunst ich den Bären angebrüllt hatte, denn ich war richtig heiser und das hielt sich die nächsten zwei Tage.

Es war schon Anfang Juli und die ersten sommerlichen Tage kündigten sich an. Das Thermometer stieg auf zirka zwanzig Grad im Schatten, was in Deutschland eher frühlingshafte Temperaturen sind. Die Bäume hatten ihre hellgrünen Blätter getrieben, die ersten Blüten wilder Pflanzen enthüllten sich in ihrer Pracht. Die Wiese um meine Hütte zeigte frisches Grün und ich fühlte mich sehr wohl, hier zu sein.

Mit Punna und David lebte ich in freundschaftlicher Harmonie, aber ich musste langsam an meine Abreise denken. Den Rückflug hatte ich für Anfang August schon in Deutschland gebucht.

Eines Morgens nach der Mahlzeit meinte Punna zu mir: „Hey, Dhammavaro, hast du nicht Lust, ein paar Gedanken über deinen Aufenthalt hier für einen Newsletter zu schreiben?“

„Na klar, mein Lieber“, antwortete ich, „das mache ich gerne. Mal sehen, ob was herausfließt.“ Wir lachten beide. Wir lachten sehr oft miteinander und irgendwie fühlte sich alles sehr gut und leicht an. Ich war tatsächlich am Überlegen, ob ich für längere Zeit hier leben sollte.

Kanadischer Frühling

Eines Nachmittags begann ich den Text für den Newsletter zu schreiben. Ich beschrieb kurz meine Ankunft vor drei Monaten, erzählte einige Erlebnisse und kam dann schließlich zu meiner abschließenden Betrachtung:

„... aber solange ich in Kanada war, hatte ich das Gefühl, einen scheinbar nie endenden Frühling zu erleben. Blumen blühten, aber sie verwelkten auch wieder. Dunkle Wolken zogen manchmal auf, aber irgendwo ließen sie ihre schwere Last wieder fallen. Und die frischen, grünen Blätter werden auch irgendwann von den Bäumen fallen.

Nun, so ist es mit allem, ein ewiges Kommen, Verweilen und Vergehen.

War nicht das der Grund, weswegen Buddha in die Hauslosigkeit zog und später seine Botschaft über die Unbeständigkeit verkündete und einen Weg aus dem Leiden heraus lehrte?

Den Gesetzen der Natur müssen wir uns hingeben und wir sollten lernen, unser Leben in Übereinstimmung mit ihnen zu gestalten, denn ohne Hingabe tut das Leben weh.

Wer möchte nicht, dass Dinge, die ich als schön erachte, immer so bleiben? Wer möchte nicht für immer Jugend, Gesundheit und Schönheit besitzen? Wie viele unserer Handlungen haben das Ziel, das Angenehme zu erhalten und das Unangenehme zu vermeiden?

Ein ständiger Kampf – und am Ende des Tages stehen wir alle als Verlierer da, besonders wenn Krankheit und Tod an unsere Tür klopfen, es sei denn, ich habe eine weise Haltung dazu eingenommen. Nein, es hat nichts mit Pessimismus zu tun, sondern mit Realismus.

Der Buddha rät uns, an nichts anzuhaften. Was bedeutet eigentlich Anhaftung?

Es bedeutet: Ich nehme etwas in Besitz, halte es fest und gebe diesem Ding nicht die Erlaubnis, sich seiner naturgemäßen Entsprechung zu verändern.

Ajahn Buddhadasa sagte einmal: „Wenn wir an Dingen festhalten, werden sie eines Tages die Grundlage für Leid sein. Das ungeschickte Festhalten aufzugeben ist der Schlüssel zur buddhistischen Praxis ...“

Wir leiden nicht, weil sich die Dinge ändern, sondern weil wir nicht wollen, dass sie sich ändern. Nur wenn wir sie nicht mehr wollen, begrüßen wir diese Veränderung.

Ewiger Frühling, ewiges Glück und immer gute Laune – das Leben funktioniert nicht auf diese Weise. Das können wir alle bestätigen. Aufgrund der Tatsache, dass wir letztendlich keine Kontrolle haben, sagte Buddha, können wir nichts als ‚ich' oder ‚mein' oder als ‚mein Selbst' betrachten. Außerdem rät er, die Tatsachen des Alterns, der Krankheit und des Todes zu berücksichtigen und zu verstehen. Wenn wir das tun, passiert etwas in unserem Geist. Wir beginnen Weisheit zu entwickeln und sehen die Dinge, wie sie sind.

Und dann beginnen wir langsam, unser Paket von Anhaftungen zu leeren. Wir werden leichter und entwickeln auch heilsame Eigenschaften, weil wir nicht länger bereit sind, „Dingen", die ohnehin flüchtig und kurzlebig sind, hinterherzujagen oder anderen Menschen deswegen zu schaden.

Neue, unbekannte Wege zu gehen ist schwierig, vielleicht weil wir Angst davor haben, etwas gehen zu lassen, an das wir uns gewöhnt haben. Vielleicht haben wir auch Angst, eine scheinbare Sicherheit aufzugeben, oder Angst vor einer unbekannten Freiheit, wenn mir vielleicht nichts mehr gehört und ich nicht mehr das bin, was ich glaubte zu sein.

Jedoch, wenn der Tod kommt, müssen wir schließlich alles aufgeben, wir müssen alles zurücklassen. Bin ich darauf vorbereitet? Wie viele Strategien und Methoden setzen wir ein, um unser Leben sicher zu machen? Aber wie versichere ich mir einen friedlichen Tod, ein ruhiges Herz und einen gesammelten Geist, was in diesem Moment des Übergangs so wichtig ist?

Alt werden ist keine sichere Sache, ob ich eine Krankheit bekomme, ist auch nicht sicher – das Einzige, was sicher ist, ist mein eigener Tod. Jede verwelkte Blume ist ein Botschafter dieser Wahrheit – schau und sieh.

Was spricht eigentlich dagegen, ein heilsames Leben zu führen und Wissen und Einblicke in die wahre Natur der Erscheinungen zu erlangen? Buddha nannte das höchste Ziel Nirwana – das Unsterbliche, befreit von allen Bedingungen, die höchste Sicherheit und das höchste Glück, das Ungeborene, die Freiheit jenseits von Geburt, Alter, Krankheit und Tod.

Es ist eine Einladung, die man nicht annehmen muss. Aber wenn sie akzeptiert wird, wird es eine Herausforderung, diesen Weg, so gut es halt geht, zu gehen.

Der Wind weht auch weiterhin durch die Bäume und Blätter werden von ihm bewegt. Blumen blühen, aber verwelken auch wieder.

Die Bären sind Ende Juli in ein anderes Gebiet gezogen. Auf der Straße sehe ich tote Schmetterlinge und der scheinbar endlose kanadische Frühling wird sich in ein paar Monaten in eine kalte, weiße Schneewüste verwandeln, aber selbst das wird sich wieder ändern!

Und irgendwo zwischen Himmel und Erde stehen wir Menschen mit einer tiefen Sehnsucht in unseren Herzen – wonach sehnen wir uns?

Die Reise hat schon vor langer Zeit begonnen – möge sie für uns alle in der Freiheit enden!"

Abschied und Aufbruch

An diesem letzten Morgen packte ich meine Taschen und verstaute die Adlerfedern und den Adlerkopf in meinem Gepäck.

Zum Glück hatte mich Punna schon einige Wochen zuvor darauf hingewiesen, dass der Weißkopfseeadler unter Naturschutz steht. Ich vereinbarte einen Termin mit der hiesigen Naturschutzbehörde, und David fuhr mich hin. Sie wollten sich dort davon überzeugen, dass der Adler nicht gewaltsam erlegt worden war. Nach eingehender Untersuchung der sterblichen Überreste stellte mir der Officer daraufhin eine Ausfuhrgenehmigung aus und somit war ich zolltechnisch auf der sicheren Seite. Ich erzählte ihm beiläufig meine Begegnungen mit dem Schwarzbären und er schüttelte ungläubig den Kopf. „Da haben Sie aber Glück gehabt. Es wäre ein Leichtes für ihn gewesen, mit ein, zwei Schlägen seiner Pranke die Tür Ihrer Hütte aufzubrechen. Wir haben schon einige Zwischenfälle dieser Art erlebt." Aber vielleicht hatten ja wieder die Devas ihre Finger im Spiel und hielten weiterhin ihre schützende Hand über mich.

Wir hatten an diesem Morgen ein letztes gemeinsames Mahl und ich freute mich sehr, dass Lori und ihr Mann in die Einsiedelei kamen, um mich zu verabschieden. Ich schenkte ihr als Zeichen meines Dankes und meiner Freundschaft einige der Adlerfedern, worüber sie sich unsagbar freute. Sie war eben eine Indianerin.

Punna meinte in seiner trockenen, kurzen Art: „Hey, Dhammavaro, hier ist immer eine Hütte für dich frei. Schön, dass du hier warst." Er war mir sehr ans Herz gewachsen, und obwohl ich wusste, dass er Umarmungen nicht mochte, umarmte ich ihn trotzdem und bedankte mich für alles, was ich hier erleben durfte.

Auch Lori hätte ich gerne umarmt, aber das verkniff ich mir, weil ich ja diese Regel zu befolgen hatte. Aber als wir uns in die Augen blickten, spürte ich die tiefe Verbindung, die sich auch durch die intensiven Erlebnisse in den Schwitzhütten entwickelt hatte.

Sie schenkte mir zum Abschied einen kleinen Wolf aus Gips, worüber ich mich sehr freute.

So waren meine Krafttiere, Adler und Wolf, komplett, und ich nahm sie gerne mit zurück nach Deutschland.

David fuhr mich dann zum Flughafen nach Thunder Bay. Es gab nicht wirklich etwas zu sagen. Wir verabschiedeten uns wie zwei gute Freunde, umarmten uns, lächelten uns an und er meinte: „See you somewhere, somewhen in this universe." „Danke, mein Lieber – für alles", sagte ich zu ihm und machte mich auf den Weg zum Check-in.

Deutschland

Klaus wartete schon in der Ankunftshalle, als ich am späten Nachmittag in Frankfurt landete. Er freute sich, dass ich wieder die nächsten drei Monate im Kloster als Ansprechpartner für die Deutschen da sein würde.

Ich bezog wieder meinen Wohnwagen, richtete mich für die nächsten Monate ein und war hocherfreut, dass auch wieder zwei Thai-Mönche im Kloster anwesend waren. Den Rhythmus kannte ich ja schon und so würden die Tage und Wochen in dieser gleichbleibenden Form verlaufen.

Die Freitagsgruppe wollte ich wieder ins Leben rufen und so benachrichtigten wir alle, von denen wir die Adresse hatten. Am ersten Freitag kamen zirka zwölf Leute und Alex war auch wieder dabei, und wir freuten uns, einander wiederzusehen.

Mittlerweile hatte ich nicht nur Interesse daran, die Meditation und die Lehre Buddhas weiterzugeben, so gut ich eben konnte, sondern es regte sich in mir der Wunsch, mich mit der westlichen Psychotherapie zu beschäftigen.

Es kamen nämlich immer wieder Menschen mit psychischen Problemen zu uns, und ich hatte das Gefühl, Meditation alleine würde nicht ausreichen, um irgendwie zu helfen.

Eines Tages kam ein Pärchen aus Hanau ins Kloster, Iris und Christian hießen sie. Wie sie berichteten, hatten sie sich in der Psychiatrie kennengelernt.

Irgendwann erzählten sie mir, dass sie beide die Diagnose Schizophrenie erhalten hatten. Sie würden Tabletten nehmen und zweimal die Woche in eine Tagesklinik gehen. Ich hatte keine Ahnung, was das genau war, aber dann ließen sie mich an ihrem Erleben teilhaben.

Iris meinte eines Nachmittags zu mir, ob ich nicht auch die vielen kleinen Männchen sehen würde, die aus der großen Uhr in der Sala vorne herausmarschierten und hinten wieder hinein. Ich musste zugeben, dass ich sie nicht sehen konnte. Christian, ihr Freund, hatte Wahrnehmungsstörungen und war davon überzeugt, dass fremde Kräfte ihm immer mal irgendwelche Nägel in den Kopf schlagen würden, um ihn zu kontrollieren, und manchmal würden sie ihm Gedanken und Befehle eingeben.

Ich staunte einfach nur über das Ausmaß menschenmöglicher Erlebnisse und fühlte mich hilflos, weil ich da gar nichts machen konnte. Das Einzige, was ich ihnen geben konnte, waren meine Zeit und meine Freundlichkeit; denn Freundlichkeit ist immer eine verbindende Qualität. Wir meditierten auch zusammen und freundeten uns langsam an. Im Kloster fühlten sie sich sicher und kamen deshalb öfters zu Besuch.

Dann kam eines Tages Claudia in die Freitagsgruppe. Anfangs war ihr nichts anzumerken, bis ich einmal beobachtete, wie sie beim Gehen nach einer gewissen Wegstrecke einen Ausfallschritt machte, sich einmal um die eigene Achse drehte und dann ganz normal weiterlief. Erst dachte ich, es entspränge der reinen Lebensfreude, bis ich das immer öfter bei ihr sah.

Dann sprach ich sie darauf an: „Sag mal, Claudia, wie heißt denn der Tanz, den du da manchmal aufführst?" Sie druckste erst etwas herum und meinte dann: „Das ist kein Tanz, sondern irgendwie muss ich das tun. Wenn ich das nämlich nicht mache, werde ich wahrscheinlich sehr krank werden." Dann gestand sie mir, dass sie dann noch bis sieben zählen würde, was ihren Schutz vor Krankheit nochmal absichern sollte. Dass es sich hier um eine Zwangsstörung handelte, lernte ich erst später.

Carla berichtete irgendwann von ihren Ängsten, und sie wusste eigentlich nicht, warum sie Angst hatte, sie kam einfach so über sie. Und ab und zu brachen heftigste Depressionen über sie herein, die sie manchmal an Suizid denken ließen.

Und dann war da noch Helga. Als sie mich das erste Mal sah, glaubte sie, mich aus einem früheren Leben wiederzuerkennen, denn ich schien ihr so vertraut. Später erzählte sie mir, dass sie mir gegenüber ein unerklärliches Schuldgefühl habe, welches nur mit einem früheren Leben zu tun haben könne.

Ich war es mittlerweile gewohnt, als Mönch die Projektionsfläche für alle möglichen Menschen zu sein. In Thailand war ich bei manchen der Inbegriff der Heiligkeit, für Liz in Kanada musste ich für ihre sexuellen Fantasien herhalten, für Thomas war ich der Spiegel seines knallharten Kritikers, andere bewunderten in mir den Aussteiger, der seinem Ruf folgte, wieder andere sahen in mir die ‚faule Sau', die nur keine Lust hatte zu arbeiten, ein paar Jugendliche identifizierten mich als einen Kung-Fu-Meister, was mir wiederum gefiel.

Ich will gar nicht wissen, als was ich noch so betitelt wurde. Aber egal, so war es nun mal.

Meine Übung bestand darin, keinen dieser ‚Titel' anzunehmen, denn letztendlich reduzierten sie sich auf Lob und Tadel, Bewunderung und Verachtung und davor hatte Buddha immer gewarnt und angeraten, weder das eine noch das andere anzunehmen.

Alle diese Menschen kamen ins Kloster und versprachen sich natürlich etwas davon – Heilung oder spirituelles Wachstum.

Ich sprach mit Klaus darüber und er meinte, ja, das kommt schon mal vor, dass manche mit psychischen Problemen hier ins Kloster kommen. Man könne in die Leute ja nicht hineinschauen und wisse nie, was in ihnen vorgehe.

Ich meldete meine Zweifel an, ob Meditation für sie überhaupt geeignet sei, und fühlte mich hilflos und verunsichert, wie wir damit umgehen sollten.

Der sogenannte Regen-Retreat wird auch in den Klöstern in Europa so bezeichnet, obwohl es hier ja gar nicht regnet. Auch hier sollten es immer drei Monate sein, die man in einem Kloster verbringen würde, und da ich erst im August diesen Retreat begonnen hatte, müsste ich bis zum Vollmond im November hierbleiben.

Ich richtete mich also auf diese Zeit ein und beschloss, mich dem Studium der Psychotherapie, der Meditation und einigen Übersetzungen zu widmen.

Sonntags kamen die Thailänderinnen mit ihren deutschen Männern aus dem Rhein-Main-Gebiet, wochentags kamen nur einige Leute zum Essenspenden und um verschiedene Themen zu besprechen. Abends trafen wir uns zum Rezitieren von Texten und einer Abendmeditation und den Rest der Zeit konnte ich frei nach meinem Gutdünken gestalten.

An einem Freitag erschien ein neues Gesicht in der Freitagsgruppe. Sie hieß Lisa, war um die fünfzig und kam aus einem kleinen Ort unweit von Langenselbold. Es stellte sich bald heraus, dass sie Heilpraktikerin war und sogar eine Lerngruppe ins Leben gerufen hatte mit dem Ziel, Interessierte für die Prüfung zum Heilpraktiker für Psychotherapie vorzubereiten.

Irgendwie schien ich schon wieder zu bekommen, was ich brauchte, und ich fragte sie, ob es denn möglich sei, für mich als Mönch, daran teilzunehmen.

Ich wollte einfach nur mehr über die menschliche Psyche aus westlicher Sicht erfahren, und sie lud mich ein, an diesen Samstagen dabei zu sein.

Klaus fuhr mich nach dem Essen zu ihr und so war ich plötzlich Teil einer kleinen Ausbildungsgruppe, bestehend aus noch fünf weiteren Frauen, die sich auf die Prüfung zum Heilpraktiker für Psychotherapie vorbereiteten. Lisa hatte auch einiges an Unterrichtsmaterial und Buchempfehlungen, die ich mir nach und nach besorgte.

Allerdings hatten die Samstage auch einen Preis. Ach stimmt, das gibt's ja auch noch – Geld.

Da sie schon seit geraumer Zeit zur Freitagsgruppe kam, wofür natürlich kein Preis erhoben, sondern nur Spenden angenommen wurden, bot mir Lisa diese Samstage zum halben Preis an. Klaus erklärte sich bereit, einen Teil aus den Spenden dazuzugeben, und meine Mutter hatte auch noch etwas Geld für mich zur Seite gelegt, und so war das schnell geklärt.

So lernte ich etwas über Neurosen und Psychosen, über Persönlichkeitsstörungen und Krankheitsbilder, über Psychosomatik und Traumata und arbeitete mich langsam in die Materie ein.

Die meisten Ursachen für psychische Störungen wurden in Fehlentwicklungen in der Kindheit vermutet. In einem Mangel an Zuwendung und Liebe, in der Reaktion auf physische und psychische Gewalt, dann wurde von genetischer Veranlagung gesprochen, und ich hörte mir das alles interessiert an.

Unwillkürlich musste ich an die Angst denken, die ich damals in der Meditation in Suan Mokkh fühlte, dass mir jemand von hinten die Kehle durchschneiden würde, und dass sie wie weggeblasen war, als ich die Schandtat mit den Bienen wiedererlebte. Dieser karmische Aspekt, warum vielleicht manche Menschen psychische Störungen haben, wurde nicht angesprochen. Und natürlich waren auch vermeintliche frühere Leben nicht vorgesehen, in denen vielleicht auch schon gewisse Ursachen gelegt waren, deren Wirkung sich erst in einem anderen Leben zeigen würde. Aber da das nicht wissenschaftlich nachweisbar war, fand diese Theorie in der westlichen Psychologie keine Beachtung.

Es war schon Mitte November und die beiden Thai-Mönche waren schon vor zwei Wochen abgereist. Wir hatten zwar nur die gemeinsamen Treffen abends und sonntags und ab und zu einen gemeinsamen Nachmittagstee, aber auch ohne viele Worte hatten wir ein herzliches Verhältnis miteinander gehabt. Den letzten Monat war ich alleine hier, was mir nicht unangenehm war.

Als dann der Vollmond im November heraufzog und der Regen-Retreat zu Ende ging, musste ich mir mal wieder überlegen, was als Nächstes anstehen würde.

Klaus meinte auch dieses Mal, dass ich den Winter über hierbleiben könne, aber wenn ich möchte, würde er mir auch ein Ticket nach Thailand oder Sri Lanka anbieten.

Das hörte sich irgendwie verlockend an, dem deutschen Winter zu entfliehen und in die Wärme Asiens zu fliegen. Als ich in mich hineinlauschte, spürte ich allerdings keinen Impuls dazu.

Ich hatte mich jetzt mit dem menschlichen Geist aus der Sicht westlicher Psychotherapie beschäftigt und wollte dorthin gehen, wo ich Menschen mit psychischen Störungen erleben konnte. Aber vor allem wollte ich herausfinden, wie professionell damit umgegangen wird. Da fiel mir nichts Besseres ein, als eine Psychiatrie oder eine psychosomatische Klinik zu finden, wo ich vor Ort diese Erfahrung machen könnte.

Heiligenfeld

Schon vor einer Weile hatte ich einen Artikel über Transpersonale Psychotherapie gelesen und der Verfasser war Dr. Galuska, leitender Direktor der Klinik Heiligenfeld für Psychotherapie und Psychosomatik in Bad Kissingen. Was diese Klinik für mich auch interessant machte, war, dass Dr. Galuska sich mit Buddhismus und Meditation beschäftigte und Meditation und Kontemplation ein fester Bestandteil des therapeutischen Konzeptes dieser Klinik waren. Auch dort wurden Praktikanten angenommen.

Derart ermutigt, rief ich eines Morgens in der Klinik an und bat um einen Vorstellungstermin, und mein Bruder Michael fuhr mich zwei Wochen später nach Bad Kissingen, eine Stadt in Nordbayern, die nur siebzig Kilometer von Fulda entfernt liegt.

Es waren zwei Therapeuten, die mich dort empfingen. Sie wollten etwas über mich erfahren und erklärten mir, welche Aufgaben auf mich zukommen würden. „Ach ja“, merkte der eine noch an, „könnten Sie sich vorstellen, statt des Wickelrocks eine Hose zu tragen?“ Aber na klar doch, eine kleine Anpassung an den Westen, so wie ich das im Hospiz ja schon gemacht hatte.

Eine Woche später erhielt ich die Zusage der Klinik und ich könne im Januar anfangen.

Darüber hinaus wurde mir eine umgebaute Garage als Wohnung angeboten, die aber zweihundert D-Mark Miete kosten würde. Allerdings bekäme ich auch einen Praktikumslohn von dreihundert D-Mark und essen könnte ich kostenfrei in der Klinik. Da hatte ich ja noch einhundert D-Mark übrig.

Nun musste ich mir tatsächlich ein paar Gedanken über meine Mönchsregeln machen. Also eine Hose anziehen und eine Jacke, die mich immer noch als Robenträger erkennen ließen, damit hatte ich kein Problem. Jetzt müsste ich aber ab und zu Geld benutzen, um mir was zum Trinken zu kaufen, Toilettenartikel bräuchte ich bestimmt auch und ab und zu müsste ich eine Fahrkarte besorgen.

Nun, da ich dieses Praktikum nicht aus selbstsüchtigen Gründen machte, war ich auch hier bereit, einige der Regeln bewusst nicht zu beachten. Hoffentlich zum Wohle aller Wesen!

Später lernte ich allerdings, dass in der Psychotherapie viel mit Berührung und Umarmungen gearbeitet wird, und die meisten Patienten waren Frauen.

Da wären wir mal wieder bei dem Thema angelangt, Frauen nicht mit sexueller Absicht und auch nicht mit dem Gefühl „ach, wie schön sich das doch anfühlt“ zu berühren, wozu ich jetzt eine Haltung einnehmen und eine Entscheidung treffen musste, falls ich das Praktikum machen wollte.

Aber es fühlte sich so an, als ob irgendetwas das alles schon längst entschieden hatte, vielleicht das Leben selbst, die Intuition oder vielleicht war es einfach nur das Nächste, was zu tun anstand.

Und auch um mich in dieser Entscheidung sicher und beruhigt zu fühlen, bemühte ich mal wieder meinen alten Lehrer Ajahn Buddhadasa und hörte ihn sagen: „Tue das, was zu tun ist.“

Auch wenn ich schon die kritisierenden Stimmen einiger Mitmönche in meiner Einbildung vernahm, weil ich einige Regeln brechen musste, sagte ich der Klinik zu und verabredete einen Termin Mitte Januar, um dort anzufangen.

Praktikum

An einem Morgen im Januar fuhr mein Bruder Michael mich in die Klinik Heiligenfeld, wo ich zirka vier Monate etwas über Psychotherapie lernen wollte.

An der Rezeption wurde ich in den Therapeutenraum geschickt, wo sich zirka fünfzehn Therapeuten, Ärzte und andere Praktikanten aufhielten.

Einer der Männer, die mich damals interviewt hatten, kam auf mich zu, reichte mir die Hand, stellte sich als Horst vor und hieß mich willkommen. Er stellte mich kurz dem Team vor und holte dann einen anderen Therapeuten, der sich in der Zeit hier um mich kümmern würde.

Es stellte sich heraus, dass Praktikanten von einem Therapeutenteam, das aus zwei Therapeuten bestand, betreut würden, gewisse Aufgaben bekamen und auch bei Bedarf über ihre Erfahrungen und gegebenenfalls Probleme berichten konnten.

Karl Baum schätzte ich auf Anfang vierzig. Er war Arzt, hatte eine Zusatzausbildung in Psychotherapie und arbeitete schon einige Jahre in der Klinik. Er hatte lange graue Haare zu einem Pferdeschwanz gebunden und ich musste unvermittelt, auf Grund seines Erscheinungsbildes, an tibetische Lamas denken, und in der Tat war er dem tibetischen Buddhismus zugeneigt.

Die zweite im Bunde war Inge, die ich auf Mitte dreißig schätzte. Sie war Kunsttherapeutin und arbeitete schon eine Weile mit Karl zusammen. Ich erzählte kurz von mir, meiner Zeit in Thailand und Sri Lanka und den Grund, warum ich hier war.

Es fühlte sich gut an, in deren Team zu sein, und dann erklärten sie mir meine Aufgaben.

Viermal die Woche gebe es vormittags Gruppentherapie, wo ich als stiller Beobachter dabei sein solle. Weiterhin gehöre es zur Aufgabe von Praktikanten, die Laufgruppe zu leiten oder morgens Gymnastik oder andere Körperübungen anzuleiten. Darüber hinaus gebe es noch gewisse Dinge zu erledigen wie Fotokopien zu machen, bei Gruppenveranstaltungen dabei zu sein und was eben noch so erledigt werden müsste.

Mein Arbeitstag beginne mit dem Treffen im Gruppenraum um 09.00 Uhr und um 18.00 Uhr könne ich mich wieder in mein Apartment begeben. Die Wochenenden seien frei, mit ein paar wenigen Ausnahmen.

Dann fragte mich Karl, ob ich nicht Lust hätte, eine morgendliche Meditation für Interessierte anzubieten. Das hörte sich gut an und ich freute mich auf die nächsten Monate, die ich hier verbringen konnte.

Ich solle mich erstmal einrichten, meinte Karl, und ich bekam den Schlüssel für ein Apartment, das ich zu Fuß in zirka zwanzig Minuten erreichen konnte. Ein anderer Praktikant bot mir an, mich dorthin zu fahren. „Wenn du die Strecke nicht laufen möchtest, dann kannst du dir hier ein Fahrrad für fünf Mark die Woche leihen." Das hörte sich gut an und der erste Regelbruch stand schon in Aussicht.

Am nächsten Morgen war ich pünktlich im Gruppenraum, wo verschiedene organisatorische Dinge besprochen wurden. Kurz vor zehn Uhr ging ich mit Karl und Inge in einen Seminarraum, in dem schon zirka zehn Klienten in einem Stuhlkreis sitzend warteten.

Ich wurde ihnen kurz vorgestellt und musste mich auf einen Stuhl etwas abseits des Stuhlkreises setzen. Ich war der stille Beobachter und sollte nach der Sitzung meine Beobachtungen in einer Art Nachbesprechung den beiden mitteilen.

Dann hörte ich einfach nur zu.

Ich hörte von gewalttätigen Eltern, vom Schmerz nicht gefühlter Liebe, von Ängsten und erlittenen Bestrafungen, von der Sorge, zu versagen und Erwartungen nicht gerecht werden zu können, von der Ohnmacht dem Leben gegenüber, vom Schmerz, verlassen worden zu sein, von der Lebensmüdigkeit und der Sehnsucht zu sterben, von Eifersucht und Neid und der gefühlten Minderwertigkeit, von Einsamkeit und Sehnsucht nach Liebe, von der tiefen Enttäuschung über den Verrat eines Freundes, von der Trauer über den Verlust einer Beziehung und vieles, vieles mehr.

Und in jedem Gesicht stand die Hoffnung, den Schmerz nicht mehr fühlen zu müssen, das Leid mindern zu können, die Probleme zu lösen und ein besseres Leben nach der Therapie zu haben.

Karl und Inge gingen mitfühlend auf die Klienten ein.

Sie fragten nach, erklärten Zusammenhänge, entlasteten durch Zuspruch, nahmen manchen die Schuld, wiesen auf ihre Stärken hin, ließen sie ihre Kraft spüren, machten Körperübungen mit ihnen, ermutigten sie, laut zu schreien, zu schimpfen und ihre Wut offen zeigen. Sie durften weinen und klagen, konnten Schlimmes mitteilen, mussten sich nicht für ihre Gefühle und Gedanken schämen, waren angehalten, die Trauer unter dem Hass zu fühlen, konnten um eine Umarmung bitten und sich halten lassen und, wenn es ihr Wunsch war, auch ganz still sein.

So viel menschliches Leid in so kurzer Zeit mitzuerleben, war ich nicht gewohnt. Ich sah, was einige mit sich herumschleppten, vielleicht schon das ganze Leben lang.

Sie hatten ihre Sicht auf das Leben durch die Brille ihrer vergangenen Erfahrung geformt, und je nachdem, welche Erlebnisse sie hatten, dementsprechend bildeten sich ihr Lebensgefühl und die entsprechende Meinung über sich selbst und über andere.

Allgemein nennt man das Bild, was jeder von sich hat, Identität, eine Ansammlung von Gedanken, Gefühlen, Meinungen, Qualitäten und was weiß ich noch alles, die persönlich genommen und als persönlicher Besitz betrachtet werden.

Hey, war das nicht urbuddhistisches Gedankengut, das immer wieder drauf hinweist, nichts persönlich zu nehmen, weil es letztendlich nichts gibt, was sich nicht ständig wandelt? Dass kein Wesenskern zu finden ist? Dass alles nur Bedingtheiten sind, die ihren Tanz aufführen, in stetiger Entwicklung und immerwährender Verwandlung?

Aber vieles, was ich da hörte, hatte ich in abgeschwächter Form auch selbst erlebt. Das wurde mir beim Zuhören immer klarer und es kamen im Laufe dieser Gruppentherapien viele Erinnerungen hoch.

Ich wurde an Erlebnisse erinnert, die schon lange in den Tiefen meines Unterbewussten vergraben waren, und ich wurde mir des Schmerzes bewusst, den ich damals erleben musste – in der Kindheit, der Jugend und als Erwachsener.

Diese Einsicht ließ mich plötzlich eine tiefe Verbundenheit zu diesen Menschen fühlen, und der Grund, warum ich vielleicht „auf der anderen Seite" saß, bestand nur aus einem schmalen Grat. Vielleicht hatte mein Schmerz noch nicht das Ausmaß des Unerträglichen überschritten. Vielleicht bin ich anders damit umgegangen. Vielleicht hatte ich noch das Fünkchen Liebe bekommen, was mich wachsen ließ, und ich hatte Momente der Freude erlebt, die mich in meine Kraft brachten.

Ja, ich kannte Verachtung und wurde verlassen. Ich kannte das Gefühl der Minderwertigkeit, weil sich jemand von mir abwandte. Es kam mir die Erinnerung an Berlin, als sich meine damalige Freundin Bettina in einen anderen Mann verliebte und mich verließ. Ich erinnerte mich an diese Kraft, die ich nach dem anfänglichen Schmerz spürte und die mit einer kompromisslosen Ehrlichkeit einherging. Wo ich mich weigerte, mich anderen anzupassen, und alles offen aussprach, was ich wahrnahm, besonders die Dinge, die niemand gerne hören wollte.

Aber ich fühlte mich damals irgendwie echt und groß und stark und die anfänglich gefühlte Einsamkeit wandelte sich in die Freude, mit mir alleine sein zu können. Vielleicht hat mich das damals davor gerettet, im Sumpf des Schmerzes unterzugehen.

Vielleicht war das auch ein Grund, warum ich damals in Puh Jom Gom viele Wochen und Monate gut mit mir alleine sein konnte, ohne andere zu vermissen.

Ein Teil der therapeutischen Arbeit bestand darin, die Menschen wieder an ihre Kraft, ihre Freude und ihre heilsamen Qualitäten zu erinnern.

Von manchen sogenannten positiven Qualitäten, die wir haben, wissen wir oft selbst am wenigsten. Warum ist das eigentlich so? Vielleicht, weil sie so eng mit uns verbandelt sind, wir uns so sehr an sie gewöhnt haben und sie ein Teil von uns geworden sind, so dass wir sie gar nicht mehr als von uns getrennt wahrnehmen können.

In diesem Zusammenhang gibt es eine lustige Geschichte: Zwei junge Fische begegnen einem alten, erfahrenen Fisch. Der fragt sie: „Na Jungs, wie ist das Wasser heute?" Daraufhin schauen sich die jungen Fische erstaunt an und antworten: „Alles prima, das Wasser ist klasse!" Nach ein paar Metern fragt der eine junge Fisch den anderen: „Wasser? Was für Wasser?"

Manchmal erinnern uns andere an Qualitäten in uns, die für uns wie ‚Wasser' geworden sind, und wir staunen selbst einfach nur, was sie da erzählen. Vielleicht hören wir ein Lob oder eine Form der Anerkennung, einen Hinweis auf unsere Großzügigkeit oder unser Wohlwollen. Manchmal eine heraushebende Bemerkung über eine gewisse Eigenschaft, die andere angeblich bei uns wahrnehmen. Nur wir wissen nichts davon.

Wenn aber jemand erlebt hat, dass sie oder er durch „Komplimente" oder „Lobpreisungen" manipuliert wurde, werden diese Hinweise nicht angenommen, weil der Verdacht ganz unbewusst im Raume stehen könnte: „Die wollen was von mir!", und wird die Vermutung hergeholt, mal wieder als Werkzeug für die Bedürfnisse und Wünsche anderer herhalten zu müssen.

Vielleicht ist diese Schutzhaltung auch ein Grund dafür, warum wir manchmal die ehrliche Liebe eines anderen Menschen nicht empfangen können, obwohl wir danach eine große Sehnsucht haben. Ich glaube, diese Bewegung nennt man Teufelskreis.

Im Laufe der nächsten Monate hörte ich viele Geschichten und Schicksale und sehr oft konnte ich in meiner Lebensgeschichte Ähnliches entdecken. Ich war allen sehr dankbar dafür, wieder an Vergangenes erinnert worden zu sein.

Nach und nach lernte ich die anderen Therapeuten kennen. Die meisten unter ihnen hatten sich auf ein Fachgebiet spezialisiert und so gab es Kunst- und Musiktherapie, Tanz und Bewegung, Gesprächs- und Körpertherapie und noch andere Angebote.

Dann stolperte ich wieder über den Begriff, den ich in dem Artikel von Dr. Galuska gelesen hatte: Transpersonale Psychotherapie.

Das hörte sich sehr interessant an und ich erkundigte mich, was denn die Inhalte dieser Therapieform seien.

In einem Artikel darüber las ich Folgendes: „Mit Transpersonaler Psychologie werden eine Reihe inhaltlich unterschiedlicher psychologischer Ansätze bezeichnet, die sich mit der Erfahrung veränderter Bewusstseinszustände auseinandersetzen. Es geht dabei um das Erfassen psychischer Zustände außerhalb des gewöhnlichen „normalen" Wachbewusstseins. Daher stehen insbesondere Ekstase, spirituelle Erlebnisse und Grenzerfahrungen im Zentrum des Interesses. Zu den Methoden, um diese Grenzerfahrungen zu erleben, gehören auch Meditation, die Einnahme von psychotropen Substanzen, Tanz, schamanisches Trommeln, Schlafentzug, Fasten, manchmal eine heiße Badewanne und hyperventilierendes Atmen …"

Moment einmal, das kannte ich doch, holotropes Atmen sagt man auch dazu. Und sofort erinnerte ich mich an dieses Schuldgefühl, als ich damals in Thailand von einem Mönch für etwas beschuldigt wurde, was ich gar nicht getan hatte. Und da dieses Schuldgefühl nicht weichen wollte, legte ich mich hin und begann dieses hyperventilierende Atmen.

Als ich die Ursache während des Atmens in einem vermeintlich früheren Leben sah, war das Schuldgefühl wie weggeblasen. Ja, jetzt verstand ich irgendwie, was mit *transpersonal* gemeint war.

Ich bat Karl, meinen Mentor, wie ich ihn mittlerweile bei den anderen Praktikanten bezeichnete, um ein Gespräch und wollte wissen, was es damit auf sich habe.

Er erläuterte einige theoretische Aspekte, verwies auf einen weiteren Artikel über das Thema und erklärte abschließend: „Also, wir haben auch transpersonale Angebote in unserem therapeutischen Konzept. Wir verabreichen zwar kein LSD oder Ähnliches", meinte er lächelnd, „aber Dr. Weber bietet an zwei Tagen die Woche holotropes Atmen an."

Sofort wusste ich, dass ich das unbedingt kennenlernen wollte. Karl schien mir die Freude anzusehen und meinte: „Ich verzichte nur ungerne auf dich, aber wenn du das erlernen willst, müsstest du in sein Team gehen."

So war das System hier angelegt, und ich überlegte kurz hin und her, denn ich war gerne bei Karl und Inge. Ich wurde ein bisschen traurig, aber es war ja nur ein Teamwechsel und innerlich hatte ich mich schon entschieden.

„Hey, Karl, weißt du eigentlich, was du für einen tollen Job hier machst?", begann ich meinen Abschied einzuleiten. „Ich bin doch der stille Beobachter und ich habe dich, Inge und die anderen beobachtet. Wenn ich nicht aufpasse, fange ich an, euch zu idealisieren. Aber in gewisser Weise seid ihr wie Engel. Ich habe gesehen, wie du Anke die Last ihrer Schuld genommen hast, wie du Erwin ermutigt hast, zu seiner Homosexualität zu stehen. Nur um zwei Beispiele von vielen zu nennen. Ich spüre dein mitfühlendes Herz auch dann, wenn du mal einige etwas strenger ins Gebet nimmst. Und weißt du was? Ich habe viel von dir gelernt, gerade was Mitgefühl und Freundlichkeit angeht, und habe für mich erkannt, dass die halbe Therapie daraus besteht, wenn nicht die ganze. Mir kam der Gedanke, ob nicht alle Probleme, die Menschen haben, letztendlich Beziehungsprobleme sind. Auch oder besonders die Beziehung, die man zu sich selbst hat."

Karl nickte zustimmend und meinte: „Schön, dass du in unserem Team warst, und danke dafür, was du da gerade gesagt hast." Wir umarmten uns herzlich.

„Ich stelle den Kontakt zu Dr. Weber her und sage dir morgen Bescheid", sagte er noch, als ich schon am Gehen war.

Inge traf ich im Gruppenraum. „Hey, Inge, ich werde euch verlassen und in ein anderes Team wechseln." Ich erklärte ihr meine Gründe dafür und bedankte mich für ihre Unterstützung, für ihre geduldigen Antworten auf meine Fragen, und dann rutschte es einfach heraus: „... und Danke für deine Liebe."

Auch sie hatte ein großes Herz, hat Klienten gehalten und getröstet, aber auch ermahnt, war manchmal streng und fordernd und dann wieder geduldig und aufmerksam. Sie hatte sich von dem Leid und Schmerz, das sie sich jeden Tag anhörte, nicht irritieren lassen, obwohl ich manchmal fühlte, wie sie mitlitt.

„Schön, dass du bei uns warst, Dhammavaro. Wir sind ja nicht aus der Welt und sehen uns jeden Tag hier." Ich musste nicht lange überlegen und wir umarmten uns herzlich. Alles andere hätte einfach nicht gestimmt, Regeln hin, Regeln her.

Dr. Weber hieß Michael und ich kannte ihn schon vom Sehen.

„Hey, Dhammavaro", meinte er am nächsten Morgen im Gruppenraum zu mir, „Karl hat mir Bescheid gegeben und du kannst gerne ab Montag in unserem Team dabei sein."

Ich dankte ihm und freute mich, eine weitere therapeutische Methode kennenzulernen.

Holotropes Atmen

Am kommenden Montag war ich wie immer pünktlich im Gruppenraum zur Stelle. Nachdem das Organisatorische besprochen war, leitete ich an diesem Morgen die Meditationsgruppe und hatte am Nachmittag den ersten Termin zum holotropen Atmen.

Als ich den Seminarraum betrat, lagen schon zirka zehn Matten im Raum verteilt und auf manchen saßen oder lagen schon einige Patienten der Klinik. Es waren noch zwei weitere Praktikanten anwesend, die schon eine Weile an dieser Gruppe teilnahmen. Der zweite Therapeut hieß Sujato, und es stellte sich heraus, dass er lange Schüler von Osho war und er diesen Namen beibehalten hatte. Von seiner Ausbildung her war er Körpertherapeut.

Michael begrüßte uns mit einem kurzen „Hallo" und bat uns in einen Nebenraum, um die Vorgehensweise für diesen Nachmittag zu besprechen.

Da ich neu war, erklärte er nochmal kurz, worum es dabei geht.

Das holotrope Atmen wurde von dem tschechischen Psychiater Stanislav Grof entwickelt. Es gehe darum, durch hyperventilierendes Atmen in Bereiche des Bewusstseins zu gelangen, die in der Regel dem normalen Bewusstsein verschlossen blieben. Es kann natürliche Heilungsprozesse aktivieren und lange vergessene Erlebnisse und Erfahrungen, oft traumatischer Art, wieder ins Bewusstsein holen und somit könnten sie therapeutisch bearbeitet werden.

„Nur so viel in aller Kürze. Ich gebe dir nachher noch was zum Lesen darüber. Schau heute einfach die erste Stunde nur zu", sagte er zu mir und dann gingen wir in den Seminarraum.

Wir setzten uns auf unsere Matten, Michael begrüßte die Gruppe und ich stellte mich kurz vor.

Alle schienen schon mit der Vorgehensweise vertraut zu sein und deshalb waren keine weiteren Erklärungen notwendig.

Die Teilnehmer legten sich nun mit dem Rücken auf die Matten, und neben jedem Atmenden saß ein weiterer Klient, der einfach nur dasitzen sollte, um dem Atmenden eine gewisse begleitende Sicherheit zu geben. Nach der ersten Atemsession würden dann die Plätze getauscht werden, und der Prozess würde von vorne beginnen.

Michael wies an, den Atem wahrzunehmen und ihn immer schneller werden zu lassen. Weiterhin riet er an, alle Gefühle, Gedanken und Bilder einfach kommen zu lassen und sie nur zu beobachten und zu erleben.

Sujato schaltete die Musik ein, und ein lautes, rhythmisches Trommeln erfüllte den Raum.

Schon nach einigen Minuten bemerkte ich, wie einige auf den Matten anfingen, ihre Körper zu bewegen. Andere begannen leise zu stöhnen. Dann wechselte die Musik und wurde vom Rhythmus her etwas schneller und die Atmung der Teilnehmer sollte sich diesem Rhythmus anpassen.

Es dauerte keine zwanzig Minuten, bis der ganze Raum nicht nur von Musik erfüllt war, sondern auch von rufenden, schreienden und weinenden Lauten, die bei manchen immer lauter und eindringlicher wurden. Andere begannen sich auf ihren Matten zu wälzen und zu drehen.

Die Therapeuten und Praktikanten gingen zu einigen hin und hielten sie mal hier, mal da, legten die Hände auf die Brust, hielten die Füße, flüsterten etwas zu, ließen sie wieder alleine liegen und der Raum wurde von einer sehr intensiven Energie erfüllt.

Ein unglaubliches Bild bot sich mir da: Zwölf Menschen, die sich entweder in heftigster Ekstase wälzten, andere schienen sich im Schmerz zu winden, einige lagen vollkommen ruhig da, und wieder andere schrien an einem Stück.

Irgendwann wurde die Musik ruhiger, die Melodie sanfter und Michael gab die Anleitung, den Atem jetzt wieder ruhiger werden zu lassen und den natürlichen Fluss zu fühlen. Dann war es plötzlich still, nur das Atmen war noch zu hören, einige weinten leise vor sich hin, andere hatten total entspannte Gesichter, manche lächelten sogar.

Dann wurden die Teilnehmer aufgefordert, die bereitliegenden Stifte zu nehmen und ein Bild von ihrer Erfahrung zu malen. Danach wurden die Erlebnisse besprochen.

Dann waren auch schon neunzig Minuten vergangen und die Patienten wechselten die Plätze und die nächste Atemsession sollte nach einer Pause beginnen.

Michael meinte zu mir: „Du hast ja gesehen, wie das grade ablief. Manchmal braucht jemand eine Berührung oder einfach ein Halten der Hände oder Füße. Aber es gibt hier keine Regel. Doch eine vielleicht: Manchmal ist weniger mehr. Aber verlasse dich auf deine Intuition. Also, wenn du magst, kannst du jetzt aktiv mitmachen."

Sujato legte wieder diese rhythmische Musik auf und die Leute begannen zu atmen. Ich lief wie die anderen Praktikanten im Gang auf und ab, setzte mich mal wieder hin, ließ meine Aufmerksamkeit mal hierhin, mal dorthin gehen, bis ich wahrnahm, dass eine junge Frau mit den Füßen heftig strampelte. Meiner Intuition folgend ging ich zu ihr, legte meine Hände an ihre Fußsohlen und ließ sie den Widerstand meiner Hände fühlen, ohne sie irgendwie festzuhalten. Dann ließ ich sie wieder los und ging zu einer anderen Frau, die gerade wild mit den Händen in der Luft herumstocherte. Ich ließ sie meine Hände fühlen und sie klammerte sich plötzlich an ihnen fest. Die Adern ihres Halses stachen plötzlich deutlich hervor und es schien so, als ob sie einen Schrei unterdrückte und irgendwie die Luft anhielt. Doch plötzlich weiteten sich ihre Augen und ein unglaublich lauter, durchdringender, röchelnder Aufschrei entfuhr ihr. Entspannt und gelöst fiel sie zurück auf die Matte und atmete wieder ganz regelmäßig.

Meine Aufmerksamkeit wurde plötzlich von den Bewegungen eines Mannes gefesselt, der sich wild auf dem Rücken umherwälzte. Dieser Mann war übrigens ein Zen-Mönch. Ich hatte ihn schon mal beim Essen in seinen für Zen-Mönche üblichen Roben gesehen. Als ich dann zu seiner Matte ging, bäumte er sich auf und irgendwie hatte ich den Impuls, ihn in meinen Armen zu halten.

Dann geschah etwas Unglaubliches: Ich sehe uns beide plötzlich auf einem Schlachtfeld liegen. Um uns herum viele Tote, kämpfende Samurai, klirrende Schwerter, Kampfschreie, Todesschreie, überall Blut, und mir wird bewusst, dass ich gerade einen sterbenden Freund auf dem Schlachtfeld in den Armen halte.

Dann war das Bild wieder weg. Er legte sich wieder auf die Matte und ich ging zu einer anderen Frau, um ihr einfach nur die Füße zu halten.

Nach einer Weile wurde die Musik wieder ruhiger, dann war es wieder still, nur das Atmen war zu hören. Dann kam die Anleitung von Michael, die Stifte zu nehmen und das Erfahrene bildlich darzustellen.

In der Austauschrunde begann ein junger Mann von seinem Erleben zu berichten: Er sah seinen Vater als engelsgleiches Wesen in einem hellen Raum, und ihm schien es gut zu gehen. Er erklärte, dass sein Vater Taxifahrer war und vor einem Jahr bei einem Überfall erstochen wurde. Die unsägliche Trauer über den Verlust brachte ihn in die Klinik, und durch dieses tiefe Erleben schien die Trauer plötzlich abzuklingen. Er war davon überzeugt, dass sein Vater ihm in der Atemsession wirklich begegnet war.

Eine andere junge Frau berichtete: „Als ich da so strampelte, hat mir jemand die Füße gehalten, und plötzlich sah ich mich als kleines Mädchen, wie ich auf einem See ins Eis einbreche und fast ertrunken wäre. Meine Mama hat mich herausgezogen. Das hatte ich total vergessen. Aber das erklärt vielleicht auch, warum ich so viel Angst vor Wasser habe und mich nie auf ein Boot oder Schiff traue."

Dann meldete sich der Zen-Mönch zu Wort: „Als ich da so gehalten wurde, spürte ich einen heftigen Schmerz in meiner Brust. Ein Schwert steckte darin. Ich wusste, dass ich sterben werde. Um mich herum hörte ich Kampfgeräusche und die Todesschreie von Kriegern. Aber es hörte sich weit entfernt an und eine dunkle Wolke der Sorglosigkeit und Leichtigkeit legte sich um mich. Dann war es dunkel und still und ich starb."

Ich glaubte erst nicht, was ich da hörte. Aber es schien so zu sein, dass wir beide das Gleiche gesehen hatten.

Das Therapeutenteam hatte eine kurze Nachbesprechung und wir konnten unsere Wahrnehmungen und Beobachtungen mitteilen. Als ich erzählte, dass ich genau das Gleiche sah wie der Zen-Mönch, meinte Michael: „Nun, wer weiß schon, wie irgendetwas wirklich geschah. Hat der Buddha nicht auch von vielen Leben berichtet, die er in seiner Erleuchtungsnacht gesehen hatte? Das Spannende ist doch, dass durch dieses „Sehen" Erklärungen für verschiedene Traumen und Neurosen gefunden werden und sich Heilung einstellt, ohne dass man sie direkt behandeln musste. Es scheinen sich irgendwelche Energiemuster zu lösen."

Das konnte ich aus eigener Erfahrung bestätigen, zumal ich das ja damals in Thailand selbst erfahren hatte, als durch dieses „Sehen" das Schuldgefühl, für etwas beschuldigt worden zu sein, was ich gar nicht getan hatte, einfach von mir abfiel. Ich erkannte auch, dass es scheinbar in einem früheren Leben angelegt war. Der transpersonale Raum hatte es in sich.

Als ich an diesem Abend mit dem Fahrrad wieder zu meiner Unterkunft fuhr, kamen mir kurz Zweifel darüber, ob ich sexuelle Absichten hatte, als ich der einen Frau die Füße hielt und der anderen die Hände. Die Regeln gingen mir langsam auf den Wecker.

Nichtsdestotrotz war ich aber noch Mönch, und wenn man über diese Art von Regelverstoß Zweifel hatte, sollte man sie sofort einem anderen Mönch mitteilen.

Asukho, der deutsche Mönch, lebte gerade bei seinen Eltern in Hannover, und so rief ich ihn an diesem Abend an. Wir hatten mittlerweile ein gutes Vertrauensverhältnis und so weihte ich ihn ein, dass ich grade in einer psychosomatischen Klinik als Praktikant tätig war, und erzählte ihm von meinem vermeintlichen Zweifel. Das war nicht das letzte Mal, dass ich ihn anrufen würde.

Der Ablauf in der Klinik hatte manchmal etwas Klösterliches, besonders was die Regelmäßigkeit betraf. Ich leitete an drei Tagen die Woche morgens die Meditationsgruppe, war weiterhin der stille Beobachter in der Gruppentherapie, aber jetzt bei Michael und Sujato. Weiterhin hatte ich die Möglichkeit, verschiedene Therapieformen kennenzulernen, wie die Körpertherapie, Tanztherapie, Kunsttherapie, die Gesprächs- und Verhaltenstherapie, aber langsam neigte sich meine Zeit hier in Heiligenfeld dem Ende entgegen.

Durch den Aufenthalt in der Klinik wurde plötzlich die Frage aufgeworfen, ob man westliche Psychotherapie nicht mit östlicher Spiritualität verbinden könne und ob das nicht total sinnvoll wäre. Menschen, die Traumen erlebt hatten, haben gar nicht den inneren Raum, um sich der Stille zu widmen. Sie haben gar nicht die innere Stabilität, um alte Erlebnisse auf ihrem Platz zu lassen und um Neues zu empfangen, oder wie auch immer sich das im Einzelnen verhalten mag. Auf alle Fälle war mein Interesse geweckt, auch in diese Richtung zu schauen.

Rückblick

„Das, was du magst, gegen das zu stellen, was du nicht magst, ist die Krankheit des Geistes." (aus: Hsin Hsin Ming)

Ich hatte in den vier Monaten einen tiefen Einblick in die Vielfalt menschlichen Leids bekommen. Ich wurde dadurch selbst an meine eigenen Neurosen herangeführt und an meinen alten Schmerz erinnert. Ich habe tiefe menschliche Verbundenheit gefühlt und ihr Ausdruck verleihen können durch Umarmungen und Berührungen, durch Lachen und Weinen, durch Halten und Loslassen, durch Gespräche und Schweigen, und ich fühlte mich reicht beschenkt.

Genau genommen habe ich hier in der Klinik tiefe menschliche Verbindungen auf einer gewissen Ebene gefühlt, wie ich es in der gesamten Zeit im Kloster nicht erlebt hatte. Aber wahrscheinlich darf man das nicht vergleichen, denn das Klosterleben war anders ausgelegt.

Und dann kam mir wieder die Begrüßung der großen Meister in den Sinn, wenn sie eine Unterweisung gaben: „Liebe Brüder und Schwestern in Geburt, Alter, Krankheit und Tod."

Dieser Satz bekam für mich nun die Bedeutung, die ich immer dahinter gefühlt hatte.

In Anbetracht *dieser* Tatsachen unserer Existenz sind wir doch alle gleich. Jeder ist anders, aber niemand ist besser oder schlechter, mehr oder weniger wert, nein, nur anders!

„Man muss nicht mehr sein, als man ist", kam es mir plötzlich in den Sinn und ein anderer Satz drängte sich mir auf: „Jedes *Etwassein* ist eine Begrenzung der wahren Größe und Einzigartigkeit."

Und an die Antwort auf die Frage: Was unterscheidet eine Toilette von einem großen Saal?, erinnerte ich mich auch wieder: Die Begrenzung durch Wände und die Einrichtung sind verschieden, aber der Raum an sich ist immer der gleiche.

Nur manche Räume sind so vollgestellt, dass man den Raum an sich gar nicht mehr wahrnehmen kann – und mit uns Menschen verhält es sich ähnlich.

Und war das nicht der Sinn von Meditation und Kontemplation, diesen Raum zu entdecken und wahrzunehmen? Und waren das nicht die Gemeinsamkeiten von Spiritualität und Psychotherapie?

Sind denn nicht einige Menschen daran zerbrochen, dass sie anders sein sollten, als sie sind? Wurden sie nicht ständig gemaßregelt, korrigiert, beurteilt, bewertet, geringgeschätzt und verglichen? Wurde ihnen die Liebe nicht oft nur dann zuteil, wenn sie die Erwartungen anderer erfüllten, und war die Angst vor Verachtung und Bestrafung nicht der Antrieb für die ungesunde Anpassung an die Forderungen anderer? Nur, was vergleichen und bewerten wir ständig?

Wir bewerten und beurteilen Qualitäten und Fähigkeiten, die sich ständig ändern, durch andere ersetzt werden können, sich wieder neu gestalten, aber letztendlich flüchtig und in ständigem Wandel begriffen sind.

„Was bleibt, wenn alles geht?" Die beste Antwort auf diese Frage schien mir das bekannte, wahrscheinlich oft missverstandene und missbrauchte Wort – *Liebe* – zu sein.

Der indische Weise Nisargadatta wurde einst gefragt: „Was ist Liebe?“ Und er antwortete: „Wenn das Gefühl von Trennung und Unterscheidung nicht vorhanden ist, dann können Sie es Liebe nennen.“

Nach dieser Zeit in der Klinik war das Wort Liebe auch wieder das Resümee all der Erfahrungen, die ich hier machen durfte, genauso wie im Hospiz. Die Sehnsucht nach Verbundenheit, die, wie ich glaube, in uns allen brennt.

Es war wieder an der Zeit, meine Zelte abzubrechen, denn mein Aufenthalt hier kam zu einem Ende.

Am letzten Tag verabschiedete ich mich von den Therapeuten, von einigen Klienten, die mir ans Herz gewachsen waren, und nicht zuletzt von den anderen Praktikanten, mit denen ich hier zusammen gearbeitet hatte.

Zurück im Kloster Langenselbold

Wir hatten jetzt Anfang Juni und ich musste mir überlegen, wo ich den nächsten Regen-Retreat verbringen wollte. Klaus hatte mich ja schon eingeladen, wieder ins Kloster nach Langenselbold zu kommen, und die Einladung nahm ich gerne an. „Dein Wohnwagen wartet schon auf dich“, meinte er am Telefon.

Ich packte meine Sachen zusammen und Alex war so freundlich, mich in Bad Kissingen abzuholen und mich ins Kloster Langenselbold zu bringen.

Dort richtete ich mich wieder ein, und auch dieses Mal waren wieder zwei thailändische Mönche zu Gast, mit denen ich hier die drei Monate verbringen würde.

Ich wurde irgendwie wieder daran erinnert, dass ich ja Mönch bin, denn nun musste ich mich wieder drauf besinnen, genauer auf die Regeln zu achten. Also eine Frau berühren, die Hände schütteln oder gar umarmen, was ich in der Klinik als so normal empfand, war hier gar nicht erlaubt. Geld musste ich jetzt nicht mehr benutzen, was einiges erleichterte, und so richtete ich mich auf die kommenden Monate ein.

Ich freute mich auf die Freitagsgruppe, ich wollte meine Kenntnisse über Psychotherapie vertiefen und sie irgendwie mit der östlichen Spiritualität verbinden.

Ich begann, wieder regelmäßiger zu meditieren, übersetzte einige Texte, der Sonntag war den thailändischen Besuchern gewidmet, mit den Mönchen traf ich mich morgens zu den Mahlzeiten und ab und zu nachmittags zum Kaffee – und so zogen die Tage und Wochen ins Land.

Lisa, die Heilpraktikerin, kam auch wieder regelmäßig zu den Treffen.

Ihre Ausbildungsgruppe war weiterhin fleißig am Lernen und sie meinte, ob ich denn nicht wieder dabei sein möchte? Dieses Angebot nahm ich gerne an und das Entgelt dafür war sehr überschaubar.

Eines Tages meinte sie zu mir: „Warum machst du denn nicht auch den Heilpraktiker für Psychotherapie?“ „Aber ich bin doch Mönch, Lisa“, antwortete ich. „Na und?“, erwiderte sie. „Ich habe gehört, dass ein Gesetz herauskommen soll, dass man nur noch mit Menschen arbeiten darf, wenn man mindestens die Berechtigung als Heilpraktiker hat. Und wenn du weiterhin Meditationsgruppen anbieten willst, wärst du dann auf der sicheren Seite.“

An diese Möglichkeit hatte ich noch nicht gedacht und ich überlegte hin und her, ob ich das denn nicht versuchen sollte. Da hatte sie mir einen Floh ins Ohr gesetzt, der sich nicht mehr abschütteln ließ. Die Prüfung dazu musste man beim hiesigen Gesundheitsamt ablegen.

Also ließ ich mir die Unterlagen zuschicken und erkundigte mich nach dem nächsten Termin. Die Kosten dafür beliefen sich auf zirka dreihundertfünfzig D-Mark, die meine Mutter übernehmen würde, und ich meldete mich schließlich zur sogenannten Überprüfung beim Gesundheitsamt in Hanau an.

Als der Tag der Prüfung gekommen war, fühlte ich mich gut vorbereitet und Klaus fuhr mich nach Hanau. Um zehn Uhr wurde ich hereingerufen. Der anwesende Arzt, eine Medizinalrätin und eine Heilpraktikerin waren meine Prüfer. Sie staunten erstmal über meine Kleidung und ich erklärte ihnen, dass ich buddhistischer Mönch sei und viel mit Menschen zu tun habe und ich mir deshalb diese Kenntnisse erworben hatte.

Lisa hatte uns wirklich gut vorbereitet und nach der zirka einstündigen Befragung meinte die Medizinalrätin zu mir: „Herr Jordan, wir brauchen Sie zur Besprechung, wie sonst üblich, nicht hinauszuschicken. Ich kann Ihnen jetzt schon sagen, dass Sie bestanden haben.“

Die Freude war groß und es fühlte sich so an, als ob ich gerade mal so im Vorbeigehen das Zertifikat für einen Heilberuf erworben hatte, und das als Mönch.

Ich wollte gar nicht wissen, was Karunito in Wat Pah Nana Chat dazu gesagt hätte, vielleicht: „Was willst du mit dem ganzen weltlichen Kram? Kümmere dich lieber um die tiefer liegenden Herzenstrübungen.“

Die drei Monate des Regen-Retreats neigten sich mal wieder dem Ende entgegen, die thailändischen Mönche flogen zurück nach Thailand und ich musste mir auch wieder überlegen, was als Nächstes anstehen würde.

Dann erreichten mich Neuigkeiten von meinem alten Freund Asukho, der wieder mal in Hannover seine Eltern besuchte. Einige gute Freunde von uns waren wieder in den sogenannten Laienstand gegangen, mit anderen Worten, sie hatten entrobt.

Darunter war Sahavuto. Sein Vater hatte gedroht, ihn zu enterben, wenn er weiter Mönch bleiben würde. Um ihn aus den Roben zu locken, bot er ihm erstmal einhunderttausend Dollar Startgeld an, was er schließlich annahm. Ajahn Anando, den ich in Puh Jom Gom kennenlernte, hatte eine Frau getroffen und die Roben abgegeben. Und aus Puh Jom Gom kam die Nachricht, dass ein Mönch eines Morgens mit seiner ganzen Ausrüstung in der Sala stand und meinte: „Jetzt sitze ich tagein, tagaus unter diesem Felsen und weiß einfach nicht, was das Ganze hier soll.“ Er entrobte schließlich auch.

Silacaro, der Franzose, hatte die Roben in Wat Pah Nana Chat abgelegt und wollte eigentlich wieder nach Frankreich zurück. Auf seinem Weg zum Auto wurde er gefragt, ob er sich vorstellen könne, für eine bestimmte Umweltorganisation in Thailand zu arbeiten. Er blieb, heiratete und lebt immer noch dort. Einige Jahre später erfuhr ich, dass der strenge japanische Mönch nach über vierzig Jahren in den Roben auch wieder in die Gesellschaft zurückgekehrt war. Er hatte eine Frau kennengelernt. In Thailand wurde er schon längst als Erleuchteter gehandelt und die Zeitungen hatten umfangreich über sein Entroben berichtet. Es wurden noch weitere genannt, an deren Namen ich mich nicht mehr erinnere.

Aber was soll's? Nichts ist für die Ewigkeit und es ist immer eine sehr persönliche Entscheidung, den weiteren Lebensweg für sich zu bestimmen, und jeder hatte seine Gründe dafür.

Diese Nachrichten führten mich mal wieder zu der Frage, ob ich den Rest meines Lebens in den Roben eines buddhistischen Mönchs verbringen werde.

Im Laufe der letzten Jahre hatte ich immer mal Zweifel, ob ich nicht auch wieder ins weltliche Leben zurückkehren sollte. Sie kamen und sie gingen auch wieder. Aber jetzt wurde ich wieder erinnert, dass es diese Option ja auch noch gab.

Ich hatte oft mit der autoritären Struktur der Klöster gehadert, mich aber schließlich damit arrangiert. In Thailand war es leicht, die meisten Regeln zu befolgen, hier im Westen war es mit einigen Schwierigkeiten verbunden. Und Buddha selbst hatte ja gesagt, dass die Roben keine zwingende Notwendigkeit sind, um die Erleuchtung zu erlangen.

Eins war mir klar: In dem Kloster in Langenselbold würde ich als Mönch nicht alt werden. In Thailand oder Sri Lanka wollte ich auch nicht den Rest meines Lebens verbringen und das ständige Pendeln von Europa nach Asien erachtete ich auch nicht als zufriedenstellende Möglichkeit bis zum Ende meiner Tage.

Eijeijei, was zogen denn da für Gedanken durch meinen Geist? So genau hatte ich noch nie über das Entroben reflektiert, aber ich nahm alle diese Gedanken einfach nur zur Kenntnis.

In England waren mittlerweile drei Klöster der Ajahn-Chah-Tradition gegründet worden.

Der Amerikaner Ajahn Sumedho war der erste westliche Mönch bei Ajahn Chah in Thailand, der ihn beauftragte, diese Klöster aufzubauen. Mittlerweile hatte sich dort eine stattliche Gemeinschaft etabliert. Das Hauptkloster hieß Amaravati. Dort lebte eine Mönchs- und Nonnengemeinschaft und Ajahn Sumedho war der Abt.

Klaus bot mir nach den drei Monaten wieder an, mir ein Ticket nach Thailand zu spendieren, was ich gerne annahm, nur die Richtung wollte ich geändert haben: „Könntest du mir auch ein Ticket nach London besorgen?“

England

Das Flugzeug landete mittags in London Heathrow. Ich hatte mich schon Wochen vorher angemeldet und war willkommen. Ein klostereigenes Auto holte mich ab und wir fuhren nach Amaravati.

Der Fahrer hieß Chill, kam aus Irland und lebte schon einige Monate als Langzeitbesucher dort. Als wir so ins Gespräch kamen, erfuhr ich von ihm, dass auch einige mir bekannte Mönche dort lebten, darunter auch Vimero und noch einige andere, die ich aus Thailand gut kannte.

Weiterhin erfuhr ich von ihm, dass das Kloster einst eine alte Militärunterkunft war, und dank fleißiger Hände und großzügiger Unterstützer konnten die Baracken in Wohnunterkünfte für Mönche und Nonnen umgebaut werden. Die Sala war ein größerer Raum, wo die Zusammenkünfte stattfanden. Und in den letzten Jahren wurde ein großer Tempel gebaut. Das Kloster lag ein paar Kilometer außerhalb von Hemel Hempstead, einer kleinen Stadt zirka sechzig Kilometer nördlich von London.

Als wir uns dem Kloster langsam näherten, war ich gespannt, was mich hier erwarten würde.

Chill zeigte mir den Weg in die Sala und ein englischer Mönch begrüßte mich und meinte: „Herzlich willkommen in Amaravati. Ich habe dir schon ein Zimmer hergerichtet. Willst du mitkommen?“ Ich nahm meine Taschen und die Schale und folgte ihm einen langen Korridor entlang, vorbei an mehreren Türen, bis wir vor einer Tür stehen blieben, er sie aufschloss und mich hineinbat.

Das Zimmer war zirka zwölf Quadratmeter groß, ausgestattet mit einem Bett, einem Stuhl, einem Tisch, und auf der Fensterbank stand eine kleine Buddha-Statue.

Ich dankte ihm und er erklärte mir kurz den Ablauf für den heutigen Tag. „Wir haben heute Nachmittag Teatime in der Sala, um sechzehn Uhr. Bis dahin kannst du dich ja ausruhen oder die Gegend erforschen. See you then“, und weg war er.

Ich richtete mich erstmal ein, ordnete meine Sachen, legte mich aufs Bett und schlief ein.

Kurz vor sechzehn Uhr wurde ich vom dumpfen Tönen einer Glocke geweckt, und der Rhythmus der Schläge erinnerte mich wieder daran, in einem Kloster zu sein.

Ich zog meine Robe an, nahm meine Tasse und machte mich auf den Weg zur Sala.

Auf dem Gang begegnete ich den ersten Mönchen und wir nickten uns schweigend zu. Alle hatten ihre Tasse in der Hand und das gleiche Ziel wie ich.

In der Sala waren die Matten hergerichtet und Ajahn Sumedho saß auf seinem Platz. Ich ging auf ihn zu und verbeugte mich traditionsgemäß dreimal vor ihm. Er kannte mich noch aus Thailand, hatte aber meinen Namen nicht mehr präsent. Ich stellte mich kurz vor und er meinte dann: „Herzlich willkommen, Dhammavaro, was machst du denn hier?“ „Ich wollte mal nach dem Rechten schauen, Ajahn“, sagte ich scherzhaft und er lachte.

Ich erzählte, dass ich die Erfahrung in einem westlichen Kloster machen wollte. Er fragte mich, wie lange ich schon Mönch sei, auch um zu klären, wo ich sitzen würde und welche Stellung ich in der klösterlichen Hierarchie einnehmen würde. „Zwölf Jahre, Ajahn“, antwortete ich und war selbst über diese Zahl überrascht. Einer der anwesenden Mönche wies mir daraufhin meinen Platz zu.

Dann war ich an der Reihe, die Verneigungen all derer zu empfangen, die weniger als zwölf Jahre dabei waren, und so verbeugte sich über die Hälfte der Gemeinschaft vor mir, was ich mit vor der Brust zusammengelegten Händen empfing.

Unter ihnen war auch Vimero, der gleich neben mir saß, und wir drückten uns kurz und freuten uns, einander wiederzusehen. Wir hatten uns all die Jahre nicht mehr getroffen und er war schon einige Zeit hier. Einen thailändischen Mönch kannte ich auch noch und wir lächelten uns zu. Es waren zirka fünfzehn Mönche und mehrere in Weiß gekleidete Männer auf der einen Seite des Raums, und auf der anderen Seite saßen zirka zehn Nonnen, in braune Roben gekleidet, und einige Frauen in Weiß. Wir alle saßen auf dem Boden und manche unterhielten sich leise.

Dann wurden warme Getränke und ein Tablett mit schwarzer Schokolade herumgereicht, und so war ich angekommen in dem bekannten buddhistischen Kloster Amaravati.

Ich wusste noch nicht, wie lange ich bleiben wollte, und war bereit, neue Erfahrungen in einem Kloster westlichen Stils zu machen.

Der nächste Morgen begann um fünf Uhr mit dem Treffen in der Sala und dem Rezitieren der üblichen Texte. Danach saßen wir eine Stunde in Meditation. Um acht Uhr gab es Müsli und Porridge zum Frühstück und wahlweise Kaffee oder Tee.

Danach war eine Arbeitsperiode von einer Stunde anberaumt und um elf Uhr gab es die Hauptmahlzeit wieder in der Sala.

Der Nachmittag stand zur freien Verfügung, dann wieder Teatime und um zwanzig Uhr versammelte sich die klösterliche Gemeinschaft im Tempel zum Rezitieren der Texte, zur Meditation, und ab und zu hielt Ajahn Sumedho oder ein anderer Mönch einen Vortrag über bestimmte Aspekte der buddhistischen Lehre.

Nicht nur der große Buddha im Tempel erinnerte mich an Thailand, sondern auch der gesamte Ablauf hier. Einige Mönche gingen morgens sogar auf Almosenrunde, aber meist auf Einladung, so dass sie schon erwartet wurden. Auch die Nachtsitzungen wurden hier eingehalten, allerdings konnte man sich ab Mitternacht in seine Unterkunft zurückziehen.

Es war mir alles sehr bekannt und vertraut hier, und doch nahm ich, auch nach mehreren Wochen, ein sich langsam aufbauendes seltsames Gefühl in mir wahr. Es dauerte eine Weile, bis ich es identifiziert hatte: Ich fühlte mich alleine.

Was war das denn? Lag es vielleicht daran, dass sich die Gemeinschaft hier schon sehr lange kannte? Dass sie etwas verband, was ich nicht mit ihnen teilen konnte? Vielleicht hatte ich mich auch schon zu sehr an das Leben im Dschungel und der Wildnis gewöhnt und das Mönchsleben damit eng verbunden?

Vielleicht vermisste ich auch eine bestimmte Art von selbstverständlicher Herzlichkeit, wie in der Klinik Heiligenfeld, und auch, dass man Gefühle direkt ausdrücken konnte, habe ich dort sehr genossen.

Ich nahm all diese Gedanken und Gefühle einfach nur zur Kenntnis mit dem Wissen, dass sie auch wieder vergehen, wenn andere Bedingungen in den Vordergrund der Wahrnehmung rückten. Ich hatte das ja schon tausende Male erlebt.

Eines Tages wurde eine Abordnung singhalesischer Mönche angekündigt. Es waren Mönche, die in der Hierarchie in Sri Lanka am höchsten standen.

Als ich in Sri Lanka lebte, herrschte noch Krieg im nördlichen Teil des Landes gegen die Tamilen, eine kleine hinduistische Minderheit. Es wurde gemunkelt, dass einige hohe buddhistische Mönche diesen Krieg unterstützten. Ein westlicher gelehrter Mönch meinte sogar, dass unter Umständen sogar der erste Regelbruch – gegen das Nicht-Töten – durch diese unterstützende Haltung stattgefunden habe. Aber dieses heiße Eisen wollte niemand wirklich anfassen und sie derart beschuldigen.

Und jetzt kam eine Abordnung dieser Mönche direkt in unser Kloster.

In mir braute sich eine altbekannte Energie zusammen: Ärger.

Normalerweise gab es bei solchen Zusammenkünften auch die Möglichkeit, Fragen zu stellen.

Ich nahm mir vor, sie über die Situation im Norden Sri Lankas zu befragen. Ich wollte fragen, ob es stimme, dass sie den Krieg befürworteten, wollte fragen, wie viele Menschen mit ihrem Segen schon getötet worden seien und wie sich das mit der Regel des Nicht-Tötens vereinbaren lasse. In Anbetracht dieser Anschuldigungen hielt ich meinen Ärger für absolut gerechtfertigt, und ich war bereit, ihnen all diese Fragen um die Ohren zu schlagen.

Die Abordnung kam am Nachmittag des nächsten Tages und bestand aus zirka zehn Mönchen. Sie wurden in die Sala gebeten, wo sie die klösterliche Gemeinschaft schon erwartete.

Man hatte ihnen Stühle hingestellt, weil die meisten unter ihnen schon etwas älter waren.

Als sie Platz genommen hatten, verbeugten wir uns traditionsgemäß vor ihnen und mein Blick blieb an einem Mönch hängen, der die ganze Reihe anführte.

Er hatte unglaublich große Augen und sein Gesicht erinnerte mich an das eines Kleinkindes, obwohl dieser Mann schon über siebzig Jahre alt sein musste. Er war von kleiner Statur, was zur Folge hatte, dass seine Füße nicht bis zum Boden reichten, sondern in der Luft baumelten.

Einem Impuls folgend schaute ich mich um, sah ein dickes Kissen an der Wand liegen, holte es, ging zu dem Mönch und legte es unter seine Füße.

Als ich so vor ihm kniete, schauten wir uns in die Augen und mit einem leichten Kopfnicken und Lächeln nahm er meine wohlwollende Geste zur Kenntnis. Ich schaute aber immer weiter in seine Augen und hatte das Gefühl, von einer unglaublichen Weite und Tiefe magisch angezogen zu werden. Er strahlte Weichheit und Sanftmut aus, die augenblicklich allen aufgebauten Ärger in mir zerfließen ließen. Alle harten und gepanzerten Gefühle flossen einfach davon und eine Welle unbeschreiblichen Wohlwollens schwappte von ihm in meine

Richtung. Ich hatte das Gefühl, total aufzuweichen, ja selbst zu zerfließen, und ich hatte keine Ahnung, was da mit mir geschah.

Zurück blieben nur noch Weichheit und Sanftheit und ja, Liebe, ich komme um dieses Wort nicht herum. Dieses unglaubliche Gefühl des absoluten Angenommenseins fühlte ich plötzlich sehr stark. Trotz meines Ärgers und der Härte, die er wahrscheinlich wahrgenommen hatte, strahlte er mich wohlwollend an und so hatte sich mal wieder die Aussage von Laotse bewahrheitet: Weich ist stärker als hart.

Als ich wieder auf meinem Platz saß, waren wir angehalten, uns nochmal zu verbeugen, und die Mönche wünschten sich von uns, dass wir eine bestimmte Lehrrede auf Pali rezitieren möchten.

Während wir so rezitierten, musste ich immer wieder zu diesem Mönch schauen, und dann hielt ich es nicht mehr aus. Ich verbeugte mich dreimal, verließ die Sala und hoffte, es sähe so aus, als ob ich dringend auf Toilette müsse. Ich ging in mein Zimmer und weinte und weinte. Ich war von dieser Freundlichkeit zutiefst berührt worden.

Mir wurde wieder einmal vor Augen geführt, was der Ärger für eine absolut destruktive Macht war, wie er Menschen voneinander trennt, wie er als Baustein für große Kriege verantwortlich ist, und es wurde mir auch wieder deutlich, dass man ihn rechtzeitig erkennen musste.

Die nächsten Wochen folgte ich dem klösterlichen Ablauf und lernte langsam die Gemeinschaft kennen. Eines Nachmittags trafen wir uns wieder wie gewohnt zum Tee in einem kleineren Raum, der an die Mönchsunterkünfte angrenzte.

Nachdem ich mir einen Kaffee eingegossen hatte, setzte ich mich neben Vimero. Er erzählte mir von seinen beiden Söhnen, die ihn hier immer mal besuchten. Er war schon mit Anfang zwanzig Vater geworden und mittlerweile vierundfünfzig Jahre alt, genau zehn Jahre älter als ich, aber ein Jahr weniger in den Roben.

„Weißt du noch, Vimero, unsere erste Regenzeit in Thailand?“, eröffnete ich ein neues Thema und wir begannen, unsere Erinnerungen zum Besten zu geben. Es dauerte nicht lange, bis wir auf das strenge Praxisregiment zu sprechen kamen, das Ajahn Jayo uns damals auferlegt hatte. Keine warmen Drinks in der Regenzeit, Arbeitsperioden nach durchgemachter Nacht und das Gefühl der Demütigung, weil derart über uns verfügt wurde. „Kannst du mir sagen, Vimero, warum wir das eigentlich alles mitgemacht haben?“

Mittlerweile scharten sich einige der jüngeren Mönche um uns und hörten interessiert zu. „Naja, ich glaube, weil das einfach der Ablauf war, und wir glaubten, dass es für irgendetwas gut ist“, antwortete Vimero in seinem typischen Englisch.

„Kann sein, mein Lieber, kann sein“, warf ich ein, „und war es für etwas gut? Bist du der Erleuchtung dadurch nähergekommen?“, fragte ich etwas provokant.

Er hob die Augenbrauen und nahm erstmal einen Schluck Tee. „Weißt du, was ich glaube, und hier kann ich nur für mich sprechen“, fuhr ich fort, „ich glaubte damals, dass sich hinter all der Strenge und Askese eine Weisheit verbergen würde, die ich einfach noch nicht hatte. Und Jayo war schon zehn Jahre Mönch, deshalb glaubte ich, er weiß, was er tut.“ Ich nahm auch einen Schluck aus meiner Tasse und sprach weiter: „Mir kam der Verdacht, dass er mit diesem Praxisregime auch die Unterstützer in Bangkok beeindrucken wollte. Weißt du noch, wie Kantato fast durchgedreht ist, als er es in seiner dunklen, feuchten Hütte nicht mehr aushielt? Und als Mike das einzige Päckchen weggenommen wurde, was er je geschickt bekommen hatte …“ Anscheinend wollte Vimero nicht weiter auf diese kritischen Anmerkungen meinerseits einsteigen, denn er sagte nichts mehr dazu.

Wir wechselten das Thema, erzählten vom Dschungel, den Elefanten und Tigern, den Begegnungen mit Bären und Kobras und nicht zuletzt einige Erlebnisse mit Devas, Geistern und dem Schlangengott.

Ich bemerkte plötzlich, wie ich ins Schwärmen kam, als sich unsere Unterhaltung auf Puh Jom Gom bezog. „Als ich dort das erste Mal ankam, war mir klar, dass ich dort leben wollte. Und weißt du was, Vimero, das war die beste Zeit, die ich als Mönch hatte.“

Dann erzählte er einige Episoden und wir mussten immer mal zwischendurch laut lachen.

Als ich, immer noch etwas euphorisiert von unseren Geschichten, auf die jungen Mönche schaute, kam mir der seltsame Gedanke: Und das sind die domestizierten Mönche.

Herrgott nochmal, das war nicht gerecht von mir. Ich bemerkte diese feine Arroganz in mir hochsteigen und fühlte mich irgendwie ‚besser‘, weil ich mich als echter Waldmönch fühlte, der ja lange in der Wildnis gelebt hatte. Diese Arroganz war also immer noch da. Aber doch nur ein bisschen und ich erinnerte mich an Ajahn Buddhadasa, der ja mal sagte: „Egal wie groß ein Scheißhaufen ist, stinken tut er allemal.“

Alles klar. Ich hatte verstanden. Aber auch hier ging es darum, diese Kräfte in sich nicht zu ignorieren, sondern sie wahrzunehmen und zu erkennen, was sie anrichten konnten.

Ich musste plötzlich an eine Geschichte denken, die diese Arroganz, also das Gefühl, aus irgendwelchen Gründen ‚besser' zu sein als andere, lustig erzählt. Und vielleicht wäre sie tatsächlich ganz lustig, wenn sie letztendlich nicht irgendwie traurig wäre: Die meisten Stadtmönche in Thailand nahmen ihre Mahlzeiten mit Messer und Gabel zu sich. In der Tradition eines gewissen Klosters im Nordosten aßen die Mönche nur mit den Händen. In unserem Kloster benutzten wir nur einen Löffel.

Und so eröffnete sich ein wundersamer Kreislauf der gegenseitigen Abwertung: Die, die nur mit den Händen aßen, schauten auf uns *und* die Stadtmönche herunter, was unter dem Label lief: Die sind dem Luxus anheimgefallen. Wir schauten auf die Stadtmönche herunter, was unter dem Label lief: Die haben ein Besteck zu viel. Und die Stadtmönche schauten auf die herunter, die mit den Händen aßen, was unter dem Label lief: Die essen wie die Barbaren.

Auch wenn ich mittlerweile eine gute Beziehung zu den meisten Mönchen hier hatte und mich mit einigen anfreundete, kam eines Morgens während der Meditation wieder dieses Gefühl, alleine zu sein. Es war eine Einsamkeit, die mir bekannt war, aber ich wusste nicht mehr, woher ich sie kannte und wie sie einzuordnen war. Durch die täglichen Aktivitäten trat sie auch wieder in den Hintergrund, aber der Geschmack, das Aroma, schien zu bleiben.

Das Kloster war umgeben von weitläufigen Wiesen und Feldern und nur einige Minuten zu Fuß entfernt gab es einen kleinen Wald. Dort waren einige Gehpfade angelegt und jemand hatte neben einen großen Baum einen Bretterverschlag gebaut, in dem zwei Leute sitzend Platz fanden. Ich hielt mich gerne dort auf.

Manchmal ging ich nach der Teatime dorthin und lief stundenlang in Gehmeditation hin und her, bis ich eines Tages aus Richtung des Verschlags Zigarettenqualm roch. Nach einiger Zeit kam aus dieser Richtung Saco, ein englischer Mönch, der seit fünf Jahren ordiniert war. Er nahm kurz die Hände vor die Brust, um mich als Seniormönch respektvoll zu grüßen, und ging seines Weges.

Am nächsten Tag, ich lief schon eine Stunde auf dem Gehpfad, kam Saco auf einmal um die Ecke und war nicht wenig erstaunt, als ich ihn fragte: „Hast du noch eine Zigarette für mich übrig?“ Er fühlte sich ertappt und wollte irgendwas erklären, sich entschuldigen, aber ich meinte nur: „Rauchen ist nicht gegen die Regeln und Ajahn Man hat auch geraucht. Also, was soll's!?“ Er schien erleichtert zu sein und wir setzten uns in den Verschlag und rauchten jeder eine Zigarette. „Na klar bleibt das unter uns“, versicherte ich ihm und begab mich wieder auf den Gehpfad.

Der ‚falsche' Platz

„Und sie werden dich fragen, warum es geschah,
und du wirst ihnen sagen: Es geschah einfach so."

Als ich eines Abends wieder auf dem Pfad entlangwandelte, spürte ich, wie dieses Gefühl der Einsamkeit, des Alleinseins, langsam, aber sicher wieder angeschlichen kam. Es hatte noch nicht das bekannte Ausmaß seiner möglichen Ausdehnung erreicht, als sich urplötzlich zu diesem Gefühl ein Bild gesellte: Ich sehe mich in meiner Stammkneipe ‚Untergrund' damals in Berlin stehen, umringt von Menschen und guten Freunden, und fühle mich alleine und einsam.

Auf einmal erkannte ich, dass diese Einsamkeit nur ein Teil des Gefühls war. Ein weiteres machte sich auf den Weg und formulierte sich in den Worten: Du bist hier am falschen Platz.

Ich war zuerst sehr verwundert darüber, nahm diesen Satz aber auf und sagte ihn laut vor mich hin: „Ich bin hier am falschen Platz?!“

Als ich das einige Male gesagt hatte, spürte ich ganz klar, dass mein Gefühl genau zu dem Satz passte, was zur Folge hatte, dass das Gefühl zwar wich, aber diese Aussage in aller Wucht ihrer Bedeutung blieb.

Am nächsten Morgen setzte ich mich zur Meditation hin und hörte diese Stimme schon wieder in mir: Du bist hier am falschen Platz. Ich versuchte, in einen Dialog mit dieser Stimme zu kommen, und sagte: „Okay, ich bin hier am falschen Platz. Welcher Platz wäre denn der richtige für mich?“ Ich wartete, keine Antwort. Das wäre auch zu einfach gewesen.

Im Laufe der nächsten Tage bemerkte ich, dass das Kloster mir fremd wurde. Die Themen, die besprochen wurden, interessierten mich nicht. Pläne für die Gestaltung des nächsten Regen-Retreats konnten mich nicht begeistern. Einige

Mönche um mich herum kamen mir wie gut eingerichtete Haushälter in Roben vor, und ich unterstellte ihnen eine gewisse Selbstgefälligkeit und Überheblichkeit denjenigen gegenüber, die keine Roben trugen. Ich glaubte bei einigen zu sehen, dass sie in der sogenannten richtigen Welt keine Chance hätten zu überleben und ihnen nichts Besseres passieren konnte, als hier gelandet zu sein. Sie waren gut versorgt, wurden geachtet und hatten einen Status, an den so schnell nichts heranreichte. Ich vermisste eine gewisse Herzlichkeit und Heiterkeit und hatte manchmal den Eindruck, dass einige ihre Unfähigkeit, in normalen menschlichen Kontakt zu gehen, mit der Mönchsrobe überdeckten. Auch Vimero hatte sich gut eingerichtet und in den Arbeitsperioden bastelte er an dem Torso irgendeiner heiligen Figur herum.

Dann erforschte ich diese plötzliche kritische Stimmung in mir und ich verdächtigte mich selbst, dass ich begann, Minuspunkte zu sammeln. Aber was wollte ich damit anstellen?

Brauchte ich diese kritischen Kriterien, um mir die Entscheidung zu erleichtern und eine sichere Antwort auf die Frage, was der richtige Platz für mich auf dieser Welt war, zu bekommen?

Nein, ich wollte nichts abwerten, aber ich war auf dem besten Weg dazu. Jetzt musste ich Achtsamkeit und Wissensklarheit einschalten, um einen klaren Kopf zu bewahren.

Ich tastete mich nun vorsichtig an die Möglichkeit heran, die Bedeutung zu erforschen und die Botschaft zu verstehen, was dieser Satz: „Du bist hier am falschen Platz", mir tatsächlich sagen wollte. Also machte ich ein paar Angebote: Ist Amaravati damit gemeint? Nein! Ist England damit gemeint? Nein! Ist Europa damit gemeint? Nein!

Ich merkte plötzlich, dass es langsam eng wurde und sich eine Angst auszubreiten begann, was die letztendliche Antwort auf diese Frage sein würde.

Bin ich vielleicht in den falschen Kleidern? Sollte ich die Roben abgeben und wieder in das weltliche Leben zurückkehren? Jetzt war es heraus.

Ja, natürlich hatte ich immer mal wieder daran gedacht. Aber wie das so ist mit den Gedanken, sie kamen und sie gingen wieder. Aber dieser Gedanke kam in letzter Zeit öfter zu mir, ich habe mit ihm gespielt, habe mit ihm getanzt, habe ihn verworfen und wieder herangeholt. Habe manchmal Möglichkeiten durchgespielt, wie ein Leben als Laie für mich aussehen würde nach zwölf Jahren in den Roben.

Aber als ich mir diese Frage stellte: „Soll ich wieder ins Laienleben zurückkehren?", kam kein Nein, aber auch kein Ja. Es war plötzlich still. Ich wartete ab, wartete auf die nächste Regung, das nächste Gefühl, aber es blieb still.

Diese Stille hatte nichts Unangenehmes, auch nichts Bedrohliches oder Unsicheres, sondern eher etwas Abwartendes, vielleicht so wie eine Frucht, die am Heranreifen war.

Am nächsten Morgen ging ich zur Morgenmeditation und fühlte mich irgendwie erleichtert und einer Entscheidung nahe. Ich verstand das alles nicht wirklich, hatte aber im Laufe der letzten Jahre gelernt, meinen Impulsen und meiner Intuition zu vertrauen, auch wenn ich nur erahnen konnte, was sich da zusammenbraute.

Sollte ich jemanden einweihen und diese Gedanken mit einem anderen Mönch teilen? Plötzlich erinnerte ich mich wieder an die Zeit, wo ich mich damals entschieden hatte, nicht mit Anna zurück nach Berlin zu fliegen, und auch, welche inneren Kämpfe ich da durchgestanden hatte. Aber dann war ich zu der sicheren Gewissheit gelangt, dass es das Richtige sei, in Thailand zu bleiben und Mönch zu werden. Ich hatte diese Entscheidung nie bereut oder in irgendeiner Weise angezweifelt.

Und letztendlich, wer entscheidet überhaupt etwas? Hatte nicht das große Mysterium mal wieder seine Finger im Spiel? Und wer weiß schon, warum überhaupt etwas geschieht, so wie es geschieht?

Da stehen wir kleinen Menschlein mit all unseren Wünschen, Träumen, Hoffnungen und Vorstellungen in unseren Herzen und das Leben macht einfach, was es will.

Gab es überhaupt etwas, was wir entscheiden konnten? Bilden wir uns nicht einfach nur ein, die Fäden unseres Lebens in der Hand zu halten? Hatte ich denn damals in Berlin eine Wahl gehabt, nicht Mönch zu werden?

Haben wir tatsächlich die Kontrolle über unser Leben und dessen Ereignisse? Und wenn ja, bliebe die Frage zu beantworten: Warum sind dann nicht alle Menschen in der Situation, die sie sich erwünschen, und somit immer glücklichen Gemüts?

Und es kamen mir mal wieder die Begriffe „Vertrauen" und „Hingabe" in den Sinn, die Kräfte, die man braucht, um sich vom Leben mitnehmen zu lassen, ohne zu wissen, warum etwas geschieht, geschweige denn zu wissen, wohin etwas führt.

Waren es wirklich die schwierigen Ereignisse des Lebens, weswegen wir manchmal leiden, oder leiden wir nicht vielmehr wegen des Widerstands, den wir diesen Ereignissen entgegenbringen? „Ohne Hingabe tut das Leben weh", kam mir wieder in den Sinn.

Und auch an Nisargadattas Worte erinnerte ich mich plötzlich wieder: „Nichts kann geschehen, ohne dass das *ganze* Universum seine Zustimmung dazu gibt!"

Ich war bereit, auf meine innere Stimme zu hören, sie anzunehmen und ihr zu vertrauen. Damit hatte ich bislang gute Erfahrungen gemacht. Ich erinnerte mich plötzlich wieder an die Zweifel damals, ob ich Mönch werden solle oder nicht, und Ajahn Pasanno sagte nur: Folge deinem Herzen. Auch damit hatte ich gute Erfahrungen gemacht. Ich freundete mich immer mehr mit der Möglichkeit an, aus dem Orden auszutreten, ich ließ die Frucht heranreifen.

Eines Morgens nach dem Frühstück fiel die Frucht und ich hatte auf einmal die sichere Gewissheit: Ja, ich bin hier am falschen Platz. Das bedeutete ja nicht, dass etwas mit dem Platz hier falsch war, sondern nur, dass ich hier nicht richtig war.

Ich atmete tief durch, fühlte mich erleichtert, meine Intuition nickte mir freundlich zu, mein Bauch fühlte sich weit und weich an und eine leise Freude machte sich auf den Weg.

Aber worüber freute ich mich eigentlich? Zuallererst fühlte ich eine Erleichterung, weil ich nicht mehr gegen dieses Gefühl ankämpfte und diese Gewissheit mir alle Zweifel nahm.

Dann bemerkte ich, dass ich bereit war, ein neues Leben zu beginnen. Ich hatte keine Ahnung, was ich machen würde, ich müsste einen Job finden, eine Wohnung bräuchte ich auch und wohin sollte ich von hier aus gehen? Aber all diese unbeantworteten Fragen beunruhigten mich nicht, denn ich hatte gelernt, mit dem Leben zu fließen, hatte gute Erfahrungen damit gemacht und innerlich schloss ich langsam mit dem Leben als Mönch ab.

Hermann Hesse hatte mal behauptet: „Jedem Anfang wohnt ein Zauber inne."

Ja, das stimmt, aber ich erlebte gerade, dass auch jedem Ende ein Zauber innewohnt. Aber vielleicht auch deswegen, weil jedem Ende ein Anfang folgt? Nach dem modernen Motto: Nach dem Spiel ist vor dem Spiel.

Aber genau genommen ist das nur eine Frage des Standortes, denn jede Ausgangstür ist von außen betrachtet eine Eingangstür, und es kommt wohl darauf an, in welche Richtung man gehen will. In meinem Falle war das klar.

Die letzten Tage als Mönch

Es wurde nicht gerne gesehen, wenn Mönche den Orden verließen, aber man wurde auch nicht dafür verurteilt. Buddha selbst hat in mehreren Lehrreden bestätigt, dass die Erleuchtung oder der Weg in die Freiheit unabhängig von der äußeren Form geübt werden könne.

Einmal erzählte er seinen Mönchen von einem Prinzen, der eines Tages mit seinen schön zurechtgemachten Gespielinnen in einem Garten lustwandelte. Als sie müde wurden, setzten sie sich hin und schliefen ein. Als der Prinz erwachte, sah er, wie einigen Damen der Speichel aus dem Mund lief, andere hatten zerzaustes Haar und verwischte Schminke, manche schnarchten laut und die schlafenden Gesichter hingen schlaff auf den Schultern. In diesem Moment hatte er eine tiefe Einsicht in die Unbeständigkeit aller Formen und erkannte, dass alles, was entsteht und zu Form geworden ist, auch wieder vergehen muss. Es wird gesagt, dass er durch diese Erkenntnis die Stufe des Stromeintritts erreicht hatte, was ihm garantierte, den Weg in die Freiheit nie mehr verlassen zu können. Und das alles, ohne auch nur eine Minute meditiert zu haben.

Meine Entscheidung schien festzustehen, und es gab verschiedene Möglichkeiten, den Orden zu verlassen. Eigentlich hätte es ausgereicht, wenn ich zu einem Mönch dreimal gesagt hätte: „Ich lege den Übungsweg nieder." Der offizielle Weg sah aber vor, einen Termin mit mindestens drei Mönchen zu verabreden und mit einer vorgegebenen Zeremonie aus dem Orden auszutreten. Und für diesen Weg entschied ich mich.

Am Abend des nächsten Tages trafen wir uns wieder zu einem abschließenden Tee und ich setzte mich wieder zu Vimero. „Hey, Vimero, ich muss dir was sagen." Er schaute mich neugierig an und ich fuhr fort: „Wie es aussieht, werde ich die Roben abgeben." Er schaute ungläubig in meine Richtung. „Es ist mir sogar sehr ernst damit. Ich habe es mir nicht leicht gemacht, aber jetzt weiß ich, dass ich mich bald verabschieden werde."

Ich versuchte ihm zu erklären, dass ich eigentlich keine genauen Gründe dafür benennen könne, aber es fühle sich so an, als ob das der richtige Weg für mich sei und die Zeit als Mönch sich erfüllt habe.

Thailänder würden jetzt als Allererstes fragen: Wie heißt sie? Und wenn man keinen Namen nennen konnte, wären sie sich darüber einig, dass das ‚gute Karma', um das Leben eines Mönchs leben zu können, aufgebraucht war. Aber das war mir jetzt alles egal.

Nach und nach teilte ich meine Entscheidung noch zwei, drei anderen Mönchen mit und bat sie, vorerst nichts davon weiterzuerzählen, das wollte ich zur gegebenen Zeit selbst machen.

Der Vollmond stand vor der Tür und wurde wie immer auf traditionelle Weise als Wan Phra begangen. Zur Abendmeditation trafen wir uns um zwanzig Uhr im Tempel und dann wurde ein Mönch eingeladen, vor versammelter Klostergemeinschaft einen Vortrag zu halten.

Dieser Abend war für mich der angemessene Zeitpunkt, die gesamte Gemeinschaft von meinem Abschied zu informieren. Ajahn Sumedho war schon eine Weile auf Reisen und ich war darüber irgendwie froh, denn ich wusste, dass er es nicht besonders schätzte, wenn Mönche entrobten.

Ich bat den zweiten Abt, Ajahn *Juntiro*, heute Nacht meinen Abschied nehmen zu dürfen. Er war einer der Mönche, die ich schon informiert hatte. Die offizielle Entrobungzeremonie sollte eine Woche später folgen.

Abschied

An diesem Abend war die gesamte Mönchs- und Nonnengemeinde versammelt, mehrere Laien waren angekommen, um hier zu meditieren und um (m)einen Vortrag zu hören.

Ich setzte mich auf den dafür vorgesehenen hohen Stuhl, nahm traditionsgemäß meine Hände in Anjali vor die Brust und begann mit *Namo Tassa …* einem Pali-Text, der Buddha die Ehrerbietung bekundete.

In der Ajahn-Chah-Tradition legt man großen Wert darauf, dass man Vorträge nicht vorbereitet, sondern sie sollen direkt und spontan aus dem Herzen herausfließen.

Obwohl ich in erster Linie die klösterliche Gemeinschaft darüber informieren wollte, dass ich beabsichtigte, aus dem Orden auszutreten, glitten meine Gedanken in die Vergangenheit und ich berichtete von meinem ersten Retreat. Ich erzählte, wie ich in der Nacht zuvor diesen Traum hatte, dass eine Hand in meine Brust fuhr und einen Teil meines Herzens herausriss, begleitet von den Worten: „Erneuere dich."

Wie ich das erste Mal Ajahn Buddhadasa traf und mich seine Worte, und mehr noch sein Lehrstil, tief beeindruckt hatten. Wie ich danach verwandelt war und gar nicht anders konnte, als einige Jahre später in den Orden einzutreten. Ich erzählte von meiner inneren Zerrissenheit und dem Abschied von Anna und dem Kampf mit den Herzenstrübungen, erzählte von der Freude in Puh Jom Gom, dem Einssein in der Natur. Ich berichtete darüber, wie ich Achtsamkeit und Nicht-Anhaften umsetzte und lernte, mit dem Leben zu fließen.

Und schließlich teilte ich allen mit, dass ich einen Sog in mir verspürte, wieder in die sogenannte ‚normale' Welt zu gehen. Dass ich diesen Schritt nicht mit leichtem Herzen gehe, sondern mit einem weinenden und einem lachenden Auge, aber dann das lachende Auge in den Vordergrund rückte.

Ich bedankte mich bei allen Menschen, die gut zu mir waren und mich auf meinem langjährigen Weg unterstützt hatten. Besonders bedankte ich mich bei meinen spirituellen Lehrern Ajahn Buddhadasa, Ajahn Chah und Ajahn Pasanno und der gesamten klösterlichen Gemeinschaft, allen Laien und den Menschen in Thailand und Europa, die mich immer großzügig unterstützt hatten.

Jetzt war es heraus, und es war mucksmäuschenstill im Tempel.

Als ich meinen Vortrag traditionsgemäß mit den Worten: „Ich biete das zum Bedenken an", beendet hatte, nahmen alle ihre Hände vor die Brust und sagten dreimal unisono: „Sadhu", was übersetzt heißt: „Gut gesprochen."

Ich fühlte mich erleichtert und jetzt gab es kein Zurück mehr. Und der Satz kam wieder zu mir: Jedem Ende wohnt ein Zauber inne…

Was ich in Anbetracht der knappen Vortragszeit nicht sagte, war, dass ich mittlerweile zu der Überzeugung gelangt war, dass es nicht darum geht, der Welt den Rücken zuzuwenden und zu hoffen, dass bestimmte Anhaftungen an sie einfach so vergehen, nur weil man keinen Kontakt damit hat. Ich war bereit, mich den Herausforderungen des Lebens neu zu stellen.

Wie werde ich auf Sex, Drugs und Rock 'n' Roll reagieren, wie damit umgehen? Ich kann doch die wahre Natur dieser Dinge nur durchschauen, wenn ich sie erlebt habe. Ich muss es geschmeckt haben, das Süße und das Saure daran, um wirklich zu verstehen, was es ist, was es mit mir macht.

Man kann auch in der Askese hängenbleiben, sich ständig von der Sinnlichkeit abwenden, und doch kann es passieren, dass eine tiefe Sehnsucht danach bleibt. Natürlich kann man ständig theoretisch über die Unbeständigkeit von Lust und Sex und Gier und Ärger reflektieren, aber wenn ich es erlebe, wirklich gelebt habe, dann kenne ich es aus Erfahrung.

Das ist für mich Freiheit! Alles zu leben, bis keine Sehnsucht mehr bleibt.

Dann kann man sich frei bewegen, ohne etwas festhalten zu wollen, weil man tief *erkannt* hat, dass es nichts gibt, das es wert wäre, zu sein, zu haben, zu werden oder festzuhalten, und somit können einen keine falschen Freuden mehr zum Narren halten.

Und doch fühlte ich weiterhin einen großen Respekt für diese Lebensform. Gerade in der heutigen Welt, wo der Materialismus und die Jagd nach immer mehr volle Fahrt aufgenommen haben, steht das Mönchstum genau dem gegenüber, vielleicht als Symbol für Bescheidenheit und den Verzicht auf alles Überflüssige, mit der klaren Botschaft, dass man ein Leben im Einklang mit der Natur und deren Gesetzmäßigkeiten leben kann. Dass man mit den Lebensnotwendigkeiten, wie Kleidung, Essen, ein Dach über dem Kopf und Medizin bei Krankheit, auskommen kann.

Sehr oft habe ich die Frage gehört: „Was machen die eigentlich?" Aber vielleicht ist folgende Frage viel angebrachter: „Was machen die eigentlich *nicht*?"

Sie töten und verletzen nicht, sie lügen und betrügen nicht, sie bedrohen niemanden, sie beuten die Natur nicht aus und weisen mit diesem Lebensstil darauf hin, dass es andere Werte gibt, für die es sich lohnt zu leben, wie zum Beispiel Mitgefühl, Freude, Liebe, Gelassenheit, Vertrauen und Weisheit.

Und letztendlich wird ein Übungsweg in die Freiheit angeboten, die durch die Einsicht entstehen kann, dass man alle Dinge, die sowieso der Vergänglichkeit anheimfallen werden, gehen lassen muss, wenn die Zeit dafür gekommen ist.

So, noch eine Woche in Roben, und ich zählte die Tage langsam herunter. Ich hatte mit dem Mönchsleben abgeschlossen und war schon gar nicht mehr hier, aber genau genommen war ich auch nicht woanders. Ich ging weiterhin zu den Treffen, zur Gruppenmeditation und vereinbarte einen Termin für die Entrobungszeremonie.

Einen Tag zuvor verabredete ich mich mit dem Mönch, der die Roben und Kleider verwaltete. *Silapanno* führte mich in einen Raum, der mit allen möglichen zurückgelassenen Kleidern bestückt war.

Während ich damit beschäftigt war, mir zwei Hosen, ein paar T-Shirts, eine Jacke und eine Decke auszusuchen, fragte ich Silapanno: „Hast du jemals ans Entroben gedacht in all den Jahren, wo du Mönch bist?", und er war schon über fünfzehn Jahre dabei. „Jeden Tag denke ich mal daran", war seine überraschende Antwort.

Ich dachte erst, dass er einen Scherz mache, aber es stellte sich heraus, dass er es ernst meinte. Ich fragte nach und wollte wissen, ob er Witze mache? „Nein, ich denke immer wieder mal darüber nach. Aber ich bin jetzt sechzig Jahre alt und was soll ich machen, wenn ich nicht mehr Mönch bin?“ Ich ließ es so stehen, fragte nicht weiter nach, bedankte mich für die Sachen und verabschiedete mich von ihm.

Ob es wohl noch mehreren so geht? Diese Frage drängte sich mir förmlich auf und mir kam der schnelle Gedanke: ‚So hätte ich nicht enden wollen!‘ Ja, sogar in der Mönchsrobe kann man hängenbleiben. Das Mönchsleben bot eine gewisse Sicherheit, und wenn man sich an den Lebensstil gewöhnt hatte, war man bestens versorgt. Aber das war doch nicht der Sinn dieses Lebens, versorgt zu sein oder nur zu bleiben, weil man nichts Besseres wusste.

Ich hatte dieses Leben zwölf Jahre gelebt und es fühlte sich die meiste Zeit sehr stimmig an.

Und obwohl ich mir in meinem Entschluss sicher war, hatte ich hier nochmal etwas gehört, das mir meine Entscheidung auf einer anderen Ebene bestätigte.

Ajahn Juntiro meinte, ich könne gerne bestimmen, wen ich bei der Entrobungszeremonie dabeihaben wolle, und ich fragte Vimero und Sucaco, die ich schon seit Thailand kannte, und sie willigten ein, dabei zu sein.

Als ich den Raum betrat, verbeugte ich mich zuerst vor dem Buddha, dann vor den drei Mönchen und sprach dreimal: „Namo Tassa …“, dann sagte ich dreimal auf Pali: „Sehr geehrte Herren, ich lege den Übungsweg nieder.“ Dann ging ich hinaus, legte die Roben ab, zog eine Jeans und ein T-Shirt an, ging wieder hinein, verbeugte mich wieder und nahm traditionsgemäß Zuflucht zu Buddha, Dhamma und Sangha, verbeugte mich wieder dreimal und war offiziell wieder in den Laienstand zurückgekehrt.

Das war‘s. Alles sehr undramatisch auf den ersten Blick.

Als ich wieder im Freien stehend an mir herunterschaute, war es anfangs ungewohnt, mich in diesen Kleidern zu sehen. Jetzt war ich wieder Matthias Jordan. Den Namen Dhammavaro wollte ich behalten, denn ich hatte nicht den spirituellen Weg verlassen, sondern nur die Roben ausgezogen und würde ihn jetzt in einer anderen Form weiterführen. War denn die Mönchsrobe nicht nur eine äußere Form, die einen bestimmten Lebensstil ermöglichte und eine Religion symbolisierte?

Plötzlich kam mir Ajahn Pasanno in den Sinn. Ich hatte ihm sehr viel zu verdanken und ging ins Office, um ihn per E-Mail über mein Entroben zu informieren und um mich nochmal für alles bei ihm zu bedanken. Als ich so am Schreiben war, fühlte ich eine Welle tiefer Traurigkeit in mir aufsteigen. Ja, Abschied tut immer weh, auch wenn ich von einer inneren Gewissheit geführt wurde und ich, wie schon gesagt, diesen Entschluss nie bereut habe.

Ich hatte keine Ahnung, wie mein Leben weitergehen würde. Aber ausgestattet mit dem Vertrauen in die Richtigkeit der Dinge, so wie sie geschehen, und hoffentlich mit einer Ansammlung guter karmischer Dispositionen fragte ich mich: *„Was steht als Nächstes an zu tun?“*

Das Kloster besorgte mir ein Ticket nach Frankfurt und gab mir ein Startgeld von dreihundert Pfund mit auf den Weg, das waren damals zirka fünfhundert Euro. Ich fühlte mich reich beschenkt.

Als Nächstes rief ich meine Brüder an und erzählte ihnen von meinem Entroben.

Reinhold wohnte derzeit in einem kleinen Häuschen in der Rhön. Er habe ein Zimmer frei, meinte er, und ich könne übergangsweise bei ihm wohnen. Meine Mutter freute sich, mich wieder in ihrer Nähe zu haben, und auch bei ihr hätte ich wohnen können. Für eine erste Anlaufstelle war also gesorgt.

Die Einheit demonstriert ihre Vielfalt

Am nächsten Morgen lief ich durch die Felder und Wiesen von Amaravati. Ich betrachtete die Bäume und die im Sonnenlicht glitzernden Tautropfen, die noch an den Blättern hingen und langsam verdunsteten.

Plötzlich nahm ich eine Verschiebung meiner Aufmerksamkeit wahr. Der Raum *um* die Bäume und *um* meinen Körper wurde auf einmal so deutlich und schob sich in den Vordergrund meiner Wahrnehmung. Gedanken purzelten in den Raum meines Gewahrseins und vergingen wieder. Nichts konnte mich in eine Geschichte verstricken. Mein Fokus blieb auf das räumliche Bewusstsein fixiert und ich bemerkte, dass ich zu diesem Raum wurde und das Gefühl eines ‚Ichs‘ sich in diesem Raum auflöste.

Raum, in dem alles ist, Raum, der sich nie bewegt, aber alles empfing und sein lassen konnte, so wie es war. Das laute Poltern eines vorbeifahrenden LKWs, das Gezwitscher der Vögel, die Bäume, der Himmel, die Sonne, alles gehörte dazu und nichts wurde als besser oder schlechter empfunden.

‚Die Einheit demonstriert ihre Vielfalt', kommentierte eine innere Stimme dieses Erleben.

Es war wie ein Anhalten nach einer langen, beschwerlichen Reise, und es fühlte sich so erleichternd an, nichts zu bewerten, keine Stellung zu beziehen, sich nicht in Beziehung zu setzen und die Dinge in ihrem Rhythmus kommen und gehen zu lassen. Die Farben der Bäume und das Glitzern des Sonnenlichts, alle Geräusche erlebte ich in einer unglaublichen Intensität, und obwohl es erlebt wurde, war niemand da, der es erlebte.

Da gab es keinen Platz für das kleine Ichlein, es löste sich einfach in dem Raum des Gewahrseins auf. Dann hörte ich nur noch lautes Lachen und bemerkte, dass es aus meinem Mund kam, und ich weiß nicht, wie lange ich da stand und einfach nur gelacht habe. Nach ungefähr drei Stunden kam auch wieder mein kleines Ichlein um die Ecke und meldete sich zurück.

Für diese kurzen Einblicke war ich immer sehr dankbar und sie erinnerten mich daran, dass es letztendlich keine Trennung gibt. Sie versicherten mir in gewisser Weise auch, dass Erkenntnisse an keine äußere Form gebunden waren oder davon abhingen.

War das nicht auch die berühmte „Ironie des Schicksals"? Kaum hatte ich die Roben abgelegt, habe ich eine Art ‚Erleuchtungserlebnis'.

Am Abend desselben Tages verabschiedete ich mich von einigen guten Freunden, darunter Vimero und Sucato. Wir umarmten uns und es fühlte sich nicht wirklich nach Abschied an, denn hatte ich nicht einmal erkannt, dass Abschied nur die Vergrößerung des Zwischenraums zwischen zwei Menschen ist?

Die ‚letzte' Reise ...

Chill war immer noch der Fahrer des klostereigenen Autos und wartete schon am Parkplatz, um mich zum Flughafen zu bringen. „Tja, Chill, so schnell kann's gehen. Vor ein paar Tagen war ich noch der Ajahn und jetzt bin ich wieder ein ganz normaler Mensch", sagte ich scherzhaft zu ihm. Wir mussten lachen.

Chill war Ende vierzig, stammte aus Irland und war schon vor Monaten ins Kloster Amaravati gekommen. Während der Fahrt erzählte er von seiner zerbrochenen Ehe, von seinen Enttäuschungen und den depressiven Episoden, die ihn immer wieder heimsuchten, und von der Hoffnung, im Kloster ein neues Zuhause zu finden.

„Das hört sich jetzt komisch an, Chill, zumal ich ja die Roben abgelegt habe, aber es ist ein gutes Leben. Wenn du irgendwie den Ruf fühlst, dann würde ich dem Leben als Mönch eine Chance geben." Er war sich unschlüssig, ob er diesen Weg gehen wollte und wie sein Leben überhaupt weitergehen würde. „Da geht es uns beiden ja ziemlich ähnlich", merkte ich an.

„Manchmal habe ich das Gefühl, als ob das Leben eine Verabredung mit der Sinnlosigkeit ist", sagte er plötzlich. „Das Gefühl kenne ich, Chill, aber kannst du dich mit der Sinnlosigkeit arrangieren? Niemand versteht doch, was das Leben wirklich ist, oder? Kennst du den Spruch: Du hast keine Chance, aber die kannst du nutzen?" „Nutzen? Zu was?", hakte er nach. „Naja, vielleicht, um herauszufinden, um was es hier geht. Ich glaube an die große Freiheit, von der Buddha spricht. Auch wenn ich nicht mehr Mönch bin, hat das für mich die höchste Priorität."

„Ich bin jetzt schon seit acht Monaten in Amaravati, aber ich erlebe keine Freude. Ich fühle mich auch nicht frei oder so. Na, mal sehen, wie's weitergeht", beendete er abrupt unsere Unterhaltung, denn wir erreichten das Flughafengelände und Chill ließ mich an einem Parkplatz aussteigen.

„Ich wünsche dir auf alle Fälle alles Gute in deinem neuen Leben", sagte er zum Abschied. „Das wünsche ich dir auch, Chill. Und wie gesagt, man kann doch alles im Leben ausprobieren, denn es gibt sowieso keine Sicherheit und schon gar kein Ankommen irgendwo. Also, was soll's?"

Als wir uns mit einem Händedruck verabschiedeten, fragte er interessiert: „Was willst du jetzt eigentlich machen?" Und meine ehrliche Antwort darauf war: „Ich habe keine Ahnung."

Wie ging mein Leben weiter?

„Das Leben leben, bis keine Sehnsucht mehr bleibt."

Hatte ich die Antwort auf die Frage nach dem Sinn des Lebens gefunden, die am Anfang meiner zwölfjährigen ‚Reise' stand? Hatte ich die Erleuchtung erfahren, die als das Ziel aller spiritueller Übungen in Aussicht gestellt wurde?

Zunächst stand ich wieder auf dem ‚Marktplatz des Lebens' und wurde von seinen Kräften mitgenommen. Sehr bald lernte ich eine Frau kennen und wir bekamen ein gemeinsames Kind. Nach drei Jahren trennten sich unsere Wege wieder. Sie überließ mir unseren Sohn Samuel und ich wurde alleinerziehender Vater eines zweijährigen Jungen.

Auch wenn es nicht das war, womit ich als Nächstes gerechnet hatte, bekam ich in einem Traum den Zuspruch und die Bestätigung eines alten spirituellen Freundes: Ich sitze in der Küche und höre aus dem Schlafzimmer lautes Lachen und die vertraute Stimme einer Person, die mir bekannt schien. Neugierig betrete ich mein Schlafzimmer, das wie ein großer, heller Tempel erscheint, und sehe, wie Ajahn Buddhadasa neben meinem Sohn auf dem Bett sitzt. Beide lachen und spielen irgendetwas zusammen. Plötzlich schaut Ajahn Buddhadasa direkt in meine Augen. Sein Gesicht ist sehr ernst und freundlich zugleich und er sagt zu mir: „*Und jetzt tue das, was getan werden muss!*“

Ich folgte seinem Rat!

Zuallererst war ich Papa für meinen Sohn. Unseren Lebensunterhalt verdiente ich als Heilpraktiker für Psychotherapie und schon bald bot ich Seminare zur Meditation und Achtsamkeit an.

Ich habe es nie bereut, dass ich Mönch geworden war, und habe es auch nie bereut, dass ich wieder ausgestiegen bin. Kein Leben ist besser oder schlechter als ein anderes.

Jemand sagte mal: „Wir sind nicht menschliche Wesen, die einen spirituellen Weg gehen, sondern spirituelle Wesen, die eine menschliche Erfahrung machen!“

Der Alltag mit seinen mannigfaltigen Herausforderungen war jetzt zu meinem Meditationskissen, meiner Höhle, meinem Dschungel und zu dem Raum geworden, in dem sich das Leben entfaltete. Die Fülle menschlicher Erfahrungen und die darin enthaltenen Möglichkeiten offenbarten sich mir über die verschiedenartigen Wege, die mir das Leben anbot. Es gibt immer ein Ankommen, aber nie ein Verweilen.

Meines Erachtens tragen wir alle eine ungestillte Sehnsucht nach Verbundenheit in uns und dieser oft gefühlte Schmerz des Getrenntseins entsteht durch die Auffassung, ein getrenntes Wesen zu sein.

Inzwischen bin ich zu der Überzeugung gelangt, dass, wenn die Krankheit des Geistes – das, was du magst, gegen das zu stellen, was du nicht magst – eines Tages geheilt sein wird, sich dahinter die Freiheit eröffnet, wo es keine Trennung mehr gibt.

Dann kann das Leben zu einem freudvollen Tanz der sich ausgleichenden Kräfte werden, und wenn der Tod irgendwann an meine Tür klopft, kann ich ihn mit einem Lächeln begrüßen in dem Wissen, dass letztendlich nichts stirbt.

Vielleicht ist es der Sinn unseres Lebens und die Erfahrung der Erleuchtung, zu erkennen, dass sich die Einheit in jeder Form, jedem Baum, jeder Blüte, jedem Berg, jedem Fluss, jedem Sonnenstrahl, jedem Gefühl, in jeder menschenmöglichen Erfahrung immer nur in ihrer Vielfalt zeigt und mein wirkliches Zuhause die Stille ist, die uns alle in Liebe umhüllt.

Es könnte sein, dass es in der jetzigen Lebenssituation ist, wo mir diese tiefe Erfahrung in ihrer Endgültigkeit zuteilwird. Aber niemand kennt den Tag noch die Stunde.

Mittlerweile bin ich auf meiner Lebensreise im Jahre 2019 angekommen, mein Körper ist 63 Jahre alt und ich lebe mit meinem Sohn Samuel und meiner Lebensgefährtin Carola in einem kleinen Dorf in der Nähe von Fulda.

PS: Übrigens habe ich zu den Begriffen ‚Glück' und ‚Liebe' kein gespaltenes Verhältnis mehr.

Danke

In diesen zwölf Jahren meiner Mönchszeit hatte ich inspirierende Lehrer, bei denen ich mich von ganzem Herzen bedanken möchte. Zuallererst bei Ajahn Buddhadasa, der mir die Augen für das Dhamma öffnete. Bei Ajahn Chah, der Westlern die Möglichkeit anbot, in seinen Klöstern als Mönch zu leben. Bei Ajahn Pasanno, der mir mit Rat und Geduld oft zur Seite stand. Bei Ajahn Ranschuan, die mich mit ihrer wohlwollenden Freundlichkeit eine Weile begleitete. Bei Bhante Pemasiri, der mir half, die Ernüchterung zu verstehen.

Bei meinen Mitmönchen, deren Gemeinschaft mich auch durch schwierige Zeiten trug. Bei allen Menschen, deren Großzügigkeit und Unterstützung ich in dieser Zeit erleben durfte.

Michael Kambach danke ich für Lektorat und Korrektorat, meinem Bruder Reinhold Jordan für Zuspruch und hilfreiche Hinweise. Celia Elsdörfer für ihre nützlichen Anmerkungen. Meiner lieben Gefährtin Carola Büttner danke ich für ihre vielen Hinweise und liebevollen Ermutigungen. Und – last, not least – meinem Sohn Samuel, der mich an die Liebe erinnert, für die es keine Bedingungen gibt.

Herzlichen Dank!

Bild- und Quellennachweise

Foto von Ajahn Buddhadasa und Uppasika Ajahn Ranschuan mit freundlicher Genehmigung der Buddhadasa Indapanno Archives, Suan Mokkh, Chatuchak, Bangkok 10900, Thailand

Fotos von Ajahn Chah und Ajahn Pasanno mit freundlicher Genehmigung von Ajahn Pasanno, Abhayagiri-Kloster, 16201 Tomki Rd, Redwood Valley, CA 95470, USA

Alle anderen Bilder sind privat.

Adams, Robert: *Stille des Herzens.* Bielefeld: Kamphausen, 2013.

Buddha Shakyamuni: *Majjhima Nikaya.* Kandy, Sri Lanka: Buddhist Publication Society, 1995.

Buddhadasa, Ajahn: *Kernholz des Bodhibaums.* München: Books on Demand, 2000.

Chah, Ajahn: *Erfahrbare Freiheit.* Kandersteg, Schweiz: Dhammapala, 1996.

Hsin-hsin Ming in: Jordan, Matthias Dhammavaro: *Erfahre dein wahres Selbst.* Petersberg: Via Nova, 2016.

Nisargadatta Maharaj: *Ich bin.* Bielefeld: Kamphausen, 2009.

Su Tung-P'o: Nieselregen auf dem Berge Lu. https://www.vonhundenundmenschen.ch/wie-nuechtern-sehen-dann-die-dinge-aus/ (abgerufen am 08.10.2019)

Transpersonale Psychotherapie: https://de.wikipedia.org/wiki/Transpersonale_Psychologie (abgerufen am 01.11.2018)

Weitere Titel aus dem Verlag Via Nova:

Ruheloser Geist trifft Achtsamkeit

Aus der Zeit in den Moment

Matthias Dhammavaro Jordan

Taschenbuch, 160 Seiten, ISBN 978-3-86616-252-5
E-Book: ISBN 978-3-86616-410-9

2. Auflage

Einfachheit und Tiefe sind die Qualitäten dieses Buches. Der ehemalige buddhistische Mönch spricht aus eigener Erfahrung, verständlich, unterhaltsam, lehrreich, inspirierend und mitten im Leben stehend. Sofort findet der Leser sich selbst wieder und wird behutsam und fundiert an essentielle Weisheiten herangeführt. Vor allem aber zeigt das Buch, sowohl bei den Betrachtungen über die Wirkungsweise des menschlichen Geistes als auch bei den Meditationsanleitungen, wie man durch bewusstes Üben der Achtsamkeit innere Ruhe und Frieden finden und ein entspanntes und erfülltes Leben führen kann. Zeit ist kostbar und dieses Buch zeigt uns den Weg vom Hier ins Jetzt und, wie wir den Reichtum des Augenblicks neu erleben und wertschätzen können.

Meditationen und Achtsamkeitsübungen für den ruhelosen Geist

Matthias Dhammavaro Jordan

Doppel-CD, Laufzeit: 130 Minuten, ISBN 978-3-86616-352-2

Diese CDs bieten bewährte und wirkungsvolle Meditationen und Achtsamkeitsübungen für jeden Tag und für verschiedene Lebenssituationen. Der ehemalige buddhistische Mönch und heutige Meditationslehrer und Achtsamkeitstrainer schöpft aus jahrzehntelangen praktischen Erfahrungen, die hier einfließen. Diese geführten Meditationen unterstützen die Entwicklung von Achtsamkeit, Konzentration und helfen dem Geist zur Ruhe zu kommen. Weiterhin fördern sie auch nachweislich Lebensfreude, Gesundheit und eröffnen innere Freiräume, in denen neue Erkenntnisse und Einsichten gewonnen werden können. Diese Meditationen und Achtsamkeitsübungen können Sie zu einer veränderten und tiefen Verbindung zu sich selbst und der Welt führen.

Erfahre dein wahres Selbst

Eine Reise in die Weite des Seins

Matthias Dhammavaro Jordan

Paperback, 224 Seiten, ISBN 978-3-86616-361-4
E-Book: ISBN 978-3-86616-411-6

„Wer bin ich eigentlich wirklich - hinter all den Gefühlen, Gedanken, Persönlichkeitsanteilen, Masken und inneren Stimmen?" Haben Sie sich diese Frage auch schon mal gestellt? Dann haben Sie mit diesem Buch nun die gute Chance, darauf wirklich eine Antwort zu finden. Denn dem ehemaligen buddhistischen Mönch gelingt es hier, tiefe spirituelle Weisheit und zeitlose Wahrheiten in großer Leichtigkeit und Lebendigkeit für jeden unmittelbar verständlich und erfahrbar darzustellen. Anhand praktischer Anleitungen, anregender Inspirationen, alltäglicher Geschichten und wirkungsvoller Übungen werden wir geleitet und motiviert, uns selbst zu erforschen und unser wahres Selbst zu finden. Und da wartet eine ganz neue Freiheit, Stille, Kraft, Klarheit, Freude und der weite Raum. Willkommen zuhause!

Karten der Achtsamkeit

56 Karten mit Anleitung
Matthias Dhammavaro Jordan

Kartenset, Booklet 16 Seiten, ISBN 978-3-86616-477-2

Sich im Alltagstreiben stets an das Wesentliche erinnern, innehalten, die Kostbarkeit des gegenwärtigen Moments erfahren und sich von meditativen Botschaften inspirieren lassen - das ist das große Herzensanliegen dieses Kartensets der Achtsamkeit. 56 Karten, die uns bewusstwerden lassen, wie bedeutsam es ist, mit sich selbst und der wertvollen Lebenszeit liebevoll und achtsam umzugehen. Universelle Weisheiten, spirituelle Anregungen und Übungen, einfühlsame Kontemplationen, die in die Stille und Präsenz führen, machen dieses Kartenset zu einem kostbaren Kleinod für jedermann und Achtsamkeit zu Ihrem täglichen Begleiter!

Radikale Liebe

Die Lebensethik Albert Schweitzers – Hoffnung für Mensch und Erde
Claus Eurich

Hardcover, 120 Seiten, ISBN 978-3-86616-473-4

Alles ist gesagt über Menschheit und Erde am Abgrund. Es fehlt das entschlossene und konsequente Tun. Die Lebensethik Albert Schweitzers bietet dafür eine grandiose Orientierung. Sie rückt die Würde und Schutzbedürftigkeit des Lebens an sich ins Zentrum. Es ist die erste und einzige planetarische Ethik, die alle Kulturen und Gesellschaften übergreift. Sie lebt von der bedingungslosen, radikalen Liebe zum Sein. Das Buch stellt kompakt und kompetent Ethik und Leben des großen Menschheitslehrers Albert Schweitzer vor, der alles, was er sagte, selber lebte und uns damit ein Beispiel gab und gibt. Es holt in einem zweiten Schritt die „Ehrfurcht vor dem Leben" in die Gegenwart und zeigt uns den wohl einzigen Weg der Rettung. Überzeugend, ermahnend, ermutigend und faszinierend zugleich. Ein Lesegenuss!

Endlich leben – statt gelebt zu werden

Chuck Spezzano

Klappenbroschur, 304 Seiten, ISBN 978-3-86616-469-7

Dieses Buch ist deshalb so außergewöhnlich, weil es aus moderner spiritueller Sicht systematisch die wahren Ursachen ergründet für das, was wir Menschen als unser größtes Unglück erfahren. Doch damit nicht genug. Es zeigt auch für jeden nachvollziehbar auf, dass es nur an uns liegt, in unserem Leben wahrhaftiges Glück zu erlangen. Was für eine Botschaft! Lernen Sie zu erkennen, dass alles, wonach Sie sich sehnen, in Ihrem Leben schon vorhanden ist und dass Sie durch vollkommene Selbstverantwortung und Neuausrichtung Ihrer Wahrnehmung tiefste Heilung und wahre Freiheit erreichen können. Dies ist eine absolut empfehlenswerte Lektüre für jeden wirklich Suchenden – die essenziellen Erkenntnisse aus 45 Jahren Praxis, Lehrtätigkeit und Lebenserfahrung des weltbekannten Weisheitslehrers und Bestsellerautoren Chuck Spezzano.

Gelassen leben mit Hochsensibilität

Selbstbewusst abgrenzen im Alltag, Zeit für mehr innere Ruhe

Sylvia Harke

Klappenbroschur, 144 Seiten, ISBN 978-3-86616-468-0

Durch mangelnde Selbstannahme, hohe berufliche und familiäre Anforderungen verlieren viele Hochsensible leicht die eigenen Bedürfnisse aus den Augen. Mit diesem Praxisbuch erhalten hochsensible, hochsensitive und empathische Menschen eine Fülle von praktischen Übungen und heilsamen Ritualen, die ihnen helfen, ihren eigenen Standpunkt im Leben zu finden. Die Bestsellerautorin und Psychologin Sylvia Harke vermittelt praxiserprobte Methoden, um das Selbstvertrauen und die Ich-Kraft zu stärken. Die Leser lernen, mit Stress besser umzugehen, sich abzugrenzen und die eigene Feinfühligkeit als wertvolles Talent zu entdecken. Ein großartiges, mit Liebe gestaltetes, Selbsthilfebuch, das als kreativer Alltagsbegleiter allen feinfühligen Wesen den Weg in ein selbstbestimmtes und befreites Leben bereiten kann.

Das kleine Buch der Meditation

12 geführte Reisen nach innen

Sonja Wiethölter

Klappenbroschur, 112 Seiten, 7 Fotos, ISBN 978-3-86616-457-4

Viele Menschen erkranken an der modernen Gesellschaft. Erfolgsdruck und Dauerstress strapazieren den Geist bis hin zu körperlichen Auswirkungen. Was wir brauchen, ist ein neuer Zugang zu uns selbst, ein Ventil für unsere Anspannung und Orientierung im Leben. Diese 12 meditativen Reisen entführen den Leser in eine phantastische Welt in seinem Inneren, ein Ort, an dem Erholung, Besinnung, Bewusstheit, neue Perspektiven und die Bedeutung der Selbstachtung erfahren werden können. In atemberaubenden Bildern von lauschigen Wäldern, steilen Gebirgsketten und weitläufigen Stränden zeichnet Sonja Wiethölter dem Leser einen Weg der Imagination, der ihn näher zu sich selbst führt.

Durchbruch ins Licht

Gedichte der Zuversicht und der Hoffnung

Werner Vogel

Hardcover, 48 Seiten, 11 farbige Fotos, ISBN 978-3-86616-440-6

„Die Poesie von Werner Vogel ist wie fließendes Licht", so schreibt Barbara Schenkbier im Vorwort dieses wundervollen Gedichtbandes. Viel schöner kann man es kaum ausdrücken! Wenn Worte zu Licht werden und in unseren Herzen einen göttlichen Funken entzünden, dann erfüllen sie ihre allerhöchste Bestimmung, so wie die Gedichte von Werner Vogel. Sie sind ein Geschenk für alle, die von Sorgen, Ängsten und Nöten bedrängt werden, denn in ihnen erfahren sie das tröstende Licht der Hoffnung und Zuversicht. Und für all jene, die nach Selbsterkenntnis und göttlicher Wahrheit streben, werden die Verse zu hilfreichen lichterfüllten Wegbegleitern. Werner Vogels Gedichte sind Ausdruck der reinen Liebe und der alles verwandelnden göttlichen Kraft, es sind Worte aus Licht, die mitten ins Herz treffen.